생각, 예측이 되다!

**이 책을 쓰신 분들**

나태영  국어전문저자
김보라  영동일고등학교
박석재  중앙대학교 사범대학 부속고등학교
서경원  창현고등학교
이경호  중동고등학교
정송희  고려대학교 사범대학 부속중학교

**디딤돌 수능독해** [고등 국어] I

**펴낸날** [초판 1쇄] 2023년 1월 5일
**펴낸이** 이기열
**펴낸곳** (주)디딤돌 교육
**주소** (03972) 서울특별시 마포구 월드컵북로 122 청원선와이즈타워
**대표전화** 02-3142-9000
**구입문의** 02-322-8451
**내용문의** 02-325-6800
**팩시밀리** 02-338-3231
**홈페이지** www.didimdol.co.kr
**등록번호** 제10-718호
구입한 후에는 철회되지 않으며 잘못 인쇄된 책은 바꾸어 드립니다.
이 책에 실린 모든 삽화 및 편집 형태에 대한 저작권은
(주)디딤돌 교육에 있으므로 무단으로 복사 복제할 수 없습니다.
Copyright ⓒ Didimdol Co. [2201860]

※ (주)디딤돌 교육은 이 책에 실린 모든 글의 출처를 찾기 위해
　최선의 노력을 기울였습니다.
　저작권자를 찾지 못해 허락을 받지 못한 글은 저작권자가 확인되는 대로
　통상의 사용료를 지불하겠습니다.

디딤돌력 행복

생각, 예측이 되다!

# 수능독해 I

# 출제 의도가 딱! 보여야
# 진짜 수능독해!

국어 수업도 어렵지 않고 문제집을
여러 권 풀었더니 독해도 술술 풀리네?
이 분위기 수능까지 죽~

초등

국어가 점점 어려워지네?
이제는 실전! 슬슬 달려 볼까?
지금까지 해 왔던 대로만 하면 되겠지?

중등

단기간에 국어 성적을 올리기란 쉽지 않다는 데에 많은 이들이 공감할 것입니다.
고등학교에 와서 첫 모의고사를 치르고 등급이 적힌 성적표를 받아 든 친구들이라면 더욱 공감하겠죠?
게다가 수능에서 국어영역은, 특히 독서(비문학)는 수능 승패의 가늠자가 되기도 합니다.

일반적으로 학습자들은 문제를 많이 풀면 점수가 오를 거라고 생각합니다.
하지만 많이 푼다고 해서 점수가 오를까요? 그러한 공부법이 새로운 지문을 만날 때도 효과가 있을까요?
**수능국어에서 가장 중요한 것은 "글쓴이의 생각을 읽고, 출제자를 예측하는 것"입니다.**
글의 구조를 파악하며 글쓴이의 생각을 읽어 내고, 이 과정에서 출제자의 의도를 예측할 수 있어야
주어진 시간 안에 정답을 찾을 수 있습니다.

국어만 생각하면 가슴이 답답해지는 친구들, 토씨 하나 놓치지 않으려고 하지만 정작 글 전체는 못 보는 친구들,
출제자의 의도와는 상관 없이 자기 방식대로 문제를 풀었던 친구들은 주목하세요!
**수능국어, 이제는 얼마나 공부할까보다는 어떻게 공부할까가 중요한 시점입니다.**
글쓴이와 출제자를 꿰뚫어 볼 수 있다면 어떤 지문을 만나도 두렵지 않을 것입니다.

# 수능독해, 글쓴이의 생각을 읽고 ────

## **1** 수능기출 이슈읽기

> 평범한 일상의 모든 이슈가
> 기출의 재료가 되는구나!

### 이슈를 알면, 수능독해가 보인다!

수능 출제자는 어떤 독해 지문들을 선별할까요? 기출 속 이슈에 주목하면 수능독해가 더 이상 낯설고 어렵지 않습니다.

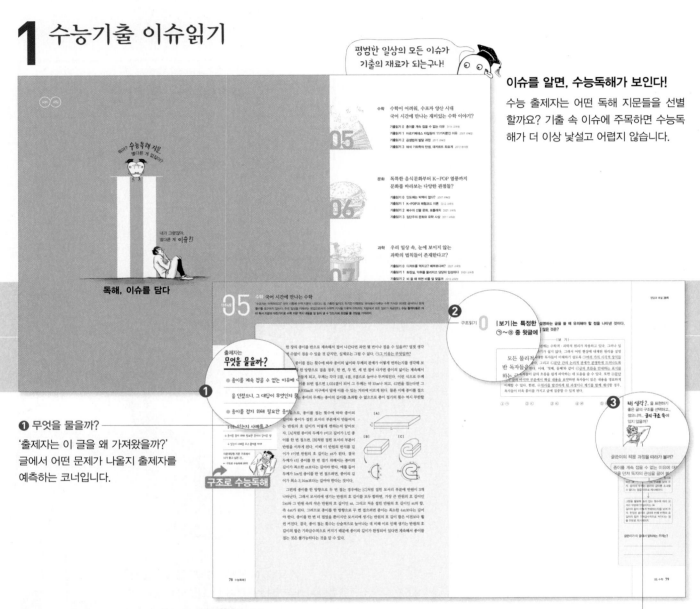

**독해, 이슈를 담다**

**❶ 무엇을 물을까?**

'출제자는 이 글을 왜 가져왔을까?'
글에서 어떤 문제가 나올지 출제자를 예측하는 코너입니다.

## **2** 글쓴이의 생각읽기

### 글의 구조를 알면, 글쓴이의 생각이 보인다!

글쓴이의 작문 과정까지 추론할 수 있어야 글의 구조는 물론,
글쓴이의 생각도 알 수 있습니다.

**❷ 0번 문제 – 구조읽기**

글의 내용 전개 방식과 구조를 파악하는 문제입니다.

**❸ 내 생각?**

'글쓴이는 이 글을 어떻게 썼을까?' 작문 과정을 통해 글쓴이의 생각을 읽는 코너입니다.

# 출제자의 의도를 간파한다!

## 3 출제자의 의도읽기

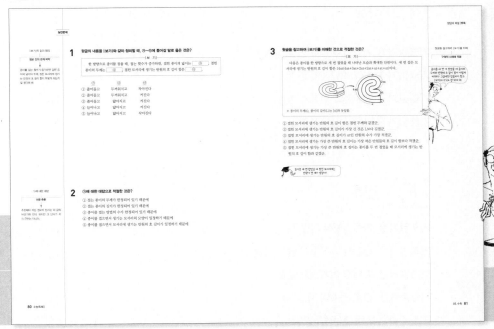

**출제자의 의도를 알면, 답이 보인다!**

수능에 완벽하게 대비할 수 있는 방법, 출제자의 눈으로 글을 읽으면 문제가 보이고, 출제자의 의도를 알면 답이 보입니다.

내가 어떤 의도로 출제했는지 궁금해? 내 말이 곧 힌트가 될 거야!

## 특별한 부록⁺　출제자의 의도가 궁금해!

**글쓴이 너머 출제자를 보다!**

기출 분석만으로는 결코 수능에 대비할 수 없습니다. 글쓴이의 생각을 읽고, 출제자의 의도를 파악하는 진짜 독해가 실전에 필요한 수능 독해력입니다.

# 독해, 이슈를 담다 （인문）（예술）

# 독해, 이슈를 담다 사회 과학

수능독해 지문은 도대체 뭐가 다르지?

뭐… 별다를 건 없어.
우리 일상에서 일어나는 일들?
이슈?

# 독해, 이슈를 담다

## 인문 학습과 기억

공부는 암기다? 반은 맞고 반은 틀린 말이다. 공부는 지식을 이해하고 암기하는 데서 시작하여 이를 바탕으로 새로운 것을 창조하는 데까지 나아가는 것이기 때문이다. 이때 필수적으로 읽기 활동을 거치는데, 이 과정에서 지식을 접하고 기억하며, 더 깊은 사고를 통해 확장하게 된다. 결국 공부는 암기뿐만 아니라 기억과 사고의 전 과정인 셈이다. 그래서 수능 출제자들은 읽은 내용을 얼마나 잘 기억하는지, 새로운 상황에 적용할 수 있는지를 묻는 게 아닐까?

**기 출 읽 기**

2014학년도 6월 고2 학력평가 B형

정답률 79%
난이도 중
제한시간 7분

출제자는
**무엇을 물을까?**

● 기억의 유형을 구분하고 그중 장기기억을 다시 나누고 있다는 점이 특징적이니까 분명 서술상의 특징을 묻지 않을까?

● 기억의 유형을 꽤 상세하게 나누어 설명했으니, 그 유형들을 정확하게 이해했는지 확인하겠지?

인간의 인지 활동은 기억을 바탕으로 이루어진다. 감각 기관을 통해 들어온 정보를 아주 짧은 시간 동안 유지하는 최초의 기억을 '감각기억'이라 한다. 이 기억은 주의를 기울이지 않으면 금세 사라지지만, 주의를 기울이면 '단기기억'으로 전이된다. 그리고 단기기억은 암기나 메모 등의 정교화* 단계를 거치면 머릿속에 오랫동안 남아 있는 '장기기억'이 된다. 그리고 장기기억은 다시 감각기억이나 단기기억을 형성하는 데 영향을 미친다. 이처럼 세 가지 기억은 제각기 독립적인 것이 아니라 지속적으로 상호 작용하는 관계에 있다.

장기기억은 자신이 기억하고 있음을 의식하느냐 그렇지 않느냐에 따라 크게 둘로 나눌 수 있다. 전자에는 '의미기억'과 '일화*기억'이 있으며, 후자에는 '절차기억', '점화*', '조건형성'이 있다. 의미기억은 범주화* 과정을 거쳐 형성되는 개념적 지식과 관련된다. 다양한 학술 용어들을 기억하고 있는 것이 그 사례이다. 일화기억은 특정 시공간이나 사건에 관한 기억으로, ㉠종종 여러 가지 심상이 동반되기도 한다. 어떤 부모가 자식의 결혼식 날에 자식의 성장 과정을 회상하다가 갓 태어난 아이를 처음 품에 안던 순간을 떠올렸다면 이것은 일화기억에 속한다.

절차기억은 자전거 타기나 악기 연주 등과 같이 연습을 통해 습득되는 기술과 관련이 있다. 이러한 기술은 수행 과정에 필요한 정보를 기억하고 있다는 것을 의식하지 못한 상태에서도 능숙하게 발휘된다. 점화는 어떤 대상에 대한 경험이 이전 경험에 대한 기억을 불러일으키는 것이다. 가령 고향 어귀에서 버스를 내리자 예전 고향에서 살던 기억이 되살아났다고 한다면, 이는 고향에 도착해서 보게 된 나무나 집 등이 단서가 되어 이전의 기억들을 환기시켰기 때문이다. 한편 반복된 연합 경험이 기억을 남기는 것을 조건형성이라 한다. 그 대표적인 사례로 파블로프의 실험을 들 수 있다. 개에게 먹이를 줄 때마다 종소리를 울리면 개는 종소리와 먹이가 연합 관계에 있다는 것을 기억하게 된다.

이러한 기억은 부호화, 저장, 인출의 세 단계를 거쳐 형성된다. 부호화 단계는 기억하기 쉬운 형태로 정보를 등록하는 과정이고, 저장 단계는 부호화된 정보를 머릿속 저장소로 이동시키는 과정이다. 인출 단계는 저장된 정보를 꺼내거나 상기하는 과정을 말한다. 이 중 어느 단계에서든 이상이 생기면 기억 실패 혹은 망각으로 이어지게 된다.

따라서 기억을 잘 하기 위해서는 정보에 질서를 부여하여 효과적으로 부호화해야 한다. 자동적으로 부호화되는 불쾌한 사건이나 흥미로운 사실과 달리, 낯설거나 복잡한 정보를 부호화하기 위해서는 상당한 집중력과 노력이 필요하다. 수업 시간에 학습한 내용을 효과적으로 기억하기 위해 학습 내용을 필기하거나 요약해야 하는 것도 그 때문이다.

* 정교화: 치밀하여 빈틈이 없고 자세하며 교묘하게 됨. 또는 그렇게 만듦.
* 일화: 세상에 널리 알려지지 아니한 흥미 있는 이야기.
* 점화: 불을 붙이거나 켬.
* 범주화: 동일한 성질을 가진 부류나 범위로 묶음.

구조읽기 **0** **윗글의 서술 전략에 해당하는 것을 |보기|에서 골라 바르게 묶은 것은?**

―――――――| 보 기 |―――――――

ㄱ. 화제를 분류하여 내용을 체계적으로 제시하고 있다.

ㄴ. 구체적인 사례를 제시하여 독자의 이해를 돕고 있다.

ㄷ. 유추의 방법을 통해 개념을 알기 쉽게 전달하고 있다.

ㄹ. 화제의 여러 의미를 비교하여 공통점을 드러내고 있다.

① ㄱ, ㄴ        ② ㄱ, ㄷ        ③ ㄴ, ㄷ

④ ㄴ, ㄹ        ⑤ ㄷ, ㄹ

**내 생각 ?**... 을 표현하기
좋은 글의 구조를 선택하고...
썼으니까... **글의 구조 속**에
있지 않을까?

**글쓴이의 작문 과정을 따라가 볼까?**

> 기억의 유형을 나누어 각 기억의 개념을
> 설명하며 글을 시작해 볼까?

> 사람들이 흔히 기억이라고 말할 때는 장
> 기기억을 가리키니까, (❶　　　　　)을
> 중심으로 글을 전개하되 그 유형을 다시
> 세분화하면 독자들의 이해를 높일 수 있을
> 거야.

> 기억이 어떻게 (❷　　　　)되는지 그 과정을
> 설명한 다음, 기억을 잘 하는 방법을 제시
> 하며 글을 마무리하자.

**글쓴이가 이 글에서 말하려는 주제는?**

_____

_____

내용과 일치
│
세부 정보 확인

단어 하나만 바뀌어도 문장의 의미가 완전히 달라지니까 주의 깊게 살펴봐야겠지? 특히 선지에 제시된 '않다', '없이'와 같은 부정어, '~면 ~다.'라는 조건 등에 유의해야 해.

**1** 윗글의 내용과 일치하지 <u>않는</u> 것은?

① 감각기억은 주의를 기울이지 않으면 단기기억으로 전이되지 않는다.

② 기억이 형성되는 단계에 이상이 있으면 기억 실패가 발생할 수 있다.

③ 불쾌한 사건은 부호화 과정 없이도 자동적으로 머릿속 저장소에 쉽게 저장된다.

④ 낯설거나 복잡한 내용을 잘 기억하기 위해서는 정보에 질서를 부여하려는 노력을 해야 한다.

⑤ 감각기억, 단기기억, 장기기억은 단독으로 작용하는 것이 아니라 서로 영향을 주고받으며 작용한다.

윗글을 바탕으로 |보기|에 대해 이해
│
|보기|의 상황에 기억의 유형 적용

보고서를 작성하면서 떠올리는 생각이나 하는 행동의 특성을 파악해 이를 기억의 유형에 적용해야겠지?

**2** 윗글을 바탕으로 |보기|에 대해 이해한 내용으로 적절하지 <u>않은</u> 것은?

〈'인간의 잠재의식'에 관한 보고서를 작성하는 모습〉

① 보고서를 쓸 때 잠재의식과 관련된 용어들을 떠올리는 것은 '의미기억'에 해당한다.

② 친구와 보고서에 관해 대화를 나누었던 기억을 떠올리는 것은 '일화기억'에 해당한다.

③ 보고서를 쓸 때 자판을 보지 않고도 능숙하게 타자를 치는 것은 '절차기억'에 해당한다.

④ 관련 서적의 내용이 단서가 되어 꿈에서 본 어떤 장면이 떠오른 것은 '점화'에 해당한다.

⑤ 특정 단어를 입력하면서 자신이 예전에 좋아했던 노래가 떠오른 것은 '조건형성'에 해당한다.

**3** **㉠의 이유를 추론한 것으로 가장 적절한 것은?**

① 일화기억은 감각기억에 해당하기 때문이다.
② 단기기억과 장기기억이 인과 관계에 있기 때문이다.
③ 단기기억이 감각기억 형성의 전제가 되기 때문이다.
④ 감각기억은 부호화가 효과적으로 잘 되기 때문이다.
⑤ 감각기억이 이미지로 부호화돼 저장되어 있기 때문이다.

이유를 추론

숨겨진 전제를 파악

'심상'은 문학 시간에 배운 '이미지'인데, 이건 감각기억과 관련된 것 같지 않니?

기 출 읽 기

**1**

2016학년도 3월 고1 학력평가

정답률 79%
난이도 중
제한시간 7분

## 무엇을 물을까?

● 딱 봐도 '음운 부호'와 '의미 부호'가 대조 관

계를 이루고 있으니까 둘을 비교할 수 있는지

를 묻지 않을까?

●

인간을 흔히 망각의 동물이라고 한다. 망각이란 기억과 반대되는 개념으로 일종의 기억 실패에 해당한다. 기억은 외부의 정보를 기억 체계에 맞게 부호로 바꾸어 저장 및 인출하는 것으로 부호화 단계, 저장 단계, 인출 단계로 나뉜다. 심리학에서는 기억 실패가 기억의 세 단계 중 어느 단계에서 일어난다고 보느냐에 따라 망각 현상을 각기 다르게 설명한다.

㉠부호화 단계와 관련하여 망각을 설명하는 입장에서는 외부 정보가 부호화되는 과정에서 정보의 일부가 생략되거나 왜곡되어 망각이 일어난다고 본다. 부호화란 외부 정보를 기억의 체계에 맞게 변환하는 과정으로, 부호에는 음운 부호와 의미 부호 등이 있다. 음운 부호는 외부 정보가 발음될 때 나는 소리에 초점을 둔 부호이고, 의미 부호는 외부 정보의 의미에 초점을 둔 부호이다. 가령 '8255'라는 숫자를 부호화할 때, [팔이오오]라는 소리로 부호화하는 것은 전자에 해당하고, '빨리 오오.'와 같이 의미로 부호화하는 것은 후자에 해당한다. 의미 부호는 외부 정보가 갖는 의미에 집중하여 부호화하는 것이므로, 음운 부호에 비해 정교화가 잘 일어난다. 정교화는 외부 정보를 배경지식이나 상황 맥락 등의 부가 정보와 밀접하게 관련시키는 것이다. 부호화 단계에서 망각을 설명하는 학자들은 정교화가 잘된 정보가 그렇지 않은 정보보다 기억에 유리하여 망각이 잘 일어나지 않는다고 주장한다.

㉡저장 단계에서 망각이 일어난다고 보는 입장에서는 망각을 부호화 단계에서의 문제가 아니라, 저장 단계에서 정보가 사라지는 현상으로 설명한다. 즉 망각은 부호화가 되어 저장된 정보 중 사용하지 않는 정보가 시간의 경과에 따라 상실된다는 것이다. 독일의 심리학자 에빙하우스는 학습을 통해 저장된 단어가 시간의 경과에 따라 망각되는 양상*을 알아보는 실험을 하였다. 그 결과 학습이 끝난 직후부터 망각이 일어나기 시작해서 1시간이 지나자 학습한 단어의 약 44% 정도가 망각되었다. 이를 근거로 저장 단계에서 망각을 설명하는 학자들은 망각은 저장 단계에서 일어나는 현상이며 시간의 흐름에 비례하여 나타난다고 주장하였다. 그리고 학습 직후 복습을 해야 학습 효과가 높다는 것을 강조하였다.

㉢인출 단계에서 망각이 일어난다고 보는 입장에서는 망각을 저장된 정보가 제대로 인출되지 못하여 나타나는 현상으로 설명한다. 즉 망각은 저장된 정보가 사라지는 것이 아니라, 이를 밖으로 끄집어내지 못해서 나타난다는 것이다. 저장된 정보를 인출해 내기 위해서는 적절한 인출 단서가 필요하다. 일반적으로 저장된 정보와 인출 단서가 밀접할 경우 인출이 잘 되지만, 그렇지 않으면 인출 실패로 망각이 일어날 가능성이 크다. 가령 '사랑'이라는 단어를 인출할 때 이와 의미상 연관이 큰 '애인'이라는 단어를 인출 단서로 사용하면 인출이 잘 되지만, 이와 관련이 먼 '책상'이라는 단어를 인출 단서로 사용하면 인출이 잘 되지 않는다. 인출 단계에서의 망각은 저장된 정보를 인출할 만한 단서가 부족하거나 부적절해서 나타나는 현상이므로, 시간이 흐르더라도 적절한 인출 단서만 제시되면 저장된 정보가 떠오를 수 있다.

* 양상: 사물이나 현상의 모양이나 상태.

**0** 윗글에 대한 설명으로 가장 적절한 것은?

① 특정 현상을 설명하는 다양한 관점을 제시하고 있다.
② 특정 현상을 소개하는 이론의 문제점을 설명하고 있다.
③ 특정 현상과 관련된 통념을 제시하고 이를 반박하고 있다.
④ 특정 현상을 설명하는 여러 이론의 타당성을 비교하고 있다.
⑤ 특정 현상에 대한 상반된 주장을 제시한 후 이를 절충하고 있다.

내 생각?

**글쓴이의 작문 과정을 따라가 볼까?**

기억의 단계에 따라 (❶    )을 다르게 설명하는 관점들이 있음을 소개하면서 앞으로 전개될 내용을 안내하면 어떨까?

부호화 단계와 관련지어 망각을 설명하는 관점을 소개하고, 부호화의 개념과 부호의 종류를 바탕으로 망각을 막으려면 정교화가 필요함을 제시할까?

저장 단계와 관련지어 망각을 설명하는 관점을 제시하고, 이 관점을 뒷받침하는 실험을 소개하면 글의 신뢰도를 높일 수 있지 않을까?

(❷    ) 단계와 관련지어 망각을 설명하는 관점을 제시하고, 이 관점에서 망각이 발생하는 원리와 이유를 설명하면 내용의 타당성을 높일 수 있지 않을까?

**글쓴이가 이 글에서 말하려는 주제는?**

_____

_____

'음운 부호'와 '의미 부호'에 대한 설명

정보의 차이점 파악

음운 부호와 의미 부호를 비교하여 장단점을 파악해 봐. 이때 정교화가 중요한 기준이 되겠지?

## 1. '음운 부호'와 '의미 부호'에 대한 설명으로 적절한 것은?

① '음운 부호'는 외부 정보를 배경지식이나 맥락에 따라 수정한 것이다.
② '음운 부호'는 외부 정보를 그것에서 연상되는 의미로 처리하는 부호이다.
③ '의미 부호'는 외부 정보를 기억의 체계에 맞게 전환하는 데 필요한 부가 정보이다.
④ '음운 부호'와 달리 '의미 부호'로 입력된 정보는 망각되지 않는다.
⑤ '의미 부호'는 '음운 부호'에 비해 부호화 과정에서 정교화가 잘 이루어진다.

|보기|의 대화를 설명

단어 학습에 세 가지 관점 적용

## 2. ㉠~㉢에서 단어 학습과 관련된 |보기|의 대화를 설명한다고 할 때, 그 내용으로 적절하지 않은 것은?

―――――――| 보  기 |―――――――

**다련:** 단어를 외울 때 기존에 알고 있는 단어와 연관 지어서 암기하면 좀 더 오래 기억할 수 있어.

**수민:** 단어를 소리로 외우지 않고 용례를 보며 의미에 집중하여 외우는 것이 오래 기억되지만, 시간이 많이 걸린다는 것이 흠이야.

**예린:** 단어 시험 볼 때는 다 맞았는데, 시험이 끝난 후 며칠 뒤에 다시 보니 그 단어들이 기억나지 않아 속상해.

**서정:** 외운 단어를 잊어버리지 않으려면, 학습 직후부터 반복적으로 복습을 하는 것이 최고인 것 같아.

**석현:** 좀 전까지도 알고 있는 단어였는데, 갑자기 말하려니까 혀끝에서만 빙빙 돌 뿐 생각이 나지 않아 답답해.

① ㉠: 다련은 단어를 정교화하는 것이 기억에 효과적이라는 것을 언급하고 있다.
② ㉠: 수민은 단어를 음운 부호로 부호화하는 과정이 시간이 많이 걸린다는 것을 말하고 있다.
③ ㉡: 예린이 단어들을 기억하지 못하는 것은 시간의 경과에 따라 저장 단계에서 망각이 일어났기 때문이다.
④ ㉡: 서정이 복습을 중요하게 여기는 이유는 학습 직후부터 망각이 시작되기 때문이다.
⑤ ㉢: 석현에게 단어와 관련이 큰 적절한 인출 단서를 주면 단어가 생각날 수도 있다.

**3** 윗글을 바탕으로 할 때, |보기|의 ⓐ와 같은 결과가 나타난 이유를 추리한 것으로 가장 적절한 것은?

결과가 나타난 이유
━━━━━
두 집단의 결과가 다른 이유 추리

회상 검사는 기억의 세 단계 중 어느 단계와 관련이 깊을까?

|── 보 기 ──|

　　실험 참가자들을 X와 Y 두 집단으로 나누고 100개의 단어를 학습시킨 후 얼마나 많은 단어를 회상하는지 알아보는 실험을 하였다. 단어를 학습시킬 때 '장미–꽃'과 같이 단어와 그 단어를 포함하는 범주*를 함께 제시하였다. 학습 후 두 차례에 걸쳐 100개의 학습 단어를 회상하는 검사를 하였는데, 첫 번째 회상 검사에서는 두 집단 모두에게 범주를 제시하고, 두 번째 회상 검사에서는 X 집단에게만 범주를 제시하고 Y 집단에게는 제시하지 않았다. 1차 회상 검사에서는 두 집단의 단어 회상률이 동일하게 나타났으나, 2차 회상 검사에서는 ⓐX 집단이 Y 집단보다 단어 회상률이 유의미한 수준에서 높게 나타났다.

* 범주: 동일한 성질을 가진 부류나 범위.

① X 집단이 Y 집단과 달리 단어를 떠올리는 인출 단서로 범주를 활용했기 때문이다.
② X 집단이 Y 집단과 달리 단어의 의미를 범주화하여 체계적으로 저장했기 때문이다.
③ X 집단이 Y 집단과 달리 단어를 정교화하는 과정에서 부적절한 범주를 사용했기 때문이다.
④ Y 집단이 X 집단과 달리 구체적 사례와 관련지어 단어를 의미 부호화하여 저장했기 때문이다.
⑤ Y 집단이 X 집단과 달리 단어의 의미를 부호화하는 과정에서 기억 실패가 발생했기 때문이다.

기출 읽기

2

2015학년도 10월 고3 학력평가 A형

정답률 81%
난이도 중하
제한시간 8분

일상에서 우리는 별개의 대상을 같은 이름으로 ⊙지칭하는 경우가 있다. 이것은 그것들이 무엇인가 공통점을 지니고 있다고 생각하기 때문이다. 예컨대 옆집에서 키우는 '진돗개'와 우리 집에서 키우는 '치와와'를 생김새의 차이에도 불구하고 모두 '개'라고 부른다면, '개'라는 이름이 뜻하는 그 무엇, 즉 '개'라는 개념이 포함하고 있는 속성을 '진돗개'와 '치와와'가 공유하는 것으로 보아 둘 모두를 '개'의 범주에 포함시킨 것이다. 이는 개념이 범주화의 기능을 한다는 것을 보여 준다.

그렇다면 개념과 범주는 무엇일까? 개념은 특정한 사물이나 사건, 상징적인 대상들의 공통된 속성을 추상화하여 종합화한 보편적 관념을 말하고, 범주는 같은 성질을 가진 부류나 범위라고 말할 수 있다. 개념은 내포(內包)와 외연(外延)으로 구성되어 있다. 내포는 개념이 적용되는 범위에 속하는 여러 사물이 공통적으로 가지고 있는 어떤 필연적 성질 전체를 가리킨다. 예를 들어 생물이라는 말의 경우 '생명을 가지고 생활 현상을 영위하는 존재'가 내포가 된다. 반면 외연은 그 개념이 ⓒ지시할 수 있는 대상 전체의 범위를 가리킨다. 생물이라는 말의 외연은 생물이라는 개념이 지시할 수 있는 대상 전체, 곧 동물, 식물 등이 된다. 이는 외연이 범주화와 관련이 있음을 보여 준다.

범주화란 특정한 사례가 특정한 범주의 구성원인지의 여부를 결정하는 것, 그리고 특정한 개념이 다른 개념의 부분 집합인지를 결정하는 것이다. 범주화는 위계적*으로 이루어지는데, 예를 들어 하위 범주인 '작은북'은 상위 범주인 '북'의 부분 집합이 되며, '북'은 보다 높은 상위 범주인 '타악기'의 부분 집합이 되는 식이다. 이러한 범주화는 인간이 사물과 현상을 변별하고, 이해하고, 추론하고, 기억하는 데 많은 도움을 준다. 만일 사람이 새로운 경험을 할 때마다 그 경험을 개별적인 속성에 기초해서 독특한 것으로 지각한다면 엄청나게 다양한 경험에 ⓒ압도당할 것이며, 접하는 것들의 대부분을 기억할 수 없을 것이다. 또한 접하는 모든 대상들을 그 이전에 경험한 어떤 것과도 같지 않은 속성을 지닌 것으로 인식한다면 경험에 의미를 부여할 수 없으며, 그 경험으로부터 도움을 받을 수 없게 된다.

범주화는 주위에서 일어나는 사물이나 현상들을 의미 있는 단위로 분할하여 이해하고 설명하며, 그 사물이나 현상들과 관련 있는 이후의 일들을 ⓔ예상할 수 있게도 해 준다. 예를 들어 '침엽수'가 침 모양의 잎사귀를 가지고 있으며, 건조와 추위에 강하다는 것을 알고 있는 사람이 가을에 여행을 가서 침 모양의 잎사귀를 가진 나무를 본다면, 그는 그 나무를 침엽수로 범주화하여 그 나무가 겨울의 매서운 추위에도 잘 견딜 것이라고 예상할 수 있을 것이다.

범주화는 인류가 오랫동안 지식을 ⓜ축적해 온 방법으로 유용한 도구이지만 범주화에 기초해 판단하는 것에 익숙해지다 보면 성급하게 범주화하여 오판*에 이르는 경우가 발생할 수 있다. 그러므로 판단의 오류를 줄이기 위해서는 여러 요소를 고려하여 범주화할 수 있어야 한다.

무엇을 물을까?

● '내포', '외연', '범주화' 같은 추상적인 개념이

 나왔으니 구체적인 사례에 적용해 보라고 하

 겠지?

●

---

* 위계적: 지위나 계층 따위의 등급이 있는. 또는 그런 것.
* 오판: 잘못 보거나 잘못 판단함. 또는 잘못된 판단.

**0** 다음은 윗글을 쓰기 전 떠올린 생각을 바탕으로 세운 글쓰기 계획이다. 윗글에 반영되지 **않은** 것은?

| 떠올린 생각 | 글쓰기 계획 |
|---|---|
| 개념의 범주화 기능 | '진돗개'와 '치와와'를 '개'로 범주화하는 예를 통해 제시하기 ······ ① |
| 개념과 범주화의 관계 | '개념'의 정의를 제시하고, 그 구성 요소를 구분한 다음, 그중 하나의 요소와 범주화의 관련성 언급하기 ······ ② |
| 범주화의 의미 | '범주화'의 정의를 제시하고 그 특성을 구체적 사례를 들어 설명하기 ······ ③ |
| 범주화의 기능 | 범주화의 두 기능을 소개하고, 두 가지 기능을 모두 수행하지 못했을 때 발생하는 문제점을 보여 주기 ······ ④ |
| 범주화의 한계 | 범주화의 한계를 언급하고 이를 보완하는 방법도 함께 제시하기 ······ ⑤ |

내 생각?

**글쓴이의 작문 과정을 따라가 볼까?**

일상에서 개념이 (❶ )의 기능을 하는 사례를 보여 주면 독자가 중심 화제를 보다 쉽게 이해할 수 있겠지?

↓

개념을 이루는 내포와 외연의 의미를 예를 통해 제시하고 이를 바탕으로 개념과 범주화의 관계를 드러내야겠어.

↓

범주화가 하는 (❷ )을 제시할 때 범주화하지 못할 때의 상황을 가정하면 그 내용을 잘 전달할 수 있겠지?

↓

범주화의 의의와 한계를 제시하면서 마무리하면, 글의 완결성을 높일 수 있겠어.

**글쓴이가 이 글에서 말하려는 주제는?**

_____

_____

세부 화제

↓

선지의 내용이 제시되어 있는지 각 문단별로 하나씩 확인해 봐!

**1** 윗글에서 다루고 있는 내용이 <u>아닌</u> 것은?

① 범주화의 다양한 종류
② 범주화의 위계적 성격
③ 내포와 외연의 의미
④ 개념의 범주화 기능
⑤ 범주화의 유용성

|보기|를 해석

사례에 개념 적용하기

**2** 윗글을 참고하여 |보기|를 해석한 내용으로 적절하지 <u>않은</u> 것은?

┤보 기├

ㄱ. A는 곤충이 다리가 세 쌍이며 거미는 다리가 네 쌍이라는 것을 몰랐다. 그래서 거미를 보고 거미와 곤충의 유사한 모습에만 주목해 거미가 곤충에 속한다고 말했다. 곤충과 거미의 차이점을 알고 있는 B는 그 말을 듣고 거미는 곤충이 아니라고 A에게 알려 주었다.

ㄴ. 유아들과 청소년들을 대상으로 사과, 개, 장미, 소, 국화, 포도 그림을 보여 주며 어떤 그림을 봤는지를 외워 보라고 했다. 유아들은 그림들 간의 관계를 고려하지 않고 외운 반면, 청소년들은 그림들을 '과일', '꽃', '가축'으로 나누어 외웠다.

ㄷ. C는 수업 시간에 영상물을 통해 기도가 막혔을 때의 응급 처치 방법을 배웠다. 친구들과 저녁 식사를 하던 중 한 친구가 갑자기 목을 부여잡고 제대로 숨을 쉬지 못하는 상황이 발생하자, C는 영상물에서 본 상황과 유사하다고 생각하여 응급 처치를 시행하였다. 그 덕분에 그 친구는 무사했다.

① ㄱ에서 A는 거미가 지니고 있는 곤충과의 유사한 모습에 주목하여 범주화했겠군.
② ㄱ에서 B는 거미의 개념과 관련해 곤충과 구별되는 거미의 속성을 이해하고 있었기 때문에 A가 잘못 범주화한 것을 바로잡아 줄 수 있었겠군.
③ ㄴ에서 그림의 개수가 더 많아지면 '유아들'이 제시된 그림들을 모두 기억하는 데 겪는 어려움이 더 커질 수 있겠군.
④ ㄴ에서 '청소년들'은 '사과, 개, 장미, 소, 국화, 포도' 각각의 그림 속 대상이 지닌 독특한 고유의 특성에 주목해 외웠겠군.
⑤ ㄷ에서 C는 '친구'가 숨을 못 쉬게 된 것을 기도가 막혔을 때의 증상으로 범주화했기 때문에 영상물을 본 경험으로부터 도움을 받을 수 있었겠군.

윗글을 토대로 |보기|에 대해 이해

범주화 개념을 통해 연역 추론 이해

**3** **윗글을 토대로 |보기|에 대해 이해한 내용으로 적절한 것은?**

―|보 기|―

[연역 추론의 예]

㉮ 대전제: 어류는 모두 아가미로 호흡한다.

⬇

㉯ 소전제: 잉어는 어류이다.

⬇

㉰ 결론: 따라서 잉어는 아가미로 호흡한다.

① ㉮에서 '아가미로 호흡한다'는 것은 '어류'의 외연에 해당한다.

② ㉯는 '어류'의 모든 내포가 '잉어'의 모든 내포와 일치한다는 것을 전제로 삼아 범주화한 것이다.

③ ㉰는 '어류'라는 범주에 해당하는 속성이 '잉어'에 부여되었기 때문에 도출되는 것이다.

④ ㉮와 ㉯가 각각 대전제와 소전제가 되는 것은 '잉어'의 외연이 '어류'의 외연보다 크기 때문이다.

⑤ ㉯에서 '잉어'는 '어류'의 상위 범주에 해당하기 때문에 ㉰에서 '아가미로 호흡한다'는 속성을 가진다.

**4** **㉠~㉺의 사전적 의미로 적절하지 않은 것은?**

한자어의 사전적 의미

단어의 뜻을 잘 모르겠다면 앞뒤 문맥을 활용해 봐!

① ㉠: 어떤 대상을 가리켜 이르는 일.

② ㉡: 가리켜 보임.

③ ㉢: 보다 뛰어난 힘이나 재주로 남을 눌러 꼼짝 못하게 함.

④ ㉣: 어떤 일을 직접 당하기 전에 미리 생각하여 둠.

⑤ ㉤: 보호하고 간수해서 남김.

기출읽기 3

2008학년도 10월 고3 학력평가

정답률 84%
난이도 중하
제한시간 8분

**무엇을 물을까?**

● _____

● _____

비판적 사고란 주어진 ㉠틀에 따라 기계적이고 무의식적으로 사고하는 것이 아니라, 스스로 무슨 사고가 진행되고 있는지를 능동적으로 의식하면서 사고하는 행위이다. 즉, 어떤 사고를 할 때 무슨 사고를 했는지, 그 사고의 목적이 무엇인지 등을 끊임없이 스스로 묻는 반성적 사고인 것이다. 반성적 사고를 통해 획득된 지식은 상황에 맞도록 변형, 결합, 분석, 종합할 수 있는 상황 적응적인 성격을 갖고 있어 활용 가능성이 높다. 그리고 반성적 사고의 체화(體化)*를 통해 궁극에 도달하면 창의적 사고가 가능해진다.

이제 반성적 사고란 무엇인지, 그 효용성을 보여 줄 수 있는 예를 통해 구체적으로 알아보자. 다음 덧셈에서 알파벳 문자는 각각 무슨 숫자를 나타내는가? (단, 각 알파벳 문자는 0에서 9 사이의 어떤 수이다.)

| [덧셈식 1] | [덧셈식 2] |
|:---:|:---:|
| CD | LETS |
| + DX | + WAVE |
| DXD | LATER |

대부분의 사람들은 누구나 다 덧셈을 할 수 있다. 그런데도 [덧셈식 1]을 푼 사람과 그렇지 못한 사람이 있다. 문제를 푼 사람들의 사고 과정을 보면, 그 과정은 대체로 반복적인 덧셈 경험을 토대로 "일의 자리 두 수를 더하면 그 수는 18을 넘지 못한다."라는 결론에 도달한 후, 이것을 통해 "일의 자리 두 수를 더하면 십의 자리로 올라갈 수 있는 수는 1밖에 없다."라는 반성적 사고의 과정을 거쳤을 것이다. 즉, 암기하여 기계적으로 덧셈 계산을 반복한 사람은 문제를 풀지 못하고 반성적 사고를 한 사람이 문제를 푼 것이다.

[덧셈식 2]는 [덧셈식 1]의 난이도 수준을 대폭 높인 응용문제이다. 반성적 사고를 통해 [덧셈식 1]을 푼 사람은 아마도 [덧셈식 2]도 이 반성적 사고를 통해 풀 수 있을 가능성이 있지만 반드시 그런 것은 아니다. 그 이유는 지식에 대한 반성적 사고의 체화 수준이 낮기 때문이다. 덧셈의 지식을 암묵적*으로 이해는 하고 있으나(또는 명시적으로 이해를 하고 있기는 해도 그것이 수동적으로 얻어졌기 때문에) 그 반성적 사고의 체화 수준이 낮은 사람들은 문제 해결에 필요한 지식이나 원리의 능동적 발견이 용이하지 못해, 이 문제를 풀기 위해 고려해야 할 복잡한 경우의 수를 모두 다 헤아리지 못하고 중도 하차할 가능성이 높다.

이것은 단순히 반성적 사고로 얻은 지식이나 원리의 이해만을 가지고는 활용 가능성이 극대화된 지식을 산출해 내지는 못한다는 것을 의미한다. 따라서 창의력을 위해서는 먼저 유사 응용문제 풀이를 반성적 사고 속에서 반복적으로 수행하여 반성적 사고의 체화 단계에까지 도달하여야 한다. 그리고 이를 바탕으로 특정 영역에서 습득한 원리를 전혀 다른 새로운 영역에다 적용할 수 있는 ㉡영역 전이적 통찰력을 확보해야 한다. 다시 말해, 단순 지식의 차원을 넘어 반성적 사고를 통해 문제를 푸는 동시에, 그 반성적 사고를 체화하여 다른 영역에까지 적용할 수 있을 때 창의력을 얻을 수 있다.

* 체화: 생각, 사상, 이론 따위가 몸에 배어서 자기 것이 됨.
* 암묵적: 자기의 의사를 밖으로 나타내지 아니한. 또는 그런 것.

**0** 다음은 윗글을 쓰기 위해 글쓴이가 세운 전략이다. 윗글에 반영되지 <u>않은</u> 것은?

* **목적:** 창의적 사고에 관심이 많은 사람들을 대상으로 창의적 사고가 문제 해결에 필요하다는 것을 강조하는 글을 쓰고자 한다.

• **내용 선정:** 반성적 사고와 창의적 사고가 잘 드러나는 내용을 선정한다. ┈┈ ①

• **자료 수집:** 반성적 사고와 창의적 사고가 결여되면 풀 수 없는 문제를 찾아보고 이를 수집한다. ┈┈┈┈┈┈┈┈┈┈┈┈┈┈┈┈┈┈┈┈ ②

• **내용 전개**

　가. 용어의 의미를 정의하면서 중심 화제를 제시한다. ┈┈┈┈┈┈┈ ③

　나. 의문문을 활용하여 이어질 내용을 안내한다. ┈┈┈┈┈┈┈┈ ④

　다. 구체적 상황을 제시하여 대상들 간의 장단점을 비교한다. ┈┈┈┈┈ ⑤

**내 생각?**

**글쓴이의 작문 과정을 따라가 볼까?**

비판적 사고가 곧 반성적 사고임을 언급하면, 중심 화제인 반성적 사고로 자연스럽게 유도할 수 있겠지?

↓

다음 문단의 내용을 안내하면서 질문을 던지면 글에 대한 흥미와 집중도가 높아질 거야.

↓

[덧셈식 1]을 풀 수 있는 사람과 그렇지 않은 사람의 사고 특성을 대조하면 독자들이 (❶　　　　)의 의미와 효용성을 이해하기가 쉽겠지?

↓

반성적 사고만으로는 [덧셈식 2]를 풀 수 없다는 걸 보여 주면, 자연스럽게 (❷　　　　)를 제시할 수 있을 거야.

↓

반성적 사고에서 창의적 사고로 발전하기 위해 갖추어야 할 조건 두 가지를 설명한 다음, 요약하면 체계적인 글이 될 거야.

**글쓴이가 이 글에서 말하려는 주제는?**

＿＿＿＿＿＿＿＿＿＿＿＿＿＿＿＿

＿＿＿＿＿＿＿＿＿＿＿＿＿＿＿＿

내용과 일치

사고 유형에 관한 세부 정보 확인

**1** **윗글의 내용과 일치하지 <u>않는</u> 것은?**

① 비판적 사고는 사고의 내용, 목적 등을 끊임없이 묻는 반성적 사고이다.

② 창의적 사고는 유사 응용문제 풀이의 반복과는 관련이 없다.

③ 비판적 사고 능력의 유무는 문제 해결 능력에 영향을 준다.

④ 반성적 사고는 능동적으로 의식하며 사고하는 행위이다.

⑤ 반성적 사고를 통해 획득한 지식은 활용 가능성이 높다.

학습을 |보기|와 같이 설계

사고 유형과 학습 단계의 관련성 파악

**2** **윗글을 읽고 사고력을 신장시키기 위한 학습을 |보기|와 같이 설계했을 때, 그 설명으로 적절하지 <u>않은</u> 것은?**

┤보 기├

• **학습 1단계:** 암기를 통한 지식 획득

• **학습 2단계:** 원리 이해를 통한 지식 획득

• **학습 3단계:** 영역 전이적 통찰력을 통한 지식 획득

① 학습 1단계에 있는 학생은 [덧셈식 1]과 [덧셈식 2]를 모두 풀지 못할 가능성이 높을 것이다.

② 학습 2단계에 있는 학생은 [덧셈식 2]는 풀지 못하더라도 [덧셈식 1]을 풀 가능성이 높을 것이다.

③ 학습 3단계에 있는 학생은 [덧셈식 1]과 [덧셈식 2]를 모두 풀 가능성이 높을 것이다.

④ 학습 1단계와 학습 2단계는 창의적 사고를 통한 지식의 획득 여부로 구분될 것이다.

⑤ 학습 2단계와 학습 3단계는 활용 가능성이 극대화된 지식의 획득 여부로 구분될 것이다.

**3** ㉠의 문맥적 의미와 가장 유사한 것은?

① 훈련병들은 정해진 틀에 맞춰 하루하루를 생활하고 있었다.

② 이 작품은 석고로 만든 틀에 청동을 부어 만든 것이다.

③ 오누이는 얼굴 생김새가 한 틀에 박아 낸 것 같다.

④ 그는 황제로서의 위엄이 틀에 잡혀 있다.

⑤ 지은이는 나무 틀 위에 천을 덮었다.

문맥적 의미

문장에서의 어휘의 의미

**4** ㉡의 사례로 가장 적절한 것은?

① 물놀이 사고 시에 튜브가 없을 때는 플라스틱 병에 물을 담아 튜브 대용으로 이용하라는 구조 지침을 보고 친구를 구해 낸 학생

② 게코도마뱀이 발바닥에 있는 섬모를 이용하여 천장에 붙어 있는 것을 보고 이를 연구하여 친환경 접착제를 개발한 과학자

③ 학교에서 아이스크림을 만드는 실습 중에 미지근한 물이 차가운 물보다 더 빨리 어는 현상을 관찰한 과학도

④ 제자들에게 "네가 알고 있는 것은 진실이라고 생각하는가?"를 끊임없이 질문했던 어느 철학자

⑤ 영어 회화를 열심히 공부하여 외국인과의 대화를 능숙하게 할 수 있는 학생

㉡의 사례

추상적 개념의 구체적 사례 찾기

'전이'라는 말의 의미에 주목해 봐.
㉡은 어떤 영역에서 발견한 원리를 다른 영역으로 적용하는 능력이니까!

# 건축 공간, 건축이 되다

건축물에는 그것이 지어진 시대와 사회의 문화, 기술력, 그리고 그 시대를 살았던 사람들의 사고방식과 미의식이 녹아들어 있다. 이는 건축물을 통해서 당대 사회와 사람들을 이해할 수 있다는 것을 의미한다. 우리와는 다른 시대의 사회와 그 안에 살았던 사람들을 알고, 이해한다는 것은 현 시대와 세상에 대한 이해의 폭을 넓히는 것이기도 하다. 바로 이 점이, **수능 출제자들이 건축에 주목하는 이유가 아닐까?**

서양 건축 예술의 역사는 성당 건축을 빼놓고는 이해할 수 없다. 여러 시대에 걸쳐 유럽의 성당은 다양한 @양식으로 변화해 왔다. 하지만 그 기본은 바실리카 형식에서 크게 벗어나지 않았다. 평면도상 긴 직사각형 모양을 하고 있는 이 형식은 고대 로마 제국 시대에서 비롯된 것으로 원래는 시장이나 재판소와 같은 ⓑ공공 건축물에 쓰였던 것이다. 4세기경부터 출현한 바실리카식 성당은 이후 평면 형태의 부분적 변화를 겪으면서 중세 시대에 ⓒ절정을 이루었다.

바실리카식 성당의 평면을 살펴보면, 초기에는 동서 방향으로 긴 직사각형의 모습을 하고 있다. 서쪽 끝 부분에는 일반인들의 출입구와 현관이 있는 나르텍스가 있다. 나르텍스를 지나면 일반 신자들이 예배에 참여하는 네이브가 있고, 네이브의 양 옆에는 복도로 활용되는 아일이 붙어 있다. 동쪽 끝 부분에는 신성한 제단이 자리한 앱스가 있는데, 이곳은 오직 성직자만이 들어갈 수 있다. 이처럼 나르텍스로부터 네이브와 아일을 거쳐 앱스에 이르는 공간은 세속에서 신의 영역에 이르기까지의 ⓓ위계를 보여 준다.

시간이 흐르면서 성직자의 위상이 점차 높아지고 종교 의식이 확대됨에 따라 예배를 진행하기 위한 추가적인 공간이 필요하게 되었다. 이에 따라 바실리카식 성당은 앱스 앞을 가로지르는 남북 방향의 트란셉트라는 공간이 추가되어 ㉠열십자 모양의 건물이 되었다. 이때부터 건물은 더욱 웅대하고 화려해졌는데, 네이브의 폭도 넓어지고 나르텍스에서 앱스까지의 길이도 늘어났으며 건물의 높이도 높아졌다.

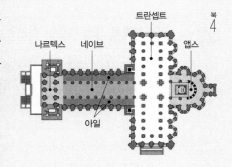

절정기의 바실리카식 성당은 외부에서 보면 기둥이나 창 등을 통해 하늘을 향한 수직선이 강조된 ⓔ인상을 준다. 이는 신에게 가까이 가려는 인간의 욕망이 표현된 것이다. 출입구 쪽의 외벽과 기둥에는 신이나 성인의 모습을 새겨 넣기도 하고, 실내의 벽과 천장에는 천국과 지옥 이야기 등을 담은 그림을 채워 넣기도 하였다. 특히 벽면에는 스테인드글라스로 구성된 커다란 창을 사람의 키보다 높게 설치하여 창을 통과한 빛이 다양한 색채로 건물 내부 공간에 풍부하게 퍼지도록 하였다. 이는 서양의 중세인들이 모든 미의 원천을 신이라고 보고 빛은 신의 속성을 상징한다고 보았던 것과 관련되어 있다. 이처럼 바실리카식 성당은 기능적 공간으로만 존재한 것이 아니라, 건축을 중심으로 조각, 회화, 공예 등이 한데 어우러져 당대의 미의식을 표현한 종합 예술로서의 성격을 지니고 있다.

— 구조읽기 **0**

### 윗글의 내용 전개 원리에 대한 설명으로 가장 적절한 것은?

① 중심 화제가 지닌 장단점을 분석적으로 고찰한다.

② 중심 화제를 특정한 기준에 따라 하위 개념으로 구분한다.

③ 중심 화제가 지닌 다양한 의의와 영향을 상세하게 나열한다.

④ 중심 화제의 구체적 변화 양상을 시간의 흐름에 따라 제시한다.

⑤ 중심 화제의 생성에서부터 소멸까지의 과정을 단계적으로 설명한다.

**내 생각?**... 을 표현하기
좋은 글의 구조를 선택하고...
썼으니까... **글의 구조 속**에
있지 않을까?

---

**글쓴이의 작문 과정을 따라가 볼까?**

( ❶            )이 서양 건축 예술에서 왜 중요한지, 그 유래를 밝히면서 글을 시작해 볼까?

↓

이제부터 시간의 흐름에 따라 바실리카식 성당의 변화 과정을 설명해야겠어. 우선 초기 형태부터!

↓

이후 바실리카식 성당의 형태가 변화된 이유를 밝히면서 ( ❷            ) 공간이 추가되었음을 알리고, 이를 그림으로 보여 줘야겠어.

↓

절정기의 바실리카식 성당의 모습을 설명할 때에는 외부, 내부의 각 구성 요소가 지닌 특징을 밝혀야겠어. 그리고 바실리카식 성당의 의의를 언급하면서 글을 마무리할 거야.

**글쓴이가 이 글에서 말하려는 주제는?**

_____

_____

내용 일치 확인

지문 내용과 완전히 똑같지 않아도 의미가 같다면 일치하는 거야. 정보 바꿔치기에 주의하자!

**1** 바실리카식 성당에 대한 설명으로 적절하지 <u>않은</u> 것은?

① 서양 건축 예술의 역사를 이해하는 데 중요한 건축물이다.
② 4세기경에 출현하여 이후 부분적 변화를 겪었다.
③ 종교적 기능을 가진 로마 시대의 건축에서 유래했다.
④ 성직자의 위상이 높아지면서 웅대해지고 화려해졌다.
⑤ 실내의 벽과 천장을 종교적 예술 작품으로 장식하였다.

㉠의 실내 공간을 이해

공간 구성 요소의 기능 이해

㉠의 공간을 설명한 2, 3문단에 주목하자. 이때 그림을 참고하면서 글을 읽으면 이해가 쉽겠지?

**2** ㉠의 실내 공간을 이해한 것으로 적절한 것은?

① 아일은 현관문으로 건물의 출입구 역할을 한다.
② 나르텍스는 일반 신자들이 예배에 참여하는 곳이다.
③ 트란셉트는 종교 의식이 확대되면서 추가된 공간이다.
④ 앱스는 사람들이 예배를 보기 위해서 다니는 통로이다.
⑤ 네이브는 제단이 놓인 곳으로 성당 내에서 제일 신성한 곳이다.

**3** 윗글과 |보기|를 통해 이끌어 낼 수 있는 반응으로 가장 적절한 것은?

이끌어 낼 수 있는 반응

다른 건축물과의 비교

─| 보  기 |─

고대 그리스인들은 인간을 미의 원천으로 인식했다. 그리스 파르테논 신전은 긴 직사각형 모양으로 건물 각 부분의 공간 구성에는 인체 비례가 적용되었고, 지붕에 있는 신들의 조각에도 마찬가지였다. 건물 외부는 대리석으로 만들어져 빛의 방향에 따라 다양한 색채를 띠며, 길게 뻗은 기단 등을 주로 활용하여 수평선을 강조한 인상을 준다.

① 파르테논 신전은 바실리카식 성당과는 달리 건물에 조각 장식을 새겨 넣지 않았군.
② 파르테논 신전은 바실리카식 성당과는 달리 외부에서 보면 수직선이 강조된 인상을 주는군.
③ 파르테논 신전과 바실리카식 성당은 모두 빛을 통해 건물의 내부를 강조했군.
④ 파르테논 신전과 바실리카식 성당은 모두 평면의 형태가 열십자 모양을 하고 있군.
⑤ 파르테논 신전과 바실리카식 성당은 모두 당대의 미의식이 건물의 공간 구성에 영향을 주었군.

파르테논 신전 vs 바실리카식 성당
둘을 왜 비교할까?

다른 사례가 제시될 때에는 공통점 또는
차이점을 중심으로 생각하는 거랬어!

**4** ⓐ~ⓔ의 사전적 의미로 적절하지 <u>않은</u> 것은?

단어의 사전적 의미

내용 파악의 기본은 단어의 의미 파악
에 있지. 앞뒤 문맥을 활용하면 사전적
의미를 파악하는 데 도움이 돼!

① ⓐ: 시대나 부류에 따라 각기 독특하게 지니는 문학, 예술 따위의 형식.
② ⓑ: 국가나 사회의 구성원에게 두루 관계되는 것.
③ ⓒ: 사물의 진행이나 발전이 최고의 경지에 달한 상태.
④ ⓓ: 존경할 만한 위세가 있어 점잖고 엄숙한 태도나 기세.
⑤ ⓔ: 어떤 대상에 대하여 마음속에 새겨지는 느낌.

기 출 읽 기 1

2014학년도 수능 A형

정답률 72%
난이도 중
제한시간 7분

## 무엇을 물을까?

● 홍예를 중심으로 승선교의 특징과 미감을 설

명하고 있으니까, 이와 관련해 구체적인 내

용들을 묻겠지?

●

선암사(仙巖寺) 가는 길에는 독특한 미감을 자아내는 돌다리인 승선교(昇仙橋)가 있다. 승선교는 번잡한 속세와 경건한 세계의 경계로서 옛사람들은 산사에 이르기 위해 이 다리를 건너야 했다. 승선교는 가운데에 무지개 모양의 홍예(虹霓)를 세우고 그 좌우에 석축을 쌓아 올린 홍예다리로서, 계곡을 가로질러 산길을 이어 준다.

홍예는 위로부터 받는 하중을 좌우의 아래쪽으로 효과적으로 분산시켜 구조적 안정성을 얻을 수 있기 때문에 예로부터 동서양에서 널리 ㉠활용되었다. 홍예를 세우는 과정은 홍예 모양의 목조로 된 가설틀을 세우고, 그 위로 홍예석을 쌓아 올려 홍예가 완전히 세워지면, 가설틀을 해체하는 순으로 이루어진다. 홍예는 장대석(長臺石)*의 단면을 사다리꼴로 잘 다듬어, 바닥에서부터 상부 가운데를 향해 차곡차곡 반원형으로 쌓아 올린다. 모나고 단단한 돌들이 모여 반원형의 구조물로 탈바꿈함으로써 부드러운 곡선미를 형성한다. 또한 홍예석들은 서로를 단단하게 지지해 주기 때문에 특별한 접착 물질로 돌과 돌을 이어 붙이지 않았음에도 ㉡견고하게 서 있다.

승선교는 이러한 홍예와 더불어, 홍예 좌우와 위쪽 일부에 주위의 막돌을 쌓아 올려 석축을 세웠는데 이로써 승선교는 온전한 다리의 형상을 갖게 되고 사람이 다닐 수 있는 길의 일부가 된다. 층의 구분이 없이 무질서하게 쌓인 듯 보이는 석축은 잘 다듬어진 홍예석과 대비가 되면서 전체적으로는 변화감 있는 조화미를 이룬다. 한편 승선교의 홍예 천장에는 용머리 모양의 장식 돌이 물길을 향해 ㉢돌출되어 있다. 이런 장식은 용이 다리를 건너는 사람들이 물로부터 화를 입는 것을 ㉣방지한다고 여겨 만든 것이다.

계곡 아래쪽에서 멀찌감치 승선교를 바라보자. 계곡 위쪽에 있는 강선루(降仙樓)와 산자락이 승선교 홍예의 반원을 통해 초점화되어 보인다. 또한 녹음이 우거지고 물이 많은 계절에는 다리의 홍예가 잔잔하게 흐르는 물 위에 비친 홍예 그림자와 이어져 원 모양을 이루고 주변의 수목들의 그림자도 수면에 비친다. 이렇게 승선교와 주변 경관은 서로 어우러지며 극적인 합일을 이룬다. 승선교와 주변 경관이 만들어 내는 아름다움은 계절마다 그 모습을 바꿔 가며 다채롭게 드러난다.

승선교는 뭇사람들이 산사로 가기 위해 계곡을 건너가는 길목에 세운 다리다. 그러기에 호사스러운 치장이나 장식을 할 까닭은 없었을 것이다. 그럼에도 이 다리가 아름다운 것은 주변 경관과의 조화를 중시하는 옛사람들의 자연스러운 미의식이 반영된 덕택이다. 승선교가 오늘날 세사*의 번잡함에 지친 우리에게 자연의 소박하고 조화로운 미감*을 ㉤선사하는 것은 바로 이 때문이다.

* 장대석: 섬돌 층계나 축대를 쌓는 데 쓰는, 길게 다듬어 만든 돌.
* 세사: 세상에서 일어나는 온갖 일.
* 미감: 아름다움에 대한 느낌. 또는 아름다운 느낌.

**글쓴이가 윗글을 쓰기 위해 떠올렸을 생각으로 적절하지 않은 것은?**

① 우리나라의 전통 다리 중에서 옛사람들의 미의식을 잘 보여 주는 것이 있을까?

② 승선교의 특징을 분석적으로 설명하면서 각 부분에 담긴 미감도 같이 제시할까?

③ 독자들이 홍예가 무엇인지 정확하게 모를 테니 이를 쉽게 설명해야 하지 않을까?

④ 승선교가 지닌 독특한 미감을 강조하기 위해 요즘에 지어진 다리와의 차이점을 제시할까?

⑤ 특정 시점에서 바라보는 승선교의 아름다운 모습을 구체적으로 설명하면 더 생동감 있는 글이 되지 않을까?

내 생각?

**글쓴이의 작문 과정을 따라가 볼까?**

중심 화제인 (❶　　　　　　)에 대해 언급하며 글을 시작하자.

홍예의 장점만 설명할 것이 아니라, 홍예에서 느낄 수 있는 미감도 제시해 볼까? 또 홍예 옆의 석축의 건축 과정과 홍예 천장의 용머리 모양 장식이 지닌 의미도 함께 설명하자.

주변 경관 속에서 승선교가 얼마나 조화롭고 아름다워 보이는지 구체적으로 분석해서 보여 주어야겠군!

오늘날에도 승선교가 아름다운 이유로 승선교에 담긴 (❷　　　　　　)을 제시하며 글을 마무리해야지.

**글쓴이가 이 글에서 말하려는 주제는?**

_____

_____

알 수 있는 내용

세부 정보 확인

지문 내용을 종합해서 묻고 있지? 너무 복잡하게 생각하면 함정에 빠질 수 있어.

**1** **윗글을 통해 알 수 있는 내용으로 가장 적절한 것은?**

① 홍예석들은 접착제로 이어 붙여서 서로를 단단하게 지지한다.
② 홍예와 그 물그림자가 어우러져 생긴 원은 승선교의 미감을 형성한다.
③ 홍예는 조상들의 미의식이 잘 드러나는 우리나라 특유의 건축 구조이다.
④ 홍예는 사다리꼴 모양의 목조로 된 가설틀을 활용하여 홍예석을 쌓아 만든다.
⑤ 승선교의 하중은 상부 홍예석에 집중됨으로써 그 구조적 안정성이 확보된다.

'승선교'와 '옥천교'에 대한 이해

다른 대상과의 비교

**2** **윗글의 '승선교'와 |보기|의 '옥천교'에 대한 이해로 적절하지 않은 것은?**

┤보 기├

옥천교(玉川橋)는 창경궁(昌慶宮)의 궁궐 정문과 정전 사이에 인위적으로 조성한 금천(禁川) 위에 놓여 있다. 이 다리는 지엄한 왕의 공간과 궁궐 내의 일상적 공간을 구획하는 경계였고 임금과 임금에게 허락받은 자들만이 건널 수 있었다. 옥천교는 두 개의 홍예를 이어 붙이고 홍예와 석축은 모두 미려하게 다듬은 돌로 쌓았다. 또 다리 난간에는 갖가지 조각을 장식해 전체적으로 장중한 화려함을 드러내었다. 두 홍예 사이의 석축에는 금천 바깥의 사악한 기운이 다리를 건너 안으로 침범하는 것을 막기 위해 도깨비 형상을 조각했다.

① 승선교와 달리 옥천교는 통행할 수 있는 대상에 제약이 있었던 것으로 보아, 권위적인 영역으로 진입하는 통로이겠군.
② 승선교와 달리 옥천교는 다듬은 돌만을 재료로 사용하고 난간에 조각 장식을 더한 것으로 보아, 장엄함을 드러내려는 의도가 반영된 것이겠군.
③ 옥천교와 달리 승선교는 계곡 사이를 이어 통행로를 만든 것으로 보아, 자연의 난관을 해소하기 위한 것이겠군.
④ 옥천교와 승선교는 모두 서로 다른 성격의 두 공간 사이에 놓인 것으로 보아, 이질적인 공간의 경계이겠군.
⑤ 옥천교와 승선교는 모두 재앙을 막기 위한 장식을 덧붙인 것으로 보아, 세속을 구원하고자 하는 종교적 의식이 반영된 것이겠군.

**3** 문맥상 ㉠~㉤을 바꿔 쓰기에 적절하지 <u>않은</u> 것은?

① ㉠: 쓰였다

② ㉡: 튼튼하게

③ ㉢: 튀어나와

④ ㉣: 그친다고

⑤ ㉤: 주는

문맥에 맞게 단어 바꿔 쓰기

㉠~㉤의 단어들을 각각 선지의 단어로 바꿔 읽어 봐. 어때? 바꾸면 의미가 달라지는 게 하나 있지?

**기 출 읽 기**

2009학년도 3월 고2 학력평가

정답률 76%
난이도 중
제한시간 8분

**무엇을 물을까?**

● 과거 건축물들에서는 어떤 방법으로 지붕의

구조적 안전성을 높였는지를 아는 것이 중요

하니까, 이걸 구체적으로 물어볼 거야.

●

가 건물은 크게 지붕, 벽, 바닥의 세 부분으로 ⓐ나뉜다. 이 중에서 구조적으로 가장 취약한 부분은 어디일까? 답은 지붕이다. 그것은 바닥에 놓인 벽돌은 주먹으로 잘 격파되지 않지만, 2장의 벽돌 위에 걸쳐 올려놓은 벽돌은 주먹으로 격파되는 사실을 통해서도 알 수 있다. 이러한 사실은 지붕을 안정되게 만드는 일이 그만큼 어렵다는 사실을 말해 준다. 지붕 아래의 실내 공간이 넓으면 넓을수록 지붕을 지탱하기 위해 필요한 힘은 기하급수적으로 늘어난다.

나 지붕을 구조적으로 안정되게 만들기 위해서는 기둥과 기둥 사이에 걸쳐 놓은 보가 인장력에 강해야 한다. 보에는 지붕의 무게에 비례하는 강한 중력이 가해진다. 그러면 보의 위쪽에는 보를 축소시키고자 하는 압축력이 생기고, 보의 아래쪽에는 보를 늘이고자 하는 인장력이 생긴다. 인장력이 지속적으로 증가하면 보는 결국 부러지고 만다. 인장력에 강한 재료가 없었던 과거에는 인장력을 견디는 힘

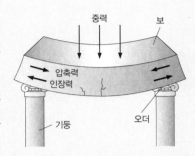

이 돌보다 강하면서도 무게는 가벼운 목재를 이용하거나, 돌 또는 벽돌을 사용하되 인장력을 최소화할 수 있는 지붕 형태를 만들어 지붕 아래쪽에 조금이라도 더 넓은 공간을 확보하고자 했다.

다 그리스 신전은 기둥들이 5~6m 간격으로 서 있다. 이는 돌로 만들어진 보가 인장력을 견딜 수 있는 최대 간격이다. 보에 가해지는 힘은 기둥과 기둥 사이의 간격을 의미하는 경간의 제곱에 비례한다. 따라서 경간이 두 배가 되면 그 힘은 네 배가 되고, 그에 대처하려면 보의 두께를 네 배로 늘여야 한다. 그런데 그렇게 보를 만들면 보의 무게가 다시 네 배로 증가해 보에 가해지는 힘도 네 배로 늘어나게 된다. 그리스 신전은 그러한 악순환을 막기 위해 최대 경간값을 계산해 기둥을 세우고, 나무로 ∧(박공형) 모양의 경사지붕을 만들어 중력이 양쪽의 경사면을 따라 ⓑ나뉘어 흐르도록 함으로써 보에 가해지는 힘을 최소화했다. 그리고 기둥과 보가 맞닿는 부분에 있는 오더를 보면 장식을 가미해 기둥의 끝자락을 넓혀 놓았는데, 이것은 구조적 안정성을 높이기 위한 장치이다.

라 로마 시대에는 기둥을 촘촘히 세우는 그리스 건축 방식을 사용하지 않고 지붕 아래 커다란 공간을 만들기 위해서 아치 기술을 발전시켰다. 아치란 창문, 출입구, 지붕 등을 둥글게 만들어 인장력이 발생하지 않도록 하는 방법이다. 아치 구조는 건축물에 수직으로 작용하는 힘이 그 구조를 따라 땅으로 흘러가도록 하는 장점도 갖고 있다. 그렇다고 아치가 무조건 안정적인 것은 아니다. 아치에서는 수직으로 작용하는 힘의 방향이 사선 방향으로 바뀌기 때문에 옆으로 벌어지려는 힘이 생겨난다. 이에 대처하기 위해서는 아치 구조 옆에 측벽을 설치해야 한다. 측벽이 없으면 옆으로 벌어지려는 힘 때문에 아치는 무너지고 만다.

마 박공형이나 아치 등의 경사지붕에 비해 평지붕은 고층화가 가능해 공간의 효율적 이용이 가능하다. 그럼에도 평지붕은 19세기에 들어서야 비로소 보편화될 수 있었다. 그 이유는 인장력에 강한 철이 그 시기에 등장했기 때문이다. 19세기 말에는 보를 압축력에 강한 콘크리트로 만들고 인장력이 작용하는 보의 아래 부분에 철을 묻어서 일체화시키는 철근 콘크리트 공법이 개발되었다. 그로 인해 평지붕이 더욱 널리 쓰이게 되었으며, ⓣ온갖 형태의 건축물을 만드는 것이 가능해졌다.

**글쓴이가 윗글에서 사용한 작문의 전략으로 가장 적절한 것은?**

- 지붕의 형태에 따른 문제점을 지적하고, 각 형태의 문제점을 보완하는 방법을 모색한 다음, 가장 바람직한 대안을 제시하자. ················· ①
- 건물에서 지붕이 차지하는 비중을 분석하고, 지붕 건축 기술의 중요성을 부각한 다음, 시대별 지붕 양식이 지닌 미적 가치를 언급하자. ············· ②
- 지붕이 건물에서 가장 취약한 부분임을 보여 주고, 그 이유를 과학적으로 밝힌 다음, 지역이 달라도 지붕 건축 양식이 유사했음을 주장하자. ······· ③
- 지붕의 유형에는 어떤 것들이 있는지 구분하고, 각 유형의 장단점을 대비한 다음, 지붕의 형태에 당대의 사회적 상황이 반영되었음을 강조하자. ······ ④
- 지붕의 구조적인 안정성 문제를 제기하고, 이를 확보하기 위한 조건을 제시한 다음, 시간의 흐름에 따라 이 문제를 어떻게 해결해 왔는지 설명하자. ······ ⑤

내 생각?

**글쓴이의 작문 과정을 따라가 볼까?**

> 건축물에서 (❶     )의 안정성 유지가 어렵다는 사실을 예를 들어 보여 줘야겠어.

> 지붕의 구조적 안정성을 높이는 방법을 과학적 원리를 바탕으로 설명하면 글의 신뢰도가 높아지겠지?

> 과거 (❷         )에서 지붕의 구조적 안정성을 높인 방법을 분석해 볼까?

> 과거 로마 시대 건물에서 지붕의 구조적 안정성을 높인 방법을 분석해 볼까? 그 시대의 특징적인 구조물의 장점뿐만 아니라 단점을 보완하는 방법까지 제시해야겠어.

> 19세기 지붕의 발전 양상을 재료를 중심으로 제시해야지. 지붕에 가해지는 힘, 평지붕이 보편화될 수 있었던 이유를 함께 살펴보자.

**글쓴이가 이 글에서 말하려는 주제는?**

_____

_____

**1** **(가)~(마)의 중심 내용으로 적절하지 않은 것은?**

① (가): 벽, 바닥에 비해 구조적으로 취약한 지붕의 특성
② (나): 보에 작용하는 여러 힘의 생성 과정의 차이점
③ (다): 그리스 신전에 사용된 지붕 건축 방식의 원리와 특징
④ (라): 로마 시대에 사용된 아치 구조의 원리와 특징
⑤ (마): 공간의 효율적 이용을 가능하게 한 평지붕의 보편화

**2** **윗글을 토대로 |보기|에 관해 설명한 내용으로 적절하지 않은 것은?**

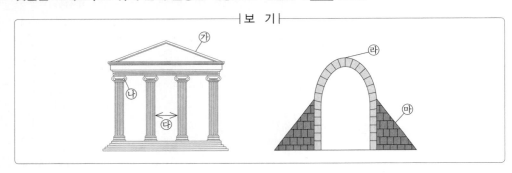

① ㉮는 중력이 양쪽 경사면을 따라 흘러내리기 때문에 평지붕에 비해 보에 가해지는 중력이 작다.
② ㉯는 기둥이 지붕의 무게에 비례해서 커지는 중력의 영향으로부터 벗어나도록 해 준다.
③ ㉰를 넓히면 보에 가해지는 힘이 커져 보가 부러질 위험이 커진다.
④ ㉭의 지점에 수직으로 가해지는 중력은 아치 구조를 따라 땅으로 흘러 내려가게 된다.
⑤ ㉺는 옆으로 벌어지려는 힘에 대처해 구조를 안정적으로 지탱시켜 준다.

**3** '철근 콘크리트 공법'을 사용함으로써 ㉠이 가능해진 이유로 가장 적절한 것은?

① 기둥을 다양한 형태로 만들 수 있게 되었기 때문에

② 중력을 건물의 구조를 강화하는 데 활용하게 되었기 때문에

③ 인장력보다 압축력에 약한 돌의 문제점이 보완되었기 때문에

④ 대형 경사지붕을 제작할 수 있는 신소재가 개발되었기 때문에

⑤ 압축력과 인장력으로 인한 구조적 문제가 해결되었기 때문에

㉠이 가능해진 이유

정보 간의 관계를 토대로 이유 추론

↓

글의 흐름을 살펴보면서 이유를 찾자!
철근 콘크리트 공법과 평지붕의 관계
를 파악해야겠지?

**4** ⓐ, ⓑ와 의미가 유사한 것을 |보기|에서 찾아 적절하게 연결한 것은?

┤보 기├

ㄱ. 그 식당의 좌석은 흡연석과 금연석으로 <u>나뉘어</u> 있다.

ㄴ. 그 아이는 21이 7로 <u>나뉘면</u> 3이 된다는 것을 몰랐다.

ㄷ. 사업의 이익금은 모두에게 공평하게 <u>나뉘어야</u> 한다.

ㄹ. 군대 병력이 여러 지역으로 <u>나뉘어</u> 배치되었다.

|   | ⓐ | ⓑ |   |   | ⓐ | ⓑ |
|---|---|---|---|---|---|---|
| ① | ㄱ | ㄴ |   | ② | ㄱ | ㄹ |
| ③ | ㄴ | ㄷ |   | ④ | ㄴ | ㄹ |
| ⑤ | ㄷ | ㄹ |   |   |   |   |

의미가 유사한 것

유사한 의미의 어휘 찾기

기 출 읽 기 3

2014학년도 3월 고1 학력평가

정답률 83%
난이도 중하
제한시간 5분

**무엇을 물을까?**

○ _____

_____

_____

○ _____

_____

분석분류형 지문 구조에서
내가 묻고 싶은 건...
► 구조로 수능독해 41쪽

단청이라 하면 일반적으로 목조 건물에 여러 가지 색으로 무늬를 그려 아름답게 장식하는 것을 말한다. 단청은 건물의 보존 효과를 높이기 위해서 시작되었는데, 이후 여러 가지 색감으로 문양을 더함으로써 보존 효과뿐만 아니라 장식성과 상징적 의미도 부여하게 되었다.

단청의 문양은 건축물의 성격에 따라, 그리고 나타내고자 하는 의미에 따라 달라진다. 예를 들어 봉황은 주로 궁궐에만 사용되었고, 사찰에는 주로 불교적 소재들이 문양으로 사용되었다. 또 극락왕생의 의미를 나타낼 때는 연꽃 문양을 그리고 자손의 번창을 나타낼 때는 박쥐 문양을 그렸다.

단청은 붉은색을 의미하는 '단(丹)'과 푸른색을 의미하는 '청(靑)'을 결합하여 만든 단어이다. 이처럼 상반된 색을 뜻하는 두 글자가 결합된 '단청(丹靑)'은 대비되는 두 색의 조화로운 관계를 의미한다.

하지만 단청에서 붉은색과 푸른색만을 쓴 것은 아니었다. 단청은 오방색을 기본으로 하여 채색하는데, 여기서 오방색이란 오행*의 각 기운과 직결된 청(靑), 백(白), 적(赤), 흑(黑), 황(黃)의 다섯 가지 기본색을 말한다. 단청을 할 때에는 이 오방색을 적절히 섞어 여러 가지 다른 색을 만들어 썼는데, 이 색들을 적색 등의 더운 색 계열과 청색 등의 차가운 색 계열로 구분하여 사용하였다.

단청의 가장 대표적인 기법으로는 '빛 넣기', '보색 대비', '구획선 긋기' 등이 있다.

빛 넣기는 문양에 백색 분이나 먹을 혼합하여 적절한 명도 변화를 주는 것으로, 한 계열에서 명도가 가장 높은 단계를 '1빛', 그보다 낮은 단계는 '2빛' 등으로 말한다. 빛 넣기를 통한 문양의 명도 차이는 시각적 율동성을 이끌어 내어 결과적으로 단순한 평면성을 탈피하는 시각적 효과를 얻을 수 있다. 즉 명도가 낮은 빛은 물러나고 명도가 높은 빛은 다가서는 듯한 느낌을 주게 된다.

보색 대비는 ㉠더운 색 계열과 차가운 색 계열을 서로 엇바꾸면서 색의 층을 조성함으로써 색의 조화를 이끌어 내는 것을 말한다. 예를 들어 오색구름 문양을 단청할 때 더운 색과 차가운 색을 엇바꾸면서 대비시키는 방법이 그것인데, 이것을 통해 색의 조화를 이끌어 낼 수 있으며 문양의 시각적 장식 효과를 더욱 높일 수 있다.

구획선 긋기는 색과 색 사이에 흰 분으로 선을 긋는 것을 말하는데, 특히 보색 대비가 일어나는 색과 색 사이에는 빠짐없이 구획선 긋기를 한다. 이 기법을 사용하면 문양의 색조를 더욱 두드러지게 하는 효과를 얻을 수 있다.

이러한 빛 넣기와, 보색 대비 그리고 구획선 긋기 등의 기법을 활용함으로써 시각적 단층을 형성함으로써 단청의 각 문양은 전체적으로 안정감을 얻게 된다.

* 오행: 우주 만물을 이루는 다섯 가지 원소. 금(金)·수(水)·목(木)·화(火)·토(土)를 이른다.

**0** **다음은 글쓴이가 윗글을 쓰기 위해 수집한 자료이다. 윗글에 활용되지 않은 것은?**

① 목조 건축물에 단청을 하는 이유는 기후 변화나 비바람에 대비해 건물의 풍해·부식·건습 등을 방지하고 내구성을 강화하기 위한 것이다.

② 단청을 칠한 대상은 전통적인 목조 건축은 물론 고분이나 동굴의 벽화, 칠기, 공예품, 조각상, 장신구에 이르기까지 매우 광범위하다. 특히 목조 건축에서 단청은 필수 조건이다.

③ 봉황은 상상의 새이며, 수컷을 봉(鳳), 암컷을 황(凰)이라 일컫는다. 훌륭한 임금이 정사를 맡아 천하가 태평할 때에만 봉황이 출현한다고 믿어 궁궐 단청에 사용하였다.

④ 단청의 색은 청색. 적색. 황색. 백색. 흑색의 다섯 가지 색을 기본으로 하고 있는데, 이는 오행 사상과 관련된 것이라고 볼 수 있다.

⑤ 단청을 칠할 때 서로 다른 두 색을 맞닿아 칠하기도 하지만, 색과 색 사이에 흰색을 칠하여 경계를 구분하기도 했다.

내 생각?

**글쓴이의 작문 과정을 따라가 볼까?**

먼저 단청이 무엇인지, 어떤 목적으로 그렸는지를 알려 줘야겠지?

단청 (❶        )에는 어떤 것들이 있고 각기 어떤 의미를 가졌는지도 설명해야겠어. 이때 궁궐과 사찰의 경우를 예로 들어야지.

단청의 색도 특징적이니까, 단청에서 사용하는 색에는 어떤 것들이 있는지 보여 주자.

단청의 기법에는 무엇이 있는지 간단히 소개한 후, 이를 (❷            ), 보색 대비, 구획선 긋기 순서로 하나씩 구체적으로 설명해야겠어. 이때 그 사용 효과까지 제시해야지.

단청의 기법을 사용해 얻는 효과를 종합하면서 글을 마무리하자.

**글쓴이가 이 글에서 말하려는 주제는?**

**1** **윗글을 바탕으로 |보기|를 이해한 내용으로 적절하지 않은 것은?**

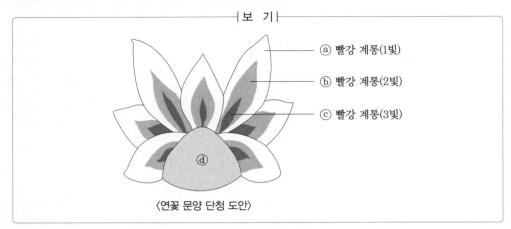

┤보 기├

ⓐ 빨강 계통(1빛)

ⓑ 빨강 계통(2빛)

ⓒ 빨강 계통(3빛)

ⓓ

〈연꽃 문양 단청 도안〉

① ⓐ와 ⓑ의 보색 대비를 통하여 문양의 색조는 더욱 두드러지겠군.

② ⓒ는 ⓐ에 비해 보는 사람 입장에서 물러나는 듯한 느낌을 받을 수 있겠군.

③ ⓐ, ⓑ, ⓒ는 명도에 변화를 주는 것으로 문양의 시각적 율동성을 이끌어 내는 효과가 있겠군.

④ 보색 대비가 이루어지도록 하기 위해서는 ⓓ에 청색 계통의 색을 칠해야겠군.

⑤ |보기|의 문양이 건축물에 단청이 되었을 경우 극락왕생이라는 상징적 의미를 더하는 효과가 있겠군.

**2** **㉠을 활용하는 이유로 가장 적절한 것은?**

① 시각적 장식 효과를 얻기 위해

② 여러 가지 빛을 만들어 내기 위해

③ 명도의 차이를 분명히 드러내기 위해

④ 단청 작업 시 빛 넣기를 쉽게 하기 위해

⑤ 자연 만물의 변화무쌍한 모습을 드러내기 위해

# 분석분류형 지문 구조

## "하나의 대상에 집중하는 글은 첫 문단에 집중하자."

　수능 독서영역에 나오는 지문 구조 중에서 가장 많이 출제되는 지문 구조야. 한 대상에 대해 집중적으로 파고들면 끝이니까 글쓴이가 글을 쓰기에도 가장 수월한 지문 구조지. 사실 대부분의 독서 지문은 도입부에서 화제와 이해의 대상을 제시하고, 본문에서 대상을 집중적으로 파고들어. 분류나 분석의 방법으로 대상을 설명하는 글이 이 지문 구조에 해당돼. **집중형 즉, 분석분류형 지문 구조에서 출제되는 모든 문제는 설명하려는 대상을 잘 파악했는지를 묻는 내용 이해가 대부분이야.** 그러니 어떤 지문 구조보다도 글의 세부 내용을 꼼꼼하게 이해하는 게 중요하겠지?

뭐지?
이 벌거벗겨진 느낌은?

| 화제 소개 | 대상 분석 · 분류 | 대상 분석 · 분류 | 내용 정리 |

## 대상을 분석하거나 분류할 때는
## 상위 항목과 하위 항목을 구분하고 구분의 기준을 찾아야 돼!

　지문은 어렵지 않았는데 문제를 생각보다 많이 틀렸다면, 바로 이 집중형 지문일 확률이 높아. 집중형은 도입부에서 간략한 설명과 함께 화제를 제시하고 본문에서 이를 자세히 설명하는데, 글의 구조가 쉽게 파악되기 때문에 마치 본문에 제시될 내용을 이미 읽은 것처럼 느끼고 정작 중요한 본문의 정보들을 놓치는 경우가 많으니 특히 주의해야 해!

　집중형 지문을 읽을 때는 정보 구분의 기준을 중심으로 구조, 즉 글의 뼈대를 먼저 파악하고 세부 정보들의 위치를 확실히 알아 두면 글에서 다루는 정보가 많아도 효과적으로 기억할 수 있어. 글의 모든 내용을 완벽히 이해하기 어렵더라도 각 정보들의 위치는 꼭 기억해 두자!

대상을 분석하거나 분류하는 지문 구조로
주로 처음 접하는 개념이나 대상을 설명
할 때 자주 출제돼!

# ISSUE 03  예술  예술을 즐기는 다양한 방식

어떤 것에 감탄할 때 흔히 '예술이다'라고 표현하는데, 이는 그 대상이 훌륭하거나 아름답다는 말일 것이다. 그런데 정작 예술에 대한 학생들의 관심은 그리 크지 않다. 예술은 어렵고 딱딱할 것 같다는 편견 때문일 수도 있지만 예술을 제대로 감상하는 방법을 몰라서인 경우도 많다. 그래서인지 수능 출제자들은 예술의 특성을 설명하거나 실제 예술 작품을 감상하는 데 도움을 주는 내용을 많이 출제하고 있음을 기억하자.

## 기 출 읽 기

2014학년도 수능 B형

정답률 75%
난이도 중
제한시간 7분

## 출제자는
무엇을 물을까?

● 베토벤 교향곡이 왜 최고의 신화를 형성했는

지 그 이유를 설명한 글이잖아. 그럼 그 이유

를 먼저 물어보지 않겠어?

● 베토벤 교향곡을 높이 평가하는 것은 하나의

관점일 뿐이니까 다른 관점과도 비교해 보라

고 하지 않을까?

베토벤의 교향곡은 서양 음악사에 한 획을 그은 걸작으로 평가된다. 그 까닭은 음악 소재를 개발하고 그것을 다채롭게 처리하는 창작 기법의 탁월함으로 설명될 수 있다. 연주 시간이 한 시간 가까이 되는 제3번 교향곡 '영웅'에서 베토벤은 으뜸 화음을 펼친 하나의 평범한 소재를 모티브로 취하여 다양한 변주와 변형 기법을 통해 통일성을 유지하면서도 가락을 다채롭게 들리게 했다. 이처럼 단순한 소재에서 착상*하여 이를 다양한 방식으로 가공함으로써 성취해 낸 복잡성은 후대 작곡가들이 본받을 창작 방식의 전형이 되었으며, 유례없이 늘어난 교향곡의 길이는 그들이 넘어서야 할 산이었다.

그렇다면 오로지 작품의 내적인 원리만이 베토벤의 교향곡을 19세기의 중심 레퍼토리로 자리매김하게 했을까? 베토벤의 신화를 이해하기 위해서는 19세기 초 음악사의 중심에 서고자 했던 독일 민족의 암묵적* 염원을 들여다볼 필요가 있다. 그것은 1800년을 전후하여 뚜렷하게 달라진 빈(Wien)의 청중의 음악관, 음악에 대한 독일 비평가들의 새로운 관점, 그리고 당시 유행한 천재성 담론*에 반영되었다.

빈의 ㉠새로운 청중의 귀는 유럽의 다른 지역 청중과는 달리 순수 기악을 향해 열려 있었다. 순수 기악이란 악기에서 나오는 소리 외에는 다른 어떤 것과도 연합되지 않는 음악을 뜻한다. 당시 청중은 언어가 순수 기악이 주는 의미를 담기에 부족하다고 생각했기 때문에 제목이나 가사 등의 음악 외적 단서를 원치 않았다. 그들이 원했던 것은 말로 형용할 수 없는, 무한을 향해 열려 있는 '음악 그 자체'였다.

또한 당시 음악 비평가들은 음악을 앎의 방식으로 이해하기를 원했다. 이는 음악을 정서의 촉발자*로 본 이전 시대와 달리 음악을 감상자가 능동적으로 이해해야 할 대상으로 인식하기 시작했음을 뜻한다. 슐레겔은 모든 순수 기악이 철학적이라고 보았으며, 호프만은 베토벤의 교향곡이 '보편적 진리를 향한 문'이라고 주장하였다. 요컨대 당시의 빈의 청중과 독일의 음악 비평가들은 베토벤의 교향곡이 음악의 독립적 가치를 극대화한 음악이자 독일 민족의 보편적 가치를 실현해 주는 순수 기악의 정수*라 여겼다.

더욱이 당시 독일 지역에서 유행한 천재성 담론도 베토벤의 교향곡이 특별한 지위를 얻는 데 한몫했다. 그 시대가 요구하는 천재상은 타고난 재능으로 기존의 관습에서 벗어나 새로운 전통을 창조하는 자였다. 베토벤은 이전의 교향곡의 전통을 수용하면서도 자신만의 독창적인 색채를 더하여 교향곡의 새로운 지평*을 열었다고 여겨졌다. 베토벤이야말로 이러한 천재라는 인식이 널리 받아들여지면서 그의 교향곡은 더욱 주목받았다.

* 착상: 어떤 일이나 창작의 실마리가 되는 생각이나 구상 따위를 잡음.
* 암묵적: 자기의 의사를 밖으로 나타내지 아니한. 또는 그런 것.
* 담론: 이야기를 주고받으며 논의함.
* 촉발자: 어떤 일을 당하여 감정, 충동 따위가 일어나게 하는 사람.
* 정수: 사물의 중심이 되는 골자 또는 요점.
* 지평: 사물의 전망이나 가능성 따위를 비유적으로 이르는 말.

구조읽기 **0**

**다음은 글쓴이가 윗글을 쓰기 위해 자료를 조사하고 내용을 구성한 과정이다. '내용 구성' 항목 중, 글을 쓰면서 수정하였을 항목으로 적절한 것은?**

| 주제 설정 | 베토벤 교향곡에 대한 신화가 형성된 이유는 무엇일까? |
|---|---|

↓

| 자료 조사 | ㉠ 베토벤 교향곡이 지닌 지위를 언급한 음악사 자료<br>㉡ 제3번 교향곡 '영웅'의 창작 기법을 분석한 글<br>㉢ 19세기 초 빈(Wien) 청중의 음악관을 분석한 역사 사료<br>㉣ 19세기 베토벤 교향곡에 대한 독일 비평가들의 비평 자료<br>㉤ 19세기 독일의 천재성 담론을 파악할 수 있는 자료 |
|---|---|

↓

| 내용 구성 | • ㉠을 바탕으로 베토벤 교향곡의 음악사적 위치를 단정적으로 나타내는 문장으로 글을 시작한다. ────────────── ①<br>• 작품 자체에 대한 평가인지 아닌지를 기준으로 하여 ㉡을 작품의 내적인 원리, ㉢~㉤을 작품 외적인 이유로 구분 지어 내용을 구성한다. ──────────────────── ②<br>• ㉢~㉤이 모두 당대 독일 민족의 염원과 관련이 있음을 보여 준 다음, 각각을 한 문단씩 구성한다. ───────────── ③<br>• ㉢, ㉣을 각각 상세하게 설명한 다음, ㉢과 ㉣의 공통점을 파악하여 이를 요약적으로 제시한다. ──────────────── ④<br>• ㉡~㉤을 모두 활용하여, 베토벤의 신화가 형성된 이유를 요약하면서 글을 마무리한다. ──────────────────── ⑤ |
|---|---|

**내 생각?**... 을 표현하기 좋은 글의 구조를 선택하고... 썼으니까... **글의 구조 속**에 있지 않을까?

**글쓴이의 작문 과정을 따라가 볼까?**

( ❶ )에 대한 평가를 먼저 밝히고 그 이유를 분석하면서 글을 시작해 볼까?

↓

작품의 내적인 원리뿐 아니라 작품 외적 이유에 대해 생각하도록 유도한 다음, 이를 간단하게 안내하면 어떨까?

↓

첫 번째 작품 외적인 이유로 빈(Wien)의 청중이 지닌 음악관을 개념 정의를 통해 알기 쉽게 설명해야겠어.

↓

두 번째 작품 외적인 이유로 음악에 대한 독일 비평가들의 새로운 관점을 소개할 때는 실제 비평가들의 견해를 인용하면 객관성을 높일 수 있겠지?

↓

세 번째 작품 외적인 이유로 당시 유행한 ( ❷ )을 바탕으로 베토벤에 대한 평가를 언급하며 글을 마무리하자.

**글쓴이가 이 글에서 말하려는 주제는?**

_____

_____

내용과 일치

틀린 그림 찾기

내용 일치를 묻는 문제는 선지의 주어
가 무엇인지 먼저 확인하고, 지문에서
관련 내용을 찾아 일일이 대조해야 해.

## 1 윗글의 내용과 일치하지 <u>않는</u> 것은?

① 베토벤 신화 형성 과정에는 독일 민족의 음악적 이상이 반영되었다.

② 베토벤 교향곡의 확대된 길이는 후대 작곡가들이 극복해야 할 과제였다.

③ 베토벤 교향곡에서 복잡성은 단순한 모티브를 다양하게 가공하는 창작 방식에 기인한다.

④ 베토벤 교향곡 '영웅'의 변주와 변형 기법은 통일성 속에서도 다양성을 구현하게 해 주었다.

⑤ 베토벤의 천재성은 기존의 음악적 관습을 부정하고 교향곡이라는 새로운 장르를 창시한 데
에서 비롯된다.

㉠의 관점에 가까운

관점은 선호를 드러내는 것

3문단 전체를 종합해야 ㉠의 관점을
파악할 수 있어. 특히 ㉠이 원했던 것
과 원치 않았던 것을 구분하며 살펴보
도록 하자.

## 2 ㉠의 관점에 가장 가까운 것은?

① 음악은 소리를 다양하게 변형시켜 그것을 듣는 인간의 정서를 순화시킨다.

② 음악은 인간의 구체적인 감정을 전달하는 수단이라는 점에서 그 자체가 언어이다.

③ 가사는 가락을 통해 전달되는 메시지라는 점에서 언어는 음악의 본질적 요소이다.

④ 음악은 언어가 표현할 수 없는 것을 보여 준다는 점에서 언어를 초월하는 예술이다.

⑤ 창작 당시의 시대상이 음악에 반영된다는 점에서 음악 외적 상황은 음악 이해에 중요한 단
서가 된다.

**3** |보기|와 윗글을 이해한 내용으로 가장 적절한 것은?

┤보 기├

　　로시니는 베토벤과 동시대인으로 당대 최고의 인기를 누리던 오페라 작곡가였다. 당시 순수 기악이 우세했던 빈과는 달리 이탈리아와 프랑스에서는 오페라가 여전히 음악의 중심에 있었다. 당대의 소설가이자 음악 비평가인 스탕달은 로시니가 빈의 현학적인 음악가들과는 달리 유려한 가락에 능하다는 이유를 들어 그를 최고의 작곡가로 평가하였다.

지문의 비평가와 |보기|의 비평가가 서로 대상을 바꿔서 로시니와 베토벤을 비평한다면 어떨거 같아?

① 슐레겔은 로시니를 '순수 기악의 정수'를 보여 준 베토벤만큼 높이 평가하지 않았겠군.

② 호프만은 당시의 이탈리아와 프랑스에서 유행하던 음악이 '새로운 전통'을 창조했다고 보았겠군.

③ 음악을 '앎의 방식'으로 보는 관점을 가진 사람들에게 오페라는 교향곡보다 우월한 장르로 평가받았겠군.

④ 스탕달에 따르면, 로시니의 음악은 베토벤이 세운 '창작 방식의 전형'을 따름으로써 빈의 현학적인 음악가들을 뛰어넘은 것이겠군.

⑤ 당시 오페라가 여전히 인기를 얻을 수 있었던 것은 음악을 '정서의 촉발자'가 아닌 '능동적 이해의 대상'으로 보려는 청중의 견해 때문이었겠군.

로시니와 베토벤, 이 두 인물이 비교 대상이구나.

기 출 읽 기

**1**

2006학년도 3월 고2 학력평가

정답률 70%
난이도 중
제한시간 8분

## 무엇을 물을까?

● 재즈의 효과적인 감상 방법을 설명하고 있어.

그럼, 구체적인 방법이 무엇인지 묻겠네?

●

재즈를 감상할 때 곡의 흐름을 추적하는 것은 즐거운 일이다. 그 흐름은 계속해서 진행되기도 하지만 한 곳에서 멈추었다가 다시 진행되기도 한다. 그리고 그 흐름에는 다른 장르의 음악들처럼 긴장과 이완의 작용이 있다. 물론 긴장과 이완이라는 말은 이론적인 표현이다. 실제 악절*이나 동기*들 간의 연관성을 통해 관찰되는 이런 개념을 굳이 도입하는 것은 일반 대중들도 그 개념을 알면 재즈를 보다 쉽게 이해하며 감상할 수 있기 때문이다.

대체로 재즈곡은 긴장과 이완의 조절 속에서 이루어지는 경우가 많다. 긴장과 이완은 상반되는 특성을 바탕으로 하고 있다. 곡의 한 부분이더라도 멜로디가 상승할 때 우리는 정서적으로 긴장의 이미지를 느끼게 되며, 반대로 하강할 때 이완의 이미지를 느끼게 되는 것이다. 긴장과 이완은 재즈곡 전체를 통해서도 찾을 수 있지만 하나의 마디에서도 매우 자주 관찰할 수 있으므로, 우리가 재즈곡에서 긴장과 이완의 작용을 느끼기 위해서는 그 곡을 단순하게 흘려 듣기보다는 어느 정도 집중해서 들을 필요가 있다.

다음 재즈곡의 악보를 통해서 이해해 보자. ⓐ의 경우는 반복되는 진행을 통해 긴장과 이완의 이미지를 느낄 수 없는 경우이다. 물론 곡이 더 진행되면서 어떤 현상을 보여줄 수도 있지만, 일단 그 자체만 가지고 보았을 때는 그러하다. 그에 반해 ⓑ는 멜로디가 상승 곡선을 그리면서 긴장감을 조성하고 있으며, 그 긴장도는 마지막 마디의 끝 음을 기준으로 정점에 다다른다. 물론 이 사례는 매우 단순한 경우이다. 실제에서는 보다 복합적인 구조를 띠는 형태로 나타날 수도 있다. 그리고 ⓒ는 ⓑ와 반대로 곡이 이완되고 있는 경우를 나타낸다.

이렇게 멜로디가 상승하고 하강하는 자체만으로 재즈곡의 긴장과 이완의 흐름을 추적한다는 것은 ㉠기계적인 접근일 수 있다. 여기에 곡의 리듬 변화와 셈여림에 대한 인식이 보태져야 한다. 곡의 부분 또는 전반에 걸쳐 나타나는 리듬의 변화 및 음의 셈과 여림의 정도를 인식할 수 있게 되면, 곡의 향취를 마음으로 느끼며 긴장과 이완의 흐름을 파악할 수 있다. 재즈곡에서 리듬의 변화와 음의 셈여림을 쉽게 느끼기 위해서는 베이스와 드럼의 소리에 주목하는 것이 좋다. 이들의 소리에 주목하면 긴장이 이루어지는 부분에서 재즈곡의 음이 강하게 이루어지거나 리듬이 세분화되는 것을 비교적 쉽게 느낄 수 있다.

곡의 긴장과 이완의 흐름을 느끼는 것은 재즈곡을 보다 잘 듣기 위한 하나의 방법이다. 이외에도 재즈곡을 효과적으로 듣기 위한 방법으로 곡과 연주자에 대한 배경지식을 공부하고 듣는 것이 강조될 수도 있고, 곡을 연주하는 악기에 대한 이해가 우선되어야 함이 강조될 수도 있을 것이다. 그러나 어떤 방법이더라도 재즈곡을 듣는 데 있어서는 그 방법 자체가 중요한 것은 아니다. 그 방법들을 실제로 곡을 듣는 데 적용하는 경험이 많아져야 재즈를 효과적으로 느낄 수 있게 될 것이다.

---

* 악절: 두 개의 악구(樂句)로 이루어져 하나의 악상(樂想)을 나타내는 단위. 대개 여덟 소절이 한 악절을 이룬다.
* 동기: 음악 형식을 구성하는 가장 작은 단위. 둘 이상의 음이 모여서 된 것인데, 선율의 기본이 되며 또 일정한 의미를 가진 소절(小節)을 이룬다.

**0** 다음은 글쓴이가 윗글을 쓰기 위해 정리한 재즈곡 감상 방법에 대한 메모이다. ⓐ~ⓓ 가 실제 글에 구현된 양상을 설명한 것으로 적절하지 <u>않은</u> 것은?

---

**재즈곡을 잘 듣기 위한 방법에는 어떤 것들이 있을까?**

- 곡의 긴장과 이완의 흐름을 느끼는 것 ·································· ⓐ
- 곡과 연주자에 대한 배경지식을 공부하고 듣는 것 ···················· ⓑ
- 곡을 연주하는 악기에 대한 이해가 우선되어야 하는 것 ··············· ⓒ
- 여러 가지 감상 방법을 실제 감상에 적용하는 경험을 많이 해야 하는 것 ········ ⓓ

---

① 재즈곡 감상에는 ⓐ~ⓓ 모두 필요하므로 이를 다 언급해야겠군.

② ⓐ의 구체적인 방법을 좀 더 세분하여 상세하게 설명을 해야겠군.

③ 글의 전체 분량을 고려하여 ⓑ는 간단하게 언급 정도만 해야겠군.

④ 구체적인 사례를 통해 ⓒ가 재즈곡 감상에 필요함을 강조해야겠군.

⑤ ⓐ, ⓑ, ⓒ보다 ⓓ가 중요하다는 점을 강조하면서 글을 마무리해야겠군.

내 생각?

**글쓴이의 작문 과정을 따라가 볼까?**

> 재즈를 감상하기 위해서는 이론적인 개념이지만 긴장과 이완의 개념을 알아야 한다는 것부터 독자들에게 인식시켜야겠어.

> (❶          )를 통해 긴장과 이완을 어떻게 느낄 수 있는지를 설명하면서, 곡을 집중해서 들을 필요가 있음을 언급해야겠어. 좀 더 쉽게 이해하려면 예를 들어서 설명해야겠지?

> 긴장과 이완의 흐름을 느끼는 방법으로 멜로디 이외에 리듬의 변화와 (❷          ) 정도를 인식하는 것도 제시하는 게 좋겠어.

> 재즈곡을 잘 듣는 방법 두 가지를 더 설명한 다음, 재즈곡을 효과적으로 감상하기 위해 중요한 것이 무엇인지를 제시하면서 글을 마무리해야지.

**글쓴이가 이 글에서 말하려는 주제는?**

_____

_____

내용 일치를 묻는 것

정보의 사실 여부를 확인하는 것

선지에서 지문의 문장을 그대로 서술하고 있지 않아도, 그 의미가 일치하는지 따져 보아야 해.

**1** **윗글의 내용과 일치하지 <u>않는</u> 것은?**

① 재즈곡의 리듬이 세분화될 때 정서적 긴장감이 이완될 수 있다.

② 긴장감을 조성하는 재즈곡의 멜로디는 복합적인 구조를 띨 수 있다.

③ 재즈곡의 흐름은 곡의 어떤 부분에서 멈춰졌다가 다시 진행될 수 있다.

④ 베이스와 드럼에 주목해 재즈곡을 들으면 리듬의 변화를 용이하게 느낄 수 있다.

⑤ 재즈곡에서 악절이나 동기들 간의 관계를 설명할 때 긴장과 이완의 개념을 적용할 수 있다.

물음에 대한 글쓴이의 답변

답변이 곧 주제

주제는 글쓴이의 생각이 집약된 문단에서 쉽게 찾을 수 있어!

**2** **|보기|의 물음에 대한 글쓴이의 답변으로 가장 적절한 것은?**

┤보 기├

어떻게 하면 재즈를 효과적으로 이해하며 감상할 수 있을까요?

① 다양한 재즈를 접해 재즈가 대중의 기호에 왜 부합하는지를 곡의 흐름으로부터 파악할 수 있어야 합니다.

② 재즈를 많이 접하기 전에 악보에 대한 공부부터 함으로써 곡의 흐름을 이해할 수 있어야 합니다.

③ 재즈를 들을 때 곡의 흐름을 이해하려 들지 말고 편안하게 느끼려고 해야 합니다.

④ 재즈곡의 흐름에서 나타나는 재즈의 고유한 특징을 발견하면서 들어야 합니다.

⑤ 재즈곡의 흐름이 변화하는 양상에 주목하며 많은 곡을 접해 봐야 합니다.

**3** ㉠과 같이 말한 이유로 가장 적절한 것은?

① 곡에 대한 집중력을 약화시키기 때문에

② 곡의 셈여림을 인식하지 못하게 만들기 때문에

③ 곡의 멜로디에 익숙해지는 것을 방해하기 때문에

④ 곡에 대한 배경지식의 습득에 어려움을 주기 때문에

⑤ 곡의 향취를 느끼며 감상하는 것을 어렵게 하기 때문에

㉠과 같이 말한 이유

이유는 글의 맥락을 통해 나오는 것

이유를 추론할 때에도 그 근거는 지문에 꼭 있어야 해. 너의 배경 지식이나 추리력이 아니야~

**4** ⓐ~ⓒ에 해당하는 자료를 |보기|에서 찾아 바르게 연결한 것은?

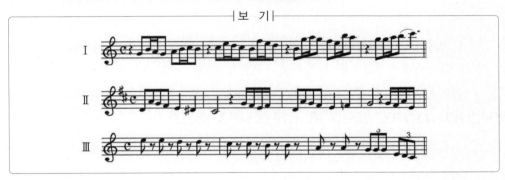

|  | ⓐ | ⓑ | ⓒ |  |  | ⓐ | ⓑ | ⓒ |
|---|---|---|---|---|---|---|---|---|
| ① | I | II | III |  | ② | I | III | II |
| ③ | II | I | III |  | ④ | II | III | I |
| ⑤ | III | I | II |  |  |  |  |  |

ⓐ~ⓒ에 해당하는 자료

자료들은 그 내용을 뒷받침하는 사례

기 출 읽 기 2

2015학년도 3월 고1 학력평가

정답률 81%
난이도 중하
제한시간 7분

무엇을 물을까?

● 숄더샷 프레임으로 사진을 촬영하는 기법을

설명했으니 실제 사진을 주고 적용해 보는 문

제가 나오겠지?

●

일반적으로 사진을 찍을 때는 사진에 담을 대상인 중심 피사체*를 먼저 선정하여 화면 중앙에 놓고 이것에 초점을 맞춘다. 그런 다음 중심 피사체와 주변 풍경을 적절하게 구획하여 안정된 구도로 사진을 찍는 것이 일반적인 프레임* 구성 방법이다. 그런데 사진을 촬영하다 보면 의도하지 않았던 요소들이 개입하여 일반적인 프레임 구성 방법에서 벗어났음에도 미적 효과가 느껴지는 경우가 있다. 이를 의도적으로 활용한 대표적인 예가 숄더샷 프레임이다.

숄더샷 프레임이란 등에 업힌 아이가 어깨 너머로 세상을 보는 것처럼, 프레임 안에 장애물을 배치하여 감상자가 장애물 너머로 중심 피사체를 보도록 유도하는 프레임 구성 방법이다. 숄더샷 프레임을 활용하면 프레임 안에 삽입된 장애물로 인해 감상자가 시각적인 긴장감을 느끼게 되어 중심 피사체에 대한 감상자의 집중도가 높아지게 된다.

숄더샷 프레임은 다음과 같은 방법들을 활용하여 구성한다. 첫째, 사진에 담고자 하는 중심 피사체 앞에 장애물을 배치한다. 장애물을 배치하면 감상자가 눈에 잘 띄는 장애물을 먼저 본 다음에 중심 피사체를 보기 때문에 중심 피사체로 시선이 집중되는 효과가 나타난다. 이때 장애물이 중심 피사체보다 크면, 장애물이 감상자의 눈에 더 잘 띄게 된다. 그리고 장애물의 형태나 자세, 시선 등이 중심 피사체를 향하도록 하면 감상자의 시선을 중심 피사체로 이끌어 주는 지시성이 강화된다. 둘째, 중심 피사체에는 초점을 정확하게 맞추는 반면 장애물에는 초점을 맞추지 않는다. 그러면 감상자는 초점이 맞지 않아 흐릿하게 보이는 장애물보다 초점을 맞춘 대상을 중심 피사체로 인식하여 시선을 집중하게 된다. 셋째, 중심 피사체와 장애물의 밝기를 대비시킨다. 중심 피사체는 밝게, 장애물은 어둡게 촬영하는 것이 좋다. 그러면 밝음과 어둠이 대비되면서 감상자가 중심 피사체를 주목하게 된다.

숄더샷 프레임은 의도하지 않았을 때 나타나는 미적 효과를 의도적으로 활용하여 사진의 예술성을 구현하고자 한다. 숄더샷 프레임은 조화와 균형, 통일을 기본으로 여겼던 기존의 예술적 인식에서 벗어나 순간적이고 우연적인 것, 불안정한 것에서 아름다움을 발견했다는 점에서 사진 예술의 새로운 방향을 제시한다고 할 수 있다.

* 피사체: 사진을 찍는 대상이 되는 물체.
* 프레임: 사진 화면의 구도를 설정하는 틀.

**0** 글쓴이가 윗글을 쓰는 과정에서 |보기|와 같은 자기 점검을 했다고 할 때, 이 내용이 글에 반영된 결과로 가장 적절한 것은?

|보 기|

중심 화제가 외래어라서 독자들에게 낯설고, 독자들이 사진 촬영에 대한 전문적 지식이 없어서 용어의 개념을 이해하는 데 어려움을 겪을 수 있겠네. 중심 화제의 의미를 정확하게 이해하는 것이 무엇보다 중요한데, 독자들이 알기 쉽게 용어의 개념을 제시하는 방법이 없을까?

① 용어의 사용 양상을 분석할 때 다양한 사례를 제시하였다.
② 용어의 개념을 제시할 때 다양한 사용 효과를 함께 설명하였다.
③ 용어의 하위 요소를 구분할 때 대조의 설명 방식을 사용하였다.
④ 용어의 정의를 제시할 때 친숙한 사례에 빗댄 내용을 추가하였다.
⑤ 용어의 의미를 설명할 때 권위를 지닌 전문가의 견해를 인용하였다.

내 생각?

**글쓴이의 작문 과정을 따라가 볼까?**

사진의 일반적인 프레임 구성 방법에서 벗어났음에도 미적 효과가 느껴지는 숄더샷 프레임이 있음을 언급하면 독자의 관심이 집중되지 않을까?

↓

앞에서 제시한 화제인 (❶          )의 개념을 설명하고, 그 효과를 제시하면 자연스럽게 연결되겠지?

↓

독자들은 숄더샷 프레임이 구체적으로 어떻게 구성되는지 그 방법들을 궁금해할 거야. 숄더샷 프레임의 (❷          )을 세 가지로 나누어 제시하면 내용 파악이 쉽겠지?

↓

숄더샷 프레임 방식이 어떤 의의를 지니는지 언급하면서 글을 마무리하자.


**글쓴이가 이 글에서 말하려는 주제는?**

_____

_____

알 수 있는 내용

각 문단의 화제 파악

전체 주제를 구성하는 세부적인 화제를 파악할 때에는 문단별 흐름을 짚어 보아야 해. 각 문단의 중심 화제를 확인해 봐.

**1** 윗글을 통해 알 수 있는 내용이 <u>아닌</u> 것은?

① 숄더샷 프레임의 개념
② 숄더샷 프레임의 효과
③ 숄더샷 프레임의 변천 과정
④ 숄더샷 프레임의 촬영 기법
⑤ 숄더샷 프레임의 예술적 의의

윗글을 바탕으로 |보기|를 이해

사례에 개념 적용

**2** 윗글을 바탕으로 |보기|를 이해한 내용으로 적절하지 <u>않은</u> 것은?

| 보 기 |

〈진동선, 「이탈리아 피렌체」〉

이 사진은 남자를 향하여 서 있는 여자를 장애물로 배치하여 숄더샷 프레임으로 촬영한 것이다.

① 중심 피사체와 장애물의 밝기를 대비시켜 감상자가 중심 피사체를 주목하게 하는군.
② 장애물을 흐릿하게 촬영하여 초점을 맞춘 대상을 감상자가 중심 피사체로 인식하게 하는군.
③ 장애물의 자세가 중심 피사체를 향하게 함으로써 중심 피사체에 대한 지시성이 강화되고 있군.
④ 장애물을 중심 피사체보다 앞에 배치하여 장애물이 중심 피사체보다 감상자의 눈에 먼저 띄게 하는군.
⑤ 장애물을 중심 피사체보다 크게 촬영하여 감상자의 시선이 중심 피사체를 거쳐 장애물로 집중되게 하는군.

**3** 윗글에 언급된 '숄더샷 프레임(㉠)'과 |보기|의 '엣지샷 프레임(㉡)'에 대한 설명으로 가장 적절한 것은?

두 대상에 대한 설명

두 대상의 특징 비교

┤보 기├

㉡'엣지샷 프레임'은 중심 피사체를 가장자리나 구석에 위치시켜 의도적으로 시각적 긴장감을 유발하는 프레임 구성 방법이다. 이 프레임은 안정된 구도를 활용하는 일반적인 사진과 달리 익숙하지 않은 프레임을 통해 감상자가 중심 피사체에 집중하게 한다.

① ㉠은 ㉡과 달리 기존의 예술적 인식을 바탕으로 한 프레임 구성 방법이다.
② ㉡은 ㉠과 달리 의도하지 않았을 때 나타나는 미적 효과를 의도적으로 활용하고 있다.
③ ㉠은 조화와 균형, ㉡은 부조화와 불균형을 아름다움의 기본으로 여기고 있다.
④ ㉠과 ㉡은 중심 피사체를 프레임의 중앙 부분에 놓이도록 촬영한다.
⑤ ㉠과 ㉡은 익숙하지 않은 프레임을 통해 시각적 긴장감을 유발한다.

**무엇을 물을까?**

●　＿＿＿＿＿＿＿＿＿＿＿

　＿＿＿＿＿＿＿＿＿＿＿

　＿＿＿＿＿＿＿＿＿＿＿

●　＿＿＿＿＿＿＿＿＿＿＿

　＿＿＿＿＿＿＿＿＿＿＿

　＿＿＿＿＿＿＿＿＿＿＿

누군가 자신이 불행한 일을 겪었다고 말한다면 사람들은 그에게 동정심을 느낄 것이다. 그러나 다음 순간 자신의 이야기가 전부 꾸며낸 것이라고 말한다면, 더는 그에게 동정심을 느끼지 않게 될 것이다. 일반적으로 감정은 그 감정을 유발하는 대상이나 사건이 실제로 존재한다는 믿음이 전제되어 있기 때문이다. 그렇다면 허구임이 분명한 공포 영화를 보는 관객들이, 존재한다고 믿지 않는 괴물과 그 괴물을 중심으로 펼쳐지는 허구적 사건을 보면서 공포를 느끼는 현상은 어떻게 이해해야 할까?

래드포드는 허구적 인물과 사건에 대해 감정 반응을 보이는 현상을 '허구의 역설*'이라 규정하고, 다음 세 가지 전제를 제시하였다.

> 전제 1. 우리는 존재한다고 믿는 것에 대해 감정적으로 반응한다.
> 전제 2. 우리는 허구적 사건이나 인물은 존재하지 않는다고 믿는다.
> 전제 3. 우리는 허구적 사건이나 인물에 대해 감정적으로 반응한다.

㉠이 세 가지 전제가 동시에 참일 수 없다는 모순을 해결하는 방법은 그중 일부를 부정하는 것이다. 래드포드는 감정을 유발하는 대상이 존재한다는 믿음 없이 허구에 의해서도 감정이 발생할 수 있다고 보았다. 그렇지만 그 감정은 존재에 대한 믿음이 결여된 것이므로 비합리적이라고 하였다. 이후 학자들은 허구에서 비롯된 감정이 합리적일 수 있다고 주장하며, 믿음이나 생각과 같은 인지적 요소가 어떤 역할을 하는지에 대해 논의를 전개해 왔다.

환영론에서는 사람들이 허구를 감상하는 동안 허구에 몰입하여 허구적 사건이나 인물이 존재하지 않는다는 사실을 잊어버리고, 그 사건이나 인물이 실제로 존재한다는 환영에 빠져 감정 반응을 하게 된다고 보았다. 이에 대해 월턴과 캐럴은 공포 영화의 관객이 영화를 감상하는 동안에도 영화가 허구라는 사실을 잊지 않는다고 주장하였다. 만약 관객이 영화 속 괴물이 실제로 존재한다고 믿는다면 공포로 인해 영화관에서 도망을 가거나 도움을 요청하는 등의 행동을 보여야 하는데 그렇게 하지 않는다는 것이다. ㉡이런 점에서 월턴과 캐럴은, 환영론은 허구에서 느끼는 감정을 설명하는 타당한 이론이 될 수 없다고 주장하였다.

월턴은 관객이 허구의 세계에 빠져드는 현상을 상상의 인물과 세계에 대해 '믿는 체하기' 놀이를 하는 것으로 설명하였다. 믿는 체하기란, 어린아이들이 소도구를 가지고 노는 소꿉장난에서 볼 수 있는 것처럼 실제 사물을 가지고 하는 일종의 상상하기이다. 공포 영화를 보는 관객은 영화를 소도구로 하는 믿는 체하기 놀이에 참여하는 중이고, 관객의 감정 반응은 허구에 대한 믿음에서 비롯되는 것이 아니라 상상하기의 결과인 것이다. 이때 괴물은 상상의 세계 안에서는 실제로 존재하는 대상이다. 다만 허구적 대상에서 비롯된 감정은 상상의 세계에서만 성립하는 것일 뿐, 대상이 실제 세계에 존재한다는 믿음에서 비롯된 것은 아니다. 이런 점에서 월턴은 허구를 감상할 때 유발되는 감정을 '유사 감정'이라고 하였다.

캐럴은 생각도 감정을 유발하는 인지적* 요소라고 하면서 사고 이론을 전개하였다. 사고 이론은 허구를 감상하는 사람은 허구적 사건이나 인물 자체에 대해 반응하는 것이 아니라 그것들에 대한 '생각'에 반응한다고 보았다. 마음속에서 명제가 참임을 받아들이는 상태가 믿음이라면, 명제를 그저 머릿속에 떠올리는 것이 생각이다. 캐럴은 생각을 품는 것만으로도 감정이 유발될 수 있다고 보았다. 괴물이 실제로 존재한다는 믿음 없이 괴물에 대해 생각하는 것만으로도 공포를 느낄 수 있다는 것이다.

최근 등장한 감각믿음 이론은 영화가 주는 감각 자극에 주목하여, 믿음을 '중심믿음'과 '감각믿음'으로 구분하였다. 중심믿음은 추론적 사고와 기억 등에 의해 만들어지는 믿음을, 감

[A]

각믿음은 오로지 감각 경험에 의해 자동적으로 떠오르는 믿음을 말한다. 건물이 불타는 영화의 장면을 보면 '건물에 불이 났다.'라는 감각믿음이 자동적으로 생긴다는 것이다. 감각믿음 이론에서는 관객이 허구인 영화의 내용을 인지적으로는 사실이라고 믿지 않지만 감각적으로는 사실이라고 믿고 감정 반응을 한다고 보았다. 공포 영화를 보는 관객 역시 감각 경험에 의해 괴물의 존재를 경험하고 공포를 느끼는데, 이러한 감각 경험이 괴물은 허구적 대상이라는 인지적 판단에 의해 억제될 수 없다는 것이다. 또한 감각믿음 이론은 관객이 감각 경험에 의해 영화 속 괴물이 존재한다고 믿으면서도 괴물은 허구적 대상이라는 중심믿음이 있기 때문에 도망가거나 도움을 요청하지 않는 것이라고 설명하였다.

허구의 감상과 그에 따른 감정 발생을 연구하는 학자들은 허구가 사실이 아님을 알면서도 그 허구에 대해 감정 반응을 보이는 인간의 행동을 설명하기 위한 고민을 계속하고 있다. 특히 공포 영화를 보는 관객의 공포가 인지적 경험과 감각적 경험의 통합에서 비롯된다는 최근의 논의는 영화 제작 시 공포를 주는 대상의 존재감이나 위협감이 어떻게 구성되어야 하는가를 말해 주고 있다.

\* 역설: 1. 어떤 주의나 주장에 반대되는 이론이나 말. 2. 일반적으로는 모순을 야기하지 아니하나 특정한 경우에 논리적 모순을 일으키는 논증. 모순을 일으키기는 하지만 그 속에 중요한 진리가 함축되어 있는 것으로 간주한다.
\* 인지적: 자극을 받아들이고, 저장하고, 인출하는 일련의 정신 과정과 관계된. 또는 그런 것.

**윗글의 내용 전개 방식으로 가장 적절한 것은?**

① 특정 현상에 관한 다양한 이론을 제시하고 시사점을 도출하고 있다.
② 특정 현상을 설명하는 상반된 이론을 제시하고 절충 방안을 모색하고 있다.
③ 특정 현상에 관한 이론들을 유형별로 분류하면서 그 분류 기준에 대해 검토하고 있다.
④ 특정 현상을 설명하는 각 이론의 의의와 한계를 평가하여 하나의 이론 아래 통합하고 있다.
⑤ 특정 현상에 관한 이론이 분화되는 과정을 단계적으로 서술하고 현상이 지닌 의의를 제시하고 있다.

내 생각?

**글쓴이의 작문 과정을 따라가 볼까?**

일상에서 경험했을 법한 사례를 바탕으로 중심 화제를 이끌어 낸 다음, 독자에게 질문을 던져 중심 화제를 인지시키자.

질문에 대한 답으로 래드포드의 관점을 제시한 뒤, 이후 이어질 학자들의 논의를 안내하자.

(❶            )을 언급하고, 이를 비판한 두 학자의 관점을 소개하여 자연스럽게 다음 내용을 전개해 볼까?

환영론을 비판한 월턴과 캐럴의 이론을 제시하고, 각각의 이론에서 주장하는, 공포를 느끼는 이유를 분석하는 게 좋겠어.

마지막으로 (❷            )을 제시하고, 두 하위 개념을 비교해 공포를 느끼는 이유를 설명한 다음, 이 이론의 의의를 제시하면서 글을 마무리하자.

**글쓴이가 이 글에서 말하려는 주제는?**

_____

⊙의 방식을 활용

다른 입장에서 환영론의 입장 분석

**1**  ⊙의 방식을 활용하여 '환영론'의 입장을 설명한 것으로 적절한 것은?

① 전제 1을 부정하고 전제 2와 전제 3을 받아들인다.

② 전제 2를 부정하고 전제 1과 전제 3을 받아들인다.

③ 전제 3을 부정하고 전제 1과 전제 2를 받아들인다.

④ 전제 1과 전제 2를 부정하고 전제 3을 받아들인다.

⑤ 전제 1과 전제 3을 부정하고 전제 2를 받아들인다.

[A]를 바탕으로 |보기|를 이해

구체적 사례에 개념 적용

**2**  [A]를 바탕으로 |보기|를 이해한 내용으로 적절한 것은?

┤보 기├

　한 연구자가 감각믿음 이론과 관련하여 다음과 같은 실험을 실시하였다. 우선, 실험 참가자들에게 두 선분 a, b가 그려진 〈그림〉을 보여주겠다고 예고하였다. 그리고 ㉮〈그림〉을 보여 주기 전, 굵은 선으로 표시된 선분 a와 선분 b의 길이는 동일하다고 말해 주었다. 하지만 ㉯〈그림〉을 본 모든 실험 참가자들은 연구자가 앞서 한 말을 기억하고 있었음에도 불구하고, 선분 a보다 선분 b가 길어 보인다고 응답하였다. 이 실험에서 사용된 〈그림〉은 아래와 같다.

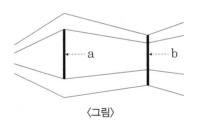

〈그림〉

① 연구자는 실험 참가자들이 ㉮ 단계에서 시각 경험에 의한 감각믿음을 가질 것으로 기대하였다.

② 실험 참가자들은 ㉮ 단계에서 추론적 사고에 의한 감각믿음을 형성하였다.

③ 실험 참가자들이 ㉮ 단계에서 가지게 된 중심믿음은 ㉯ 단계에서 감각 경험에 의해 유지되었다.

④ ㉮ 단계에서 연구자가 말해 준 내용은 ㉯ 단계에서 실험 참가자들의 감각믿음에 영향을 미치지 못한 것으로 나타났다.

⑤ ㉯ 단계에서 연구자는 실험 참가자들의 중심믿음과 감각믿음이 일치한 것으로 판단하였을 것이다.

**3** ㉡의 이유로 가장 적절한 것은?

① 실제로 존재하지 않는 대상에 대해 감정을 느끼는 것은 모순이기 때문이다.

② 대상이 존재한다는 믿음에서 유발된 감정은 해당 감정과 관련된 행동을 촉발하기 때문이다.

③ 허구에서 느끼는 감정은 실제로 존재하는 인물과 사건에서 느끼는 감정과 다르기 때문이다.

④ 감정을 인지적 경험과 감각적 경험이 통합된 결과로 설명할 때 이론적 타당성을 높일 수 있기 때문이다.

⑤ 사람들은 일반적인 경우와 달리 허구에 대해서는 '믿는 체하기' 놀이처럼 생각하여 감정 반응을 보이기 때문이다.

**4** 윗글을 바탕으로 할 때 |보기|에 대한 반응을 추론한 것으로 적절하지 않은 것은?

┤ 보 기 ├

　윤수는 끔찍한 녹색 점액 괴물이 나오는 공포 영화를 보고 있다. 괴물이 천천히 땅 위로 흘러내리며 주변의 모든 것을 파괴하는 장면을 보며 몸을 움츠린다. 이윽고 녹색 괴물의 몸체에서 끈적끈적한 머리가 솟아오르더니, 갑자기 관객을 향해 돌진한다. 윤수는 공포를 느껴 비명을 지른다. 영화가 끝난 후에도 윤수는 공포에 몸을 떨면서, "괴물이 진짜처럼 무서웠다."라고 말한다.

① 래드포드의 관점에서는, 영화를 보면서 윤수가 느낀 공포는 괴물이 존재한다는 믿음 없이 생겨난 것이라고 보겠군.

② 환영론의 관점에서는, 윤수가 비명을 지른 것에 대해 환영에 빠져 영화 속 내용을 사실이라 믿은 것으로 판단하겠군.

③ 월턴의 관점에서는, 영화를 보면서 윤수가 느낀 공포는 실제로 괴물이 존재한다는 믿음에서 비롯된 것이므로 유사 감정이라고 주장하겠군.

④ 캐럴의 관점에서는, 영화가 끝난 후에도 윤수가 공포를 느낀 것은 괴물에 대한 생각 때문이라고 주장하겠군.

⑤ 감각민음 이론의 관점에서는, 영화를 보는 동안 윤수가 감각 경험으로 인해 공포를 느낀다고 주장하겠군.

아직도 철학이 '현실과는 동떨어진 뜬구름 잡는 이야기'라고 생각하는 사람들이 있을까? 그야말로 인문학 광풍이 불고 있는 요즘, 철학은 더 이상 멀기만 한 영역이 아니다. 철학은 늘 우리에게 묻는다. 인간과 삶, 세상에 대해서……. 철학과 이에 대한 고찰이 있었기에 과거부터 현재의 삶에 이르기까지 우리에게 주어진 문제들을 해결해 나갈 수 있었다. 바로 이 점이, **수능 출제자들이 철학에 주목하는 이유가 아닐까?**

**기 출 읽 기**

2005학년도 9월 고1 학력평가

정답률 71%
난이도 중
제한시간 7분

**출제자는**
## 무엇을 물을까?

● 감성적 인식과 이성적 인식의 특성을 대조하고 있으니 그 둘의 차이점을 이해했는지 묻겠지?

● 논지 전개가 조금 복잡하지만 마지막에 주제가 직접적으로 제시된 만큼 중심 내용이 뭔지 물어보게 되어 있어.

영국 출신의 유명한 희극 배우인 채플린은 코 밑에 조그만 수염을 달고 머리에는 다 떨어진 모자를 쓰고, 자기 몸에 ㉠맞지 않는 바지와 신발을 신고 지팡이를 든 모습으로 무대에서 연기한다. 우리는 그의 콧수염, 모자, 바지, 신발, 지팡이 등을 보고 '이 사람이 채플린이구나.' 하고 생각한다. 눈에 보이는 콧수염, 모자, 지팡이 등은 모두가 채플린의 한 부분이며 동시에 그의 표면적 현상이다. 이처럼 우리의 감각 기관을 통하여 감득*할 수 있는 것을 우리는 '감성적 인식'이라고 한다.

그런데 인간이 사물을 인식하는 것이 이러한 감성적 인식에 그치는 것일까? 그렇지 않다. 인간은 사물의 표면적 현상만을 담는 사진기와 달라서 감성적 인식과 더불어 고도의 인식 능력을 가지고 있으며, 이러한 인식 능력 덕택으로 사물의 표면 현상뿐만 아니라 사물의 깊은 근본 성질까지도 인식할 수 있다.

사진에 찍힌 채플린은 단지 콧수염을 기른 사람에 불과하며 그 모습 자체 말고는 우리에게 더 이상 말해 주는 바가 없다. 만약 우리가 감성적 인식밖에 할 수 없다면 채플린의 수염은 독일의 독재자 히틀러의 수염과 비슷해서 언뜻 보면 두 사람을 구별할 수 없을 것이다. 하지만 다시 한번 우리의 인식을 살펴보면 채플린의 여러 가지 표면적 현상을 떠나서 그의 근본 성질을 알게 하는 측면이 있다. 다시 말해서 채플린은 희극 배우이고 히틀러는 독재자로, 그 근본 성질이 전혀 다른 사람임을 알 수 있는 것이다. 이러한 근본 성질은 감성적 인식만으로는 인식할 수 없다. 이처럼 표면적 차이점이 아닌 그 내적 연관성의 유무를 파악하는 것은 감성적 인식을 통해서가 아니라 인간의 다른 인식 능력, 즉 '이성적 인식'을 통해서 가능해진다.

이상에서 본 바와 같이 인간의 인식은 ⓐ감성적 인식과 ⓑ이성적 인식을 통해서 이루어진다. 감성적 인식은 인간의 감각 기관이 사물에 작용해서 이루어진 생생한 인식이며, 사물의 외적 측면인 현상에 대한 인식으로서 단편적, 표면적이며, 여기에는 감각, 지각과 같은 인식 형태들이 포함된다. 이에 반해 이성적 인식은 인간의 이해력을 통해서 획득하는 인식으로서, 사물의 본질과 내적 연관성을 인식한다. 여기에는 판단, 추리 같은 인식 형태들이 있다.

그런데 감성적 인식과 이성적 인식은 서로 모순 관계에 있는 것처럼 보인다. 감성적 인식은 채플린이 콧수염이 있고 히틀러도 콧수염이 있으므로 두 사람이 같다고 혼동할 수 있다. 이에 반해, 이성적 인식은 채플린과 히틀러는 전혀 다른 사람이라고 인식한다. 또한 감성적 인식은 외모상으로 확연히 구별되는 로이드나 하디 같은 희극 배우들과 채플린은 다르다고 느끼는 데 반해, 이성적 인식은 그들의 내적 연관성을 파악하여 '희극 배우'라는 점에서 그들이 동일하다고 인식한다. 즉 이성적 인식은 감성적 인식이 동일하다고 느낀 것을 동일하지 않다고 인식할 수 있으며, 감성적 인식이 동일하지 않다고 느낀 것을 동일하다고 인식할 수도 있다.

하지만 채플린의 표면적인 현상을 인식할 수 없다면 희극 배우로서의 채플린도 인식할 수 없듯이 만약 감성적 인식이 존재하지 않는다면 이성적 인식도 존재할 수 없다. 감성적 인식이

외계 사물에 작용해서 그 본질을 인식할 수 있는 정보를 제공하면 이에 기초해서 이성적 인식이 진행된다. 이성적 인식은 감성적 인식과 상호 작용하면서 감성적 인식의 대상과 방향을 바로잡아 주며 사물의 본질과 내적 연관성을 깊이 인식할 수 있게 한다.

\* 감득: 느껴서 앎.

—— 구조읽기 **0**

**윗글의 서술상 특징으로 옳은 것을 |보기|에서 모두 고른 것은?**

──────| 보 기 |──────

ㄱ. 서로 다른 두 견해를 객관적으로 소개한다.
ㄴ. 구체적인 사례를 통해 독자의 이해를 돕는다.
ㄷ. 대상의 특성을 대비하고 그 차이점을 설명한다.
ㄹ. 시간의 흐름에 따른 대상의 변화 양상을 서술한다.

① ㄱ, ㄴ    ② ㄴ, ㄷ    ③ ㄷ, ㄹ
④ ㄱ, ㄴ, ㄷ    ⑤ ㄱ, ㄷ, ㄹ

**내 생각?**... 을 표현하기 좋은 글의 구조를 선택하고... 썼으니까... **글의 구조 속**에 있지 않을까?

**글쓴이의 작문 과정을 따라가 볼까?**

(❶          )을 예로 들어 감성적 인식의 개념부터 설명하면 좋지 않을까?

↓

그런데 인간에게 감성적 인식만 있는 것은 아니잖아? 고도의 인식 능력도 있지. 그것이 바로 (❷          )임을 예를 들어 보여 주면 되겠지?

↓

감성적 인식과 이성적 인식을 대조함으로써 독자들에게 두 대상의 특성을 분명히 전달해야겠어.

↓

이성적 인식은 감성적 인식을 기초로 진행되면서 감성적 인식의 문제를 바로잡는 거야. 한마디로 이성적 인식과 감성적 인식은 상호 작용하지. 이것이 이 글의 핵심이야!

**글쓴이가 이 글에서 말하려는 주제는?**

_____

_____

제목으로 가장 적절한 것

제목은 곧 주제

두 대상의 차이점에만 주목하지 말고, 어떤 관계에 있는지를 살펴봐. 그게 주제가 될 확률이 높거든.

**1** **윗글을 학교 신문에 소개하려고 할 때, 제목으로 가장 적절한 것은?**

① 인식이란 무엇인가
　　– 감성적 인식을 바탕으로 한 이성적 사고
② 인식에는 어떤 종류가 있는가
　　– 감성적 인식과 이성적 인식
③ 인식의 대상은 무엇인가
　　– 관념을 포함한 모든 사물
④ 인식은 어떻게 이루어지는가
　　– 감성적 인식과 이성적 인식의 상호 작용
⑤ 인식은 어떤 과정을 통해 확대되는가
　　– 감성적 인식과 이성적 인식의 지속적 대립

선지에 모두 '감성적 인식'과 '이성적 인식'이 들어가 있네? 중심 화제는 파악했는데...

ⓐ, ⓑ를 바르게 이해

대상의 특성 비교

ⓐ와 ⓑ의 특성이 대조되어 있는 4문단을 중점적으로 읽은 뒤에 그 둘의 결정적인 차이점이 무엇일지 생각해 봐.

**2** **ⓐ, ⓑ를 바르게 이해한 것은?**

① ⓐ는 주관적으로, ⓑ는 객관적으로 정보를 해석한다.
② ⓐ는 대상의 표면적 현상에, ⓑ는 대상의 본질에 주목한다.
③ ⓐ는 모순을 갖고 있고, ⓑ는 그 모순을 극복하는 과정이다.
④ ⓐ는 인식의 대상을 결정하고, ⓑ는 인식의 방향을 결정한다.
⑤ ⓐ는 이해력을 통해서, ⓑ는 감각 기관을 통해서 이루어진다.

**3**  **㉠과 유사한 의미로 쓰인 것은?**

① 올 가을에 사위를 <u>맞으신</u>다면서요?

② 할머니 반지가 내 손가락에 딱 <u>맞네</u>.

③ 요즘에는 일기예보가 잘 <u>맞는</u> 것 같아.

④ 내 육감이 <u>맞았는지</u> 우리 팀이 승리했어.

⑤ 국산 시계가 외제 시계보다 더 잘 <u>맞는군</u>.

유사한 의미

문맥적 의미 파악

↓

단어의 뜻은 항상 문장의 맥락 속에서 결정된다는 것을 잊지 마!

기 출 읽 기 1

2016학년도 6월 고1 학력평가

정답률 85%
난이도 중하
제한시간 7분

**무엇을 물을까?**

● 의무론적 관점과 목적론적 관점이 비교 대
상이네. 각 관점을 정확하게 이해했는지 물
을 거야.

●

다음 상황을 생각해 보자. Ａ가 등교하는 길에 다리가 불편한 할머니가 횡단보도 건너는 것을 도와 달라고 하였다. 지금 학교에 가지 않으면 지각을 하여 벌점을 받게 된다. Ａ는 할머니를 도와야 할까, 아니면 학교에 가야 할까? 이런 상황을 도덕적 딜레마*라 한다. 이런 상황에서 개인 행위의 옳고 그름을 판단하는 기준이 필요하다. 이러한 기준을 우리는 크게 두 가지 관점에서 제시할 수 있다. 하나는 ㉠의무론적 관점이고 다른 하나는 ㉡목적론적 관점이다.

의무론적 관점은 행위에 대한 도덕적 판단이 도덕 법칙에 따라 이루어져야 한다고 보았다. 이 관점은 도덕 법칙을 지키려는 의지를 의무로 보았으며 결과와 무관하게 행위 자체의 옳고 그름에 주목하였다. 도덕 법칙은 언제나 타당하고 보편적인 것이기에 '왜'라는 질문은 성립하지 않는다. 따라서 좋지 않은 결과를 초래하더라도 도덕 법칙은 지켜야 한다. 이런 의미에서 의무론적 관점을 법칙론이라고도 한다.

그러나 의무론적 관점에는 한계가 있다. 두 개의 옳은 도덕 법칙이 충돌할 때 의무론적 관점에 따르면 결정을 ⓐ내릴 수 없다. 예를 들어 1번 철로에는 3명의 인부가, 2번 철로에는 5명의 인부가 일을 하고 있을 때 브레이크가 고장 난 기차의 기관사는 어떤 길을 선택해야 할까? 의무론적 관점은 이 상황에서 어떤 철로를 선택해야 할지 결정을 내릴 수 없다.

한편, 목적론적 관점은 행복이나 쾌락*을 인간이 추구해야 할 목적으로 보았다. 이 관점은 오로지 최선의 결과를 가져오는 행위가 옳은 행위이며, 경험을 통하여 도덕을 얻을 수 있다고 생각하였다. 도덕은 '보다 많은 사람들에게 보다 많은 행복을 가져오는 행위'이다. 따라서 어떤 행위를 결정할 때는 미래에 있을 결과를 고려해야 한다. 이런 의미에서 목적론적 관점을 결과론이라고도 한다.

그러나 목적론적 관점도 한계가 있다. 똑같은 결과라도 사람마다 판단이 달라질 수 있기 때문이다. 위의 예에서 1번 철로를 선택하는 것이 목적론적 관점에서는 옳은 선택이지만 1번 철로에 있던 인부의 가족에게 물었을 경우 대답은 달라질 것이다. 이런 문제 때문에 목적론적 관점은 도덕 법칙에 대해 많은 예외를 허용할 우려가 있다.

* 딜레마: 선택해야 할 길은 두 가지 중 하나로 정해져 있는데, 그 어느 쪽을 선택해도 바람직하지 못한 결과가 나오게 되는 곤란한 상황
* 쾌락: 유쾌하고 즐거움. 또는 그런 느낌.

**0** **윗글에 쓰인 전개 방식으로 적절한 것은?**

① 다른 대상과 비교하여 가설을 입증하고 있다.

② 통념의 문제점을 제시하며 주장을 강조하고 있다.

③ 중심 대상의 개념을 밝히고 사례를 들어 설명하고 있다.

④ 서로 다른 관점을 절충하면서 결론을 이끌어 내고 있다.

⑤ 관점의 문제점을 지적한 후 합리적인 대안을 제시하고 있다.

내 생각?

**글쓴이의 작문 과정을 따라가 볼까?**

바쁜 등굣길에 도움을 청하시는 할머니를 도와드려야 할지 말지 판단하기 힘들지? 이와 같은 상황이 (❶              )임을 설명하며 중심 화제를 제시해야지.

의무론적 관점은 도덕 법칙을 무조건 지키는 거야. 하지만 문제점도 있겠지? 의무론적 관점을 따르는 경우 결정을 내릴 수 없는 상황을 제시하면 이해가 쉬울 거야.

(❷              )은 결과가 중요해. 하지만 이 또한 한계가 있어. 이때 그 한계가 생기는 이유까지 설명해야지.

**글쓴이가 이 글에서 말하려는 주제는?**

_____

_____

**1** 목적론적 관점을 다음과 같이 정리할 때 적절하지 <u>않은</u> 것은?

---

질문 1. 목적론에서 옳다고 보는 행위는 무엇일까?

    • 행복이나 쾌락을 가져오는 행위. ............................................... ①

    • 최선의 결과를 가져오는 행위. ............................................... ②

질문 2. 목적론적 관점의 특징은 무엇일까?

    • 도덕은 가능한 많은 행복을 추구하려는 의도를 지님. ............... ③

    • 어떤 행위를 위한 결정은 행위 자체를 바탕으로 내림. ............... ④

질문 3. 목적론적 관점의 한계는 무엇일까?

    • 도덕 법칙에 예외를 많이 허용할 수 있음. ............................... ⑤

---

Ⓐ에게 할 수 있는 말

구체적 상황에 관점 적용

도덕적 딜레마 상황에 ㉠과 ㉡의 관점
을 적용하는 거잖아? 두 관점의 특성
을 지문에서 다시 한번 확인해 봐.

**2** ㉠, ㉡에서 Ⓐ에게 할 수 있는 말로 적절하지 <u>않은</u> 것은?

① ㉠: '왜?'라는 질문에 답할 수 있게 행동하세요.

② ㉠: 누가 보더라도 옳다고 생각하는 기준에 따라 행동하세요.

③ ㉠: 나중에 일어날 일보다는 도덕을 지키려는 마음이 더 중요하지 않겠어요?

④ ㉡: 당신의 선택의 목적과 결과를 고려해 행동하세요.

⑤ ㉡: 당신뿐 아니라 다른 사람도 같이 기쁠 수 있게 행동하세요.

**3** ⓐ와 문맥적 의미가 가장 유사한 것은?

① 그는 회의에 참석하기 위해 서울역에서 <u>내렸다</u>.

② 심사 위원들이 노래에 대한 평가를 <u>내렸다</u>.

③ 어머니가 밀가루를 체에 <u>내렸다</u>.

④ 저녁이 되자 어둠이 <u>내렸다</u>.

⑤ 하루 종일 비가 <u>내렸다</u>.

의미의 유사성은 문맥의 유사성

문맥적 의미가 같은지를 판단할 때에는 의미의 영역을 살펴봐야 해.

기 출 읽 기 2

2012학년도 9월 고3 모의평가

정답률 89%
난이도 중하
제한시간 7분

**무엇을 물을까?**

● 진리를 판단하는 세 가지 이론을 파악하는
것이 이 글의 핵심이야. 그렇다면 각각에 해
당하는 사례를 묻겠지?

●

우리는 일상생활이나 학문 활동에서 '진리' 또는 '참'이라는 말을 자주 사용한다. 예를 들어 '그 이론은 진리이다'라고 말하거나 '그 주장은 참이다'라고 말한다. 그렇다면 우리는 무엇을 '진리'라고 하는가? 이 문제에 대한 대표적인 이론에는 대응설, 정합설, 실용설이 있다.

대응설은 어떤 판단이 사실과 일치할 때 그 판단을 진리라고 본다. '내 말을 믿지 못하겠거든 가서 보라'라는 말에는 이러한 대응설의 관점이 잘 나타나 있다. 감각을 사용하여 확인했을 때 그 말이 사실과 일치하면 참이고, 그렇지 않으면 거짓이라는 것이다. 대응설은 일상생활에서 참과 거짓을 구분할 때 흔히 취하고 있는 관점으로 ㉠우리가 판단과 사실의 일치 여부를 알 수 있다고 여긴다. 우리는 특별한 장애가 없는 한 대상을 있는 그대로 정확하게 지각*한다고 생각한다. 예를 들어 책상이 네모 모양이라고 할 때 감각을 통해 지각된 '네모 모양'이라는 표상은 책상이 지니고 있는 객관적 성질을 그대로 반영한 것이라고 생각한다. 그래서 '그 책상은 네모이다'라는 판단이 지각 내용과 일치하면 그 판단은 참이 되고, 그렇지 않으면 거짓이 된다는 것이다. 이러한 대응설은 새로운 주장의 진위를 판별할 때 관찰이나 경험을 통한 사실의 확인을 중시한다.

정합설은 어떤 판단이 기존의 지식 체계에 부합*할 때 그 판단을 진리라고 본다. 진리로 간주하는 지식 체계가 이미 존재하며, 그것에 판단이나 주장이 들어맞으면 참이고 그렇지 않으면 거짓이라는 것이다. 예를 들어 어떤 사람이 '물체의 운동에 관한 그 주장은 뉴턴의 역학의 법칙에 어긋나니까 거짓이다'라고 말했다면, 그 사람은 뉴턴의 역학의 법칙을 진리로 받아들여 그것을 기준으로 삼아 진위를 판별한 것이다. 이러한 정합설은 새로운 주장의 진위를 판별할 때 기존의 이론 체계와의 정합성을 중시한다.

실용설은 어떤 판단이 유용한 결과를 낳을 때 그 판단을 진리라고 본다. 어떤 판단을 실제 행동으로 옮겨 보고 그 결과가 만족스럽거나 유용하다면 그 판단은 참이고 그렇지 않다면 거짓이라는 것이다. 예를 들어 어떤 사람이 '자기 주도적 학습 방법은 창의력을 기른다'라고 판단하여 그러한 학습 방법을 실제로 적용해 보았다고 하자. 만약 그러한 학습 방법이 실제로 창의력을 기르는 등 만족스러운 결과를 낳았다면 그 판단은 참이 되고, 그렇지 않다면 거짓이 된다. 이러한 실용설은 새로운 주장의 진위를 판별할 때 결과의 유용성을 중시한다.

* 지각: 알아서 깨달음. 또는 그런 능력.
* 부합: 사물이나 현상이 서로 꼭 들어맞음.

**0** **윗글의 전개 방식으로 가장 적절한 것은?**

① 구체적인 예를 들어 추상적인 개념을 설명하고 있다.

② 기존 이론의 문제점을 밝히고 새로운 이론을 제시하고 있다.

③ 현상의 원인을 다양한 측면에서 심층적으로 분석하고 있다.

④ 시대적 흐름에 따른 핵심 개념의 변천 과정을 규명하고 있다.

⑤ 다양한 관점들을 소개하면서 이를 변증법적으로 절충하고 있다.

내 생각?

**글쓴이의 작문 과정을 따라가 볼까?**

진리, 참이라는 게 무엇인지 질문을 던지며 글을 시작해 볼까?

↓

가장 일반적인 진리론인 (❶      )부터 설명해야지. 이때 세 가지 이론들의 설명 방식을 '개념 – 진리 판단 방법과 그 사례 – 중시 요소' 순서로 동일하게 하면 독자들이 비교하기 쉽겠지?

↓

두 번째 진리론인 (❷      )의 개념은 유명한 과학적 이론을 예로 들어 설명하는 게 좋겠어.

↓

세 번째 진리론인 실용설의 개념을 구체적으로 설명하면서 글을 마무리해야겠어.

**글쓴이가 이 글에서 말하려는 주제는?**

_____

_____

⊙의 전제

⊙이 성립하기 위한 전제 찾기

⊙이 성립하기 위해 반드시 참이어야 하는 명제를 찾아야 해. 지문의 맥락 속에서 답을 찾아야겠지?

**1** **⊙의 전제로 가장 적절한 것은?**

① 우리의 지식이나 판단은 항상 참이다.
② 우리의 감각은 대상을 있는 그대로 반영한다.
③ 우리는 사물의 전체를 알면 부분을 알 수 있다.
④ 우리의 주관은 서로 다른 인식 구조를 갖고 있다.
⑤ 우리의 감각적 지각 능력은 대상을 변화시킬 수 있다.

ⓐ와 ⓑ에 각각 관련

이론과 사례의 대응

**2** **윗글에서 |보기|의 ⓐ와 ⓑ에 각각 관련되는 것은?**

┤보 기├

• 17세기에 스테노는 관찰을 통해 상어의 이빨과 설석(舌石)이라는 화석이 구조적으로 매우 유사하다는 점을 확인했다. 이 사실을 근거로 그는 화석이 유기체에서 기원했다고 보는 것이 옳다는 ⓐ판단을 내렸다.
• 20세기 초에 베게너는 지질학적 조사 결과를 근거로 아프리카와 남아메리카가 과거에 한 대륙이었다가 나중에 분리되었다는 주장을 했다. 하지만 당시의 지질학자들은 대륙은 이동하지 않는다는 통설을 근거로 그의 주장이 틀렸다는 ⓑ판단을 내렸다.

      ⓐ              ⓑ
① 대응설         정합설
② 대응설         실용설
③ 정합설         대응설
④ 정합설         실용설
⑤ 실용설         정합설

**3** **윗글에서 언급한 여러 진리론에 대한 비판으로 적절하지 않은 것은?**

① 수학이나 논리학에는 경험적으로 확인하기 어렵지만 참인 명제도 있는데, 그 명제가 진리임을 입증하기 힘들다는 문제가 대응설에서는 발생한다.

② 판단의 근거가 될 수 있는 이론 체계가 아직 존재하지 않을 경우에 그 판단의 진위를 판별하기 어렵다는 문제가 정합설에서는 발생한다.

③ 새로운 주장의 진리 여부를 기존의 이론 체계를 기준으로 판단한다면, 기존 이론 체계의 진리 여부는 어떻게 판단할 수 있는지의 문제가 정합설에서는 발생한다.

④ 감각으로 검증할 수 없는 존재에 대한 관념은 그것의 실체를 확인할 수 없기 때문에 거짓으로 보아야 하는 문제가 실용설에서는 발생한다.

⑤ 실제 생활에서의 유용성은 사람이나 상황에 따라 다르기 때문에 어떤 지식의 진리 여부가 사람이나 상황에 따라 달라지는 문제가 실용설에서는 발생한다.

기출읽기 3

2014학년도 고2 예비시행 B형

정답률 47%
난이도 최상
제한시간 7분

**무엇을 물을까?**

● _____

● _____

상식적으로는 자신에게 보이고 들리고 느껴지는 그대로 세계가 존재할 것이라고 생각하지만, 회의론에서는 그 보고 듣고 느끼는 세계가 모두 환상일지도 모른다는 가정을 옹호한다. 가장 널리 알려진 회의론은 근세 철학의 창시자인 데카르트에 의해 제시되었는데, 그는 의심이 전혀 불가능한 확실한 지식을 찾기 위해 체계적으로 의심하는 방법을 만들었다. 즉 의심할 수 있는 이유를 더 이상 찾을 수 없을 때까지 의심할 수 있는 것은 모두 의심해 보는 것이다.

그가 의심한 첫 번째 범주의 지식은 감각에 의해 생긴 지식이다. 휴대 전화가 없는데도 벨 소리가 들릴 때가 있는 것처럼, 감각은 우리를 종종 속이므로 감각적인 증거를 토대로 생긴 지식은 믿을 수 없다. 그렇지만 내가 지금 의자에 앉아 있다는 사실까지 의심하는 사람은 없다. 이에 대해서도 데카르트는 꿈에서 똑같은 종류의 감각을 한다는 점을 지적한다. 나는 의자에 앉아 있다고 느낄지도 모르지만 사실 나는 침대에서 깊은 잠에 빠져 있을 수 있다. 따라서 감각적인 증거를 토대로 생긴 지식은 믿을 수 없다.

감각적 지식만이 지식의 전부는 아니다. 예컨대 우리의 지식 중 수학의 지식은 감각에 의존하지 않으므로 데카르트의 의심에서 무사히 벗어날지 모른다. 내가 깨어 있을 때나 꿈속에서나 2 더하기 3은 5이기 때문이다. 그런데 데카르트는 수학의 지식마저도 의심이 가능하다고 말한다. 악마가 존재하여 사실은 2 더하기 3은 4인데 우리가 2에 3을 더할 때마다 5인 것처럼 속일 수 있기 때문이다. 그런 악마가 실제로 존재하지 않더라도 자체적으로 모순이 되지 않는다면 상상하는 데는 아무런 제약이 없다.

그러나 데카르트는 아무리 의심을 해도 의심하는 사람의 존재에 관한 의심은 가능하지 않다고 말한다. 왜냐하면 만약 그 자신이 존재하지 않는다면 어떠한 악마도 그를 속일 수 없기 때문이다. 그러므로 그가 의심하고 있다면 그는 존재함에 틀림없다. 그래서 데카르트는 다음과 같이 말한다. "나는 생각한다. 그러므로 나는 존재한다." 그 자신의 존재는 그 자신에게 절대적으로 확실한 것이다.

그런데 데카르트가 찾은 이러한 존재의 확실성의 토대는 그리 튼튼한 것 같지 않다. 그의 결론대로 생각하는 내가 존재한다고 하더라도, 생각하는 '나'가 항상 같은 '나'라는 보장이 있을까? 생각하는 '나'가 존재한다고 하면 지금 생각하는 '나'와 5분 전에 생각하던 '나'는 똑같은 사람으로 존재해야 한다. 그러나 지금 이 순간의 생각은 내가 하고 있는 것이 확실하지만 5분 전에도 '지금의 나'가 생각했다는 것이 확실하지 않으므로, 지금 생각하는 '나'와 5분 전에 생각하던 '나'가 동일하지 않을 수도 있다.

데카르트의 체계적 의심에 따르면 절대적으로 확실한 것은 오직 지금 이 순간의 나의 존재일 뿐이다. 그러나 좀 더 철저히 의심하면 영속적인 나의 존재는 보장되지 않는다. 그는 회의를 시작했지만 철저한 회의론자가 되지는 못했다.

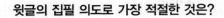

**윗글의 집필 의도로 가장 적절한 것은?**

① 특정 학자가 의심하는 명제가 다른 학자들에게는 확실한 명제가 될 수 있음을 보여 주기 위해

② 구체적인 사례들을 통합하여 하나의 체계화된 이론을 정립할 수 있음을 보여 주기 위해

③ 상식적인 개념을 제시한 후 그 개념을 분석하여 대립되는 현상을 설명하기 위해

④ 어떤 학자가 주장한 이론을 소개하고 그 이론이 지니는 한계를 지적하기 위해

⑤ 대립하는 두 이론의 장점만을 취하여 하나의 새로운 이론을 정립하기 위해

내 생각?

**글쓴이의 작문 과정을 따라가 볼까?**

회의론으로 가장 널리 알려진 데카르트의 (❶            )을 중심 화제로 제시해 볼까?

↓

데카르트가 의심한 지식을 범주에 따라 나누어 보자. 먼저 감각적 지식에 대한 그의 논증을 소개하고 이어 (❷            )에 대한 그의 논증도 차례로 소개해야지.

↓

"나는 생각한다. 그러므로 나는 존재한다." 라는 말을 인용해 데카르트가 내린 결론의 의미를 설명하면 되겠지?

↓

그런데 데카르트의 결론에는 문제가 있는 것 같아. 문제점을 논리적으로 증명해 가면서 그 한계를 지적하면 문제점에 대한 지적이 좀 더 설득력을 얻을 거야.

**글쓴이가 이 글에서 말하려는 주제는?**

_____

_____

모두 동의할 수 있는 진술

두 대상의 공통적 관점 추론

**1** 윗글의 '데카르트'와 '철저한 회의론자'가 모두 동의할 수 있는 진술만을 |보기|에서 있는 대로 고른 것은?

|보 기|

ㄱ. 꿈속의 지식 중에는 감각적 지식이 아닌 것도 있다.

ㄴ. 어떤 지식을 상상만으로 의심할 수 있다면 그 지식은 확실하지 않다.

ㄷ. 의심하기 위해서는 그 시점에서 의심하는 주체가 필요하다.

ㄹ. 무엇인가를 생각할 때 생각하고 있다는 사실 자체도 의심할 수 있다.

ㅁ. 영속적인 나의 존재를 의심할 수 있는 이유를 찾을 수 있다.

① ㄱ, ㄷ　　　　　　② ㄴ, ㄷ　　　　　　③ ㄱ, ㄴ, ㄷ

④ ㄱ, ㄹ, ㅁ　　　　　⑤ ㄴ, ㄹ, ㅁ

윗글을 바탕으로 |보기|의 상황을 이해

|보기|의 상황은 지문과 유사한 상황

**2** 윗글을 바탕으로 |보기|의 상황을 이해한 내용으로 적절하지 <u>않은</u> 것은?

|보 기|

　　나의 뇌가 몸에서 분리되어 양분이 공급되는 큰 통 안에 둥둥 떠 있고 컴퓨터에 연결되어 있는 상황을 상상해 보자. '통 속의 뇌'에서는 나의 경험을 모두 컴퓨터가 조작해 내고 있다. 가령 나는 의자에 앉아 있다고 생각하지만 그것은 컴퓨터가 만들어 낸 환상이다.

① '통 속의 뇌'와 같은 상황은 우리가 체계적으로 의심한 끝에 도달할 수 있는 것이겠군.

② '통 속의 뇌'의 세계에서 보고 듣고 느끼는 것은 실재하지 않을 수도 있겠어.

③ '통 속의 뇌'를 조작하는 컴퓨터는 데카르트가 말한 '악마'에 해당하겠네.

④ '통 속의 뇌'의 세계에서는 2 더하기 3이 4이면서 동시에 5이겠어.

⑤ 우리도 그런 '통 속의 뇌'가 아니라고 확신할 수 없겠군.

**3** 윗글의 '데카르트'와 |보기|의 '피론주의자들'의 공통점으로 가장 적절한 것은?

공통점

유사한 자료에 대한 반응

━━━━| 보 기 |━━━━

　　서양의 중세 시대에 인간이 마음의 평정을 얻는 유일한 방법은 신에게 의지하는 것이었다. 그 결과 인간은 신을 위한 삶을 중요하게 생각하였으며, 진리를 찾으려는 학문의 목적 역시 신의 질서를 파악하는 것이었다. 그런데 명증한 진리는 없어 보인다며 진리에 대해 회의적 태도를 보이는, 고대 회의주의 철학인 피론주의자들이 새롭게 관심을 받게 되면서 신 중심의 세계관이 흔들리게 된다. 진리의 존재 여부를 파악할 수 없다는 피론주의자들의 주장은 모순에 빠져 있는 것처럼 보일 수도 있다. 어떤 명제(p)와 그 명제의 부정(~p) 가운데 하나는 반드시 참이라는 배중률*을 고려하면 p와 ~p 중 하나는 참이라는 점에서 진리는 존재하기 때문에 피론주의자들의 주장은 거짓이 된다. 또한 피론주의자들의 주장이 옳다면 그 주장 자체가 참이 되어, 적어도 1개 이상의 참인 진리가 존재하는 것이기 때문에 마찬가지로 피론주의자들의 주장은 거짓이 된다.

* 배중률: 어떤 명제와 그것의 부정 가운데 하나는 반드시 참이라는 법칙을 이른다. 서로 모순되는 두 가지의 판단이 모두 참이 아닐 수는 없다는 원리이다.

① 배중률을 통해 진리를 증명하였다.
② 기초적 믿음이 신의 질서라고 여겼다.
③ 사유의 과정에서 의심의 방법을 사용하였다.
④ 진리는 존재하지만 파악될 수 없다고 인식하였다.
⑤ 진리의 존재를 확신하며 근대 철학의 토대를 마련하였다.

# '요약' 왜 자꾸 나올까?

## 글쓴이는 왜 '요약'해 썼을까?

글을 읽을 때에만 요약이 필요한 건 아니야. 말을 하거나 글을 쓸 때도 요약이 필요해. 대상의 **본질을 파악하는 능력, 중요한 것을 취하고 불필요한 것을 걸어내는 능력, 전체 내용을 명료하게 압축할 수 있는 능력, 독자에게 핵심 메시지를 전달하는 능력**이 바로 요약이야. 특히 장황한 내용 가운데 핵심만 추려서 완결성 있게 글을 마무리하는 것은 작문에서도 필수적인 능력이라고!

2005학년도 9월 고1 학력평가

영국 출신의 유명한 희극 배우인 채플린은 코 밑에 조그만 수염을 달고 머리에는 다 떨어진 모자를 쓰고, 자기 몸에 ㉠맞지 않는 바지와 신발을 신고 지팡이를 든 모습으로 무대에서 연기한다. 우리는 그의 콧수염, 모자, 바지, 신발, 지팡이 등을 보고 '이 사람이 채플린이구나.' 하고 생각한다. 눈에 보이는 콧수염, 모자, 지팡이 등은 모두가 채플린의 한 부분이며 동시에 그의 표면적 현상이다. 이처럼 우리의 감각 기관을 통하여 감득할 수 있는 것을 우리는 '감성적 인식'이라고 한다.

그런데 인간이 사물을 인식하는 것이 이러한 감성적 인식에 그치는 것일까? 그렇지 않다. 인간은 사물의 표면적 현상만을 담는 사진기와 달라서 감성적 인식과 더불어 고도의 인식 능력을 가지고 있으며, 이러한 인식 능력 덕택으로 사물의 표면 현상뿐만 아니라 사물의 깊은 근본 성질까지도 인식할 수 있다.

사진에 찍힌 채플린은 단지 콧수염을 기른 사람에 불과하며 그 모습 자체 말고는 우리에게 더 이상 말해 주는 바가 없다. 만약 우리가 감성적 인식밖에 할 수 없다면 채플린의 수염은 독일의 독재자 히틀러의 수염과 비슷해서 언뜻 보면 두 사람을 구별할 수 없을 것이다. 하지만 다시 한 번 우리의 인식을 살펴보면 채플린의 여러 가지 표면적 현상을 떠나서 그의 근본 성질을 알게 하는 측면이 있다. 다시 말해서 채플린은 희극 배우이고 히틀러는 독재자로, 그 근본 성질이 전혀 다른 사람임을 알 수 있는 것이다. 이러한 근본 성질은 감성적 인식만으로는 인식할 수 없다. 이처럼 표면적 차이점이 아닌 그 내적 연관성의 유무를 파악하는 것은 감성적 인식을 통해서가 아니라 인간의 다른 인식 능력, 즉 '이성적 인식'을 통해서 가능해진다.

이상에서 본 바와 같이 인간의 인식은 ⓐ감성적 인식과 ⓑ이성적 인식을 통해서 이루어진다. 감성적 인식은 인간의 감각 기관이 사물에 작용해서 이루어진 생생한 인식이며, 사물의 외적 측면인 현상에 대한 인식으로서 단편적, 표면적이며, 여기에는 감각, 지각과 같은 인식 형태들이 포함된다. 이에 반해 이성적 인식은 인간의 이해력을 통해서 획득하는 인식으로서, 사물의 본질과 내적 연관성을 인식한다. 여기에는 판단, 추리 같은 인식 형태들이 있다.

그런데 감성적 인식과 이성적 인식은 서로 모순 관계에 있는 것처럼 보인다. 감성적 인식은 채플린이 콧수염이 있고 히틀러도 콧수염이 있으므로 두 사람이 같다고 혼동할 수 있다. 이에 반해, 이성적 인식은 채플린과 히틀러는 전혀 다른 사람이라고 인식한다

# 요약할 수 있어야 글을 장악한 거야!

## 출제자는 왜 '요약'을 물을까?

수능은 '얼마나 많이 알고 있느냐'가 아니라 '얼마나 잘 읽느냐'를 평가하는 시험이야. **독해에서 '얼마나 잘 읽느냐'를 평가할 때 가장 기본이 되는 것이 바로 '요약'이야.** 긴 글을 구성하는 문단들의 중심 내용을 요약해 문단 간의 의미 관계를 파악하고 이를 통해 글 전체의 주제를 한 문장으로 도출할 수 있을 때 비로소 글을 장악했다고 볼 수 있기 때문이지. 그래서 글 전체의 짜임이나 핵심 정보, 주제 등을 묻는 거야!

1 윗글을 학교 신문에 소개하려고 할 때, 제목으로 가장 적절한 것은?

① 인식이란 무엇인가
 – 감성적 인식을 바탕으로 한 이성적 사고
② 인식에는 어떤 종류가 있는가
 – 감성적 인식과 이성적 인식
③ 인식의 대상은 무엇인가
 – 관념을 포함한 모든 사물
④ 인식은 어떻게 이루어지는가
 – 감성적 인식과 이성적 인식의 상호 작용
⑤ 인식은 어떤 과정을 통해 확대되는가
 – 감성적 인식과 이성적 인식의 지속적 대립

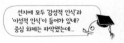
선지에 모두 '감성적 인식'과
'이성적 인식'이 들어가 있네?
중심 화제는 파악했는데...

## 학습자는 '요약 문제'에 어떻게 답할까?

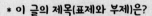

* 이 글의 제목(표제와 부제)은?
* 글쓴이가 궁극적으로 주장하는 바는?
* 이 글을 <보기>와 같이 요약할 때,

혁!

긴 글을 읽고, 적절한 제목을 붙이거나 주장을 한 문장으로 정리하라는 문제에 답하려면 제대로 요약하는 능력이 필요하구나. **요약은 큰 것을 축소하듯이 단순히 내용의 부피만 줄이는 게 아니라, 중요한 것을 가려내고 핵심을 뽑아내는 것이라는 걸 잊고 있었네.** 문단별로 핵심 문장이나 단어를 표시해 가며 전체 구조를 파악한 후, 세부적인 내용과의 관계를 종합적으로 파악하는 과정이 필요하겠어!

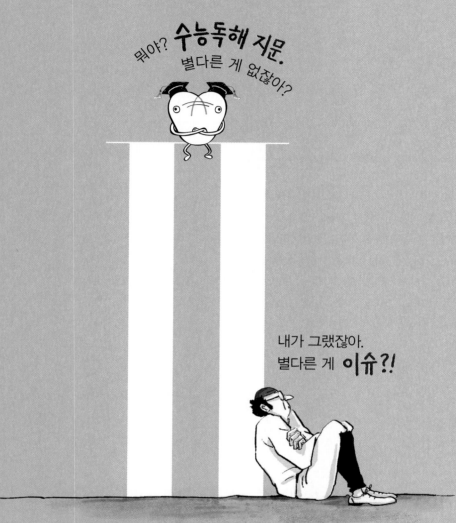

뭐야? **수능독해 지문.**
별다른 게 없잖아?

내가 그랬잖아.
별다른 게 **이슈?!**

# 독해, 이슈를 담다

# ISSUE 05

## 기 출 읽 기

2016학년도 9월 고2 학력평가

정답률 81%
난이도 중하
제한시간 7분

출제자는
### 무엇을 물을까?

● 종이를 계속 접을 수 없는 이유에 대해 질문을 던졌으니, 그 대답이 무엇인지 묻겠지?

● 종이를 접기 위해 필요한 종이의 길이를 알 수 있는지 사례를 주고 물어볼 거야!

의문대답형 지문 구조에서 내가 묻고 싶은 건...

► 구조로 수능독해 89쪽

한 장의 종이를 반으로 계속해서 접어 나간다면 과연 몇 번이나 접을 수 있을까? 얼핏 생각하면 수없이 접을 수 있을 것 같지만, 실제로는 그럴 수 없다. ㉠그 이유는 무엇일까?

먼저, 종이를 접는 횟수에 따라 종이의 넓이와 두께의 관계가 어떻게 변하는지를 생각해 보자. 종이를 한 방향으로 접을 경우, 한 번, 두 번, 세 번 접어 나가면 종이의 넓이는 계속해서 반으로 줄어들게 되고, 두께는 각각 2겹, 4겹, 8겹으로 늘어나 두꺼워진다. 이런 식으로 두께 0.1mm의 종이를 10번 접으면 1,024겹이 되어 그 두께는 약 10cm나 되고, 42번을 접는다면 그 두께는 439,805km로 지구에서 달에 이를 수 있는 거리에 이르게 된다. 물론 이때 종이를 접으면서 생기는 종이의 두께는 종이의 길이를 초과할 수 없으므로 종이 접기의 횟수 역시 무한할 수 없다.

다음으로, 종이를 접는 횟수에 따라 종이의 길이와 종이가 접힌 모서리 부분에서 만들어지는 반원의 호 길이가 어떻게 변하는지 알아보자. [A]처럼 종이의 두께가 t이고 길이가 L인 종이를 한 번 접으면, [B]처럼 접힌 모서리 부분이 반원을 이루게 된다. 이때 이 반원의 반지름 길이가 t이면 반원의 호 길이는 πt가 된다. 결국 두께가 t인 종이를 한 번 접기 위해서는 종이의 길이가 최소한 πt보다는 길어야 한다. 예를 들어 두께가 1cm인 종이를 한 번 접으려면, 종이의 길이가 최소 3.14cm보다는 길어야 한다는 것이다.

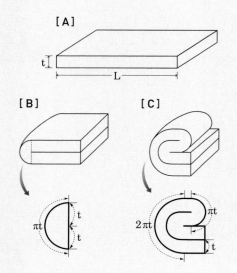

그런데 종이를 한 방향으로 두 번 접는 경우에는 [C]처럼 접힌 모서리 부분에 반원이 3개 나타난다. 그래서 모서리에 생기는 반원의 호 길이를 모두 합하면, 가장 큰 반원의 호 길이인 2πt와 그 반원 속의 작은 반원의 호 길이인 πt, 그리고 처음 접힌 반원의 호 길이인 πt의 합, 즉 4πt가 된다. 그러므로 종이를 한 방향으로 두 번 접으려면 종이는 최소한 4πt보다는 길어야 한다. 종이를 한 번 더 접었을 뿐이지만 모서리에 생기는 반원의 호 길이 합은 이전보다 훨씬 커진다. 결국, 종이 접는 횟수는 산술적으로 늘어나는 데 비해 이로 인해 생기는 반원의 호 길이의 합은 기하급수적으로 커지기 때문에 종이의 길이가 한정되어 있다면 계속해서 종이를 접는 것은 불가능하다는 것을 알 수 있다.

구조읽기 **0** |보기|는 특정한 원리를 설명하는 글을 쓸 때 유의해야 할 점을 나타낸 것이다. ㉠~㉤ 중 윗글에 반영되지 <u>않은</u> 것은?

┤보 기├

　모든 물리적 현상의 이면에는 수학적 · 과학적 원리가 작용하고 있다. 그러나 일반 독자들은 이를 이해하기가 쉽지 않다. 그래서 어떤 현상에 내재된 원리를 설명하는 글을 쓸 때에는 최대한 독자들이 이해하기 쉽도록 ㉠<u>여러 가지 시각적 장치들을 활용하는 것이 좋다.</u> 그리고 ㉡<u>문단 간의 논리적 관계가 분명하게 드러나도록 문단을 연결해야 한다.</u> 이때, '첫째, 둘째'와 같이 ㉢<u>글의 흐름을 안내하는 표지를 활용하면,</u> 독자들이 글의 흐름을 쉽게 파악하는 데 도움을 줄 수 있다. 또한 ㉣<u>문단이나 글의 마지막 부분에서 핵심 내용을 요약하면</u> 독자들이 읽은 내용을 명료하게 이해할 수 있다. 한편, ㉤<u>원리를 발견하게 된 과정이나 계기를 함께 제시할 경우,</u> 독자들이 더욱 흥미를 가지고 글에 집중할 수 있게 된다.

① ㉠　　　② ㉡　　　③ ㉢　　　④ ㉣　　　⑤ ㉤

**내 생각?**... 을 표현하기 좋은 글의 구조를 선택하고... 썼으니까... **글의 구조 속**에 있지 않을까?

**글쓴이의 작문 과정을 따라가 볼까?**

종이를 계속 접을 수 없는 이유에 대해 질문을 던져 독자의 관심을 끌어 볼까?

⬇

구체적 수치를 활용해 종이를 접는 횟수에 따른 (❶　　　　　)의 변화를 보여 주자. 종이의 두께는 종이의 길이를 초과할 수 없다는 점을 이유로 제시해야지.

⬇

그림을 활용해 종이 접는 횟수에 따라 모서리 부분에 만들어지는 (❷　　　　　) 길이의 합이 어떻게 변화하는지를 보여 주자. 한정된 종이의 길이에 반해 반원의 호 길이의 합은 기하급수적으로 커진다는 점을 이유로 제시해야지.

**글쓴이가 이 글에서 말하려는 주제는?**

_____

_____

|보기|와 같이 정리

정보 간의 관계 파악

↓

종이를 접는 횟수가 증가하면 접힌 종이의 넓이와 두께, 접힌 모서리에 생기는 반원의 호 길이 합이 어떻게 되는지 잘 생각해 봐.

**1** **윗글의 내용을 |보기|와 같이 정리할 때, ㉮～㉰에 들어갈 말로 옳은 것은?**

─| 보 기 |─

한 방향으로 종이를 접을 때, 접는 횟수가 증가하면, 접힌 종이의 넓이는 □㉮□, 접힌 종이의 두께는 □㉯□, 접힌 모서리에 생기는 반원의 호 길이 합은 □㉰□.

| | ㉮ | ㉯ | ㉰ |
|---|---|---|---|
| ① | 줄어들고 | 두꺼워지고 | 작아진다 |
| ② | 줄어들고 | 두꺼워지고 | 커진다 |
| ③ | 줄어들고 | 얇아지고 | 커진다 |
| ④ | 늘어나고 | 얇아지고 | 커진다 |
| ⑤ | 늘어나고 | 얇아지고 | 작아진다 |

㉠에 대한 대답

이유 추론

↓

추론해야 하는 정보의 단서는 이 글의 어딘가에 있어. 하지만 그 단서가 꼭 ㉠ 근처는 아니야.

**2** **㉠에 대한 대답으로 적절한 것은?**

① 접는 종이의 두께가 한정되어 있기 때문에
② 접는 종이의 길이가 한정되어 있기 때문에
③ 종이를 접는 방법의 수가 한정되어 있기 때문에
④ 종이를 접으면서 생기는 모서리의 모양이 일정하기 때문에
⑤ 종이를 접으면서 모서리에 생기는 반원의 호 길이가 일정하기 때문에

**3** **윗글을 참고하여 |보기|를 이해한 것으로 적절한 것은?**

────────| 보  기 |────────

다음은 종이를 한 방향으로 세 번 접었을 때 나타난 모습과 확대한 단면이다. 세 번 접은 모서리에 생기는 반원의 호 길이 합은 14πt(4πt+3πt+2πt+2πt+πt+πt+πt)이다.

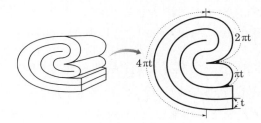

※ 종이의 두께(t), 종이의 길이(L)는 [A]와 동일함.

종이를 세 번 더 접었을 때 종이의 두께와 반원의 호 길이 합이 어떻게 바뀌지? 그림에만 집중하지 말고 |보기|의 수식도 잘 봐야 해.

① 접힌 모서리에 생기는 반원의 호 길이 합은 접힌 두께와 같겠군.
② 접힌 모서리에 생기는 반원의 호 길이가 가장 긴 것은 L보다 길겠군.
③ 접힌 모서리에 생기는 반원의 호 길이가 πt인 반원의 수가 가장 적겠군.
④ 접힌 모서리에 생기는 가장 큰 반원의 호 길이는 가장 작은 반원들의 호 길이 합보다 작겠군.
⑤ 접힌 모서리에 생기는 가장 큰 반원의 호 길이는 종이를 두 번 접었을 때 모서리에 생기는 반원의 호 길이 합과 같겠군.

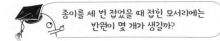

종이를 세 번 접었을 때 접힌 모서리에는 반원이 몇 개가 생길까?

**기 출 읽 기**

2009학년도 4월 고3 학력평가

정답률 64%
난이도 중상
제한시간 7분

**무엇을 물을까?**

● 이 글의 핵심인 타일링에 어떤 수학적 원리

가 숨어 있는지 묻지 않겠어?

●

우리는 일상 어디에서나 타일을 쉽게 볼 수 있다. 정4각형 타일이 깔린 바닥은 흔히 건물에서 볼 수 있고 가끔은 독특한 모양의 타일을 깔아 한껏 멋을 낸 길을 걷기도 한다. 면에 빈틈 없이 타일을 까는 과정을 타일링(tiling)이라고 한다. 타일링을 인테리어 장식의 하나라고 넘겨 버릴 수도 있지만 여기에는 수학적 원리가 숨어 있다.

수학적으로 정의하면 타일링은 평면에 겹치지 않고 빈 자리가 생기지 않게 배치한 도형의 집합이다. 타일링의 종류는 무수히 많다. 아무 도형이나 겹치지만 않게 바닥에 깐 뒤 빈 자리가 있을 경우 거기에 맞는 도형을 만들어 끼워 넣으면 되기 때문이다. 하지만 아무런 조건이 없는 타일링은 미적으로도 가치가 떨어지고 수학의 측면에서도 의미가 없다.

따라서 ㉠수학자들은 다양한 조건을 만들어 이를 충족하는 타일링을 찾고 거기에서 어떤 법칙을 이끌어 냈다. 구조적으로 가장 단순하면서도 대칭적인 아름다움이 느껴지는 아르키메데스 타일링을 보자. 아르키메데스 타일링이란 한 변의 길이가 같은 정다각형으로 만든 것인데 각각의 도형은 변끼리 만나야 한다. 평면에 만들 수 있는 아르키메데스 타일링은 몇 가지나 될까? 여기에 대한 답을 준 사람은 17세기 천문학자로 '케플러의 법칙'을 남긴 요하네스 케플러이다. 그는 아르키메데스 타일링이 모두 11가지라고 증명했다.

이 가운데 동일한 정다각형으로만 만들 수 있는 타일링, 즉 '규칙적인 타일링'은 정3각형, 정4각형, 정6각형 3가지뿐이다. 평면에서는 한 점을 중심으로 한 바퀴 도는 각도가 360°인데, 이 각도를 정다각형의 한 내각으로 나눌 때 정수가 되어야 도형이 겹치거나 빈 자리가 생기지 않고 평면을 채울 수 있기 때문이다. 예를 들어 정삼각형의 경우, n각형의 한 내각의 크기는 $180(n-2)/n$이므로 정삼각형(n=3)의 한 내각은 60°, 이 60°로 360°를 나누면 정수 6이 되므로 평면의 한 점을 중심으로 정삼각형 6개의 꼭짓점이 모이면 평면이 채워진다는 것이다.

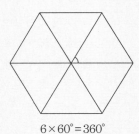

$6 \times 60° = 360°$

그리고 나머지 8개는 반(半)규칙적인 타일링으로 변의 길이가 같은 정다각형 두 가지 이상이 조합되어 있다. 정3각형, 정4각형, 정6각형은 규칙적인 타일링을 이룰 수 있으면서 서로 결합해서 반규칙적인 타일링도 이룰 수 있다. 이와 달리, 정8각형이나 정12각형은 자기들끼리는 아르키메데스 타일링을 만들 수 없지만 정3각형이나 정4각형, 정6각형과 짝을 이루면 가능하다.

수학의 관점에서 타일링은 2차원뿐 아니라 모든 공간에 적용될 수 있다. 2차원 공간은 면적이므로 면적을 지니는 2차원 타일로, 3차원 공간은 부피이므로 부피를 지니는 다면체로 채우면 되는 것이다. 물론 4차원, 5차원 공간에서도 타일링이 가능하지만 추상적 사고에 능숙한 수학자가 아닌, 3차원 공간에 살고 있는 보통 사람들은 이해하기 어렵다. 가장 쉽게 떠올릴 수 있는 3차원 타일링은 정6각형 구조로 되어 있는 '벌집'이다.

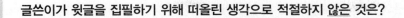

**글쓴이가 윗글을 집필하기 위해 떠올린 생각으로 적절하지 않은 것은?**

① 아르키메데스는 타일링의 유형을 어떻게 나누고 이를 증명했을까?

② 타일링의 수학적 의미에 부합하는 타일링에는 어떤 유형들이 있을까?

③ 2차원에서 3차원으로 차원이 확대되더라도 타일링을 만들 수 있을까?

④ 일반적인 의미와 달리 수학적으로는 타일링을 어떻게 정의하고 있을까?

⑤ 일상에서 쉽게 접하면서도 수학적 원리가 내재되어 있는 타일링의 사례로는 어떤 것이 있을까?

내 생각?

**글쓴이의 작문 과정을 따라가 볼까?**

타일링의 개념을 정의한 뒤, 우리 주변에서 쉽게 보는 타일에도 (❶          )가 숨어 있다고 하여 독자의 궁금증을 유발해야지.

↓

타일링 중에서도 수학적 조건을 충족하는 (❷          ) 타일링에 대해 이야기해 보자!

↓

아르키메데스 타일링이 모두 11가지라고 했으니, 증명해 보여야겠지? 규칙적인 타일링과 반규칙적인 타일링으로 분류해 제시해야겠어!

↓

'벌집'과 같은 3차원 타일링도 있다는 것을 언급하면 타일링에 대한 이해가 확장될 거야!

**글쓴이가 이 글에서 말하려는 주제는?**

_____

_____

**1** **윗글의 표제와 부제로 가장 적절한 것은?**

① 수학의 신비로움
　　– 실체를 드러낸 타일링의 비밀
② 수학과 과학의 만남
　　– 타일링의 원리를 밝힌 과학의 힘
③ 타일링의 수학적 의미
　　– 도형에서 발견하는 장식적 아름다움
④ 일상에 담긴 수학의 원리
　　– 정다각형을 이용한 타일링의 세계
⑤ 수학자들의 법칙 발견 과정
　　– 도형의 집합이 만드는 타일링의 원리

**2** **㉠의 과정에서 수학자들이 품었음 직한 생각으로 적절하지 않은 것은?**

① 평면을 도형으로 채우는 방식에 규칙이 존재할 것이다.
② 정다각형을 조합하여 평면을 빈틈없이 채울 수 있을 것이다.
③ 평면을 채울 때 사용할 수 있는 도형의 종류는 제한적일 것이다.
④ 3차원의 공간을 채우는 방식은 평면에서의 방식과 동일할 것이다.
⑤ 도형이 겹치지 않도록 평면을 채우려면 내각의 크기를 고려해야 할 것이다.

**3** 윗글로 보아 |보기|의 ㄱ~ㄷ에 대한 설명으로 적절하지 <u>않은</u> 것은?

구체적 사례에 적용

ㄱ~ㄷ이 아르키메데스 타일링에 해당할까? 해당한다면 어떤 유형인지도 알아야겠지?

─────| 보 기 |─────

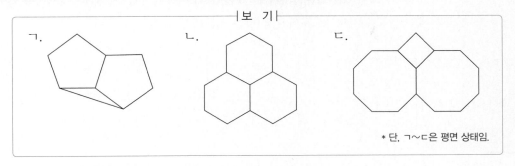

ㄱ.　　　　ㄴ.　　　　ㄷ.

\* 단, ㄱ~ㄷ은 평면 상태임.

① ㄱ은 아르키메데스 타일링이 아니다.

② ㄱ, ㄴ은 수학적인 조건을 갖춰 미적으로 가치가 높은 타일링이다.

③ ㄴ을 이루는 도형을 활용하여 반규칙적인 타일링을 만들 수 있다.

④ ㄴ은 규칙적 타일링, ㄷ은 반규칙적 타일링에 해당한다.

⑤ ㄱ, ㄴ, ㄷ은 모두 수학적 정의에 부합하는 타일링에 해당한다.

기 출 읽 기

2

2011학년도 6월 고2 학력평가

정답률 76%
난이도 중
제한시간 7분

## 무엇을 물을까?

● 겔로시아 곱셈법과 선긋기 계산법의 계산 방

법을 자세하게 설명했으니, 실제 문제에 적

용해 보라고 하겠지?

●

오늘날 우리가 초등학교에서 배우는 곱셈 방식은 가로셈법 또는 세로셈법이다. 현재 사용하고 있는 곱셈법 이외에 다른 곱셈 방식은 없다고 생각하는 사람들이 많다. 그러나 역사적으로 살펴보면 이집트 곱셈법, 러시아 농부들의 곱셈법, 영국의 레이피어 곱셈법 등 다양한 곱셈법이 있었다. 그렇다면 이들 곱셈법은 오늘날 왜 사용되지 않는 걸까? 겔로시아 곱셈법과 선긋기 계산법 등을 살펴봄으로써 이와 같은 의문에 답을 얻을 수 있다.

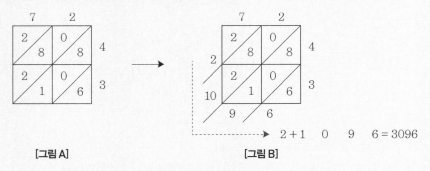

[그림 A]                    [그림 B]

'격자'라는 의미가 담긴 '겔로시아 곱셈법'은 바둑판처럼 가로세로를 일정한 간격으로 직각이 되게 짠 구조인 격자를 이용하는 방식이다. 겔로시아 곱셈법으로 '72×43'을 계산해 보자. 먼저 위의 [그림 A]와 같이 격자무늬에 대각선을 그린 후 네모 칸 위와 오른쪽에 곱하는 두 수 72와 43을 써 넣는다. 그리고 7과 4를 곱한 결과인 28을 왼쪽 위 칸에 10의 자리 2와 1의 자리 8로 나누어 각각 숫자 하나씩을 써 넣는다. 마찬가지 방법으로 2와 4를 곱한 결과인 8을 써 넣되, ㉠대각선 위쪽에 0을 쓰고 밑에 8을 써 넣는다. 이와 같은 방법으로 격자무늬의 나머지 부분도 채워 넣는다. [그림 B]와 같이 격자무늬에서 사선을 바깥으로 연장한 후 사선 안의 수를 더하여 적으면 왼쪽부터 차례로 2, 10, 9, 6이다. 이제 사선의 숫자를 왼쪽부터 차례로 적는다. 이때 사선의 수를 더하여 나온 값이 두 자리 수인 경우에는 올림으로 계산한다. 즉, 사선을 따라 더한 결과가 모두 4개이므로 처음 2는 1000의 자리, 10은 100의 자리, 9는 10의 자리, 6은 1의 자리이다. 따라서 72×43=3096이다.

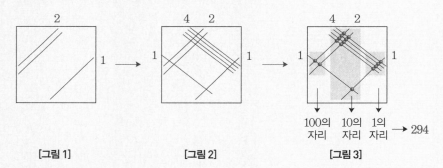

[그림 1]                    [그림 2]                    [그림 3]

'선긋기 계산법'은 두 수의 곱을 직접 셈하지 않고 직선을 그려 답을 찾는 방식이다. 예를 들어 선긋기 계산법으로 '21×14'를 알아보자. 먼저 위 [그림 1]과 같이 21을 왼쪽 위에 2개, 오른쪽 아래에 1개의 사선을 긋는다. 즉, 10의 자릿수만큼 왼쪽 위에 사선을 긋고 1의 자릿수만큼 오른쪽 아래에 사선을 긋는다. 이렇게 사선이 그려진 사각형에 14를 표시하기 위하여 [그림 2]와 같이 10의 자릿수는 그 수만큼 왼쪽 아래에 사선으로 긋고, 1의 자릿수는 그 수만큼 오른쪽 위에 사선으로 긋는다. 즉 10의 자릿수를 나타내는 사선은 1개, 1의 자릿수를 나타내는 사선은 4개를 긋는다. 그리고 ㉡[그림 3]과 같이 선과 선이 만나는 점의 개수를 세어 보자. 100의 자리에는 점이 2개 있고, 10의 자리에는 9개, 1의 자리에는 점이 4개 있으므로 21×14의 답은 200+90+4=294이다.

겔로시아 곱셈법과 선긋기 계산법은 모두 두 자릿수 이상의 곱셈도 가능하다. 하지만 겔로시아 곱셈법은 곱하는 수들의 자릿수에 맞게 격자를 그려야 하고, 선긋기 계산법도 곱하는 수들의 각 자릿수의 개수만큼 사선을 그려야 한다. 큰 수를 곱할 때는 많은 선을 그려야 하기 때문에 불편하다. 그래서 격자나 선을 그을 필요가 없는 오늘날의 곱셈법이 등장한 것이다. 사람들은 흔히 수학적 방식들은 변하지 않는다고 생각하지만 이처럼 수학에서 곱셈법은 불편함을 해소하기 위해 끊임없이 발전한 것이다.

**0 윗글의 내용으로 보아 글쓴이의 집필 의도가 가장 잘 드러나는 질문은?**

① 곱셈법은 왜 다양하게 존재할 수 있는가?
② 현행 곱셈법은 어떠한 변화 과정을 거쳐 왔는가?
③ 수학에서 곱셈법이 변화한 이유는 무엇 때문인가?
④ 겔로시아 곱셈법과 선긋기 계산법의 공통점은 무엇인가?
⑤ 겔로시아 곱셈법과 선긋기 계산법은 어떠한 문제점이 있는가?

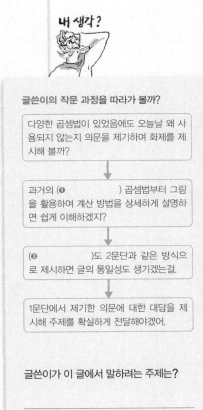

**내 생각?**

**글쓴이의 작문 과정을 따라가 볼까?**

다양한 곱셈법이 있었음에도 오늘날 왜 사용되지 않는지 의문을 제기하며 화제를 제시해 볼까?

↓

과거의 (❶ ) 곱셈법부터 그림을 활용하여 계산 방법을 상세하게 설명하면 쉽게 이해하겠지?

↓

(❷ )도 2문단과 같은 방식으로 제시하면 글의 통일성도 생기겠는걸.

↓

1문단에서 제기한 의문에 대한 대답을 제시해 주제를 확실하게 전달해야겠어.

**글쓴이가 이 글에서 말하려는 주제는?**

_____

_____

**1** **㉠의 이유로 가장 적절한 것은?**

① 0이 1의 자릿수에 해당하기 때문이다.

② 8을 10의 자릿수와 1의 자릿수로 나타내면 08이기 때문이다.

③ 격자무늬의 맨 오른쪽 위 칸은 0을 먼저 써야 하기 때문이다.

④ 격자무늬의 아래쪽 칸과 위쪽 칸에 있는 두 수 중에서 첫 수는 같아야 하기 때문이다.

⑤ 격자무늬에서 사선을 바깥으로 연장하여 사선 안의 수를 더했을 때 10을 넘지 않아야 하기 때문이다.

'선긋기 계산법'으로 계산

↓

'겔로시아 곱셈법' 적용

먼저 |보기|의 선을 통해 계산하는 수가 무엇인지를 확인해 봐. 그다음 |보기|의 '선긋기 계산법'을 이번엔 '겔로시아 곱셈법'으로 계산하는 거야!

**2** **|보기|는 '선긋기 계산법'으로 계산하는 과정을 나타낸 것이다. 이에 대한 설명으로 적절하지 않은 것은?**

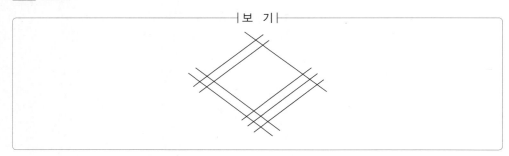

|보 기|

① 23에 21을 곱셈하는 법을 나타낸 것이다.

② 10의 자리에서 선과 선이 만나는 점은 8개이다.

③ 겔로시아 곱셈법으로 하면 가로 2개, 세로 3개의 칸이 있는 격자무늬를 그려야 한다.

④ 겔로시아 곱셈법으로 하면 격자무늬의 오른쪽 위 칸은 $\boxed{0/6}$가 될 것이다.

⑤ 겔로시아 곱셈법으로 하면 격자무늬에서 사선을 바깥으로 연장하여 사선 안의 수를 더하면 1의 자릿수는 3이 될 것이다.

**3** **㉡의 '과'와 쓰임과 가장 유사한 것은?**

① 영기는 혜림과 여고 동창이다.

② 지현은 학교 폭력과 맞서 싸웠다.

③ 충근과 덕희는 노래를 같이 불렀다.

④ 연서는 미국인과 매우 유사하게 영어를 발음한다.

⑤ 명우는 멋진 여성과 결혼하여 행복하게 살고 있다.

# 의문대답형 지문 구조

## "모든 글은 질문에 대한 답변이다."

수능 독서영역에 나오는 지문 구조 중에서 문답형 즉, 의문대답형 지문 구조를 소개한 이유는 **모든 글은 어떤 질문에 대한 답변이기 때문이야.** 그러니 지문을 읽을 때 해야 할 첫 번째 과제는 글쓴이가 과연 어떤 질문에 답하려 하는 것인지를 판단하는 거야. 우리가 시험에서 만나는 지문은 말할 것도 없고, 흔히 접하는 제품 사용설명서 역시 '이건 어떻게 사용해야 하는가'라는 질문에 대한 답변으로 볼 수 있거든? 그러니 글을 읽을 땐, 항상 **'이 글은 어떤 질문에 대한 답변인가'를 고민해야겠지?**

| 의문 제기 | 해결 과정 | 해결 과정 | 의문 해결 |

### 질문을 던지고 이에 대한 답을 찾을 때는
### 시작보다 끝, 질문보다 대답에 주력해야 돼!

첫 문단의 첫 문장이 질문으로 시작하면, 그 글은 첫 문단뿐만 아니라 뒤의 모든 문단이 이에 대한 답변인 경우가 많아. 이렇게 질문을 던지고 스스로 그에 답하는 방식을 자문자답이라고 하는데, 이런 글들을 만날 때는 '스스로 화제에 대해 묻고, 스스로 주제에 대해 답한다'라고 이해하면 쉬워.

그러니 글을 읽다가 질문을 발견하면, 눈을 크게 뜨고 그에 대한 답을 찾아 읽어야 해. 글쓴이가 던진 질문에 맞는 답변을 구성해 내는 동안 글의 중심 내용은 자연스레 파악할 수 있거든.

주로 도입부에 질문이 나오고 본문에 답변이 나오는 구조로, 출제자가 특히 선호하는 구조야!

기 출 읽 기 3

2012학년도 9월 고3 모의평가

정답률 73%
난이도 중
제한시간 7분

## 무엇을 물을까?

● _____

_____

● _____

_____

근대 철학의 아버지라고 불리는 ㉠데카르트는 수학 분야에서도 불후의 업적을 남겼다. 『방법서설』의 부록인 '기하학*'에서 데카르트는 일견 단순해 보이는 '좌표'라는 개념을 제시했는데, 이 개념으로 그는 해석(解析) 기하학*의 토대를 놓았고 그 파급 효과는 엄청났다. 수학자 라그랑주는 이에 대해 "기하학과 대수학*이 서로 다른 길을 걸어오는 동안에는 두 학문의 발전이 느렸고, 적용 범위도 한정되어 있었다. 그러나 두 학문이 길동무가 되어 함께 가면서 서로 신선한 활력을 주고받으며 완벽을 향해 빠른 발걸음을 옮기고 있다."라고 묘사했다.

데카르트의 업적을 기리기 위해, 직교*하는 직선들이 만드는 좌표계를 데카르트 좌표계 라고 부른다. 통상적으로 이 좌표계의 가로축은 '$x$축', 세로축은 '$y$축'이라고 하며 두 축이 교차하는 지점을 '원점'이라고 한다. 이것을 3차원으로 확장하려면 $x$축과 $y$축을 포함하는 평면에 수직으로 원점을 지나도록 '$z$축'을 세우면 된다. 데카르트는 방 안에 날아다니는 파리의 순간적인 위치를 나타낼 방법을 찾다가 이 좌표 개념을 생각해 냈다고 한다. 서로 직교하는 세 평면 각각에서 파리가 있는 곳까지의 거리를 알면 파리의 위치가 정확하게 결정되는 것이다. 누군가가 목표 지점까지 가는 방법을 알려 달라고 했을 때, "동쪽으로 세 블록, 북쪽으로 두 블록 가시오."라고 대답했다면 당신은 데카르트 좌표계를 사용하고 있는 셈이다.

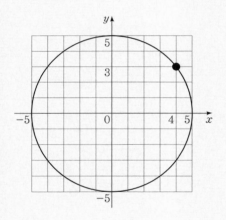

데카르트의 발견은 좌표를 이용하여 모든 기하학적 형태를 수의 집합으로 나타낼 수 있다는 것을 의미한다. 가령, 좌표 평면의 원점에서 5만큼 떨어져 있는 모든 점들을 연결하면 원이 얻어진다. 피타고라스의 정리를 이용하면 이 원 위에 있는 점 $(x, y)$는 원의 방정식 $x^2+y^2=5^2$을 만족시킨다는 것을 쉽게 증명할 수 있다. 이 원 위의 $(4, 3)$이라는 점은 $4^2+3^2=5^2$이므로 이 방정식을 만족시킨다. 이렇게 대수학의 방정식으로 평면 위의 도형을 정확하게 나타낼 수 있다.

전통적으로 도형을 다루는 수학은 기하학이었다. 고대 그리스 이래 기하학은 자명한* 명제인 공리에서 출발하여 증명을 통해 새로운 정리들을 발견해 가는 연역적 방법을 사용해 왔다. 그렇지만 이러한 방법으로 도형을 다루는 것은 매우 까다로웠다. 이 상황에서 데카르트가 좌표 개념을 도입하자 직선, 원, 타원 등 여러 가지 도형을 대수학의 방정식으로 표현할 수 있게 되었다. 이로부터 기하학과 대수학이 연결되어 근대적인 수학 발전의 토대가 된 해석 기하학이 탄생하였다.

* 기하학: 도형 및 공간의 성질에 대하여 연구하는 학문.
* 해석 기하학: 기하학적 도형을 좌표에 의하여 나타내고 그 관계를 로그, 미분, 적분 따위를 써서 연구하는 기하학.
* 대수학: 개개의 숫자 대신에 숫자를 대표하는 일반적인 문자를 사용하여 수의 관계, 성질, 계산 법칙 따위를 연구하는 학문.
* 직교: 두 직선 또는 두 평면이 직각을 이루며 교차하는 일.
* 자명하다: 설명하거나 증명하지 아니하여도 저절로 알 만큼 자명 명백하다.

**0** **글쓴이가 |보기|를 활용하여 윗글을 수정하고자 할 때 떠올릴 수 있는 생각으로 가장 적절한 것은?**

─── |보 기| ───

데카르트 좌표계의 혁명적 영향으로는 직선뿐만 아니라 곡선에 대한 이해를 높일 수 있게 되었다는 점을 들 수 있다. 특히 2차원 평면 좌표계에서 직선은 1차 방정식을 의미하지만, 곡선인 원뿔 곡선은 2차 방정식을 의미한다. 즉, 2차원의 $x$, $y$ 좌표계에서 어떤 다항식 방정식 'P($x$, $y$)=0'은 기하 곡선을 의미하며 곡선상의 각 점들은 이 방정식을 만족하게 된다는 것이다. 이렇게 곡선에 대해 방정식으로 표현할 수 있게 됨으로써, 포물선으로 움직이는 물체의 궤적을 알면, 시간의 흐름에 따른 물체의 정확한 위치를 파악하는 것은 물론, 그에 대한 예측까지 가능하게 되었다.

① 데카르트 좌표계의 혁명적 영향을 다루고 있으므로, 1문단을 이 내용으로 교체할 수 있겠군.

② 곡선의 의미를 기하학을 활용하여 표현하고 있으므로, 2문단에 이 내용을 추가할 수 있겠군.

③ 직선과 곡선의 관계를 잘 보여 주고 있으므로, 3문단의 내용을 수정하는 데 활용할 수 있겠군.

④ 기하학과 대수학의 연결 사례에 해당하므로, 4문단의 내용을 구체화하는 데 활용할 수 있겠군.

⑤ 직선과 곡선의 의미를 방정식을 통해 설명하고 있으므로, 4문단에서 전통 기하학의 사례로 추가할 수 있겠군.

내 생각?

**글쓴이의 작문 과정을 따라가 볼까?**

데카르트의 업적을 평가한 인물의 말을 직접 인용하면서 글을 시작해 볼까?

↓

(❶          )의 개념과 구성 요소를 정확하게 알려 주는 게 먼저겠지?

↓

그림을 함께 제시해서 원을 (❷          )으로 표현하는 것의 의미를 전달하면 데카르트 좌표계의 의미도 전달할 수 있을 거야.

↓

글을 쓴 의도가 더 분명해지도록 주제를 분명하게 밝히는 문장으로 마무리하자.

**글쓴이가 이 글에서 말하려는 주제는?**

_____

_____

세부 정보 확인 및 추론

**1** **윗글에서 알 수 있는 내용이 <u>아닌</u> 것은?**

① 어떤 점의 좌표로 그 점의 위치를 표시할 수 있다.

② 좌표 평면 위의 원은 방정식으로 표현할 수 있다.

③ 좌표 개념은 고대 그리스의 기하학에서 찾을 수 있다.

④ 피타고라스 정리를 이용하여 원의 방정식을 설명할 수 있다.

⑤ 어떤 물체가 움직인 경로를 좌표를 사용하여 나타낼 수 있다.

㉠의 근거

핵심 주장의 근거 파악

**2** **㉠의 근거로 가장 적절한 것은?**

① 방정식의 해법을 수학의 독립된 분야로 발전시켰다.

② 도형 간의 논리적 관계를 설명하는 방법을 발견했다.

③ 다양한 형태의 도형을 연역적 증명의 방법으로 설명했다.

④ 기하학적 문제를 대수학적 방법으로 풀 수 있게 해 주었다.

⑤ 그림을 그리지 않고 대수학을 푸는 보편적인 원리를 구축했다.

**3** **윗글을 바탕으로 |보기|를 이해한 내용으로 적절하지 않은 것은?**

┤보 기├

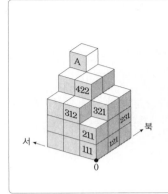

그림과 같은 건물에 있는 31개의 사무실에 데카르트 좌표계 를 활용하여 호수를 지정하고자 한다. 먼저 모든 사무실이 같은 크기의 정육면체임을 주목한다. 건물의 모퉁이 O점을 원점으로 삼고 $k$축은 위쪽, $l$축은 북쪽, $m$축은 서쪽으로 향하도록 설정 한다. 각 사무실의 8개의 꼭짓점 중 원점에서 가장 먼 꼭짓점의 좌표 $(k, l, m)$을 세 자리의 숫자 '$klm$'으로 만들어 그 사무실 의 호수로 정한다. 가령, 원점에 접한 사무실은 111호, 그 위층 은 211호이다. 그 밖의 몇 개의 사무실의 호수는 그림에 표시되 어 있다.

① 건물이 같은 크기의 정육면체들로 구성된 데 착안하여 데카르트 좌표계를 활용하기로 하였군.

② $k$축을 위쪽으로 향하게 하니 사무실의 층이 사무실 호수의 백의 자릿수가 되었군.

③ 원점으로부터 사무실까지의 거리에 따라 사무실의 호수가 정해지는군.

④ A 사무실의 꼭짓점 중 원점에서 가장 먼 꼭짓점의 좌표는 (5, 3, 3)이군.

⑤ 벽면이 맞닿은 두 사무실은 호수를 구성하는 세 개의 수 중 두 개가 같겠군.

ISSUE

**문화** 문화를 바라보는 관점

우리 사회에는 다양한 문화가 혼재되어 있다. 교통, 기술, 통신망의 발달로 전 세계가 하나의 권역으로 빠르게 연결되며 다양한 문화가 새로 유입되고 사라지기를 반복하고 있기 때문이다. 최근에는 한국의 대중문화가 전 세계로 퍼져 나가며 세계의 주목을 받고 있는 상황이다. 이러한 상황 속에서 수능 출제자들은 문화와 이를 바라보는 관점과 관련하여 어떤 이슈에 주목할까?

**기 출 읽 기**

2007학년도 9월 고1 학력평가

정답률 57%
난이도 상
제한시간 7분

출제자는
**무엇을 물을까?**

● 서로 다른 입장의 두 관점을 소개하고 있으

니, 차이점에 대해 물어보겠지?

● 문화 현상의 구체적 사례를 주고 각 관점에

서 해석해 보라고 묻지 않겠어?

**가** 인도인들은 심한 기근으로 굶는 경우에도 암소를 잡아먹지는 않는다. 인도인들의 정신세계를 지배하고 있는 힌두교에서 암소를 생명의 상징으로 여기기 때문이다. 이슬람 신앙을 가진 사람들이 돼지고기를 먹지 않는 것은 역시 이를 금지하는 종교적 규율 때문이다. 이는 인간의 정신세계가 그 사회의 문화를 형성하는 데에 적지 않은 영향을 미친다는 점을 ⓐ보여 준다.

**나** 이러한 인간의 정신세계에 주목하여 문화 현상을 바라보는 관점을 관념론적 관점이라 한다. 이 관점에 의하면 문화 현상은 인간의 내면적인 정신 활동에 의한 산물이 ⓑ된다. 인류학자 제임스 프레이저(James Frazer)는 특정 동물에 대한 금기가 그 동물을 숭배하던 전통 때문에 생긴 것이라고 설명한다. 결국 관념론적 관점은 문화 현상 속에 담긴 인간의 정신세계를 이해하는 데에 적합한 방법이다.

**다** 이와 달리 유물론적 관점에서는 문화 현상을 만들어 내는 인간의 정신 활동이 자연환경에 적응하기 위한 특정한 생존 방식이나 노동 방식의 영향을 받는다고 본다. 즉 정신이 사물을 만들어 내는 것이 아니라 사물이 정신을 만들어 낸다는 견해를 기본적인 출발점으로 ⓒ삼는다. 이런 점에서 관념론적 관점과는 차이가 있다.

**라** 인류학자 마빈 해리스(Marvin Harris)는 특정 부류의 사람들이 특정 동물의 고기를 금기시하는 현상에 대해 유물론적 관점으로 접근한다. 해리스의 견해에 따르면 인도인들이 암소 고기를 먹는 것은 그들의 생활 방식에 맞지 않다. 수소를 이용하여 농사를 짓는 인도에서는 암소의 존재가 매우 중요하다. 농사에 필요한 수소를 생산하기 위해서는 반드시 암소가 있어야 ⓓ한다. 뿐만 아니라 암소는 추수하고 남은 농작물 찌꺼기나 시장터의 쓰레기를 먹어 치우는가 하면 인간에게 유용한 우유를 제공해 주기도 한다. 암소의 고기를 먹는다는 것은 이러한 암소의 유용성을 포기하는 것이 ⓔ된다. 중동 지역에서 돼지를 사육하지 않는 것도 그들의 생활 방식 때문이다. 돼지는 되새김질을 하지 않기 때문에 섬유소가 적은 사료를 먹어야 한다. ㉠따라서 먹이를 놓고 인간과 경쟁 관계에 있게 된다. 농사보다는 유목을 통해 생존을 유지하던 중동 지역의 사람들에게 돼지를 기르는 것은 매우 사치스러운 일이다.

**마** 이상에서 살펴본 것처럼 관념론적 관점과 유물론적 관점은 동일한 문화 현상에 대하여 다른 시각에서 접근하기 때문에 이에 대한 해석도 서로 다르다. 두 관점은 표면적으로 볼 때 서로 배치되어 보이지만, 실제로는 인간의 문화 현상을 좀 더 심층적으로 이해할 수 있게 해 준다는 점에서 상호 보완적인 관계라고 할 수 있다.

구조읽기 **0**  **윗글의 내용을 바탕으로 구조를 도식화한 것으로 적절한 것은?**

①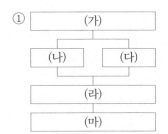

②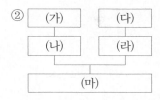

③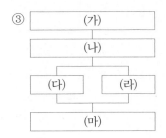

④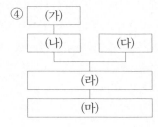

⑤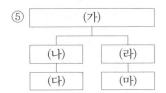

**내 생각?**... 을 표현하기
좋은 글의 구조를 선택하고...
썼으니까... **글의 구조 속**에
있지 않을까?

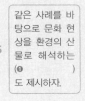

**글쓴이의 작문 과정을 따라가 볼까?**

| 사례를 바탕으로 문화 현상을 인간의 정신 활동의 산물로 해석하는 관념론적 관점을 제시하자. | VS | 같은 사례를 바탕으로 문화 현상을 환경의 산물로 해석하는 (❶         )도 제시하자. |

두 관점이 표면적으로는 다르게 보이지만, 둘은 (❷         )인 관계라는 점을 강조해야겠어.

**글쓴이가 이 글에서 말하려는 주제는?**

_____

_____

**1** **윗글을 읽고 나서 |보기|의 내용을 접했을 때, 보일 수 있는 반응으로 적절하지 않은 것은?**

보일 수 있는 반응

관점의 비교

관념론적 관점과 유물론적 관점을 확실히 구분할 수 있겠어? 지문에 안 나온 새로운 사례를 던져 볼까? ㅋ

**관념론적 관점에 따른 접근**

① 삼칠일 동안 출입을 금한 것은 삼(3)과 칠(7)의 결합이 가지는 신성함 때문이었을 거야.

② 산모가 미역국을 먹은 것은 미역에 포함된 성분이 혈액 순환을 도와주었기 때문일 거야.

─| 보 기 |─
과거에는 아기가 태어나면 대문에 금줄이라고 부르는 새끼줄을 치고 고추나 한지, 솔가지, 숯 등을 끼워 놓았다. 금줄을 두른 방에는 친척이라도 삼칠일(21일) 안에는 들어가지 못했다. 그동안 산모는 미역국을 먹으며 방 안에서만 지냈다.

**유물론적 관점에 따른 접근**

③ 새끼줄을 금줄로 사용한 것은 새끼줄이 튼튼하면서도 일상생활에서 쉽게 얻을 수 있었기 때문일 거야.

④ 금줄에 숯을 끼우는 것은 숯이 오염 물질을 정화해 주기 때문일 거야.

⑤ 외부인의 출입이 잦았을 때 산모나 아기가 쉽게 병에 걸리는 경우가 많았기 때문일 거야.

**2** **ⓐ~ⓔ 중 '~기 때문이다'의 형태로 고쳐 쓰기에 가장 적절한 것은?**

고쳐 쓰기

문장 간 관계 파악

어떤 상황에서 '~기 때문이다'를 사용할까? 주로 원인이나 이유를 제시할 때 쓰지?

① ⓐ　　　　　② ⓑ　　　　　③ ⓒ
④ ⓓ　　　　　⑤ ⓔ

**3** ㉠과 같은 결론에 이르는 추론 과정을 다음과 같이 정리할 때, [A]에 들어갈 내용으로 적절한 것은?

[A]에 들어갈 내용

삼단 논법의 결론 추론

제시된 도식이 어쩐지 익숙하지? 맞아, 연역의 하나인 삼단 논법! 삼단 논법의 대전제, 소전제, 결론의 관계를 간단히 나타내면 'B는 C이다. A는 B이다. 따라서 A는 C이다.'야.

| |
|---|
| 되새김질을 하지 않는 동물은 섬유소가 적은 음식을 먹어야 한다. |

⬇

| |
|---|
| 인간과 돼지는 되새김질을 하지 않는다. |

⬇

| |
|---|
| 그러므로 _____ [A] _____ |

⬇

| |
|---|
| ㉠ 따라서 먹이를 놓고 인간과 경쟁 관계에 있게 된다. |

① 인간은 생존을 위해 돼지를 먹어야 한다.
② 인간은 섬유소를 돼지를 통해 얻을 수밖에 없다.
③ 인간은 돼지에게 많은 양의 음식을 제공해야 한다.
④ 인간과 돼지는 섬유소가 적은 음식을 먹어야 한다.
⑤ 인간과 돼지가 먹을 수 있는 음식의 종류는 동일하다.

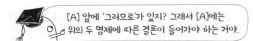

[A] 앞에 '그러므로'가 있지? 그래서 [A]에는 위의 두 명제에 따른 결론이 들어가야 하는 거야.

기 출 읽 기

1

2013학년도 9월 고2 학력평가 B형

정답률 82%
난이도 중하
제한시간 5분

**무엇을 물을까?**

● 중심 화제인 체험코드 이론을 실제 사례에

적용하는 문제가 나오지 않을까?

●

'K-POP'은 전 세계적으로 동시에, 빠르게, 자연스럽게 퍼져 나가 이른바 'K-POP 신드롬'을 일으켰다. 그런데 우월한 문화가 열등한 문화를 잠식하기 위해 의도적으로 문화를 전파한다는 기존의 문화 확산론으로는 이런 현상을 설명할 수 없었다.

그래서 새로 등장한 이론이 체험코드 이론이다. 오늘날과 같은 디지털 문화 사회에서 개인은 전 세계의 다양한 문화들을 커뮤니케이션 미디어*를 통해서 선택적으로 체험하게 된다. 이러한 체험을 통해 일종의 코드*가 형성되는데 이를 '체험코드'라고 말한다. 따라서 체험코드 이론은 커뮤니케이션 미디어 기술의 발전을 전제로 하고 있다. 현대의 문화는 커뮤니케이션 미디어에 담겨 문화 콘텐츠화되고, 세계화한 커뮤니케이션 미디어를 통해 소비된다.

또한 체험코드 이론은 문화 수용자 스스로의 판단에 의해 문화를 체험하는 개인주의적인 성향이 전 세계적으로 확대되고 있다는 점에 주목한다. 이제는 '우리 가문은 뼈대가 있고, 전통과 체면이 있으니 너 또한 그에 맞게 행동하여라.'라는 부모의 혈연 코드적이고 신분 코드적인 말은 잘 통하지 않는다. 과거의 이념인 민족·계급·신분 의식 등이 문화 소비와 수용 행위에 큰 영향을 주었던 것과 달리 오늘날은 문화 소비자의 개별적인 동기나 취향, 가치관 등이 더 중요하기 때문이다.

이처럼 커뮤니케이션 미디어의 발달과 개인주의의 확대는 기존의 코드를 뛰어넘어 공통 문화를 향유하는 소비자들만의 체험코드를 형성하는 토대가 되었다. K-POP이 그 대표적인 예이다. K-POP이라는 문화 콘텐츠가 '유튜브' 등과 같은 커뮤니케이션 미디어를 통해 전 세계의 사람들에게 체험되어 하나의 코드를 형성했고 쌍방의 소통으로 더욱 확대되었기에 그러한 인기가 가능했던 것이다.

지난 시대의 문화 중심부와 주변부의 대립적 패러다임은 설득력을 잃고 있다. 오늘날의 사회는 서로의 문화를 체험하고 이해하고 공감하는 탈영토적인 문화 교류의 장(場)으로 변하고 있다. 이런 점에서 체험코드 이론은 앞으로 문화 교류가 나아가야 할 방향을 제시해 주고 있다고 할 수 있다.

---

* 커뮤니케이션 미디어(communication media): 의사소통 매체 또는 통신 매체로 각종 정보 단말기와 TV, 인터넷 매체 등을 말함.
* 코드(code): 어떤 사회나 직업 따위에서 공유되어 굳어진 공통의 약속. 이 글에서는 공통의 인식 체계나 가치관이란 의미로 쓰임.

**0** **윗글에 사용된 논지 전개 방식을 |보기|에서 모두 고른 것은?**

─────| 보 기 |─────

ㄱ. 특정 현상을 사례로 제시하고 그 원인을 밝히고 있다.
ㄴ. 기존 이론의 한계를 밝히고 새로운 관점을 제시하고 있다.
ㄷ. 두 이론을 절충하여 새로운 이론의 가능성을 제시하고 있다.
ㄹ. 개념을 정의한 후 대상을 일정한 기준으로 나누어 설명하고 있다.

① ㄱ, ㄴ          ② ㄱ, ㄷ          ③ ㄱ, ㄹ
④ ㄴ, ㄷ          ⑤ ㄷ, ㄹ

내 생각?

**글쓴이의 작문 과정을 따라가 볼까?**

독자들에게 친숙한 'K-POP 신드롬'을 사례로 들어 기존 이론의 한계를 제시하면서 글을 시작해 볼까?

↓

새로운 이론인 체험코드 이론을 소개하고 싶어. 우선 핵심 개념인 (❶          )의 정의를 내리고, 그 이론에 대해 설명하는 것이 좋겠지?

↓

(❷          )을 체험코드 이론의 대표적 사례로 들어 이론에 대한 이해를 도와야겠어.

↓

체험코드 이론의 의의를 제시하면서 글을 마무리하자.

**글쓴이가 이 글에서 말하려는 주제는?**

_____

_____

각각의 자료를 해석하는 기준은?
맞아, 체험코드 이론이야!

**1** **윗글을 바탕으로 할 때, 〈보기〉에 대한 반응으로 적절하지 <u>않은</u> 것은?**

──┤ 보 기 ├──

(가) 신문 기사

　A는 세계 최대 K-POP 영문 뉴스 사이트를 통해 화상 채팅으로 전 세계 팬들과 만난다. A 와 팬들의 화상 채팅은 사전 질문과 현장에서 댓글로 올라오는 질문에 직접 답하는 형식으로 진행된다. A는 "팬들이 가장 많이 접속할 수 있는 현지의 밤 시간대를 택했다."고 밝혔다.

－ ○○ 신문

(나) K-POP 관련 콘텐츠 산업 수출액 현황

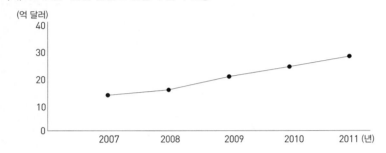

(다) 인터뷰

"후지 TV가 종종 한국 방송국인가 싶을 때가 있다. 일본인은 일본 전통 프로그램을 보고 싶 다. 한국 관련 방송이 나올 때면 TV를 꺼 버리고 싶다."

－ 일본 배우 ○○○

① (가)로 보아 A는 오늘날 문화 소비자의 특성을 반영하여 커뮤니케이션 미디어를 적극적으로 활용하고 있군.
② 전 세계적으로 소통할 수 있는 기반이 마련되고 개인적 성향이 강해져서 (나)와 같은 결과가 나타났겠군.
③ (다)는 자문화 중심주의적 발언이므로 우수한 한국 문화를 이해시키려는 노력으로 극복해야 겠군.
④ (가)와 (나)를 볼 때, 문화 소비자를 고려한 노력이 K-POP 신드롬으로 나타난 것이겠군.
⑤ (가)와 (다)를 보니 문화 콘텐츠가 국경과 문화권을 뛰어넘어 소비된다는 것을 알 수 있군.

자료 해석에도 기준이 필요하구나!

**2** **윗글을 통해 알 수 있는 내용으로 적절하지 않은 것은?**

① 다수가 공유하는 문화 체험코드가 소수의 체험코드를 흡수해 통합한다.

② 기존의 문화 이론은 문화 수준의 차이가 있다는 것을 전제로 하고 있다.

③ 체험코드 이론은 과거 사회에서 중시되던 집단의식이 약화되면서 등장했다.

④ 커뮤니케이션 미디어의 발달로 시·공간적인 제약에서 벗어나 문화를 소비하게 되었다.

⑤ 일방적인 전달에서 쌍방의 소통으로 변화되면서 새로운 문화의 패러다임이 나타나게 되었다.

알 수 있는 내용

세부 정보 확인 및 추론

선지를 잘 살펴보고, 어떤 이론과 관련
되는지부터 판단해 봐!

## 무엇을 물을까?

● 이 글에서 특히 주목하는 건 레비스트로스의

견해니까 그가 제시한 특정 개념을 정확하게

이해했는지 묻겠지?

●

북아메리카 원주민들에게는 독특한 방식으로 선물을 ⓐ주는 '포틀래치(potlatch)'라는 관습이 있다. 행사를 연 마을의 수장은 자신이 쌓아 온 재물을 초대받은 다른 마을의 수장들에게 무료로 나누어 주기도 하고, 심지어 그것을 파괴하기도 한다. 손님들은 선물을 받고 자기 마을로 돌아와 '복수'를 맹세하는데, '복수'의 방법이란 그동안 선물을 준 사람들에게 답례 포틀래치를 열어 자기가 받은 것보다 더 많은 선물을 제공하는 것이다.

초기 인류학자들은 이러한 포틀래치라는 관습을 자신의 재산을 대가 없이 자발적으로 주는 일반적인 증여로 파악하고, 위신을 얻기 위해 재산을 탕진하는 비합리적인 생활 양식으로 이해하였다. 하지만 모스와 레비스트로스 같은 후대 인류학자들은 포틀래치를 호혜적 교환 행위로 바라보았다. 호혜적 교환이란 일반적인 경제적 교역, 즉 사물의 가격을 측정하여 같은 값으로 교환하는 행위와는 달리, 돌려받을 대가나 시기를 분명하게 정하지 않고 사물을 교환하는 방식을 말한다. 모스는 포틀래치가 자발성을 띤 증여로 보이지만 실제적으로는 교환의 성격을 지닌다고 보았다. 왜냐하면 선물을 받은 사람은 의무적으로 답례를 해야 할 뿐만 아니라 더 많은 선물을 돌려주어야 하기 때문이다. 모스는 이러한 포틀래치가 집단 간의 유대 관계를 형성하는 역할을 한다고 보았다.

레비스트로스는 여기에서 더 나아가 포틀래치에 나타나는 호혜적 교환을 사회가 성립되는 원리로 제시하였다. 폐쇄적인 집단은 환경의 변화나 주변의 침략에 쉽게 무너질 수 있으므로, 인간은 생존하기 위해서 교환을 하며 다른 집단과 사회적 유대를 맺어야 한다는 것이다. 이때 포틀래치와 같이 상대방에게 선물을 주는 행위가 상대방에게 부채감을 ⓑ주고, 이 부채감이 다시 선물을 주는 행위로 이어지게 만들어 결국 교환이 이루어지도록 한다는 것이다. 한편 다른 집단과 동맹을 맺는 가장 좋은 방법은 그 집단과 결혼을 하는 것이므로, 레비스트로스는 교환을 위해 ㉠'친족 간의 결혼 금지'가 만들어졌다고 말한다. 그는 친족 간의 결혼 금지로 인해 우리 부족의 사람이 다른 부족으로 넘어가고, 새로운 사람이 우리 부족에 들어오는 호혜적 관계가 형성되었으며, 이를 통해 부족 간의 호혜적 교환이 가능해져 사회적 공동체가 형성되었다고 주장한다. 또한 그는 친족 간의 결혼 금지라는 규칙을 바탕으로 공동체에 필요한 다른 규칙들이 형성됨으로써 인간이 자연 상태에서 문명 상태로 접어들게 되었다고 말한다.

이처럼 레비스트로스는 포틀래치를 교환의 구조나 사회 규칙이라는 체계의 틀에서 이해하고자 하였다. 그의 견해에 따르면 인류의 보편적인 현상인 친족 간의 결혼 금지와 같은 결혼 제도도 인간의 본성이 아닌 사회적 유대 관계를 형성하는 구조 속에서 만들어진 결과이다. 이렇게 인간을 비롯한 대상의 의미나 본질은 하나의 개체로서가 아니라 전체 안에서 다른 것들과 맺은 관계 때문에 결정된다는 관점을 '구조주의'라고 한다. 이 관점에 따르면 인간은 결단의 주체가 아니며 인간의 특성과 정체성은 인간 스스로 결정하는 것이 아닌 그가 속한 사회 구조에 의해 결정된다.

구조주의 인류학자 레비스트로스는 인간은 어떤 고립된 개인으로 이해되어서는 안 된다고 말한다. 사회 구조가 인간을 만들기 때문에, 인간을 이해하려면 인간의 구체적인 행동보다는 그 인간이 속한 사회 구조를 살펴야 한다는 것이다. 그의 관점에 따르면 소유를 중시하고 치열한 경쟁을 하며 살아가는 현대인의 모습 역시 현대 사회의 구조 아래에서 형성된 특성에 불과하다. 그런 점에서 그의 연구는 현대 사회의 구조 변화가 현대인들의 삶의 변화로 이어질 수 있다는 가능성을 보여 주었다는 평가를 받고 있다.

**0** 다음은 윗글을 쓰기 전 글쓴이가 메모한 내용의 일부이다. ㉠에 들어갈 내용으로 적절하지 <u>않은</u> 것은?

> • 글을 집필한 이유: 포틀래치에 대한 다양한 관점을 소개하고, 레비스트로스의 견해
> 를 전달하기 위해서
> • 독자들이 글을 통해 알게 될 내용: ㉠

① 후대 인류학자들은 포틀래치가 유대 관계를 형성하는 역할을 한다고 보았다.

② 초기 인류학자들은 포틀래치를 위신을 얻기 위해 재산을 탕진하는 비합리적인 행위로 보았다.

③ 일반적인 증여는 자신의 재산을 상대방에게 대가 없이 자발적으로 제공하는 행위에 해당한다.

④ 일반적인 경제적 교역은 사물의 가치를 따져 같은 값으로 교환한다는 점에서 포틀래치와 차이가 있다.

⑤ 후대 인류학자들은 포틀래치를 선물을 받은 사람이 답례의 시행 여부를 선택할 수 있는 호혜적 행위라고 보았다.

내 생각?

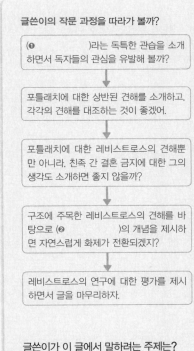

**글쓴이의 작문 과정을 따라가 볼까?**

> (❶ )라는 독특한 관습을 소개하면서 독자들의 관심을 유발해 볼까?

> 포틀래치에 대한 상반된 견해를 소개하고, 각각의 견해를 대조하는 것이 좋겠어.

> 포틀래치에 대한 레비스트로스의 견해뿐만 아니라, 친족 간 결혼 금지에 대한 그의 생각도 소개하면 좋지 않을까?

> 구조에 주목한 레비스트로스의 견해를 바탕으로 (❷ )의 개념을 제시하면 자연스럽게 화제가 전환되겠지?

> 레비스트로스의 연구에 대한 평가를 제시하면서 글을 마무리하자.

**글쓴이가 이 글에서 말하려는 주제는?**

_____

_____

⊙에 대한 '레비스트로스'의 견해

**핵심 견해 파악**

⊙이 어떤 역할을 하는지, 어떤 성격을 지니는지를 생각하면서 문제를 풀어야 해~

## 1

**⊙에 대한 '레비스트로스'의 견해로 가장 적절한 것은?**

① 다른 부족과의 결혼을 유도하여 부족 간의 동맹을 약화시키는 규칙이다.

② 인류의 보편적인 현상이 아닌 인간의 본성에 의해 개별적으로 형성된 규칙이다.

③ 사람을 받아들인 부족은 부채감을 덜게 하고, 보낸 부족은 부채감을 갖게 하는 규칙이다.

④ 인간이 자연 상태를 벗어나 문명 상태로 발전한 상황에서 사회적 구조에 의해 성립된 규칙이다.

⑤ 다른 집단과 동맹을 맺기 위한 목적으로 활용되어 호혜적 교환이 일어날 수 있게 하는 규칙이다.

사상을 비교한 내용

**관점 비교**

여러 관점의 공통점/차이점을 비교할 때 주목해야 하는 것은? 맞아, 바로 비교 기준이 되는 대상이야.

## 2

**윗글의 '구조주의'와 |보기|의 사상을 비교한 내용으로 적절하지 않은 것은?**

────────| 보 기 |────────

'전통 철학'에서는 인간이 선천적인 원리에 의해 미리 규정된 '특성'과 '본질'을 갖는다고 보았다. 그리고 인간은 그 특성과 본질을 이 세계에서 충실하게 실현해야 한다는 것이다. 하지만 '실존주의'에서는 인간은 결단의 주체이며 자신의 특성과 정체성을 스스로 결정할 자유로운 의식과 권리가 있고, 스스로 자신의 결정에 책임을 질 필요가 있다고 보았다. 따라서 실존주의에서는 인간을 하나의 현상이자 개별적인 존재로 보고 인간의 구체적인 행동에 관심을 두었다.

① 구조주의와 실존주의에서는 모두 인간을 자신의 결정에 책임을 지는 결단의 주체로 보는군.

② 구조주의에서는 실존주의와 달리 인간은 자신의 정체성을 스스로 결정하지 않는다고 보는군.

③ 실존주의에서는 구조주의와 달리 인간을 이해하기 위해서는 인간의 구체적인 행동에 주목해야 한다고 보는군.

④ 전통 철학에서는 구조주의와 달리 인간에게는 충실하게 실현해야 할 본질이 미리 규정되어 있다고 보는군.

⑤ 구조주의에서는 전통 철학과 달리 인간의 특성은 집단 안에서 다른 것들과 맺는 관계에 따라 결정된다고 보는군.

다의어 의미 파악

**3** ⓐ, ⓑ의 의미로 쓰인 예가 바르게 짝지어진 것은?

① ┌ ⓐ: 그는 아이에게 용돈을 <u>주었다</u>.
　 └ ⓑ: 지나친 기대는 학생에게 부담을 <u>준다</u>.

② ┌ ⓐ: 선생님께서 학생에게 책을 <u>주셨다</u>.
　 └ ⓑ: 그는 개에게 먹이를 <u>주고</u> 집을 나섰다.

③ ┌ ⓐ: 오늘부터 너에게 3일의 시간을 <u>주겠다</u>.
　 └ ⓑ: 나는 너에게 중요한 임무를 <u>주겠다</u>.

④ ┌ ⓐ: 여행은 우리에게 기쁨을 <u>주는</u> 일이다.
　 └ ⓑ: 손에 힘을 더 <u>주고</u> 손잡이를 돌려야 한다.

⑤ ┌ ⓐ: 그 사람은 모두에게 정을 <u>주는</u> 사람이다.
　 └ ⓑ: 어머니는 우리에게 조건 없이 사랑을 <u>주는</u> 분이다.

기 출 읽 기 3

2011학년도 4월 고3 학력평가

정답률 88%
난이도 중하
제한시간 8분

**무엇을 물을까?**

● _____

● _____

동아시아 사회에서 강한 집단주의 문화가 형성되었다고 평가받는 이유는 무엇일까? 그 해답은 동아시아 사회의 사상적 기반인 유학 사상에서 찾을 수 있다. 집단주의 문화와 유학 사상, 이 둘 사이의 관계를 좀 더 명확하게 규명하기 위해서는 선진(先秦)유학*의 경전에 나타난, 유학자들이 인간을 파악하는 기본 입장을 살펴볼 필요가 있다.

먼저 유학자들은 인간을 사회적 관계체(關係體)로 파악했다. 이들은 인간을 부모와 자식, 군주와 신하, 남편과 아내, 어른과 아이, 친구와 친구 사이의 관계 속에서 살아가는 존재로 보아, 사회관계를 떠나서는 인간의 존재 의의를 찾을 수 없다고 생각하였다. 이러한 생각은 개인을 사회관계 속의 '역할 · 의무 · 배려의 복합체'로 보는 입장으로 이어졌고, 유학자들은 개인이 수행하는 대부분의 사회 행위의 원동력이 관계 속에 내재되어 있다고 보았다. 또한 여러 가지 사회 행위의 최종 목표를 자신이 속한 집단 속에서 다른 사람과 원만한 관계를 맺고 유지하는 것이라고 여겼다.

다음으로 유학자들은 인간을 능동적 주체자(主體者)로 파악했다. 이들은 인간 스스로가 도덕의 주체라는 사실을 깨달아 이를 삶 속에서 능동적이고 주체적으로 실천해야 한다고 말하고 있다. 즉 유학자들은 바람직한 삶의 자세를 능동적이고 주체적인 도덕 인식과 실천이라고 본 것이다. 또한 유학자들은 이러한 삶을 살기 위해서는 인간의 이기적인 욕구와 감정을 덕에 맞추어 통제해야 한다고 주장하였다. 이처럼 유학자들은 인간이 자기 자신을 통제의 대상으로 삼아 모든 책임을 자신에게 찾으며 자기를 억제하는 것이 중요하다고 말하고 있다.

또한 유학자들은 인간을 무한한 가능체(可能體)로 파악했다. 유학자들은 인간을 누구나 가르침과 배움을 통해 덕을 이룰 수 있는 가능성이 있는 존재로 보았다. 그리고 이 덕을 사회생활에 실천하여 군자나 성인이 될 수 있는 존재라고 ㉠보고 있다. 또한 유학자들은 개체로서의 인간을 '과정적이고 가변적인 존재'로 간주하여 자신의 단점을 인정하고 배움을 통해 이를 개선함으로써 자기 향상을 이룰 수 있다고 생각하였다. 여기서 유학자들이 자기 수련을 통해 도달하려는 최종 목표인 성덕(成德)은 자기 혼자만 도를 터득하는 것이 아니라 함께 살고 있는 다른 사람들도 도를 터득하도록 도와주는 것을 포함하는 것이다. 그러므로 이 관점은 도덕적인 완성을 추구하고 있다는 점과 타인의 성덕에 도움을 준다는 점에서 도덕성과 사회성을 모두 내포하고 있다고 볼 수 있다.

* 선진유학: 진(秦)나라가 중국을 통일하기 이전까지의 원시적 확립기의 유학. 공자, 맹자, 순자의 사상이 중심이 됨.

**0** **글쓴이가 윗글을 수정·보완하려고 할 때, 그 방안으로 가장 적절한 것은?**

① 글의 통일성을 고려하여, 2~4문단에서 서술한 유학자들이 인간을 파악하는 기본 입장과 관련 없는 1문단을 삭제한다.

② 글의 논리성을 고려하여, 2~4문단의 내용과 대등한 성격을 지닌 네 번째 유교적 인간관을 제시하는 문단을 추가한다.

③ 글의 응집성을 고려하여, 2~4문단의 내용에 대한 비판적인 견해를 담고 있는 동양 철학 사상을 설명하는 문단을 추가한다.

④ 글의 완결성을 고려하여, 2~4문단의 내용을 종합하고 정리하면서 유교적 인간관을 살펴볼 필요성을 서술하는 문단을 추가한다.

⑤ 글의 일관성을 고려하여, 2~4문단에서 각 인간관에 대한 비판적인 시각이 드러날 수 있도록 각 인간관이 지닌 한계를 덧붙인다.

내 생각?

**글쓴이의 작문 과정을 따라가 볼까?**

문답 형식으로 동아시아의 집단주의 문화가 (❶          )과 관련 있음을 언급하면서 유교적 인간관이라는 중심 화제를 제시해 볼까?

↓

먼저 인간을 사회적 관계체라고 파악하는 관점을 상세하게 설명해 주어야겠군.

↓

다음으로 인간을 (❷          )로 파악하는 관점을 설명하되, 앞 문단과 내용 구성 방식을 비슷하게 하면 어떨까?

↓

마지막으로 인간을 무한한 가능체로 파악한 관점을 설명하면서, 이번에는 이 관점의 의의도 함께 제시하자.

**글쓴이가 이 글에서 말하려는 주제는?**

_____

_____

**1** 윗글에 나타난 유학자들의 생각과 거리가 <u>먼</u> 것은?

① 인간은 누구나 성인이나 군자가 될 수 있다.
② 인간의 존재 의의는 사회관계와 무관한 것이다.
③ 인간은 가르침과 배움을 통해 덕을 이룰 수 있다.
④ 인간의 사회 행위는 원만한 대인 관계를 위한 것이다.
⑤ 바람직한 삶의 자세는 도덕을 인식하고 실천하는 것이다.

**2** 윗글의 '유학자'가 |보기|의 '자유주의 사상가'에게 제기했을 의문으로 적절한 것은?

┤보 기├

　서구의 자유주의 사상가들은 합리적이고 이성적인 개인들 각자가 사회 구성의 궁극적 단위라고 보아 개인의 자율성과 독립성, 그리고 독특성을 강조하였다. 또한 개인이 본디부터 지니고 있는 자유와 권리를 적극적으로 드러내고 추구하는 일을 중시하며 개인은 안정적이고도 고정된 속성을 갖춘 실체라고 인식하였다.

① 개인들 각자가 사회 구성의 궁극적 단위라는 사실을 도외시한 것은 아닌가요?
② 인간은 욕구와 감정을 억제하면 할수록 더욱 강하게 욕망을 추구한다는 사실을 모르시나요?
③ 사회에 대한 개인의 의무와 역할보다 개인에 대한 사회의 의무와 역할을 소홀하게 보고 있는 것이 아닌가요?
④ 인간은 능동적 존재이므로 자율성과 독립성을 신장하기 위해 노력한다는 사실을 등한시한 것은 아닌가요?
⑤ 인간은 사회적 존재이므로 자기를 주장하기보다는 타인과의 조화에 힘써야 한다는 사실을 간과한 것은 아닌가요?

**3** **윗글을 읽은 학생이 |보기|에 대해 보일 반응으로 적절하지 <u>않은</u> 것은?**

─────| 보 기 |─────

ㄱ. 소인은 모든 일의 책임을 남에게 돌리지만, 군자는 모든 일의 책임을 스스로에게서 찾으
려 한다. ─『논어(論語)』

ㄴ. 인(仁)의 핵심은 어버이를 모시는 것이고, 의(義)의 핵심은 형(兄)을 따르는 것이며, 지(智)
의 핵심은 이 두 가지를 깨달아 이를 버리지 않는 것이고, 예(禮)의 핵심은 이 두 가지를 조
절하고 아름답게 꾸미는 것이다. ─『맹자(孟子)』

① ㄱ에서 모든 책임을 스스로에게서 찾는 '군자'의 모습은 인간을 '사회적 관계체'로 파악하는
입장에서 설명할 수 있어.

② 인간을 '무한한 가능체'로 파악하는 입장에서 보면 ㄱ의 '군자'는 '소인'이 스스로에게서 책임
을 찾을 수 있도록 도와주어야 해.

③ 인간을 '무한한 가능체'로 파악하는 입장에서 보면 ㄱ의 '소인'도 자신의 단점을 인정하고 개
선하려는 노력을 하면 자기 향상을 이룰 수 있어.

④ ㄴ에서 '인(仁)', '의(義)'의 핵심을 부모·형제와의 관계에서 찾는 것은 인간을 '사회적 관계
체'로 파악하는 입장이라고 할 수 있어.

⑤ ㄴ에서 '예(禮)'의 핵심이 '인(仁)', '의(義)'를 조절하고 꾸미는 것이라고 보는 관점은 도덕의
실천적 측면으로 해석할 수 있다는 점에서 인간을 '능동적 주체자'로 보는 입장과 유사하다
고 볼 수 있어.

**4** **㉠의 의미와 가장 유사한 것은?**

① 오늘은 끝장을 <u>보고</u> 말겠다고 다짐하였다.

② 그들은 증인의 진술이 거짓이라고 <u>보고</u> 있다.

③ 아내는 어머니께서 주무실 자리를 <u>보고</u> 있었다.

④ 결국은 손해를 <u>보고</u> 집을 처분할 수밖에 없었다.

⑤ 환자의 상태를 좀 더 <u>보고</u> 난 후 수술 여부를 결정합시다.

## 과학 일상 속 과학 이야기

우리 일상을 과학이라는 렌즈로 들여다보면 어떨까? 사실 조금만 시선을 달리하여 관찰해 보면 우리 생활 속에는 보이지 않는 과학의 법칙들로 가득 차 있다는 것을 알 수 있다. 어려운 학문으로만 여겨지는 과학이 한 겹만 벗겨 보면 예능 프로그램보다 더 흥미롭기까지 하다. 과학적 접근을 통해 우리 삶의 지평을 넓히려 다양한 시도를 해낸 과학자들, 이들의 노력이 녹아든 평범한 **일상 속 과학의 법칙**에 수능 출제자들도 주목한다.

기 출 읽 기

2021학년도 6월 고1 학력평가

정답률 69%
난이도 중상
제한시간 8분

출제자는
## 무엇을 물을까?

● 식욕이 조절되는 원리를 제대로 이해했는지
사례를 들어 물을 거야.

● 혈액 속을 흐르는 영양소에 따라 식욕이 어
떻게 조절되는지 그 원리를 물어보겠지?

'식욕'은 음식을 먹고 싶어 하는 욕망으로, 인간이 살아가는 데 필요한 영양분을 얻기 위해서 반드시 필요하다. 식욕은 기본적으로 뇌의 시상 하부*에 있는 식욕 중추*의 영향을 받는데, 이 중추에는 배가 고픈 느낌이 들게 하는 '섭식* 중추'와 배가 부른 느낌이 들게 하는 '포만 중추'가 함께 있다. 우리 몸이 영양분을 필요로 하는 상태가 되면 섭식 중추는 뇌 안의 다양한 곳에 신호를 보낸다. 그러면 식욕이 느껴져 침의 분비와 같이 먹는 일과 관련된 무의식적인 행동이 촉진된다. 그러다 영양분의 섭취가 늘어나면, 포만 중추가 작용해서 식욕이 억제된다.

[A] 그렇다면 뇌에 있는 섭식 중추나 포만 중추는 어떻게 몸속 영양분의 상태에 따라 식욕을 조절하는 것일까? 여기에서 중요한 역할을 하는 것이 혈액 속을 흐르는 영양소인데, 특히 탄수화물에서 분해된 '포도당'과 지방에서 분해된 '지방산'이 중요하다. 먼저 탄수화물은 식사를 통해 섭취된 후 소장에서 분해되면, 포도당으로 변해 혈액 속으로 흡수된다. 그러면 혈중 포도당의 농도가 높아지고, 이를 줄이기 위해 췌장에서 '인슐린'이라는 호르몬이 분비된다. 이 포도당과 인슐린이 혈액을 타고 시상 하부로 이동하여 포만 중추의 작용은 촉진하고 섭식 중추의 작용은 억제한다. 반면에 지방은 피부 아래의 조직에 중성지방의 형태로 저장되어 있다가 공복 상태가 길어지면 혈액 속으로 흘러가 간(肝)으로 운반된다. 그러면 부족한 에너지를 보충하기 위해 간에서 중성지방이 분해되고, 이 과정에서 생긴 지방산이 혈액을 타고 시상 하부로 이동하여 섭식 중추의 작용은 촉진하고 포만 중추의 작용은 억제한다. 이와 같은 작용 원리에 따라 우리의 식욕은 자연스럽게 조절된다.

그런데 우리는 온전히 영양분 섭취만을 목적으로 식욕을 느끼는 것은 아니다. 예를 들어, '스트레스를 받으니까 매운 음식이 먹고 싶어.'처럼 영양분의 섭취와 상관없이 취향이나 기분에 좌우되는 식욕도 있다. 이와 같은 식욕은 대뇌의 앞부분에 있는 '전두 연합 영역'에서 조절되는데, 본래 이 영역은 정신적이고 지적인 활동을 담당하는 곳이지만 식욕에도 큰 영향을 미친다. 이곳에서는 음식의 맛, 냄새 등 음식에 관한 다양한 감각 정보를 정리해 종합적으로 기억한다. 또한 맛이 없어도 건강을 위해 음식을 섭취하는 것과 같이, 먹는 행동을 이성적으로 조절하는 일도 이곳에서 담당하는데, 전두 연합 영역의 지령*은 신경 세포의 신호를 통해 섭식 중추와 포만 중추로 전해진다.

한편 전두 연합 영역의 기능을 알면, ⓐ음식을 먹은 후 '이젠 더 이상 못 먹겠다.'라고 생각하면서도 디저트를 먹는 현상을 쉽게 이해할 수 있다. 흔히 사람들이 '이젠 더 이상 못 먹겠다.'고 생각하는 이유는 ⓑ실제로 배가 찼기 때문일 수도 있고, 배가 차지는 않았지만 특정한 맛에 질렸기 때문일 수도 있다. 그런데 이런 상황에도 불구하고 디저트를 먹는 현상은 모두 전두 연합 영역의 영향을 받는다. 먼저, 배가 찬 상태에서는 전두 연합 영역의 영향으로 위(胃) 속에 디저트가 들어갈 공간을 마련할 수 있다. 전두 연합 영역의 신경 세포가 '맛있다'와 같은 신호를 섭식 중추로 보내면, 거기에서 '오렉신'이라는 물질이 나온다. 오렉신은 위(胃)의 운동에 관련되는 신경 세포에 작용해서, 위(胃)의 내용물을 밀어내고 다시 새로운 음식이 들어갈 공간을 마련하는 것이다. 다음으로, 배가 차지 않은 상태이지만 전두 연합 영역의 영향으로 특정한 맛에 질릴 수 있다. 그래서 식사가 끝난 후에는 대개 단맛의 음식을 먹고 싶어 하게 되는데, 이는 주식이나 반찬에는 그 정도의 단맛을 내는 음식이 없기 때문이다. 따라서 우리가 "디저트 먹을 배는 따로 있다."라고 하는 것은 생물학적으로 충분히 설득력 있는 표현이 되는 것이다.

\* 시상 하부: 사람이 의식적으로 통제하지 못하는 다양한 신체 시스템을 감시하고 조절하는 뇌의 영역.
\* 중추: 신경 기관 가운데, 신경 세포가 모여 있는 부분.
\* 섭식: 음식물을 섭취함.
\* 지령: 상부로부터 하부 또는 소속원에게 그 활동 방침에 대하여 명령을 내림. 또는 그 명령.

구조읽기  윗글을 바탕으로 신문 기사를 작성하려고 할 때, 표제와 부제로 가장 적절한 것은?

① 식욕의 작용 원리
 – 식욕 중추와 전두 연합 영역을 중심으로
② 식욕의 개념과 특성
 – 영양소의 종류와 역할을 중심으로
③ 식욕이 생기는 이유
 – 탄수화물과 지방의 영향 관계를 중심으로
④ 전두 연합 영역의 특성
 – 디저트의 섭취와 소화 과정을 중심으로
⑤ 전두 연합 영역의 여러 기능
 – 포도당과 지방산의 작용 관계를 중심으로

**내 생각?**... 을 표현하기 좋은 글의 구조를 선택하고... 썼으니까... **글의 구조 속**에 있지 않을까?

**글쓴이의 작문 과정을 따라가 볼까?**

우리 몸에서 어떻게 (❶ )을 조절하는지를 언급하면서 글을 시작해 볼까?

묻고 답하는 형태로 식욕이 억제되는 과정과 식욕이 촉진되는 과정을 대비해서 보여 주면, 식욕 조절의 원리를 더 잘 이해하지 않을까?

영양분의 섭취와 상관없는 또 다른 유형의 식욕이 있음을 소개하고 여기에 영향을 주는 (❷ )에 대해 알려 줘야지!

음식을 다 먹고도 디저트를 먹는 현상을 예로 들어 전두 연합 영역의 기능을 분석하면 과학적 지식을 보다 쉽고 흥미 있게 전달할 수 있지 않을까?

**글쓴이가 이 글에서 말하려는 주제는?**

_____

_____

윗글을 이해한 내용

내용 일치

↓

복잡하게 생각할 필요 없이 지문 내용과 하나씩 대응시켜 봐.

**1** 윗글을 이해한 내용으로 적절하지 <u>않은</u> 것은?

① 식욕은 인간이 살아가는 데 반드시 필요한 욕망이다.

② 인간의 뇌에 있는 시상 하부는 인간의 식욕에 영향을 끼친다.

③ 위(胃)의 운동에 관여하는 오렉신은 전두 연합 영역에서 분비된다.

④ 음식의 특정한 맛에 질렸을 때 더 이상 먹을 수 없다고 생각할 수 있다.

⑤ 전두 연합 영역은 정신적이고 지적인 활동뿐만 아니라 식욕에도 관여한다.

[A]를 바탕으로

세부 내용 파악

그림보다 글의 내용에 집중해! 이 문제는 뇌에 있는 식욕 중추가 식욕을 어떻게 조절하는지를 묻는 거니까!

**2** [A]를 바탕으로 |보기|에 대해 설명한 내용으로 가장 적절한 것은?

┤보 기├

다음은 탄수화물이 포함된 식사 전후에 혈액 속을 흐르는 물질이 식욕 중추에 끼치는 영향 관계를 표현한 모식도이다.

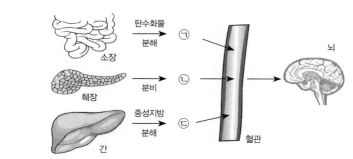

① 혈관 속에 ㉠의 양이 줄어들면 ㉡이 분비된다.

② 혈관 속에 ㉠과 ㉡의 양이 많아지면 배가 고픈 느낌이 든다.

③ 공복 상태가 길어지면 ㉠과 ㉢은 시상 하부의 명령을 식욕 중추에 전달한다.

④ 공복 상태가 길어지면 혈관 속에 ㉠의 양은 줄어들고 ㉢의 양은 늘어난다.

⑤ 식사를 하는 동안에 ㉡은 ㉢의 도움으로 피부 아래의 조직에 중성지방으로 저장된다.

[A]에서 글로 설명한 내용을 그림으로 다시 보여 주는 문제구나! ㉠, ㉡, ㉢이 무엇인지부터 파악하고, 그 상황에 따라 어떻게 작용하는지 판단해야겠어!

**3** ⓑ와 '식욕 중추의 작용'을 고려하여 ⓐ를 이해한 내용으로 적절한 것은?

① 섭식 중추의 작용이 억제되므로 ⓐ는 타당하다.
② 섭식 중추의 작용이 활발하므로 ⓐ는 모순적이다.
③ 포만 중추의 작용이 억제되므로 ⓐ는 모순적이다.
④ 포만 중추의 작용이 활발하므로 ⓐ는 모순적이다.
⑤ 섭식 중추와 포만 중추의 작용이 반복되므로 ⓐ는 타당하다.

정보 간의 인과 관계

↓

ⓑ와 '식욕 중추의 작용'을 고려하라는 조건은 ⓑ의 상황에서 식욕 중추가 어떻게 작용하는지를 생각해 보라는 거야!

**4** 윗글을 바탕으로 |보기|를 이해한 내용으로 적절하지 <u>않은</u> 것은?

─┤보 기├─

(뷔페에서 음식을 먹은 후)

**A:** 너무 많이 먹어서 배가 터질 것 같아.
**B:** 나도 배가 부르기는 한데, 그래도 내가 좋아하는 떡볶이를 좀 더 먹어야겠어.

(잠시 후 디저트를 둘러보며)

**A:** 예전에 여기서 이 과자 먹어 봤는데 정말 달고 맛있었어. 오늘도 먹어 볼까?
**B:** 너 조금 전에 배가 터질 것 같다고 하지 않았니?
**A:** 후식 먹을 배는 따로 있다는 말도 못 들어 봤어?
**B:** 와! 그게 또 들어가? 진짜 대단하다. 나는 입맛에는 안 맞지만 건강을 위해 녹차나 마셔야겠어.

① A는 오렉신의 영향으로 위(胃)에 후식이 들어갈 공간이 더 마련되었겠군.
② A는 섭식 중추의 작용으로 뷔페의 과자가 맛있었다고 떠올릴 수 있었겠군.
③ B는 영양분의 섭취와는 무관하게 떡볶이가 먹고 싶다고 생각했겠군.
④ B는 전두 연합 영역의 작용으로 건강을 위해 입맛에 맞지 않는 녹차를 마셨겠군.
⑤ A와 B는 디저트를 둘러보기 전까지 섭식 중추의 작용이 점점 억제되었겠군.

윗글을 바탕으로 |보기|를 이해

↓

구체적 사례에 적용

↓

|보기|의 두 상황은 음식을 먹는 상황과 디저트를 먹으려는 상황이야. |보기|의 두 상황과 A, B의 말을 참고해서 지문에서 관련된 내용이 들어 있는 문단을 찾아내야 해.

**기 출 읽 기**

1

2008학년도 3월 고1 학력평가

정답률 63%
난이도 중상
제한시간 5분

**무엇을 물을까?**

● 사이펀의 구조와 원리를 설명했으니, 이 글에

서 예로 든 변기 이외의 다른 사례에도 적용

해 보라고 하지 않을까?

●

화장실이 집 안으로 들어와 당당히 하나의 '실(室)'로 자리잡은 것은 그리 오래된 일이 아니다. 동양이나 서양이나 예전에는 악취 때문에 화장실을 집 밖에 설치할 수밖에 없었다. 그렇다면 화장실은 어떻게 이 악취를 물리치고 집 안의 한자리를 차지할 수 있었을까? 그것은 바로 '변기에 차 있는 물' 때문에 가능하였다. 일정한 높이의 물이 항상 차 있도록 하기 위해서 변기의 내부에는 ⓐ'U'자를 뒤집어 놓은 형태의 관이 있다.

변기가 어떻게 작동하는지를 알아보기 위해 그 근본 원리에 대해 알아보자. 여기 물이 3분의 2 정도 담겨 있는 컵이 있다. 컵을 기울이지 않고 이 컵 안의 물을 밖으로 빼내기 위해 'U'자 모양의 굽은 관을 이용한다고 하자. 'U'자 모양의 굽은 관을 뒤집어 관의 한 쪽은 컵 안의 물 속에, 다른 쪽은 컵 바깥에 위치하게 한다. 관의 안쪽에 물이 완전히 채워지지 않아 공기가 남아 있는 경우에는 컵의 수면에 작용하는 대기압*과 관 속의 대기압이 평형*을 이루어 아무 일도 일어나지 않는다. 하지만 관 속에 남아 있는 공기를 빨아내어 인위적으로 ⓑ관 속에 물이 채워지게 하면, 물은 중력의 법칙을 거스르고 관을 따라 컵을 넘어 바깥으로 흘러나오기 시작한다. 이는 관 속이 물로 채워지면서 관 속에 작용하던 대기압은 사라지지만 컵의 수면에 작용하는 대기압에는 변화가 없기 때문에 압력 차이가 생겨 일어나는 현상이다. 이와 같은 현상을 '사이펀의 원리'라고 한다. 그리고 이와 같은 경우에 사용되는 'U'자 모양의 굽은 관을 '사이펀'이라 한다.

옆의 그림처럼 변기의 내부에 'U'자를 뒤집어 놓은 형태의 관이 있는 것도 이 사이펀의 원리를 이용하기 위함이다. 그림에서 물이 A까지 채워져 있을 경우에는 사이펀 안에 대기압이 작용하기 때문에 ⓒ아무런 일도 일어나지 않는다. 하지만 용변을 보고 레버를 내리면 물탱크의 마개가 열려 변기 안으로 한꺼번에 많은 양의 물이 공급되면서 늘어난 물의 압력으로 인해 사이펀은 물로 완전히 채워지게 되

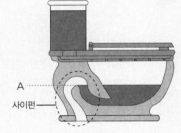

〈변기의 구조〉

고, 사이펀 속에 작용하던 대기압이 사라지게 되면서 변기의 물은 용변과 함께 하수구로 빠져나가게 된다.

물탱크에서 많은 양의 물이 변기로 계속 공급된다면 ⓓ'변기에 차 있는 물'은 기대할 수 없다. 그래서 변기의 구조는, 물이 사이펀의 원리에 의해 모두 빠져나가 버린 후에는 사이펀을 넘지 못할 정도만큼만 물이 다시 고일 수 있도록 ㉠적은 양의 물이 서서히 변기로 흘러들어가게 되어 있다. 물이 모두 빠져나가 버린 후에 변기에 물이 서서히 공급되면 물의 압력이 사이펀을 가득 채울 만큼 충분하지 않기 때문에 변기에는 A까지만 물이 차 있게 된다. 사이펀을 넘지 못하고 남겨진 물은 고약한 냄새가 넘어오지 못하도록 막는 역할을 하게 된다.

이처럼 과학적 원리를 이용한 변기의 구조 덕분에 ⓔ화장실은 당당하게 집 안으로 입성*할 수 있었던 것이다.

* 대기압: 대기의 압력.
* 평형: 사물이 한쪽으로 기울지 않고 안정해 있음.
* 입성: 상당한 노력 끝에 선망하던 세계나 방면으로 진출하는 일을 비유적으로 이르는 말.

**0** 윗글이 다음과 같은 글쓰기 계획에 따라 쓰였다고 할 때, ㉎에 들어갈 내용으로 적절한 것은?

- **화제:** 실내 화장실이 가능할 수 있었던 이유
- **주요 설명 내용:** (              ㉎              )
- **자료 탐색이 필요한 항목:** 사이펀의 원리, 변기의 단면도

① 사이펀의 의미와 형태
② 변기의 구조와 작동 원리
③ 변기의 각 구성 요소별 기능
④ 사이펀과 변기 구조의 차이점
⑤ 변기의 작동에 미치는 대기압의 영향

내 생각?

글쓴이의 작문 과정을 따라가 볼까?

실내 화장실이 가능한 이유를 묻고 답하면서 중심 화제를 제시하면 흥미가 생기겠지?

변기의 구조와 작동 원리를 설명하기에 앞서, 이를 이해하는 데 필요한 과학적 원리를 먼저 제시해 볼까?

앞에서 설명한 원리를 (❶          )에 그대로 적용해서 설명해 주면, 훨씬 이해가 잘 되겠지?

첫 문단에서 언급한 '변기에 차 있는 물'을 다시 언급하며 그것이 (❷          )를 막아 주는 역할을 해 화장실이 실내로 들어올 수 있었음을 강조하자.

글쓴이가 이 글에서 말하려는 주제는?

_____

_____

## 1

**윗글을 바탕으로 |보기|에 대해 분석해 보았다. 적절하지 않은 것은?**

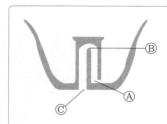

―| 보 기 |―

'가득 채움을 경계하는 잔'이라는 뜻을 가진 '계영배'는 일정 부분, 즉 잔의 일정 높이까지 술을 따를 경우에는 술이 잔에 담겨 있지만, 그 이상이 되면 술이 아래로 모두 새어 버리게 된다.

① Ⓐ에서 Ⓒ로 이어지는 부분은 '사이펀'의 일종으로 볼 수 있다.

② 잔을 가득 채웠을 때 술이 Ⓒ로 빠져나가는 것은 '사이펀의 원리'와 관련이 있다.

③ Ⓑ보다 수면이 높아지면 술은 Ⓐ에서 Ⓒ로 이어지는 부분을 통해 흘러나간다.

④ 술을 가득 채우면 Ⓐ에서 Ⓒ로 이어지는 부분의 안쪽의 대기압이 높아지게 된다.

⑤ Ⓑ보다 수면이 낮은 경우 Ⓐ에서 Ⓒ로 이어지는 관 내부에 작용하는 대기압과 잔 안에 작용하는 대기압은 같다.

## 2

**㉠의 이유에 대한 설명으로 가장 적절한 것은?**

① 물이 서서히 공급되어야만 변기의 물이 완전히 빠져나가기 때문에

② 물이 서서히 공급되지 않으면 변기의 물이 물탱크로 역류하기 때문에

③ 물이 서서히 공급되어야만 사이펀 안이 물로 가득 채워질 수 있기 때문에

④ 공급되는 물의 압력이 약해지지 않으면 관을 통해 계속 물이 빠져나가기 때문에

⑤ 물이 서서히 공급되어야만 변기의 수면에 작용하고 있던 대기압이 사라지기 때문에

**3** 문맥상 ⓐ~ⓔ와 바꿔 쓰기에 적절하지 <u>않은</u> 것은?

① ⓐ: 사이펀

② ⓑ: 관 속의 대기압이 사라지게 하면

③ ⓒ: 변기의 물이 A까지 채워진 상태가 유지된다.

④ ⓓ: 사이펀을 넘어 채워진 물

⑤ ⓔ: 악취가 집 안으로 들어오지 못하게 막을 수

기 출 읽 기 2

2013학년도 3월 고1 학력평가

정답률 80%
난이도 중하
제한시간 8분

갑자기 비가 쏟아지면 길을 가던 사람들은 비를 피하기 위해 뛰기 시작한다. 우산 없이 뛰어 본 사람은 바람이 없는 날 ⓐ솔솔 내리는 비가, 뛸 때에는 더 세차게 느꼈던 적이 있을 것이다. 천천히 걷는 사람보다 뛰는 사람은 비가 더 강하고 앞쪽에서 오는 것 같이 느낀다. 같은 빗줄기로 내리는 경우에도 뛰는 사람들이 많은데, ㉠뛰면 비가 더 세차게 느껴질 텐데 과연 비를 덜 맞을까 하는 의문이 생긴다.

이 문제를 풀려면 '상대속도'와 '상대속력'의 개념을 이해해야 한다. 상대위치*가 어느 방향으로 얼마나 빨리 바뀌는가를 나타내는 것이 '상대속도'이고 그것의 크기가 '상대속력'이다. 기차역에서 나란히 정차한 두 기차 가운데 한 기차에 타고 있는 사람이 다른 기차가 움직이는 것을 보고 자기가 탄 기차가 움직인다고 착각하는 경우가 종종 있다. 무심코 자기의 위치를 움직이는 기차에 대한 상대위치로 감지하였기 때문이다. 자기 기차에 대한 상대위치를 생각하면 다른 기차가 움직이고, 다른 기차에 대한 상대위치를 생각하면 자기 기차가 움직인다. 다른 기차가 앞으로 가면 자기는 상대적으로 뒤로 가고, 자기 기차가 앞으로 가면 다른 기차가 상대적으로 뒤로 간다. 만약 두 기차가 같은 속력으로 같은 방향으로 가면 두 기차의 서로에 대한 상대위치가 바뀌지 않으므로 상대속도의 크기는 0이다.

얼굴에 빗방울을 맞았을 때, 힘(충격량)을 느끼는 것은 빗방울이 내 얼굴에 맞아서 상대운동량(질량×상대속도)이 변하기 때문이다. 상대운동량이 커질수록 충격량이 커진다. 빗방울이 얼굴에 닿으면 빗방울의 상대운동량이 0이 된다. 그런데 얼굴에 닿기 전의 상대속도가 클수록 상대운동량이 크고 따라서 빗방울이 얼굴에 닿을 때 변화가 더 커서 충격량이 더 크다. 겨울에 눈싸움을 할 때 같은 무게의 눈뭉치라도 세게 던질수록 맞으면 더 아픈 것은 이 때문이다.

위에서 말한 바와 같이 수직으로 내리는 빗방울을 천천히 걸으면서 맞는 것보다 뛰면서 맞는 경우 더 세게 느끼는 것은, 빗방울의 사람에 대한 상대속력이 더 커지기 때문이다. 또 비가 앞에서 오는 것같이 느끼는 것은 빗방울의 사람에 대한 상대속도가 앞에서 오는 방향이기 때문이다. 우산을 그 방향으로 기울여야 좋은 방패가 된다.

사람이 맞는 빗물의 전체 양은 '단위시간*에 맞는 빗물의 양×가는 데 걸리는 시간'이다. 뛰어가면 빗방울의 사람에 대한 상대속력이 커지므로 단위시간(예를 들어 1초)에 맞는 빗물의 양은 오히려 더 많아진다. 그러나 뛰어가면 목적지까지 가는 데 걸리는 시간은 줄어든다. 단위시간에 맞는 빗물의 양이 증가하는 것보다 시간이 더 많이 줄기 때문에 목적지까지 가는 동안 맞는 빗물의 양은 빨리 뛸수록 줄어든다.

무엇을 물을까?

● 비가 올 때 뛰면 비가 더 세차게 느껴진다고
했으니, 그 이유가 무엇일지 물어볼 거야.
●

* 상대위치: 다른 점의 위치에 대한 관계로 정의되는 특정한 점의 위치.
* 단위시간: 시간당의 물리량을 계산할 때 그 기준이 되는 시간. 보통 시분초 따위로 표시한다.

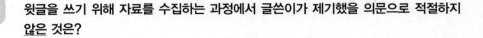

**0** **윗글을 쓰기 위해 자료를 수집하는 과정에서 글쓴이가 제기했을 의문으로 적절하지 않은 것은?**

① 빗방울을 맞을 때의 충격량이 뛸 때와 걸을 때 서로 다를까?
② 비를 덜 맞으려면 뛰는 것과 걷는 것 중 어느 것이 유리할까?
③ 다른 기차가 움직일 때 왜 자기 기차가 움직인다고 착각할까?
④ 사람이 비를 맞는 전체 빗물의 양은 어떻게 계산할 수 있을까?
⑤ 바람 없는 날에도 빗방울이 비스듬하게 내리는 이유는 무엇일까?

내 생각?

**글쓴이의 작문 과정을 따라가 볼까?**

누구나 비 오는 날 뛰어 본 경험이 있겠지? 천천히 걷는 것보다 뛰는 것이 비를 덜 맞을지 의문을 제기하면 독자의 호기심을 유발할 수 있지 않을까?

↓

(❶            )와 상대속력의 개념을 알아야 앞서 제기한 의문을 해결할 수 있으니까 사례를 들어 두 개념을 설명하자.

↓

빗방울을 맞을 때의 (❷            )을 상대속도와 상대속력과 관련지어 과학적으로 제시하는 것이 좋겠어.

↓

뛰어갈 때 맞는 빗물의 전체 양이 목적지까지 가는 데 걸리는 시간에 따라 달라짐을 밝히면 첫 문단에서 제기한 의문에 답이 되지 않을까?

**글쓴이가 이 글에서 말하려는 주제는?**

_____

_____

**1** 윗글의 내용과 일치하지 <u>않는</u> 것은?

① 상대속도에는 방향 개념이 들어 있다.

② 상대속력은 상대속도의 크기를 나타낸다.

③ 뛰어가면 단위시간에 맞는 빗물의 양이 줄어든다.

④ 비가 오는 방향으로 우산을 기울여야 비를 덜 맞는다.

⑤ 비가 올 때 뛰면 목적지까지 가는 시간이 줄기 때문에 비를 덜 맞는다.

원리가 나오는 글에서는 특히 사례를 눈여겨봐야겠지?

**2** 윗글을 참고할 때 |보기|에 대한 설명으로 적절한 것은?

| 보 기 |

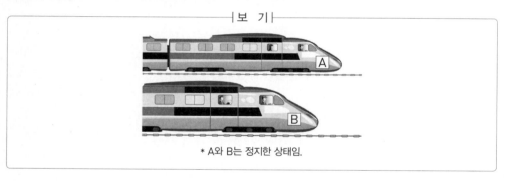

\* A와 B는 정지한 상태임.

① A의 승객은 B가 뒤로 가면 자신이 뒤로 간다고 생각한다.

② A가 앞으로 가면 A의 승객은 B가 상대적으로 뒤로 간다고 생각한다.

③ A와 B가 같은 속력으로 달리면 방향이 달라도 상대위치는 변하지 않는다.

④ A와 B가 같은 방향으로 달리면 속력이 달라도 상대위치는 변하지 않는다.

⑤ A와 B가 속력이 같으면 같은 방향으로 달릴 때와 반대 방향으로 달릴 때의 상대속도는 같다.

기차가 괜히 나온 게 아니었구나! 2문단에서 설명한 개념이 뭐였더라?

정답과 해설 62쪽

## 3 ㉠의 이유로 적절한 것은?

의문 해결이 곧 중심 생각

① 빗방울의 질량이 더 커지기 때문에
② 빗방울의 상대위치가 달라지기 때문에
③ 빗방울의 상대운동량이 0이 되기 때문에
④ 빗방울의 상대운동량의 변화가 더 크기 때문에
⑤ 빗방울의 사람에 대한 상대속도가 작아지기 때문에

## 4 ⓐ와 관련하여 |보기|의 사례가 될 수 없는 것은?

어감의 분화

|보 기|

우리말의 특징에는 자음의 교체에 따라 단어의 기본적 의미는 같지만 단어의 어감만을 다르게 하는 어감의 분화가 있다. '솔솔'은 '가는 비나 눈이 잇따라 가볍게 내리는 모양.'이라는 뜻인데, '쏠쏠'은 '솔솔'보다 더 강하고 센 느낌을 준다.

① 배다 → 빼다
② 뱅뱅 → 뺑뺑
③ 졸졸 → 쫄쫄
④ 감감하다 → 깜깜하다
⑤ 단단하다 → 딴딴하다

기 출 읽 기

3

2015학년도 6월 고1 학력평가

정답률 82%
난이도 중하
제한시간 8분

무엇을 물을까?

- ●
- ●

라면을 끓일 때, 스프를 미리 넣으면 물만 끓일 때보다 끓는 데 더 오랜 시간이 걸린다. 이 것은 스프가 물에 녹으면 물의 끓는점이 높아져서 더 많은 열을 가해야 하기 때문이다. 그렇 다면 스프를 넣은 물의 끓는점이 순수한 물의 끓는점보다 높은 이유는 무엇일까?

밀폐된 용기 속에 물을 담아 두면 물 분자들은 표면에서 일정한 속도로 증발한다. 이 과정 에서 액체 상태의 물이 기체 상태로 변하기 때문에 물의 양은 점점 줄어든다. 그렇지만 일정 시간이 지나면 물의 양은 더 이상 줄어들지 않는다. 그 이유는 물에서 증발하는 분자 수와 물 로 ㉠돌아오는 분자 수가 같아지기 때문이다. 기체 상태의 분자들이 액체로 돌아오는 과정을 응축이라 하는데, 밀폐된 용기 속에서 증발된 기체 분자 수가 많아질수록 응축 속도가 빨라져 결국 증발 속도와 같아진다. 증발 속도와 응축 속도가 같은 때를 평형 상태라고 하는데, 이때 부터 물의 양은 더 이상 줄어들지 않는다. 평형 상태에서 증기가 나타내는 압력을 액체의 증 기압이라고 한다.

라면 스프를 넣은 물은 일종의 용액인데, 용액의 증기압은 용액의 농도와 온도, 용매*의 종 류에 따라 변한다. 순수한 용매만 있을 때에는 용매의 표면 전체에서 증발이 일어난다. 그러 나 용액은 표면에서 비휘발성* 용질*이 차지하는 부분만큼 증발이 일어나지 않아, 용액의 증 기압은 순수한 용매의 증기압보다 낮아진다. 용액에 비휘발성 용질이 많이 녹아 있을수록, 즉 용액의 농도가 진할수록 표면에서 증발하는 용매 분자 수가 적어지기 때문에 용액의 증기압 이 더 낮아진다. 한편 온도가 높아지면 분자의 운동이 활발해져서 증발하는 용매 분자 수가 많아지고, 이에 따라 용액의 증기압도 높아진다.

라면 스프를 넣은 물의 끓는점이 높아지는 이유는 용액의 증기압 변화를 통해 설명할 수 있 다. '끓는다'는 것을 과학적으로 정의하면 액체의 증기압이 대기압과 같아져서 액체 내부에서 기체 상태로 변한 분자들(기포)이 액체의 표면 바깥으로 나오는 것이라고 할 수 있다. 그러므 로 끓는점은 액체의 증기압이 대기압과 같아지는 온도로 정의할 수 있다. 비휘발성 용질을 녹 인 용액은 순수한 용매보다 증기압이 낮기 때문에 더 높은 온도가 되어야 용액의 증기압과 대 기압이 같아진다. 라면 스프를 넣은 물이 순수한 물에 비해 끓는점이 높은 이유는 이 때문이 다. 반면 높은 산에 올라가면 대기압이 낮아지기 때문에 평지보다 액체의 증기압이 낮은 상태 에서도 끓게 되는 것이다.

* 용매: 어떤 액체에 물질을 녹여서 용액을 만들 때 그 액체를 가리키는 말.
* 비휘발성: 날아 흩어지지 않는 성질.
* 용질: 용액에 녹아 있는 물질.

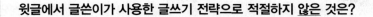

**윗글에서 글쓴이가 사용한 글쓰기 전략으로 적절하지 않은 것은?**

① 친숙한 일상적 사례에 숨어 있는 과학적 원리를 밝힌다.
② 글의 첫 부분에서 제기한 질문에 대한 답을 찾아 나간다.
③ 특정한 개념을 중심으로 다른 요소와의 관계를 설명한다.
④ 특정한 용어의 과학적 정의를 글의 흐름에 맞게 제시한다.
⑤ 성질이 다른 대상과의 비교를 통해 특정한 가설을 입증한다.

내 생각?

**글쓴이의 작문 과정을 따라가 볼까?**

라면을 끓일 때 스프를 먼저 넣으면 물만 끓일 때보다 더 오래 걸려. 그 이유에 대한 질문을 던지며 시작해 보자.

⬇

이유는 증기압과 관련되는데, 이를 이해하려면 평형 상태와 증기압의 개념을 알아야 해. 이 두 개념을 먼저 설명해 주어야겠군.

⬇

스프를 넣은 물의 (❶          )이 높은 이유는 용액의 (❷          ) 변화와 관련된다는 것을 과학적 원리에 따라 설명하면 첫 문단에서 제기한 질문의 대답이 되겠지.

**글쓴이가 이 글에서 말하려는 주제는?**

_____

_____

**1** 온도가 일정한 밀폐된 용기 속에 용액을 넣고 관찰한다고 할 때, 이에 대한 설명으로 적절하지 <u>않은</u> 것은?

① 증발이 계속되면 응축 속도는 느려진다.
② 용액의 증발 속도는 일정하게 유지된다.
③ 평형 상태에서 증발 속도는 응축 속도와 같다.
④ 증발 속도가 응축 속도보다 빠르면 용액이 줄어든다.
⑤ 용액의 농도가 진할수록 증발하는 용매 분자 수가 적어진다.

**[2-3]** 다음은 윗글과 관련된 자료이다. 2, 3번 두 물음에 답하시오.

아래 모형은 순수한 물인 (가)와 물에 비휘발성 용질을 녹인 (나)를 나타낸 것이다. (가)와 (나)는 동일한 조건에 있다.

용매 분자
ⓐ

비휘발성 용질 분자
ⓑ  ⓐ

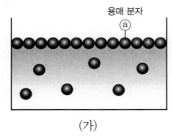  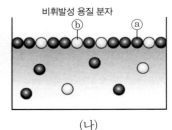

(가)                    (나)

(가)와 (나)가 어떤 상태인지를 구분하고, 상황에 따라 (가), (나)에서 ⓐ와 ⓑ가 어떻게 달라지는지 확인해야겠지. 해당 내용이 언급된 문단을 찾고, 그다음 선지의 내용과 비교해 봐.

**2** (가)와 (나)에 대한 설명으로 적절하지 <u>않은</u> 것은?

① (가)에서는 표면 전체에서 증발이 일어난다.
② (나)의 표면에서 ⓑ가 차지하는 부분만큼 증발이 일어나지 않는다.
③ (나)에서 ⓑ의 수가 많아질수록 용액의 증기압이 높아진다.
④ (가)는 (나)보다 ⓐ의 수가 줄어드는 속도가 빠르다.
⑤ (가)와 (나) 모두 온도가 높아지면 증발되는 ⓐ의 수가 많아진다.

그래프에 개념 적용

**3** (가)의 끓는점(㉮), (나)의 끓는점(㉯)을 나타낸 그래프로 가장 적절한 것은?

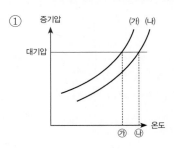

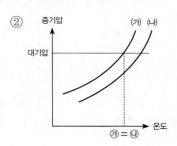

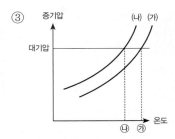

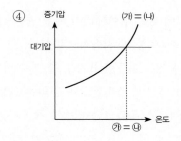

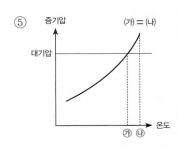

어휘의 문맥적 의미

다의어의 의미 구분

**4** 밑줄 친 단어 중 ㉠과 문맥적 의미가 가장 유사한 것은?

① 그는 원래 있던 자리로 다시 돌아왔다.

② 이제 곧 내가 발표할 차례가 돌아온다.

③ 나는 지름길을 두고 먼 길을 돌아왔다.

④ 우리 부서에 돌아온 것은 비난뿐이었다.

⑤ 모퉁이를 돌아오면 처음에 보이는 집이 우리 집이다.

우리가 누리고 있는 현대 문명은 삶의 풍요와 편리를 가져다주었지만, 환경 문제라는 골칫덩어리도 함께 가져다주었다. 지구 온난화 문제는 인류 전체의 생존을 위협할 수 있는 문제이며, 최근에는 이를 해결하기 위해 국가 간에 조약이나 협약을 맺는 등 국제적 노력을 기울이고 있다. 환경 문제는 우리 삶의 지속 가능성이 달려 있는 중요한 문제이기 때문에 **수능 출제자들 역시 이 이슈를 그냥 지나칠 리 없지 않은가?**

**기 출 읽 기**

2016학년도 7월 고3 학력평가

정답률 88%
난이도 중하
제한시간 5분

출제자는
**무엇을 물을까?**

● 엘니뇨와 라니냐가 나타날 때 적도 부근 태

평양의 상황이 다르므로 이를 구별할 수 있는

지 묻겠지?

● 엘니뇨와 라니냐가 발생하는 과정과 결과가

상반되니 이를 제대로 구분해 이해했는지 확

인할 거야.

원인결과형 지문 구조에서
내가 묻고 싶은 건...
► 구조로 수능독해 129쪽

지구의 여러 곳에서 장기간에 걸친 가뭄, 폭염, 홍수, 폭우 등과 같은 이상 기후가 발생하여 인간에게 큰 피해를 주고 있다. 이러한 이상 기후가 나타나는 원인 중에는 ㉠엘니뇨와 ㉡라니냐가 있다.

평상시에는 오른쪽 그림과 같이 적도 부근의 동태평양에 있는 남아메리카 페루 연안으로부터 서쪽으로 무역풍[*]이 지속적으로 분다. 이 무역풍은 동쪽에 있는 따뜻한 표층수[*]를 서쪽 방향으로 운반하기 때문에 따뜻한 해수층의 두께는 서태평양 쪽에서는 두껍고 동태평양 쪽에서는 얇아진다. 이와 함께 남아메리카 페루 연안에서는 서

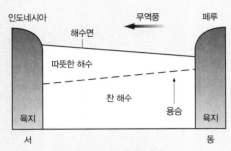

〈평상시 적도 부근 태평양의 연직 단면〉

쪽으로 쏠려 가는 표층수의 자리를 메우기 위해 차가운 심층 해수가 아래로부터 올라오는 용승[*]이 일어나게 된다.

이 결과 적도 부근 동태평양 페루 연안의 해수면 온도는 같은 위도의 다른 해역보다 낮아지고, 적도 부근 서태평양에서의 표층 해수의 온도는 높아지게 된다. 표층 해수의 온도가 높아지면 해수가 증발하여 공기 중에 수증기의 양이 많아지고, 따뜻한 해수가 공기를 데워 상승 기류를 발생시켜 저기압이 발달하고 구름이 생성된다. 이로 인해 해수 온도가 높은 서태평양에 위치한 동남아시아와 오스트레일리아에는 강수량이 많아진다. 반대로 남아메리카의 페루 연안에는 하강 기류가 발생하여 고기압이 발달하고 맑고 건조한 날씨가 나타난다.

적도 부근 태평양의 무역풍은 2~6년 사이로 그 세기가 변하는데, 이에 따라 적도 부근 태평양의 기후 환경은 달라진다. 무역풍이 평상시보다 약해지면 태평양 동쪽의 따뜻한 표층수를 서쪽으로 밀어내는 힘이 약해진다. 이로 인해, 적도 부근 동태평양의 용승이 약해지며 해수면의 온도는 평상시보다 높아진다. 따뜻한 표층수가 동쪽에 머무르면, 적도 부근 서태평양은 평상시에 비해 해수면의 온도와 해수면의 높이가 낮아지고, 적도 부근 동태평양은 해수면의 온도와 해수면의 높이가 상승하는데 이 현상이 엘니뇨이다. 엘니뇨가 발생하면 인도네시아, 오스트레일리아 등에서는 평상시에 비해 강수량이 감소하여 가뭄이 발생하고, 대규모 산불이 일어나기도 한다. 반면에 페루, 칠레 등에서는 평상시보다 많은 강수량을 보이면서 홍수가 자주 발생하는 등 이상 기후가 나타나게 된다.

한편, 무역풍이 평상시보다 강해지면 적도 부근 동태평양의 해수면의 온도와 해수면의 높이가 평상시보다 더 낮아지고 적도 부근 서태평양의 해수면의 온도와 해수면의 높이가 평상시보다 더 높아진다. 이런 현상을 라니냐라고 한다. 라니냐가 발생하면 동남아시아와 오스트레일리아에서는 홍수가 잦아지거나 이상 고온 현상이 나타나기도 하고, 반대로 페루, 칠레 등에서는 평상시보다 더 건조해져 가뭄이 발생할 수 있다. 라니냐가 발생하면 적도 부근 동태

평양의 기압은 평상시보다 상승하고 서태평양의 기압은 평상시보다 하강하여 두 지역의 기압
차는 평상시보다 더 커진다.

* 무역풍: 중위도 고압대에서 열대 수렴대로 부는 바람. 이 바람은 북반구에서는 동북풍, 남반구에서는 동남풍이 되며, 일 년 내
  내 끊임없이 분다.
* 표층수: 바다 표면의 가까이에 있는 바닷물. 풍랑, 강수, 증발 따위의 영향을 받는 부분이다.
* 용승: 표층 해수의 이동에 의해 심층의 찬 해수가 상승하는 현상.

―― 구조읽기  **윗글의 글쓴이가 사용한 글쓰기 전략으로 가장 적절한 것은?**

① 현상들을 제시하고 그 현상들의 영향을 설명한다.
② 가설을 설정하고 구체적인 사례를 들어 이를 검증한다.
③ 현상의 원인을 분석하여 다양한 해결책을 제시한다.
④ 현상의 공통점을 바탕으로 유용성을 자세히 설명한다.
⑤ 현상과 관련된 이론을 소개하고 그 이론의 한계를 지적한다.

**내 생각?**… 을 표현하기
좋은 글의 구조를 선택하고…
썼으니까… **글의 구조 속**에
있지 않을까?

**글쓴이의 작문 과정을 따라가 볼까?**

> 최근 발생하는 (❶     )의 원인
> 으로 지목되고 있는 엘니뇨와 라니냐에 대
> 해 다뤄 볼까?

> 엘니뇨와 라니냐 현상을 이해하려면, 먼저
> 평상시 (❷     )으로 인한 적도
> 부근 동태평양과 서태평양 지역의 상황을
> 알아야 해.

> 평상시 적도 부근의 상황에 대한 지식을
> 바탕으로 먼저 엘니뇨가 발생하는 과정을
> 설명하고, 그로 인해 나타나는 결과를 제
> 시해야겠어.

> 엘니뇨 현상을 이해했다면 라니냐 현상은
> 이와 반대로 적용해 이해하면 되니까 이
> 둘의 차이점을 중심으로 설명해야겠어.

**글쓴이가 이 글에서 말하려는 주제는?**

_____

_____

윗글을 통해 알 수 있는 내용

세부 내용 확인

지문의 그림을 활용해 봐.
그림은 그냥 주는 게 아냐~

**1** **윗글을 통해 알 수 있는 내용으로 적절하지 <u>않은</u> 것은?**

① 적도 부근 서태평양에서 표층 해수의 온도가 높아지면 상승 기류가 발생한다.

② 평상시에 무역풍은 적도 부근 태평양의 표층수를 동쪽에서 서쪽 방향으로 이동시킨다.

③ 동태평양 페루 연안에서 용승이 일어나면 같은 위도의 다른 해역보다 페루 연안의 해수면 온도가 높아진다.

④ 평상시 적도 부근 서태평양에 저기압이 발달하면 적도 부근 서태평양에 위치한 동남아시아의 강수량이 많아진다.

⑤ 평상시에 적도 부근 동태평양의 따뜻한 표층수가 서쪽으로 이동하여 동태평양의 따뜻한 해수층의 두께가 얇아진다.

지문의 그림은 평상시 적도 부근의
태평양의 상황을 잘 보여 주고 있어!

그림을 활용하여 ㉠, ㉡을 이해

엘니뇨와 라니냐 현상 비교

지문에서 동태평양, 서태평양이라고 언급하고 있으니까 A, B가 각각 어느 해역인지 그림 위에 적어 두면 내용 적용에 도움이 될 거야. ㉠과 ㉡은 상반된 현상과 결과가 나타나는 거 잊지 말고!

**2** **윗글을 바탕으로, |보기|의 그림을 활용하여 ㉠, ㉡을 이해한 내용으로 적절하지 <u>않은</u> 것은?**

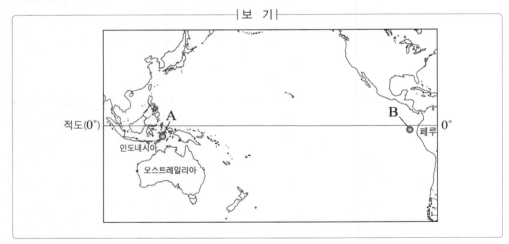

|보 기|

① A 해역의 표층 해수의 온도는 ㉠일 때보다 ㉡일 때 더 높다.

② B 해역의 따뜻한 해수층은 ㉠일 때보다 ㉡일 때 더 두껍다.

③ ㉠일 때, A 해역의 해수면의 높이는 평상시보다 낮아진다.

④ ㉠일 때, A 해역 부근 지역에서는 가뭄, 산불 등의 피해가 발생할 수 있다.

⑤ ㉡일 때, A와 B의 기압 차는 평상시보다 더 크다.

# 원인결과형 지문 구조

## "모든 결과에는 반드시 그 원인이 있다."

"콩 심은 데 콩 나고 팥 심은 데 팥 난다"라는 말 들어본 적 있지? 이 말에 딱 어울리는 게 인과형, 즉 원인결과형 지문 구조야. 사실 모든 결과, 그러니깐 어떤 사건과 현상이 나타나는 데에는 그 원인이 반드시 존재해. 글을 읽을 때도 마찬가지야. 이미 벌어진 일에 대해서 그 원인을 규명하여 결과와 연관 지어 설명하고, 그에 따른 대응 방안까지 찾아내야 지문을 제대로 읽었다고 할 수 있어!

| 상황 소개 | 원인 설명 | 결과 제시 | 내용 정리 |

## 인과 관계를 발견할 때는
## 쇠사슬처럼 얽혀 있는 앞뒤 관계를 정리하고 넘어가야 돼!

현상에는 언제나 원인이 있기 마련이야. 이렇게 서로 밀접한 관련을 맺고 있는 원인과 결과를 인과 관계라고 불러. 평소 원인과 결과를 서로 연결 지어 가면서 읽는 습관은 독해에 많은 도움이 돼.

인과 관계라고 하는 것은 쇠사슬처럼 얽혀 있는데 때론 글 안에서 일부러 인과 관계를 잘못 연결시키는 경우도 있어. 왜 그럴까? 특정 상황에서 결과만 보여 주고 그 원인을 의도적으로 보여 주지 않음으로써 글을 읽는 사람으로 하여금 글쓴이가 이야기하고자 하는 것에 대해 자연스레 관심을 유도할 수 있기 때문이야. 그렇기 때문에 구체적으로 어떤 인과 관계를 지문에서 발견했을 때, 문제에서 객관식 답을 고르기 전에 먼저 그 내용을 큰 틀에서 정리하고 들어가는 게 맞아.

결과의 원인을 묻거나 반대로
어떤 원인이 불러온 결과를 설명하는
지문 구조로 다양한 영역에서 출제돼!

**기 출 읽 기**

1

2006 학년도 9월 **고2** 학력평가

정답률 80%
난이도 중하
제한시간 8분

**무엇을 물을까?**

● 이산화탄소 농도와 지구 온난화, 해수의 순환과

지구 온난화의 관계가 제시되었으니, 그 구체적

인 인과 관계에 대해 묻겠지?

●

지구 온난화가 정말로 급격한 기후 변화로 이어질 수 있을까? 이에 대한 과학자들의 답변은 매우 우려할 만하다. 그들은 이러한 일이 언젠가는 충분히 일어날 수 있다고 힘주어 얘기한다.

이 질문에 대해 과거 학자들은 다른 생각을 가지고 있었다. 그들은 기후 변화가 보통 수만 년에 걸쳐 점진적*으로 이뤄진다고 생각했으며, 그 근거를 빙하기와 간빙기의 관계에서 찾았다. 빙하기 사이에 존재하는 간빙기는 매우 따뜻한 시기였으며 빙하기에서 간빙기로, 간빙기에서 빙하기로의 이동은 엄청난 시간이 소요된다고 설명했다. 그들의 설명대로라면 지금의 지구 기후는 약 2만 년 전 가장 극심했던 마지막 빙하기를 지나 천천히 기온이 오르는 간빙기에 머물러 있는 것으로 판단할 수 있다. 따라서 단기간에 빙하기가 찾아오는 것과 같은 커다란 기후 변화는 결코 일어나지 않는다는 것이다.

그러나 최근의 연구에서는 기후가 매우 짧은 시간에 돌변할 수 있다는 증거들이 발견되었다. 이에 따르면 지구는 11만 년 전까지 급격한 기후 변화를 이미 수십 차례 겪어 왔으며 실제로 약 1만 3천 년 전에는 지구의 기온이 갑자기 낮아지는 '영거 드라이아스' 시대라고 불리는 사건이 일어나기도 했다. 이는 급작스런 기후 변화가 충분히 발생할 수 있음을 보여 주는 좋은 예가 된다.

여기서 우리는 지구 온난화의 주범인 대기 중 이산화탄소의 농도 변화에 주목할 필요가 있다. 대기 중 이산화탄소의 농도가 증가하면 우주로 [　⊙　]되는 지구의 복사 에너지가 흡수되어 지구의 온도가 높아지게 된다. 대기 중 이산화탄소 농도 변화를 조사한 결과, 산업 혁명 전에는 280ppm이었던 것이 1990년에는 353ppm으로 증가하였고, 현재에도 꾸준히 증가하는 것으로 밝혀졌다. 또한 과거 지구 기후가 어떻게 변화했는지를 추적한 결과에 따르면, 지난 간빙기에는 빙하기보다 대기 중 이산화탄소의 농도가 평균 100ppm 이상 높은 것으로 드러났다. 이는 이산화탄소의 농도 변화가 빙하기를 초래할 수 있음을 보여 주는 결정적 지표*가 된다.

지구 온난화가 기후 변화로 이어지는 과정을 좀 더 자세히 살펴보기 위해서는 해수의 순환 과정에 대한 이해가 필요하다. 지구의 기후가 급격한 변화 없이 어느 정도 일정하게 유지되는 것은 해수의 순환에 따른 열의 이동이 있기 때문이다. 즉 적도 지방의 따뜻한 바닷물이 표층 해류를 통해 북반구로 이동하고, 북쪽의 차가운 바닷물은 심층 해류를 통해 적도 쪽으로 이동하면서 열의 교환이 이루어지는 것이다. 그런데 대기 온도의 상승으로 인해 융해*된 극지방의 얼음물이 바닷물의 염분 농도를 떨어뜨리게 된다. 이때 밀도가 작아진 바닷물이 깊은 곳으로 가라앉지 않고 위쪽에 머무르며 바닷물의 순환을 막게 된다. 그 결과 북쪽으로의 난류 유입이 멈추게 되고 결국 열의 공급이 막힌 북반구를 중심으로 급격한 빙하기가 올 수 있는 것이다.

이렇듯 지구 온난화가 초래하는 결과는 매우 섬뜩하며, 이는 현실에서 능히 일어날 수 있는 일이다. 실제로 북대서양의 최근 40여 년간 염분 농도를 조사한 결과 그 농도가 점점 낮아지는 일이 벌어지고 있다. 물론 이런 일들이 벌어진다고 해서 찰나와 같은 짧은 시간 안에 엄청난 변화가 일어날 것으로 예상할 수는 없다. 그러나 지금처럼 지구 온난화가 계속 진행된다면, 미래의 어느 날 지구상에 빙하기가 도래할 수 있다는 데는 의심의 여지가 없어 보인다.

**0** 다음은 글쓴이가 윗글을 쓰기 위해 수집한 연구 목록이다. 윗글로 보아, 자료의 활용 방안으로 적절하지 **않은** 것은?

> ㄱ. 260만 년 동안 여러 차례의 빙하기와 간빙기가 교대로 반복되어 왔고 지금은 간빙기에 해당한다는 연구
> ㄴ. 1만 3천 년 전 지구 전체가 갑자기 냉각되어 얼음으로 뒤덮였던 영거 드라이아스기가 존재했다는 것을 밝힌 연구
> ㄷ. 산업 혁명 이전부터 최근에 이르기까지 대기 중 이산화탄소 농도를 조사하여 분석한 연구
> ㄹ. 북극해의 심층수 일부가 흘러 들어오는 북대서양의 해수 염분 농도를 최근 40년간 연도별로 측정하여 그 변화 추세를 분석한 연구
> ㅁ. 간빙기의 대기 중 이산화탄소 농도가 빙하기의 대기 중 이산화탄소 농도보다 높았음을 분석해 낸 연구

① ㄱ을 활용하여, 미래 어느 시점에 빙하기가 온다는 주장을 뒷받침한다.
② ㄴ을 활용하여, 기후가 급격하게 변할 수 있다는 주장을 뒷받침한다.
③ ㄷ을 활용하여, 지구 온난화는 현재도 진행 중이라는 주장을 뒷받침한다.
④ ㄹ을 활용하여, 지구 온난화로 발생하는 해수 순환의 문제를 보여 주는 근거로 활용한다.
⑤ ㅁ을 활용하여, 이산화탄소 농도의 증가가 빙하기를 초래할 수 있다는 근거로 활용한다.

내 생각?

**글쓴이의 작문 과정을 따라가 볼까?**

지구 온난화와 기후 변화에 대한 질문을 던져 독자의 관심을 집중시켜야겠어.

과거 학자들의 주장과 이를 반박하는 최근의 연구 결과를 소개하면서 이 글을 통해 주장하려는 바와 자연스럽게 이어지게 해야겠어.

객관적 근거를 제시해야 주장의 타당성을 높일 수 있겠지? (❶           )의 농도 증가와 관련된 연구를 소개해야겠어.

그리고 이산화탄소의 농도 변화가 어떻게 (❷           )를 초래하는지를 밝히려면 해수의 순환 과정과 연결 지어 설명해야겠지?

지구 온난화의 심각성을 강조하고, 빙하기가 도래할 수 있음을 언급하며 마무리하자.

**글쓴이가 이 글에서 말하려는 주제는?**

_____

_____

㉮~㉱에 들어갈 말

내용의 인과 관계 추론

**1** 윗글을 바탕으로 |보기|의 ㉮~㉱에 들어갈 말을 순서대로 바르게 배열한 것은?

┤보 기├

( ㉮ ) → 지구 온난화 → ( ㉯ ) → ( ㉰ ) → ( ㉱ ) → 빙하기 도래

|   | ㉮ | ㉯ | ㉰ | ㉱ |
|---|---|---|---|---|
| ① | 이산화탄소의 증가 | 빙산의 융해 | 바닷물 염분 농도의 변화 | 해수 순환의 멈춤 |
| ② | 이산화탄소의 증가 | 바닷물 염분 농도의 변화 | 빙산의 융해 | 해수 순환의 멈춤 |
| ③ | 이산화탄소의 증가 | 바닷물 염분 농도의 변화 | 해수 순환의 멈춤 | 빙산의 융해 |
| ④ | 해수 순환의 멈춤 | 빙산의 융해 | 바닷물 염분 농도의 변화 | 이산화탄소의 증가 |
| ⑤ | 해수 순환의 멈춤 | 이산화탄소의 증가 | 빙산의 융해 | 바닷물 염분 농도의 변화 |

|보기|에 '지구 온난화'와 '빙하기 도래'가 제시되어 있고, 선지에는 네 가지의 내용이 뒤섞여 있지? 이 네 가지의 순서를 인과적으로 배열해 봐!

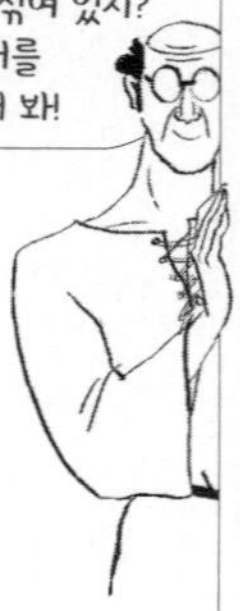

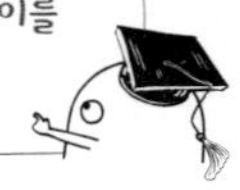

선지에 '이산화탄소', '빙산', '바닷물', '해수 순환'이 언급되어 있으니까 이를 중점적으로 다룬 문단의 내용은 다시 확인해 봐야겠어!

윗글을 바탕으로 |보기|를 비판

글쓴이의 입장에서 비판

지구 온난화의 결과에 대한 이 글의 주장과 |보기|의 주장이 어떻게 다른지 살펴봐. 비판을 할 때에는 대상의 문제점을 지적해야 한다는 것 잊지 말고!

**2** 윗글을 바탕으로 |보기|를 비판한다고 할 때, 가장 적절한 것은?

┤보 기├

지구 온난화로 북극의 두꺼운 얼음이 현재 속도로 계속 녹는다면 약 20년 후엔 유럽의 암스테르담에서 부산항까지 이어지는 북극권 최단 항로가 개통될 것이다. 그러면 물류 운송비가 대폭 절감되어 우리 경제에 많은 도움이 될 것이다.

① 근거 없이 주장만으로 일관하고 있다.
② 독선적 태도로 상황을 이해하고 있다.
③ 상황을 부정적인 시각으로 바라보고 있다.
④ 현상의 원인을 제대로 파악하지 못하고 있다.
⑤ 사태의 심각성을 고려하지 않고 실용성만을 강조하고 있다.

## 3 윗글을 읽은 독자가 |보기 1|에 대해 보인 적절한 반응을 |보기 2|에서 골라 바르게 묶은 것은?

사례 적용 및 반응의 적절성 파악

먼저 이 글과 |보기 1|의 관점과 상황을 비교하고, 이를 바탕으로 |보기 2|의 반응이 적절한지를 판단해야 해!

|보기 1|

영화 '투모로우'에서 기상학자인 잭 홀 박사는 남극에서 여러 가지 조사를 벌이던 중 '라센 B'라는 커다란 얼음 덩어리가 떨어져 나가는 것을 목격하고 국제회의에서 지구의 기온 하락에 관한 놀라운 내용을 발표한다. 이에 따르면 얼음이 녹아 바닷물이 차가워지면서 이로 인해 거대한 재앙이 온다는 것이다.

얼마 후 홀 박사는 해양 온도가 13도나 떨어졌다는 소식을 듣게 되고 슈퍼컴퓨터로 기후 예측 모델을 추정하자 6주 안에 상상을 불허하는 엄청난 기상 이변이 불어닥칠 것이며 곧바로 빙하기에 접어들 수 있다는 결론을 얻게 된다.

|보기 2|

ㄱ. 과거의 과학자들은 슈퍼컴퓨터의 예측 결과를 예상하지 못했을 거야.
ㄴ. 지구 온난화로 인해 커다란 얼음 덩어리가 떨어져 나가는 것은 실제로는 불가능할 거야.
ㄷ. 상상을 뛰어넘는 엄청난 재앙은 결국 북반구의 극지방부터 일어날 수 있을 거야.
ㄹ. 홀 박사의 여러 가지 연구 결과 중에는 해류의 흐름이 빨라질 것이라는 증거도 포함되었을 거야.

① ㄱ, ㄴ ② ㄱ, ㄷ ③ ㄱ, ㄹ
④ ㄴ, ㄷ ⑤ ㄷ, ㄹ

## 4 ㉠에 들어가기에 가장 적절한 한자어는?

들어가기에 적절한 한자어

문맥의 의미 파악

① 유출(流出) ② 방출(放出) ③ 도출(導出)
④ 갹출(醵出) ⑤ 표출(表出)

기출 읽기

2

2014학년도 3월 고1 학력평가

정답률 74%
난이도 중
제한시간 7분

## 무엇을 물을까?

● 생소한 CCS 기술에 대해 설명하고 있으니 이에
대해 제대로 이해했는지 확인하겠지?

●

이산화탄소에 의한 지구 온난화로 기상 이변이 빈번해지면서 최근 이산화탄소 포집* 및 저장 기술인 CCS(Carbon Capture & Storage) 기술이 주목을 받고 있다. CCS 기술은 화석 연료를 사용하는 화력 발전소, 제철소, 시멘트 공장 등에서 발생할 수 있는 대량의 이산화탄소를 고농도로 포집한 후 안전한 땅속에 저장하는 기술이다.

CCS 기술에는 '연소 후 포집 기술', '연소 전 포집 기술', '순산소 연소 포집 기술'이 있다. 연소 후 포집 기술은 화석 연료가 연소될 때 생기는 배기가스에서 이산화탄소를 분리하는 방법이고, 연소 전 포집 기술은 화석 연료에 존재하는 이산화탄소를 연소 전 단계에서 분리하는 방법이다. 순산소 연소 포집 기술은 화석 연료를 연소시킬 때 공기 대신 산소를 주입하여 고농도의 이산화탄소만 배출되게 함으로써 별도의 분리 공정* 없이 포집할 수 있는 기술이다. 이 중 연소 후 포집 기술은 현재 가동되고 있는 수많은 이산화탄소 발생원에 직접 적용할 수 있는 방법으로 화력 발전소를 중심으로 실용화되기 시작하면서 CCS 기술의 핵심 분야로 떠오르고 있다. 연소 후 포집 기술은 흡수, 재생, 압축, 수송, 저장 등의 다섯 공정으로 나뉘어 진행되며 이를 위해서는 흡수탑, 재생탑, 압축기, 수송 시설, 저장소 등이 마련되어야 한다.

화력 발전소에서 배출되는 배기가스에는 물, 질소 그리고 10~15% 농도의 이산화탄소가 포함되어 있다. 이 배기가스는 먼저 흡수탑 하단으로 들어가게 되고, 흡수탑 상단에서 주입되는 흡수제와 접촉하게 된다. 흡수제에는 미세 구멍, 즉 기공이 무수히 많이 뚫려 있는데 이 기공에 이산화탄소가 유입되면 화학 반응을 일으키면서 달라붙게 된다. 흡수제가 배기가스에서 이산화탄소만을 선택적으로 포집하면 물과 질소는 그대로 굴뚝을 통해 대기 중으로 배출된다. 흡수제가 이산화탄소를 포집할 수 있는 한계, 즉 흡수 포화점*에 다다르면 흡수제는 연결관을 통해 재생탑 상단으로 이동하게 되고, 여기에서 고온의 열처리 과정을 거치게 된다. 열처리를 하는 이유는 흡수제에 달라붙어 있는 이산화탄소를 분리하기 위해서이다. 흡수제에 달라붙어 있던 이산화탄소는 130℃ 이상의 열에너지를 받으면 기공 밖으로 빠져나오게 되고, 이산화탄소와 분리된 흡수제는 다시 이산화탄소를 포집할 수 있는 원래의 상태로 재생된 후, 흡수탑 상단으로 보내져 재사용된다. 이처럼 흡수제가 이산화탄소를 포집하고 흡수제가 다시 재생되는 흡수와 재생 공정을 반복하면 90% 이상 고농도의 이산화탄소를 모을 수 있게 되는데, 이렇게 모아진 이산화탄소는 이송에 편리하도록 압축기에서 압축 공정을 거치게 된다. 압축된 이산화탄소는 파이프라인이나 철도, 선박 등의 수송 시설을 통해 땅속의 저장소로 이송되고, 저장소로 이송된 이산화탄소는 800m 이상의 깊이에 있는 폐유전이나 가스전 등에 주입되어 반영구적으로 저장된다.

오늘날 CCS 기술은 지구 온난화를 막을 수 있는 가장 현실적인 대안으로 인정받고 있다. 하지만 공정을 진행하는 과정에서 많은 에너지가 소요되는 것은 극복할 과제이다. 이에 따라 현재 진행되고 있는 연소 후 포집 기술의 핵심적 연구는 ㉠흡수 포화점이 향상된 흡수제를 개발하여 ㉡경제성이 높은 이산화탄소 포집 기술을 구현하는 방향으로 진행되고 있다.

* 포집: 물질 속에 있는 미량의 성분을 분리하여 잡아 모으는 일.
* 공정: 한 제품이 완성되기까지 거쳐야 하는 하나하나의 작업 단계.
* 포화점: 포화(더 이상의 양을 수용할 수 없이 가득 참.)의 극한. 포화의 상태를 나타내는 점.

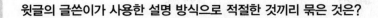

**윗글의 글쓴이가 사용한 설명 방식으로 적절한 것끼리 묶은 것은?**

> ㄱ. 예시를 통해 독자의 이해를 돕고 있다.
> ㄴ. 용어의 개념을 밝히면서 내용을 전개하고 있다.
> ㄷ. 질문을 던지는 형식으로 독자의 관심을 유도하고 있다.
> ㄹ. 대상을 유형화하고 각 유형별로 그 특징과 실행 과정을 설명하고 있다.
> ㅁ. 대상의 전체 진행 과정을 먼저 안내하고 각 과정을 상세히 설명하고 있다.

① ㄱ, ㄴ      ② ㄱ, ㄹ      ③ ㄴ, ㅁ
④ ㄷ, ㄹ      ⑤ ㄹ, ㅁ

내 생각?

**글쓴이의 작문 과정을 따라가 볼까?**

지구 온난화의 주범인 이산화탄소를 줄일 수 있는 (❶　　　　　)에 대해 소개해 볼까?

↓

CCS 기술에는 세 유형이 있으니까 이들을 간략하게 소개하고, 그중 핵심 분야로 떠오르는 (❷　　　　　)을 안내하며 독자들이 이 기술에 집중하게 해야겠어.

↓

연소 후 포집 기술이 어떻게 작동되는지 그 과정을 다섯 공정으로 나누어 하나씩 설명하면 독자들의 이해를 도울 수 있겠지?

↓

CCS 기술의 의의와 연소 후 포집 기술의 향후 과제를 제시하면서 글을 마무리하면 좋겠군.

**글쓴이가 이 글에서 말하려는 주제는?**

_____

_____

알 수 있는 내용

세부 정보 확인

**1** 윗글에서 알 수 있는 내용으로 적절하지 <u>않은</u> 것은?

① CCS 기술의 개념
② CCS 기술의 종류
③ CCS 기술의 필요성
④ CCS 기술의 개발 과정
⑤ CCS 기술이 극복해야 할 과제

구체적 상황에 적용

각 시설이 포집 공정 중 어느 과정에서 사용되는지 알아야겠지? ⓐ~ⓔ의 명칭을 지문에서 찾아봐.

**2** 윗글을 바탕으로 |보기|를 설명한 내용으로 적절하지 <u>않은</u> 것은?

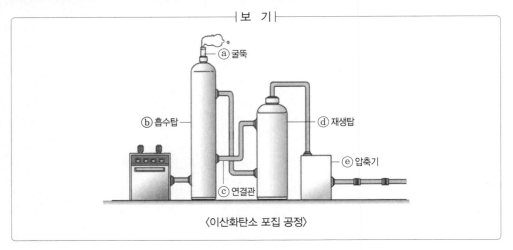

〈이산화탄소 포집 공정〉

① ⓐ로 배출되는 배기가스에는 물과 질소가 포함되어 있다.
② ⓑ에서는 화학 반응을 통해 이산화탄소가 흡수제에 달라붙는다.
③ ⓒ는 흡수 포화점에 다다른 흡수제가 이동하는 통로이다.
④ ⓓ에서는 흡수제가 이산화탄소의 열을 흡수하면서 재생된다.
⑤ ⓔ에서는 고농도의 이산화탄소가 이송에 편리하도록 압축된다.

**3** **㉠이 ㉡으로 이어질 수 있는 이유로 가장 적절한 것은?**

① 흡수와 재생 공정을 일원화할 수 있기 때문에

② 흡수와 재생 공정의 반복 횟수를 줄일 수 있기 때문에

③ 재생 공정에서 흡수제의 재생률을 높일 수 있기 때문에

④ 재생 공정이 없어도 이산화탄소를 포집할 수 있기 때문에

⑤ 포집한 이산화탄소를 저장소로 옮기는 운송비를 줄일 수 있기 때문에

이유를 추론

내용 추론

기 출 읽 기

3

2008학년도 6월 고2 학력평가

정답률 86%
난이도 중하
제한시간 7분

**무엇을 물을까?**

● _____

_____

● _____

_____

해양 선박 사고로 유출되는 기름은 한꺼번에 바다에 쏟아지기 때문에 심각한 오염원이 된다. 유출된 기름은 증발, 용해*, 분산, 에멀션화 등 복잡한 과정을 거치게 된다. 확산되는 기름은 해류, 조석, 바람에 의해 이동한다. 그중 용해 성분은 해수로 녹아들고 휘발 성분은 대기 중으로 증발해 대기 오염원이 된다. 그리고 휘발 성분이 날아간 기름은 갈색의 끈적끈적한 에멀션이 되거나 시간이 지나면 오일볼(oil ball)을 형성하기도 한다. 이런 오일볼은 해저에 가라앉아 있다가 기온이 상승하면 떠오르면서 터지고, 이는 유막*을 만들어 2차 환경 오염원이 된다.

유출된 기름의 유독 성분은 해양과 해안의 동·식물에게 치명적인 피해를 입힌다. 이런 피해는 유출 사고 초기부터 직접 발생하는 것이 있고, 사고 후 수개월 또는 수십 년에 걸쳐 장기적으로 발생하는 것도 있다. 특히 개펄에서는 기름이 퇴적물 속으로 스며들어 장기간 잔류하기 때문에 이곳에 서식하는 해양 생물들은 수년에서 수십 년 동안 오염이 될 수 있다.

해상에 기름 유출 사고가 일어나면 유출된 기름의 확산을 방지하기 위해 오일펜스를 설치한 후 유출된 기름을 회수하게 된다. 회수 방법에는 물리적 방법과 화학적 방법이 있다. 물리적 방법에는 유회수기와 흡착포 사용 방법이 있다. 유회수기 사용은 선박을 이용해 오염 지역에 직접 나가서 오염된 바닷물에서 기름과 물을 분리해 내는 방법이다. 그러나 이것은 유출된 기름의 점도*가 높거나 덩어리가 된 상태, 주변에 부유물*이 많은 경우 등에는 사용하기 어렵다. 그리고 해안에서는 수면이 낮아 배를 띄울 수 없어서 유회수기를 사용할 수 없다. 이 경우에는 흡착포로 기름을 걷어낸다. ㉠흡착포는 폴리프로필렌 재질의 섬유로 만든 압축솜이다. 폴리프로필렌은 기름과 친하고 물을 싫어하기 때문에 기름만 빨아들인다. 노동력은 많이 들지만 친환경적이다. 그러나 수심이 깊은 곳에서는 사용하기 어려우며, 대규모 오염 사고에서는 엄청난 양의 흡착포가 필요하다는 단점이 있다.

화학적 방법으로는 유처리제나 유겔화제를 오염 지역에 뿌리는 방법이 있다. 유처리제 사용 방법은 화학 물질을 이용하여 기름을 분산시킨 후 자연 정화 작용에 의해 기름이 저절로 없어지게 돕는 방법이다. 이것은 기름이 유출된 후 오랜 시간이 지나서 유막이 얇게 확산되었거나, 처음부터 유출량이 적어서 유막이 얇게 형성된 경우에는 물리적 방법보다 훨씬 효과적이다. 그러나 유처리제는 기름의 분산 속도를 높일 뿐 완전히 없애지는 못한다. 한편, 유겔화제는 바다에 넓게 퍼져 있는 기름을 서로 달라붙게 해서 물리적 방법을 사용한 기름 제거 작업을 보다 쉽게 하도록 도와준다. 그런데 유처리제나 유겔화제 사용 방법은 화학 물질을 이용하기 때문에 2차 환경 오염을 일으킬 수 있다는 문제도 지적되고 있다.

많은 노력에도 불구하고 해양 기름 유출 사고는 100% 예방할 수 없는 것이 현실이다. 따라서 사고가 발생했을 경우를 대비해 피해를 최소화할 수 있는 방제* 기술이 꾸준히 개발되어야 한다.

* 용해: 녹거나 녹이는 일.
* 유막: 기름으로 된 얇은 막.
* 점도: 유체(기체와 액체를 아울러 이르는 말)의 점성(차지고 끈끈한 성질) 정도.
* 부유물: 물 위나 물속, 또는 공기 중에 떠다니는 물질.
* 방제: 재앙을 미리 막아 없앰.

**0** **다음은 윗글을 쓰기 위해 구상한 내용이다. 실제 글쓰기에 반영되지 <u>않은</u> 것은?**

| 도입부를 어떻게 시작할까? | 해양 선박 기름 유출 사고가 위험한 이유를 언급하면서 독자들의 관심을 집중시킴. ································· ① |
|---|---|

| 어떤 방식으로 설명하면 좋을까? | 방제 작업의 종류를 나누어 설명함. ································· ② |
|---|---|
| | 방제 작업별 장점과 단점을 설명함. ································· ③ |
| | 방제 작업의 효과를 사례를 들어 설명함. ································· ④ |

| 글을 어떻게 마무리할까? | 방제 기술 개발의 필요성을 언급함. ································· ⑤ |
|---|---|

내 생각?

**글쓴이의 작문 과정을 따라가 볼까?**

선박 사고로 유출된 기름을 언급하며 독자의 관심을 유도해야겠어.

선박에서 유출된 기름으로 발생하는 해양과 (❶           )의 피해를 제시하면 문제의 심각성을 인식하겠지.

유출된 기름을 회수하는 방제 작업을 물리적 방법과 (❷           )으로 나누고, 각각의 세부 방법을 장단점을 중심으로 알려 주자.

피해를 최소화할 수 있는 방제 방법 개발의 필요성을 강조하면서 글을 마무리하자.

**글쓴이가 이 글에서 말하려는 주제는?**

_____

_____

**1** |보기|는 기름 유출 사고를 가상한 그림이다. 윗글에 따를 때, ⓐ~ⓔ에 대한 설명으로 적절하지 않은 것은?

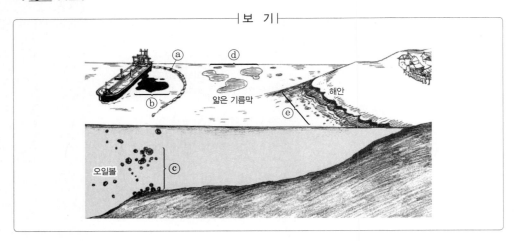

① ⓐ: 사고 선박에서 유출된 기름의 확산을 방지하기 위해 오일펜스를 설치한다.

② ⓑ: 기름이 굳어지거나 유막이 얇아지기 전에 기름을 회수하기 위해 유회수기를 가동한다.

③ ⓒ: 굳어 버린 기름과 물을 분리하기 위해 유겔화제를 사용한다.

④ ⓓ: 막이 얇아진 기름을 분산시켜 자연 정화를 돕기 위해 유처리제를 사용한다.

⑤ ⓔ: 수심이 얕은 해안에서는 유회수기의 작업이 곤란하므로 흡착포를 사용한다.

**2** ㉠의 원리와 유사한 사례로 볼 수 있는 것은?

① 젖은 옷을 세탁기에 넣어 물을 빼낸다.

② 설탕을 뜨거운 물에 녹이면 찬물보다 빨리 녹는다.

③ 크기가 다른 돌들을 체를 이용해 크기대로 나눈다.

④ 수확한 사과를 분류기에 넣으면 크기별로 상자에 담긴다.

⑤ 클립, 유리, 나무 조각 등이 섞여 있으면 자석을 이용해 클립을 빼낸다.

**3** ◻◻ 속 조사 '로'의 의미를 |보기|에서 찾아 순서대로 정리한 것은?

┤보 기├

| 로 | → | ㄱ. 어떤 일의 수단·도구를 나타내는 격조사 |
| | | ㄴ. 어떤 물건의 재료나 원료를 나타내는 격조사 |
| | | ㄷ. 어떤 일의 원인이나 이유를 나타내는 격조사 |
| | | ㄹ. 변화의 결과를 나타내는 격조사 |

① ㄱ-ㄴ-ㄷ      ② ㄱ-ㄷ-ㄹ      ③ ㄷ-ㄱ-ㄴ

④ ㄷ-ㄱ-ㄹ      ⑤ ㄷ-ㄴ-ㄱ

# '비교' 왜 자꾸 나올까?

## 글쓴이는 왜 '비교'로 썼을까?

일상에서 우리는 비교를 습관처럼 사용하고 있어. 그 이유는 **우리가 무언가를 쉽고 효율적으로 인식하는 기본 체계가 비교**이기 때문이야. 내가 글에서 비교의 전략을 자주 사용하는 까닭도 설명하고자 하는 제재의 특성을 **다른 것과 비교해 제시하면 읽는 사람에게 내용을 보다 명확히 전달**할 수 있기 때문이지. 대상에 대해 구구절절 설명하지 않고도 단시간에 쉽게 이해시킬 수 있는 방법으로 비교만한 게 없으니까!

인도인들은 심한 기근으로 굶는 경우에도 암소를 잡아먹지는 않는다. 인도인들의 정신세계를 지배하고 있는 힌두교에서 암소를 생명의 상징으로 여기기 때문이다. 이슬람 신앙을 가진 사람들이 돼지고기를 먹지 않는 것은 역시 이를 금지하는 종교적 규율 때문이다. 이는 인간의 정신세계가 그 사회의 문화를 형성하는 데에 적지 않은 영향을 미친다는 점을 ⓐ보여 준다.

이러한 인간의 정신세계에 주목하여 문화 현상을 바라보는 관점을 관념론적 관점이라 한다. 이 관점에 의하면 문화 현상은 인간의 내면적인 정신 활동에 의한 산물이 ⓑ된다. 인류학자 제임스 프레이저(James Frazer)는 특정 동물에 대한 금기가 그 동물을 숭배하던 전통 때문에 생긴 것이라고 설명한다. 결국 관념론적 관점은 문화 현상 속에 담긴 인간의 정신세계를 이해하는 데에 적합한 방법이다.

이와 달리 유물론적 관점에서는 문화 현상을 만들어 내는 인간의 정신 활동이 자연환경에 적응하기 위한 특정한 생존 방식이나 노동 방식의 영향을 받는다고 본다. 즉 정신이 사물을 만들어 내는 것이 아니라 사물이 정신을 만들어 낸다는 견해를 기본적인 출발점으로 ⓒ삼는다. 이런 점에서 관념론적 관점과는 차이가 있다.

인류학자 마빈 해리스(Marvin Harris)는 특정 부류의 사람들이 특정 동물의 고기를 금기시하는 현상에 대해 유물론적 관점으로 접근한다. 해리스의 견해에 따르면 인도인들이 암소 고기를 먹는 것은 그들의 생활 방식에 맞지 않다. 수소를 이용하여 농사를 짓는 인도에서는 암소의 존재가 매우 중요하다. 농사에 필요한 수소를 생산하기 위해서는 반드시 암소가 있어야 ⓓ한다. 뿐만 아니라 암소는 추수하고 남은 농작물 찌꺼기나 시장터의 쓰레기를 먹어 치우는가 하면 인간에게 유용한 우유를 제공해 주기도 한다. 암소의 고기를 먹는다는 것은 이러한 암소의 유용성을 포기하는 것이 ⓔ된다. 중동 지역에서 돼지를 사육하지 않는 것도 그들의 생활 방식 때문이다. 돼지는 되새김질을 하지 않기 때문에 섬유소가 적은 사료를 먹어야 한다. ㉠따라서 먹이를 놓고 인간과 경쟁 관계에 있게 된다. 농사보다는 유목을 통해 생존을 유지하던 중동 지역의 사람들에게 돼지를 기르는 것은 매우 사치스러운 일이다.

이상에서 살펴본 것처럼 관념론적 관점과 유물론적 관점은 동일 문화 현상에 대하여 다른 시각에서 접근하기 때문에 이에 대한 해석도 서로 다르다. 두 관점은 표면적으로 볼 때 서로 배치되어 보이지만 실제로는 인간의 문화 현상을 좀 더 심층적으로 이해할 수

최근 3년간 수능에서 비교 관련 문제의 출제 빈도가 가장 높았어.
비교형 지문뿐만 아니라 단순 비교형 문제부터 비교 후 종합 문제까지…
비교, 출제자들이 꽂힌 게 분명하지? 자, 그렇다면 어떻게 읽고 접근해야 할까?

# 차이를 아는 가장 확실한 방법이니까!

## 출제자는 왜 '비교'를 물을까?

모든 학문은 대상과 그와 동일해 보이는 다른 대상의 차이점을 찾는 일에서부터 시작하지. 그래서 비교의 방식으로 쓰인 글을 제시하거나 제시된 내용을 제대로 비교할 수 있는지를 물어보는 거야. 수험생들이 **비교를 통해 대상 간의 차이를 인식하고, 만약 의견이 제시된 글이라면, 글쓴이가 어느 쪽을 더 선호하는지까지도 종합적으로 파악할 수 있는지**가 난 무척 궁금하거든!

**1** 윗글을 읽고 나서 |보기|의 내용을 접했을 때, 보일 수 있는 반응으로 적절하지 않은 것은?

| 관념론적 관점에 따른 접근 | 유물론적 관점에 따른 접근 |
|---|---|

── 보 기 ──

과거에는 아기가 태어나면 대문에 금줄이라고 부르는 새끼줄을 치고 고추나 한지, 솔가지, 숯 등을 끼워 놓았다. 금줄을 두른 방에는 친척이라도 삼칠일(21일) 안에는 들어가지 못했다. 그동안 산모는 미역국을 먹으며 방 안에서만 지냈다.

① 삼칠일 동안 출입을 금한 것은 삼(3)과 칠(7)의 결합이 가지는 신성함 때문이었을 거야.

② 산모가 미역국을 먹은 것은 미역에 포함된 성분이 혈액 순환을 도와주었기 때문일 거야.

③ 새끼줄을 금줄로 사용한 것은 새끼줄이 튼튼하면서도 일상생활에서 쉽게 얻을 수 있었기 때문일 거야.

④ 금줄에 숯을 끼우는 것은 숯이 오염 물질을 정화해 주기 때문일 거야.

⑤ 외부인의 출입이 잦았을 때 산모나 아기가 쉽게 병에 걸리는 경우가 많았기 때문일 거야.

## 학습자는 '비교 문제'에 어떻게 답할까?

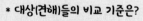

* 대상(견해)들의 비교 기준은?
* 대상(견해)들의 공통점과 차이점은?
* 그래서 글쓴이의 의견은 어느 쪽?

혁!

출제자가 견해나 대상을 비교하는 글을 제시하는 이유는 견해나 대상이 서로 어떻게 다른지를 정확히 이해하고, 이를 통해 분석 대상의 특성을 면밀히 종합적으로 파악할 수 있는지를 묻기 위함이라고 했어. 그렇다면, **비교 문제의 독해 포인트는 대상 간의 공통점과 차이점을 아는 것**이고, 만약 글쓴이의 의견이 나와 있는 글이라면 **둘 중 글쓴이가 무엇을 더 선호하는지를 파악**하는 것이 가장 중요하겠구나!

# 정답과 해설

I

생각, 매혹이 되다!
수능독해 I

수능독해 I
정답과
해설

# 01 기억의 유형과 형성 과정

2014학년도 6월 고2 학력평가 B형

## 어떻게 썼을까?

**도입**
기억의 유형과 그 관계를 밝히며 화제 제시

**분류**
장기기억의 유형으로, 의미기억, 일화기억 설명

**분류**
장기기억의 다른 유형인 절차기억, 점화, 조건형성 설명

**과정**
기억 형성의 단계 설명

**정리**
기억을 잘 하는 방법 제시

---

인간의 인지 활동은 기억을 바탕으로 이루어진다. 감각 기관을 통해 들어온 정보를 아주 짧은 시간 동안 유지하는 최초의 기억을 '감각기억'이라 한다. 이 기억은 주의를 기울이지 않으면 금세 사라지지만, 주의를 기울이면 '단기기억'으로 전이된다. 그리고 단기기억은 암기나 메모 등의 정교화 단계를 거치면 머릿속에 오랫동안 남아 있는 '장기기억'이 된다. 그리고 장기기억은 다시 감각기억이나 단기기억을 형성하는 데 영향을 미친다. 이처럼 세 가지 기억은 제각기 독립적인 것이 아니라 지속적으로 상호 작용하는 관계에 있다.
▶ 기억의 유형과 기억들 간의 상호 작용

'장기기억'은 자신이 기억하고 있음을 의식하느냐 그렇지 않느냐에 따라 크게 둘로 나눌 수 있다. 전자에는 '의미기억'과 '일화기억'이 있으며, 후자에는 '절차기억', '점화', '조건형성'이 있다. 의미기억은 범주화 과정을 거쳐 형성되는 개념적 지식과 관련된다. 다양한 학술 용어들을 기억하고 있는 것이 그 사례이다. 일화기억은 특정 시공간이나 사건에 관한 기억으로, ㉠종종 여러 가지 심상이 동반되기도 한다. 어떤 부모가 자식의 결혼식 날에 자식의 성장 과정을 회상하다가 갓 태어난 아이를 처음 품에 안던 순간을 떠올렸다면 이것은 일화기억에 속한다.
▶ 장기기억의 유형 ① - 의미기억과 일화기억

절차기억은 자전거 타기나 악기 연주 등과 같이 연습을 통해 습득되는 기술과 관련이 있다. 이러한 기술은 수행 과정에 필요한 정보를 기억하고 있다는 것을 의식하지 못한 상태에서도 능숙하게 발휘된다. 점화는 어떤 대상에 대한 경험이 이전 경험에 대한 기억을 불러일으키는 것이다. 가령 고향 어귀에서 버스를 내리자 예전 고향에서 살던 기억이 되살아났다고 한다면, 이는 고향에 도착해서 보게 된 나무나 집 등이 단서가 되어 이전의 기억들을 환기시켰기 때문이다. 한편 반복된 연합 경험이 기억을 남기는 것을 조건형성이라 한다. 그 대표적인 사례로 파블로프의 실험을 들 수 있다. 개에게 먹이를 줄 때마다 종소리를 울리면 개는 종소리와 먹이가 연합 관계에 있다는 것을 기억하게 된다.
▶ 장기기억의 유형 ② - 절차기억, 점화, 조건형성

이러한 기억은 부호화, 저장, 인출의 세 단계를 거쳐 형성된다. 부호화 단계는 기억하기 쉬운 형태로 정보를 등록하는 과정이고, 저장 단계는 부호화된 정보를 머릿속 저장소로 이동시키는 과정이다. 인출 단계는 저장된 정보를 꺼내거나 상기하는 과정을 말한다. 이 중 어느 단계에서든 이상이 생기면 기억 실패 혹은 망각으로 이어지게 된다.
▶ 기억 형성의 단계

따라서 기억을 잘 하기 위해서는 정보에 질서를 부여하여 효과적으로 부호화해야 한다. 자동적으로 부호화되는 불쾌한 사건이나 흥미로운 사실과 달리, 낯설거나 복잡한 정보를 부호화하기 위해서는 상당한 집중력과 노력이 필요하다. 수업 시간에 학습한 내용을 효과적으로 기억하기 위해 학습 내용을 필기하거나 요약해야 하는 것도 그 때문이다.
▶ 기억을 잘 하는 방법

## 어떻게 읽을까!

**기억의 유형과 기억들 간의 관계를 이해했는가?**
기억에는 세 가지 유형이 있고, 각각의 기억이 상호 작용하는 관계에 있음을 설명함.

**장기기억을 분류하는 기준과 그 유형을 파악했는가?**
장기기억은 자신이 기억하고 있음을 의식하는 기억인 의미기억과 일화기억, 자신이 기억하고 있음을 의식하지 못하는 절차기억, 점화, 조건형성으로 분류할 수 있다고 설명함.

**기억이 어떤 과정을 거쳐 형성되는지 이해했는가?**
기억은 부호화, 저장, 인출의 세 단계를 거쳐 형성됨을 설명함.

**기억을 잘 하기 위한 방법이 무엇인지 파악했는가?**
기억을 잘 하는 방법으로 정보에 질서를 부여하여 부호화하는 방법을 제시하고 사례를 듦.

---

## 집중형구조

| 도입 | |
|---|---|
| 분류 | 분류 |
| 과정 | |
| 정리 | |

**해제** 이 글은 기억의 종류와 기억이 형성되는 과정 및 기억을 잘 하는 방법을 설명하고 있다. 인간의 기억들은 서로 상호 작용을 하는데, 감각 기관을 통해 들어온 최초의 기억인 감각 기억은 주의를 기울여야만 단기기억으로 전이되며 단기기억은 정교화 단계를 거쳐 장기기억이 된다. 그리고 장기기억은 자신이 기억하고 있음을 의식하는지 여부에 따라 둘로 나뉘는데, 전자에는 범주화 과정을 거쳐 형성되는 개념적 지식과 관련된 의미기억, 특정 시공간이나 사건에 관한 기억인 일화기억이 있다. 후자에는 연습을 통해 습득하는 기술과 관련된 절차기억, 어떤 대상에 대한 경험이 이전 경험에 대한 기억을 불러일으키는 점화, 반복된 연합 경험이 기억을 남기는 조건형성이 있다. 이러한 기억들은 부호화, 저장, 인출의 세 단계를 거쳐 형성되는데 기억을 잘 하기 위해서는 정보에 질서를 부여하여 효과적으로 부호화해야 한다.

**주제** 기억의 유형과 기억을 잘 하는 방법

## **0** 글의 서술 전략 파악 ①

ㄱ. 1문단에서 기억을 '감각기억, 단기기억, 장기기억'으로 나누고, 2, 3문단에서는 장기기억을 다시 '기억하고 있음을 의식하는 기억'과 '그렇지 않은 기억'으로 나눈 다음, 이 두 가지 유형을 다시 세분화하여 각각을 상세하게 설명하고 있다.

ㄴ. 2문단에서는 '의미기억'과 '일화기억'을, 3문단에서 '절차기억', '점화', '조건형성'의 개념을 설명한 다음, 각각의 사례를 제시하여 독자의 이해를 돕고 있다. 따라서 ㄱ과 ㄴ이 이 글의 서술 전략으로 적절하다.

오답풀이 ㄷ. 유추란 두 대상이 유사한 특성이 있다는 것을 토대로 어떤 대상을 설명한 다음 그 대상의 특성을 다른 대상(말하고자 하는 대상)에 적용하여 이해하기 쉽게 설명하는 방식이다. 이 글에서는 이러한 유추를 사용하고 있지 않다.

ㄹ. 이 글에서는 기억의 하위 유형을 하나씩 상세하게 설명하고 있을 뿐, 기억의 여러 의미를 비교하여 공통점을 제시하고 있지 않다.

## **1** 세부 내용 파악 ③

5문단에서 '자동적으로 부호화되는 불쾌한 사건이나 흥미로운 사실과 달리, 낯설거나 복잡한 정보를 부호화하기 위해서는 상당한 집중력과 노력이 필요하다.'라고 하였다. 이를 통해 볼 때, 불쾌한 사건을 겪게 되면 상당한 집중력을 기울이거나 노력하지 않아도 자동적으로 부호화되어 기억된다는 것을 알 수 있다. 또한 4문단에서 기억 형성의 세 단계인 부호화, 저장, 인출 중 어느 단계에서든 이상이 생기면 기억 실패 혹은 망각으로 이어지게 된다고 하였다. 따라서 불쾌한 기억은 부호화 과정 없이도 자동적으로 머릿속 저장소에 쉽게 저장된다는 진술은 적절하지 않다.

오답풀이 ① 1문단에 따르면 감각기억은 주의를 기울이지 않으면 금세 사라지지만, 주의를 기울이면 단기기억으로 전이된다.

② 4문단에 따르면 기억 형성의 세 단계인 부호화, 저장, 인출 중 어느 단계에서든 이상이 생기면 기억 실패나 망각으로 이어지게 된다.

④ 5문단에서 기억을 잘 하기 위해서는 정보에 질서를 부여하여 효과적으로 부호화해야 하고, 낯설거나 복잡한 정보를 부호화하기 위해서는 상당한 집중력과 노력이 필요하다고 설명하고 있다.

⑤ 1문단에 따르면 세 가지 기억(감각기억, 단기기억, 장기기억)은 제각기 독립적인 것이 아니라 지속적으로 상호 작용하는 관계에 있다.

## **2** 구체적 사례에 적용 ⑤

3문단에서 '조건형성'은 반복된 연합 경험이 기억을 남기는 것이라고 설명하고 있다. 그런데 보고서를 쓸 때 특정 단어를 입력하면서 자신이 예전에 좋아했던 노래가 떠오른 것은, 반복된 연합 경험으로 인해 기억이 남는 것이 아니라 특정 단어가 단서가 되어 그 단어와 관련된 과거의 경험, 즉 자신이 예전에 좋아했던 노래가 떠오른 것이다. 이는 어떤 대상에 대한 경험이 이전 경험에 대한 기억을 불러일으키는 '점화'에 해당한다.

오답풀이 ① 2문단에서 '의미기억'은 개념적 지식과 관련되는 것으로, 다양한 학술 용어들을 기억하는 것을 사례로 언급하고 있다. |보기|에서 떠올린 잠재의식과 관련된 용어는 심리학에서 사용하는 학술 용어이다. 따라서 잠재의식과 관련된 용어들을 떠올리는 것은 '의미기억'에 해당한다고 할 수 있다.

② 2문단에서 '일화기억'은 특정 시공간이나 사건에 관한 기억이라고 설명하고 있다. |보기|에서 친구와 보고서에 관해 대화를 나누었던 기억은 특정 사건에 대한 기억에 해당하므로 '일화기억'이라고 할 수 있다.

③ 3문단에서 '절차기억'은 연습을 통해 습득되는 기술과 관련이 있고, 이러한 기술은 의식하지 못한 상태에서도 능숙하게 발휘된다고 하였다. |보기|에서 보고서를 쓸 때 자판을 보지 않고도 능숙하게 타자를 치는 것은 바로 이러한 기술에 해당하므로 '절차기억'이라고 할 수 있다.

④ 3문단에서 '점화'는 어떤 대상에 대한 경험이 이전 경험에 대한 기억을 불러일으키는 것이며, 특정 단서가 이전의 기억들을 환기시켜 일어난다고 설명하고 있다. 따라서 관련 서적의 내용이 단서가 되어 꿈에서 본 장면이 떠오른 것은 '점화'에 해당한다고 할 수 있다.

## **3** 근거의 추론 ⑤

1문단에 따르면 감각기억은 아주 짧은 시간 동안 유지되는 기억이지만 주의를 기울이면 단기기억으로 전이되고, 다시 정교화 단계를 거쳐 장기기억이 된다. 그리고 4문단을 보면, 부호화 단계는 기억하기 쉬운 형태로 정보를 등록하는 과정이다. 따라서 장기기억의 하나인 일화기억이 종종 여러 가지 심상을 동반하는 것은 감각기억에서 단기기억과 장기기억으로 전이될 때 일부 정보를 이미지로 부호화하였기 때문이라고 할 수 있다.

오답풀이 ① 일화기억은 장기기억의 한 유형에 해당한다.

② 단기기억이 장기기억으로 전이되려면 정교화 과정을 거쳐야 하는데, 반드시 이 둘 사이에 인과 관계가 성립한다고 볼 수 없으며, 두 기억의 인과 관계는 ㉠과도 관련이 없다.

③ 감각기억은 주의를 기울이면 단기기억으로 전이되므로, 단기기억이 감각기억 형성의 전제가 되는 것이 아니라 감각기억이 단기기억 형성의 전제가 되는 것이다.

④ 감각기억이 효과적으로 부호화되는 것은 ㉠의 이유와 관련이 없다.

# 기억의 단계와 망각

2016학년도 3월 고1 학력평가

인간을 흔히 망각의 동물이라고 한다. 망각이란 기억과 반대되는 개념으로 일종의 기억 실패에 해당한다. 기억은 외부의 정보를 기억 체계에 맞게 부호로 바꾸어 저장 및 인출하는 것으로 부호화 단계, 저장 단계, 인출 단계로 나뉜다. 심리학에서는 기억 실패가 기억의 세 단계 중 어느 단계에서 일어난다고 보느냐에 따라 망각 현상을 각기 다르게 설명한다.

㉠부호화 단계와 관련하여 망각을 설명하는 입장에서는 외부 정보가 부호화되는 과정에서 정보의 일부가 생략되거나 왜곡되어 망각이 일어난다고 본다. 부호화란 외부 정보를 기억의 체계에 맞게 변환하는 과정으로, 부호에는 ①음운 부호와 ②의미 부호 등이 있다. 음운 부호는 외부 정보가 발음될 때 나는 소리에 초점을 둔 부호이고, 의미 부호는 외부 정보의 의미에 초점을 둔 부호이다. 가령 '8255'라는 숫자를 부호화할 때, [팔이오오]라는 소리로 부호화하는 것은 전자에 해당하고, '빨리 오오.'와 같이 의미로 부호화하는 것은 후자에 해당한다. 의미 부호는 외부 정보가 갖는 의미에 집중하여 부호화하는 것이므로, 음운 부호에 비해 정교화가 잘 일어난다. 정교화는 외부 정보를 배경지식이나 상황 맥락 등의 부가 정보와 밀접하게 관련시키는 것이다. 부호화 단계에서 망각을 설명하는 학자들은 정교화가 잘된 정보가 그렇지 않은 정보보다 기억에 유리하여 망각이 잘 일어나지 않는다고 주장한다.

㉡저장 단계에서 망각이 일어난다고 보는 입장에서는 망각을 부호화 단계에서의 문제가 아니라, 저장 단계에서 정보가 사라지는 현상으로 설명한다. 즉 망각은 부호화가 되어 저장된 정보 중 사용하지 않는 정보가 시간의 경과에 따라 상실된다는 것이다. 독일의 심리학자 에빙하우스는 학습을 통해 저장된 단어가 시간의 경과에 따라 망각되는 양상을 알아보는 실험을 하였다. 그 결과 학습이 끝난 직후부터 망각이 일어나기 시작해서 1시간이 지나자 학습한 단어의 약 44% 정도가 망각되었다. 이를 근거로 저장 단계에서 망각을 설명하는 학자들은 망각은 저장 단계에서 일어나는 현상이며 시간의 흐름에 비례하여 나타난다고 주장하였다. 그리고 학습 직후 복습을 해야 학습 효과가 높다는 것을 강조하였다.

㉢인출 단계에서 망각이 일어난다고 보는 입장에서는 망각을 저장된 정보가 제대로 인출되지 못하여 나타나는 현상으로 설명한다. 즉 망각은 저장된 정보가 사라지는 것이 아니라, 이를 밖으로 끄집어내지 못해서 나타난다는 것이다. 저장된 정보를 인출해 내기 위해서는 적절한 인출 단서가 필요하다. 일반적으로 저장된 정보와 인출 단서가 밀접할 경우 인출이 잘 되지만, 그렇지 않으면 인출 실패로 망각이 일어날 가능성이 크다. 가령 '사랑'이라는 단어를 인출할 때 이와 의미상 연관이 큰 '애인'이라는 단어를 인출 단서로 사용하면 인출이 잘 되지만, 이와 관련이 먼 '책상'이라는 단어를 인출 단서로 사용하면 인출이 잘 되지 않는다. 인출 단계에서의 망각은 저장된 정보를 인출할 만한 단서가 부족하거나 부적절해서 나타나는 현상이므로, 시간이 흐르더라도 적절한 인출 단서만 제시되면 저장된 정보가 떠오를 수 있다.

어떻게 읽을까!

**중심 화제를 파악했는가?**
망각의 개념을 제시하고 심리학적 관점에서는 기억의 세 단계에 따라 망각이 다르게 설명됨을 언급함.

**부호화 단계에서 일어나는 망각의 양상과 이를 막기 위한 방법이 무엇인지 파악했는가?**
부호화 단계에서 망각이 일어난다는 주장을 소개하고, 부호화의 개념과 부호의 종류를 제시한 뒤, 이를 바탕으로 망각을 막기 위한 방법을 설명함.

**저장 단계에서 일어나는 망각의 양상과 이를 막기 위한 방법이 무엇인지 파악했는가?**
저장 단계에서 망각이 일어나는 이유를 제시하고, 이를 증명하는 실험을 소개한 다음, 이 단계에서 일어나는 망각의 특성과 이를 막기 위한 방법을 설명함.

**인출 단계에서 일어나는 망각의 양상과 이를 막기 위한 방법이 무엇인지 파악했는가?**
저장된 정보와 인출 단서의 관계에 따라 인출의 양상이 달라지는 원리를 바탕으로 인출 단계에서 일어나는 망각의 특성과 이를 막기 위한 방법을 설명함.

**나열형구조**

| | 도입 | |
|---|---|---|
| 전개 | 전개 | 전개 |

**해제** 이 글은 기억의 단계 중 기억 실패가 어느 단계에서 일어난다고 보느냐에 따라 망각 현상을 다르게 설명하는 심리학적 관점 세 가지를 제시하고 있다. 첫 번째로 기억의 단계인 부호화 단계와 관련해 망각을 설명하는 입장에서는 정보가 부호화되는 과정에서 정보의 일부가 생략되거나 왜곡되어 망각이 일어난다고 본다. 저장 단계에서 망각이 일어난다고 보는 입장에서는 망각은 부호화되어 저장된 정보 중 사용하지 않는 정보가 시간의 경과에 따라 상실되는 것으로 본다. 인출 단계에서 망각이 일어난다고 보는 입장에서는 망각이 저장된 정보를 인출할 만한 단서가 부족하거나 부적절해서 나타나는 현상이라고 본다.

**주제** 망각을 설명하는 세 가지 심리학적 관점

0 ①    1 ⑤    2 ②    3 ①

글쓴이의 작문 과정 ❶ 망각 ❷ 인출
주제 망각을 설명하는 세 가지 심리학적 관점

## 0 글의 전개 방식 파악     ①

이 글은 망각 현상이 왜 일어나는지에 대한 세 가지 심리학적 관점을 설명하고 있다. 먼저 1문단에서는 망각의 개념과 기억의 세 단계를 소개한 뒤 심리학에서는 기억의 실패가 어느 단계에서 일어난다고 보느냐에 따라 망각 현상을 다르게 설명함을 제시하고, 2~4문단에서 기억의 단계에 따라 망각 현상의 원인을 다르게 보는 세 가지 관점을 하나씩 상세하게 설명하고 있다.

오답풀이 ② 이 글에서는 망각 현상을 소개하는 이론의 문제점을 제시하고 있지 않다.

③ 이 글에서는 망각 현상과 관련된 일반적인 생각, 즉 통념을 제시하고 있지 않다.

④ 이 글에서는 망각 현상을 설명하는 이론들을 대등하게 나열하고 있을 뿐, 각 이론의 타당성을 비교하고 있지 않다.

⑤ 이 글에서는 망각 현상과 관련된 여러 주장을 제시하고 있을 뿐 상반된 주장을 제시한 후 이를 절충하고 있지 않다.

## 1 정보 간의 관계 파악     ⑤

2문단에서 의미 부호는 외부 정보가 갖는 의미에 집중하여 부호화하는 것이므로, 음운 부호에 비해 정교화가 잘 일어난다고 설명하고 있다.

오답풀이 ① 음운 부호는 외부 정보가 발음될 때 나는 소리에 초점을 둔 부호이다. 외부 정보를 배경지식이나 맥락에 따라 수정하는 것은 정교화와 관련되는데, 음운 부호는 이 정교화가 잘 일어나지 않는다.

② 음운 부호는 소리에 초점을 둔 부호이지, 의미와는 관련이 없다.

③ 외부 정보를 배경지식이나 상황 맥락 등의 부가 정보와 밀접하게 관련시키는 것은 정교화이다. 따라서 외부 정보를 기억의 체계에 맞게 전환(부호화)하는 데 필요한 부가 정보는 의미 부호가 아니라 배경지식이나 상황 맥락이다.

④ 정교화가 잘된 정보인 의미 부호는 그렇지 않은 정보인 음운 부호보다 기억에 유리하여 망각이 잘 일어나지 않는다고 설명했을 뿐, 의미 부호가 아예 망각되지 않는 것은 아니다.

## 2 구체적 사례에 적용     ②

㉠의 관점에서 수민이 단어를 소리로 외우지 않고 용례를 보며 의미에 집중하며 외우는 것은, 단어를 음운 부호가 아니라 의미 부호로 부호화하여 암기하는 것을 의미한다. 의미 부호는 부가 정보인 용례 등과 밀접하게 관련시키는 정교화가 잘 일어나 오래 기억되지만 정교화하는 데 시간이 많이 걸린다. 따라서 수민이 단어를 음운 부호

로 부호화하는 과정에서 시간이 많이 걸린다는 것을 말하고 있다고 보는 것은 적절하지 않다.

오답풀이 ① ㉠의 관점에서 다련이 단어를 기존에 알고 있는 단어(배경지식)와 연관 지어 암기하는 것은 단어를 정교화한 것이고, 정교화된 정보는 기억에 유리하므로 다련이 단어를 정교화하는 것이 기억에 효과적이라는 것을 언급하고 있다는 진술은 적절하다.

③ ㉡의 관점에서 예린이 단어 시험이 끝난 후 며칠 뒤에 단어들이 기억나지 않는 것은 저장된 정보를 사용하지 않아 정보가 시간의 경과에 따라 상실된 것이다. 따라서 예린의 경우를 시간의 흐름에 따라 저장 단계에서 망각이 나타났기 때문이라고 보는 진술은 적절하다.

④ ㉡의 관점을 뒷받침하는 에빙하우스의 실험 결과에 따르면, 망각은 학습이 끝난 직후부터 일어나기 때문에 학습 직후 복습을 해야 학습 효과가 높다. 따라서 서정이 복습을 중요하게 여기는 이유가 학습 직후부터 망각이 시작되기 때문이라는 진술은 적절하다.

⑤ ㉢의 관점에서 석현이 알고 있는 단어를 생각해 내지 못하는 것은 저장된 정보를 인출할 만한 단서가 부족하거나 부적절해서 인출이 잘 되지 않았기 때문이다. 따라서 석현에게 단어(저장된 정보)와 관련이 큰 적절한 인출 단서를 주면 단어가 기억날 수도 있다는 진술은 적절하다.

## 3 근거의 추론     ①

|보기|의 회상 검사는 저장된 단어들을 떠올리는 것이므로 기억의 단계 중 인출 단계를 검사하는 것이다. 따라서 |보기|의 실험을 이해할 때에는 인출 단계에서 망각이 일어난다는 ㉢의 관점에 근거해 판단해야 한다. 우선 첫 번째 회상 검사에서는 X, Y 두 집단 모두에게 범주를 제시하였고, 그 결과 두 집단의 단어 회상률이 동일하였다. 그리고 두 번째 회상 검사에서는 X 집단에게만 범주를 제시하였고, 이로 인해 ⓐ, 즉 X 집단이 Y 집단보다 단어 회상률이 높다는 결과가 나타났다. ㉢의 관점에서는 저장된 정보를 인출해 내기 위해서는 적절한 인출 단서가 필요하다고 본다. 따라서 ⓐ가 나타나는 데 '범주'가 인출 단서로 기능하고, X 집단이 Y 집단과 달리 인출 단서로 범주를 활용했음을 알 수 있다.

오답풀이 ② |보기|에서 처음 학습이 이루어질 때는 X, Y 집단 모두에게 단어를 포함하는 범주를 제시하였다고 하였으므로 X 집단만 단어의 의미를 범주화하였다는 진술은 적절하지 않으며, 1차 회상 검사 시 두 집단의 단어 회상률이 동일하므로 저장 단계에서 X, Y 두 집단의 차이는 없다고 할 수 있다. 또한 이 경우는 저장 단계와 관련되는 것으로, 인출 단계인 ⓐ와는 관련이 없다.

③ X 집단이 단어 회상률이 높게 나왔으므로 X 집단이 단어를 정교화하는 과정에서 부적절한 범주를 사용했다는 진술은 적절하지 않으며, 이 경우는 부호화 단계와 관련되므로 ⓐ와는 관련이 없다.

④ 부호화 단계, 저장 단계와 관련되므로 ⓐ와는 관련이 없다. X, Y 두 집단은 부호화 단계나 저장 단계에서는 차이가 없다.

⑤ 부호화 단계와 관련되므로 ⓐ와는 관련이 없다.

# 범주화의 의미와 기능 2015학년도 10월 고3 학력평가 A형

**어떻게 썼을까?**

**도입**
'범주화'의 기능을 하는 '개념' 제시

**전개**
개념과 범주의 정의 및 개념과 범주화의 관계 설명

**분석**
범주화의 정의와 기능 설명 ①

**분석**
범주화의 기능 설명 ②

**정리**
범주화의 의의와 한계 언급

---

일상에서 우리는 별개의 대상을 같은 이름으로 ㉠지칭하는 경우가 있다. 이것은 그것들이 무엇인가 공통점을 지니고 있다고 생각하기 때문이다. 예컨대 옆집에서 키우는 '진돗개'와 우리 집에서 키우는 '치와와'를 생김새의 차이에도 불구하고 모두 '개'라고 부른다면, '개'라는 이름이 뜻하는 그 무엇, 즉 '개'라는 개념이 포함하고 있는 속성을 '진돗개'와 '치와와'가 공유하는 것으로 보아 둘 모두를 '개'의 범주에 포함시킨 것이다. 이는 개념이 범주화의 기능을 한다는 것을 보여 준다.
▶ 개념의 범주화 기능

그렇다면 개념과 범주는 무엇일까? 개념은 특정한 사물이나 사건, 상징적인 대상들의 공통된 속성을 추상화하여 종합한 보편적 관념을 말하고, 범주는 같은 성질을 가진 부류나 범위라고 말할 수 있다. 개념은 내포(內包)와 외연(外延)으로 구성되어 있다. 내포는 개념이 적용되는 범위에 속하는 여러 사물이 공통적으로 가지고 있는 어떤 필연적 성질 전체를 가리킨다. 예를 들어 생물이라는 말의 경우 '생명을 가지고 생활 현상을 영위하는 존재'가 내포가 된다. 반면 외연은 그 개념이 ㉡지시할 수 있는 대상 전체의 범위를 가리킨다. 생물이라는 말의 외연은 생물이라는 개념이 지시할 수 있는 대상 전체, 곧 동물, 식물 등이 된다. 이는 외연이 범주화와 관련이 있음을 보여 준다.
▶ 개념과 범주화의 관계

범주화란 특정한 사례가 특정한 범주의 구성원인지의 여부를 결정하는 것, 그리고 특정한 개념이 다른 개념의 부분 집합인지를 결정하는 것이다. 범주화는 위계적으로 이루어지는데, 예를 들어 하위 범주인 '작은북'은 상위 범주인 '북'의 부분 집합이 되며, '북'은 보다 높은 상위 범주인 '타악기'의 부분 집합이 되는 식이다. 이러한 범주화는 인간이 사물과 현상을 변별하고, 이해하고, 추론하고, 기억하는 데 많은 도움을 준다. 만일 사람이 새로운 경험을 할 때마다 그 경험을 개별적인 속성에 기초해서 독특한 것으로 지각한다면 엄청나게 다양한 경험에 ㉢압도당할 것이며, 접하는 것들의 대부분을 기억할 수 없을 것이다. 또한 접하는 모든 대상들을 그 이전에 경험한 어떤 것과도 같지 않은 속성을 지닌 것으로 인식한다면 경험에 의미를 부여할 수 없으며, 그 경험으로부터 도움을 받을 수 없게 된다.
▶ 범주화의 정의와 기능 ①

범주화는 주위에서 일어나는 사물이나 현상들을 의미 있는 단위로 분할하여 이해하고 설명하며, 그 사물이나 현상들과 관련 있는 이후의 일들을 ㉣예상할 수 있게도 해 준다. 예를 들어 '침엽수'가 침 모양의 잎사귀를 가지고 있으며, 건조와 추위에 강하다는 것을 알고 있는 사람이 가을에 여행을 가서 침 모양의 잎사귀를 가진 나무를 본다면, 그는 그 나무를 침엽수로 범주화하여 그 나무가 겨울의 매서운 추위에도 잘 견딜 것이라고 예상할 수 있을 것이다.
▶ 범주화의 기능 ②

범주화는 인류가 오랫동안 지식을 ㉤축적해 온 방법으로 유용한 도구이지만 범주화에 기초해 판단하는 것에 익숙해지다 보면 성급하게 범주화하여 오판에 이르는 경우가 발생할 수 있다. 그러므로 판단의 오류를 줄이기 위해서는 여러 요소를 고려하여 범주화할 수 있어야 한다.
▶ 범주화의 의의와 한계

---

**어떻게 읽을까!**

제시된 사례가 글에서 어떤 역할을 하는지 파악했는가?
개념이 범주화의 기능을 한다는 것을 보여 주는 사례를 통해 중심 화제를 제시함.

개념과 범주화의 관련성을 이해했는가?
개념과 범주의 정의, 개념의 구성 요소인 외연과 내포에 대해 설명한 다음, 외연이 범주화와 관련이 있음을 제시함.

범주화란 무엇이며, 범주화가 어떤 기능을 하는지 이해했는가?
범주화란 특정 사례(개념)가 다른 범주(개념)에 속하는지를 결정하는 것으로, 이러한 범주화에는 두 가지 기능이 있음을 사례를 들어 설명함.

범주화의 의의와 그 한계는 무엇인지 확인했는가?
범주화는 지식을 축적해 온 유용한 도구이지만 성급한 범주화로 인해 오판할 수 있다는 한계를 제시함.

---

**집중형구조**

| 도입 |
| 전개 |
| 분석 | 분석 |
| 정리 |

해제 이 글은 기억과 학습에 도움이 되는 사고 전략인 '범주화'의 개념과 기능을 설명하고 있다. 개념은 범주화의 기능을 하는데, 이때 개념은 특정 대상들의 공통된 속성을 추상화해 종합화한 보편적 관념을, 범주는 같은 성질을 가진 부류나 범위를 말한다. 개념은 개념이 적용되는 범위에 속하는 사물이 공통으로 가지는 필연적 성질 전체인 '내포'와 그 개념이 지시할 수 있는 대상 전체의 범위인 '외연'으로 구성되는데, 그중 외연이 범주화와 관련된다. 결국 범주화란 특정 사례가 특정한 범주의 구성원인지를 결정하는 것 그리고 특정 개념이 다른 개념의 부분 집합인지를 결정하는 것이다. 이러한 범주화는 사물과 현상을 변별, 이해, 추론, 기억하는 데 많은 도움을 주고, 그것들을 의미 있는 단위로 분할하여 이해·설명하며 관련 있는 이후의 일들을 예상할 수 있게 한다. 이렇듯 범주화는 유용한 도구이지만 성급하게 범주화한다면 오판에 이를 수 있으므로 여러 요소를 고려해 범주화할 수 있어야 한다.

주제 범주화의 개념과 기능

**0** ④　**1** ①　**2** ④　**3** ③　**4** ⑤

글쓴이의 작문 과정　❶ 범주화　❷ 기능
주제　범주화의 개념과 기능

## 0 글쓰기 계획 평가　　　　　　　　　　　　　④

3, 4문단에서는 범주화의 기능을 각각 제시하고 있는데, 3문단에서는 범주화가 인간이 사물과 현상을 변별, 이해, 추론 기억하는 데 많은 도움을 준다고 하며 첫 번째 기능을 제시하였고, 그 기능과 관련해 범주화하지 못할 경우 발생할 수 있는 문제점을 제시하며 범주화의 첫 번째 기능에 대해 부연하고 있다. 그리고 4문단에서는 범주화가 사물이나 현상들을 의미 있는 단위로 분할하여 이해하고 설명하며, 그 사물이나 현상들과 관련 있는 이후의 일들을 예상할 수 있도록 해 준다고 하며 두 번째 기능을 설명한 뒤, 그 기능을 보여 주는 사례를 제시하고 있다. 따라서 범주화의 두 가지 기능을 모두 수행하지 못했을 때 발생하는 문제점을 보여 준다는 계획은 반영되어 있지 않다.

오답풀이 ① 1문단에서는 '진돗개'와 '치와와'를 '개'라고 부르는 것은 둘을 '개'의 범주에 포함시키는 것이라는 내용을 통해 개념이 범주화의 기능을 한다고 설명하고 있으므로, '진돗개'와 '치와와'를 '개'로 범주화하는 예를 통해 개념의 범주화 기능을 제시한다는 계획이 반영되어 있음을 알 수 있다.
② 2문단에서는 개념이 특정한 사물이나 사건, 상징적 대상들의 공통된 속성을 추상화해 종합화한 보편적 관념이라고 설명한 다음, 개념은 내포와 외연으로 구성되는데 그중 외연이 범주화와 관련이 있다고 설명하고 있다. 따라서 개념의 정의를 제시하고 그 구성 요소를 구분한 다음, 그중 하나의 요소와 범주화의 관련성을 언급한다는 계획이 반영되어 있음을 알 수 있다.
③ 3문단에서는 범주화란 특정한 사례가 특정한 범주의 구성원인지의 여부를 결정하는 것, 그리고 특정한 개념이 다른 개념의 부분 집합인지를 결정하는 것이라고 한 다음, '작은북, 큰북, 타악기'의 예를 들어 범주화의 위계적 특성을 설명하고 있다. 따라서 범주화의 정의를 제시하고 그 특성을 구체적 사례를 들어 설명한다는 계획이 반영되어 있음을 알 수 있다.
⑤ 5문단에서는 범주화에 기초해 판단하는 것에 익숙해지면 성급하게 범주화하여 오판할 수 있으므로 여러 요소를 고려해 범주화해야 한다고 설명하고 있다. 따라서 범주화의 한계와 그 보완 방법을 함께 제시한다는 계획이 반영되어 있음을 알 수 있다.

## 1 세부 내용 파악　　　　　　　　　　　　　　①

이 글에서는 범주화의 개념, 특성, 기능, 유용성과 한계에 대해 설명하고 있지만, 범주화의 종류에 대해서 설명하고 있지는 않다.

오답풀이 ② 3문단에서 범주화는 위계적으로 이루어진다고 설명하고 있다.

③ 2문단에서 개념을 이루는 내포와 외연의 의미를 각각 설명하고 있다.
④ 1문단에서 개념이 범주화의 기능을 한다고 설명하고 있다.
⑤ 5문단에서 범주화는 인류가 오랫동안 지식을 축적해 온 방법으로 유용한 도구라고 서술하며 범주화의 유용성을 밝히고 있다.

## 2 구체적 사례에 적용　　　　　　　　　　　　④

ㄴ에서 청소년들은 그림들을 '과일', '꽃', '가축'으로 나누어 외웠다. 그런데 3문단에서는 만일 사람이 새로운 경험을 할 때마다 그 경험을 개별적인 속성에 기초해서 독특한 것으로 지각한다면, 즉 범주화하지 않고 지각한다면 접하는 것들의 대부분을 기억할 수 없을 것이라고 설명하고 있다. 따라서 ㄴ에서 청소년들은 각각의 그림 속 대상이 지닌 독특한 고유의 특성에 주목해 외운 것이 아니라, 그림들을 범주화하여 외웠다고 해석하는 것이 적절하다.

오답풀이 ① ㄱ에서 A가 거미가 곤충에 속한다고 말한 것은 거미를 곤충으로 범주화한 것을 의미한다. 이는 A가 거미와 곤충이 유사한 모습을 하고 있다는 것에 주목해 판단했기 때문이다.
② ㄱ에서 B가 A의 잘못된 범주화를 바로잡아 준 것은 곤충과 거미의 차이점을 알고 있었기 때문이다. 여기서 곤충과 거미의 차이점은 곧 거미의 개념과 관련해 곤충과 구별되는 거미의 속성이라고 볼 수 있다.
③ 3문단에서 범주화는 대상을 기억하는 데 도움을 준다고 설명했다. 따라서 범주화를 사용하지 않고 그림을 외우는 유아들의 경우, 그림의 개수가 많아질수록 그림을 기억하는 데 더 어려움을 겪게 될 것이다.
⑤ 3문단에서 접하는 대상들을 그 이전에 경험한 어떤 것과도 같지 않은 속성을 지닌 것으로 인식한다면 경험에 의미를 부여할 수 없으며 그 경험으로부터 도움을 받을 수 없게 된다고 하면서 범주화하지 못했을 경우의 문제점을 제시하고 있다. 이를 통해 범주화를 통해 경험에 의미를 부여함으로써 그 경험으로부터 도움을 받을 수 있다는 것을 알 수 있다. 따라서 ㄷ에서 C가 목을 부여잡고 제대로 숨을 쉬지 못하는 친구를 보고 영상물에서 본 상황과 유사하다고 생각하여 응급 처치를 시행한 것은 영상물을 본 경험에 의미를 부여하고, 그 경험으로부터 도움을 받은 것이다. 이는 친구가 숨을 못 쉬게 된 것을 기도가 막혔을 때의 증상으로 범주화했기 때문에 가능한 것으로, 범주화의 기능을 보여 주는 사례에 해당한다.

## 3 내용의 추론적 이해　　　　　　　　　　　　③

'어류'라는 범주에 해당하는 속성(내포)은 대전제 ㉮의 '아가미로 호흡한다'이다. 그리고 소전제 ㉯에서 '잉어'는 '어류'에 포함된다고 범주화하였다. 따라서 결론인 ㉰는 '아가미로 호흡한다'라는 어류의 속성(내포)이, 어류에 속하는 잉어의 속성에 부여되었기 때문에 도출된 결론이라 할 수 있다.

오답풀이 ① 내포는 개념이 적용되는 범위에 속하는 여러 사물이 공통적으로 가지고 있는 어떤 필연적 성질 전체를, 외연은 그 개념이 지시할 수 있는 대상 전체의 범위를 의미한다. 그런데 ㉮에서 '아가미로 호흡한다'는 것은 '어류'가 지시할 수 있는 대상 전체의 범위가 아니라, 개념이 적용되는 범위에 속하는 여러 사물이 공통적으로 가지고 있는 필연적 성질 전체를 의미한다. 따라서 ㉮에서 '아가미로 호흡한다'는 것은 '어류'의 내포에 해당한다.

② ㉯는 잉어가 어류에 포함된다는 사실을 바탕으로 범주화한 것으로, 모든 '잉어'의 외연이 모든 '어류'의 외연에 포함된다는 것을 전제로 삼아 범주화한 것이다.

④ ㉮의 '아가미로 호흡한다'는 내포에 해당하고, ㉯는 '어류'의 외연이 '잉어'의 외연보다 크기 때문에 성립한다.

⑤ ㉯에서 '잉어'는 '어류'의 상위 범주가 아니라 하위 범주이다.

## **4** 어휘의 사전적 의미 파악             ⑤

'축적(蓄積)'은 '지식, 경험, 자금 따위를 모아서 쌓음.'이라는 뜻이므로, ⑤는 적절하지 않다. '보호하고 간수해서 남김.'이라는 뜻을 가진 단어는 '보존(保存)'이다.

## 3 비판적 사고와 학습  2008학년도 10월 고3 학력평가

어떻게 썼을까?

**도입**
반성적 사고라는 중심 화제 제시

**전개**
이어질 덧셈식에 대한 안내

**예시**
[덧셈식 1]을 푼 사고 과정 설명

**예시**
[덧셈식 2]의 성격과 풀이의 어려움 제시

**정리**
창의적 사고에 이르는 방법 제시

---

비판적 사고란 주어진 ㉠틀에 따라 기계적이고 무의식적으로 사고하는 것이 아니라, 스스로 무슨 사고가 진행되고 있는지를 능동적으로 의식하면서 사고하는 행위이다. 즉, 어떤 사고를 할 때 무슨 사고를 했는지, 그 사고의 목적이 무엇인지 등을 끊임없이 스스로 묻는 반성적 사고인 것이다. 반성적 사고를 통해 획득된 지식은 상황에 맞도록 변형, 결합, 분석, 종합할 수 있는 상황 적응적인 성격을 갖고 있어 활용 가능성이 높다. 그리고 반성적 사고의 체화(體化)를 통해 궁극에 도달하면 창의적 사고가 가능해진다. ▶ 비판적 사고의 개념과 반성적 사고의 효용성
*비판적 사고의 정의 / 비판적 사고의 성격 = 반성적 사고 / 반성적 사고의 효용성 ① / 반성적 사고의 효용성 ②*

이제 반성적 사고란 무엇인지, 그 효용성을 보여 줄 수 있는 예를 통해 구체적으로 알아보자. 다음 덧셈에서 알파벳 문자는 각각 무슨 숫자를 나타내는가? (단, 각 알파벳 문자는 0에서 9 사이의 어떤 수이다.) ▶ 예시를 통한 내용 전개 안내
*앞으로 전개될 내용에 대한 안내 / 질문을 통해 독자가 생각해야 할 방향을 제시함.*

| [덧셈식 1] | [덧셈식 2] |
|---|---|
| CD | LETS |
| + DX | + WAVE |
| DXD | LATER |

대부분의 사람들은 누구나 다 덧셈을 할 수 있다. 그런데도 [덧셈식 1]을 푼 사람과 그렇지 못한 사람이 있다. 문제를 푼 사람들의 사고 과정을 보면, 그 과정은 대체로 반복적인 덧셈 경험을 토대로 "일의 자리 두 수를 더하면 그 수는 18을 넘지 못한다."라는 결론에 도달한 후, 이것을 통해 "일의 자리 두 수를 더하면 십의 자리로 올라갈 수 있는 수는 1밖에 없다."라는 반성적 사고의 과정을 거쳤을 것이다. 즉, 암기하여 기계적으로 덧셈 계산을 반복한 사람은 문제를 풀지 못하고 반성적 사고를 한 사람이 문제를 푼 것이다. ▶ [덧셈식 1]에 대한 설명
*반성적 사고를 한 사람 / 암기하여 기계적으로 덧셈 계산을 반복한 사람 / 사고 과정 ① / 사고 과정 ②*

※ 정답을 찾아가는 과정: 덧셈 결괏값의 가장 왼쪽 수(백의 자리)인 D=1이라는 결론을 얻을 수 있다. 이를 바탕으로 일의 자리를 주목해 보면, 결괏값의 일의 자리 수가 D(1)이므로, X=0이라고 추론할 수 있다. 그리고 결괏값의 십의 자리 수가 X(0)이므로, C=9라고 추론할 수 있다.

[덧셈식 2]는 [덧셈식 1]의 난이도 수준을 대폭 높인 응용문제이다. 반성적 사고를 통해 [덧셈식 1]을 푼 사람은 아마도 [덧셈식 2]도 이 반성적 사고를 통해 풀 수 있을 가능성이 있지만 반드시 그런 것은 아니다. 그 이유는 지식에 대한 반성적 사고의 체화 수준이 낮기 때문이다. 덧셈의 지식을 암묵적으로 이해는 하고 있으나(또는 명시적으로 이해를 하고 있기는 해도 그것이 수동적으로 얻어졌기 때문에) 그 반성적 사고의 체화 수준이 낮은 사람들은 문제 해결에 필요한 지식이나 원리의 능동적 발견이 용이하지 못해, 이 문제를 풀기 위해 고려해야 할 복잡한 경우의 수를 모두 다 헤아리지 못하고 중도 하차할 가능성이 높다. ▶ [덧셈식 2]에 대한 설명
*[덧셈식 2]의 성격 / 반성적 사고만으로 [덧셈식 2]를 반드시 풀 수 있는 것은 아님. → 창의적 사고가 필요함. / 반성적 사고는 가능하나 체화 수준이 낮아 창의적 사고를 하지 못하는 사람들 / [덧셈식 2]를 풀지 못하는 이유*

이것은 단순히 반성적 사고로 얻은 지식이나 원리의 이해만을 가지고는 활용 가능성이 극대화된 지식을 산출해 내지는 못한다는 것을 의미한다. 따라서 창의력을 위해서는 먼저 유사 응용문제 풀이를 반성적 사고 속에서 반복적으로 수행하여 반성적 사고의 체화 단계에까지 도달하여야 한다. 그리고 이를 바탕으로 특정 영역에서 습득한 원리를 전혀 다른 새로운 영역에다 적용할 수 있는 ㉡영역 전이적 통찰력을 확보해야 한다. 다시 말해, 단순 지식의 차원을 넘어 반성적 사고를 통해 문제를 푸는 동시에, 그 반성적 사고를 체화하여 다른 영역에까지 적용할 수 있을 때 창의력을 얻을 수 있다. ▶ 창의적 사고에 이르는 방법
*앞부분 '덧셈의 지식은 ~ 가능성이 높다.' / 반성적 사고의 한계(= 창의적 사고의 필요성) / 창의적 사고를 하기 위한 조건 ① / 창의적 사고를 하기 위한 조건 ② / 창의적 사고에 이르는 방법*

---

어떻게 읽을까!

**비판적 사고의 성격과 글의 중심 화제를 파악했는가?**
비판적 사고의 개념을 바탕으로 비판적 사고가 곧 반성적 사고임을 설명하고, 반성적 사고의 효용성을 제시함.

**이어질 내용이 무엇인지 파악했는가?**
반성적 사고가 무엇인지 그 효용성을 보여 줄 수 있는 예를 소개하겠다고 안내함.

**반성적 사고와 [덧셈식 1]을 푸는 것이 어떤 관계가 있는지를 이해했는가?**
[덧셈식 1]을 풀 수 있는지의 여부를 반성적 사고의 유무를 기준으로 설명함.

**[덧셈식 2]를 풀지 못하는 이유를 파악했는가?**
[덧셈식 2]를 풀 때 반성적 사고가 낮은 수준으로 체화되어 있으면 풀기 어렵다는 점을 설명함.

**반성적 사고와 창의적 사고의 차이점을 파악하고, 창의적 사고가 가능하기 위한 조건을 확인했는가?**
반성적 사고의 한계를 바탕으로 창의적 사고의 필요성을 제시한 다음, 창의적 사고를 위한 조건 두 가지를 설명함.

---

**집중형구조**

| 도입 | |
|---|---|
| 전개 | |
| 예시 | 예시 |
| 정리 | |

**해제** 이 글은 반성적 사고를 중심으로 점차 고차원적이고 문제 해결력이 높은 사고가 가능해짐을 설명하고 있다. 비판적 사고란 끊임없이 스스로 묻는 반성적 사고로, 이러한 반성적 사고를 통해 획득된 지식은 활용 가능성이 높으며, 반성적 사고의 체화를 통해 창의적 사고가 가능함을 예를 통해 보여 주고 있다. 먼저 [덧셈식 1]은 암기를 통해 기계적으로 계산을 반복한 사람은 풀지 못하고 반성적 사고를 한 사람은 풀 수 있다. 그리고 [덧셈식 2]는 [덧셈식 1]을 푼 사람도 풀지 못할 수 있는데, 그 이유는 지식에 대한 반성적 사고의 체화 수준이 낮기 때문이다. 이는 반성적 사고로 얻은 지식이나 원리만으로는 활용 가능성이 극대화된 지식을 산출하지 못함을 말해 준다. 따라서 창의력을 위해서는 반성적 사고 속에서 유사 응용문제를 반복적으로 학습해 반성적 사고의 체화 단계에 도달해야 하며, 영역 전이적 통찰력을 확보해야 한다.

**주제** 반성적 사고와 창의적 사고

## 0 글쓰기 전략 파악 ⑤

이 글은 3, 4문단에서 반성적 사고와 창의적 사고를 보여 주는 사례인 [덧셈식 1]과 [덧셈식 2]를 통해 내용을 전개하고 있다. 먼저 3문단에서는 [덧셈식 1]을 통해 반성적 사고의 개념과 효용성을 분석하고 있고, 4문단에서는 [덧셈식 2]를 통해 반성적 사고의 한계를 제시한 다음, 5문단에서 창의적 사고의 필요성과 조건을 설명하고 있다. 하지만 반성적 사고와 창의적 사고의 장단점을 비교하는 내용은 찾아볼 수 없으므로, ⑤는 글쓴이가 사용한 전략으로 보기 어렵다.

**오답풀이** ① 반성적 사고는 [덧셈식 1]를 통해, 창의적 사고는 [덧셈식 2]를 통해 잘 드러나 있다.

② 글쓴이는 [덧셈식 1]과 [덧셈식 2]를 자료로 수집했는데, 이는 각각 반성적 사고와 창의적 사고가 결여되면 풀 수 없는 문제들이다.

③ 1문단에서 비판적 사고의 의미를 정의하면서 비판적 사고가 반성적 사고의 성격을 지님을 언급하며 반성적 사고라는 중심 화제를 제시하고 있다.

④ 2문단에서는 '다음 덧셈에서 알파벳 문자는 각각 무슨 숫자를 나타내는가?'라는 질문을 던져 앞으로 이어질 내용을 안내하고 있다.

## 1 세부 내용 파악 ②

5문단에서 창의력을 위해서는 먼저 유사 응용문제 풀이를 반성적 사고 속에서 반복적으로 수행하여 반성적 사고의 체화 단계에까지 도달해야 한다고 설명하고 있다. 따라서 창의적 사고는 유사 응용문제 풀이의 반복을 통해 가능해진다. 그런데 ②는 이와 관련이 없다고 진술하고 있으므로 적절하지 않다.

**오답풀이** ① 1문단에서 비판적 사고란 어떤 사고를 할 때 무슨 사고를 했는지(사고의 내용), 그 사고의 목적이 무엇인지 등을 끊임없이 스스로 묻는 반성적 사고라고 설명하고 있다.

③ 4문단에서 반성적 사고의 체화 수준이 낮은 사람들은 문제를 해결하는 데 필요한 지식이나 원리의 능동적 발견이 용이하지 못해 문제 해결을 하지 못할 수 있다고 설명하고 있다. 따라서 반성적 사고인 비판적 사고의 유무는 문제 해결 능력에 영향을 준다고 할 수 있다.

④ 1문단에서 비판적 사고인 반성적 사고는 스스로 무슨 사고가 진행되고 있는지 능동적으로 의식하며 사고하는 행위라고 설명하고 있다.

⑤ 1문단에서 반성적 사고를 통해 획득한 지식은 상황 적응적인 성격을 갖고 있어 활용 가능성이 높다고 설명하고 있다.

## 2 구체적 사례에 적용 ④

3문단에서는 반성적 사고를 한 사람은 [덧셈식 1]을 풀 수 있지만, 암기한 지식을 바탕으로 기계적으로 덧셈 계산을 반복한 사람, 즉

반성적 사고를 하지 못한 사람은 이 문제를 풀지 못한다고 설명하고 있다. 여기서 문제를 풀지 못한 사람은 |보기|의 학습 1단계에 있는 학생에 해당하고 반성적 사고를 하여 문제를 푼 사람은 학습 2단계에 있는 학생에 해당한다고 볼 수 있다. 특히 5문단의 '반성적 사고로 얻은 지식이나 원리의 이해'라는 표현으로 볼 때, |보기|의 학습 2단계 '원리 이해를 통한 지식 획득'의 단계에 있는 학생은 '반성적 사고'를 할 수 있는 사람이라는 것을 확인할 수 있다. 따라서 학습 1단계와 2단계의 구분 기준은 '반성적 사고'를 할 수 있는지 여부이지, 창의적 사고를 통한 지식의 획득 여부가 아니라고 할 수 있다.

**오답풀이** ① 3문단에서 암기하여 기계적으로 덧셈 계산을 반복한 사람은 [덧셈식 1]을 풀지 못했다고 하였으며, [덧셈식 1]을 푼 사람이 [덧셈식 2]를 풀 가능성이 높지 않다는 4문단의 내용으로 볼 때 [덧셈식 1]을 풀지 못하면 [덧셈식 2]를 풀 가능성도 높지 않을 것임을 알 수 있다. 따라서 '암기를 통한 지식 획득'의 학습 1단계에 있는 학생은 [덧셈식 1]과 [덧셈식 2]를 모두 풀지 못할 가능성이 높다.

② 3문단에서 반성적 사고의 과정을 거친 사람은 [덧셈식 1]을 풀었으며 4문단에서 반성적 사고를 통해 [덧셈식 1]을 푼 사람이라 하더라도 [덧셈식 2]를 풀 가능성은 높지 않다고 설명하고 있다. 따라서 반성적 사고를 한 사람, 즉 학습 2단계에 있는 학생은 [덧셈식 1]을 풀 가능성이 높으나 [덧셈식 2]는 풀기 어려울 것이라고 할 수 있다.

③ 4문단에서 반성적 사고를 통해 [덧셈식 1]를 푼 사람은 반성적 사고의 체화 수준이 낮기 때문에 [덧셈식 2]를 풀 가능성이 낮다고 설명하고 있으며, 5문단에서는 창의력을 얻으려면 반성적 사고의 체화 단계에까지 도달해야 하고 영역 전이적 통찰력을 확보해야 한다고 설명하고 있다. 이를 통해 볼 때 |보기|의 학습 3단계에 있는 학생은 영역 전이적 통찰력을 통해 지식 획득이 가능하므로 창의적 사고를 할 수 있다. 따라서 [덧셈식 1]뿐만 아니라 [덧셈식 2]까지도 풀 가능성이 높다고 할 수 있다.

⑤ 5문단에 따르면 단순히 반성적 사고로 얻은 지식이나 원리의 이해만을 가지고는 활용 가능성이 극대화된 지식을 산출해 내지 못하므로 창의적 사고를 하기 위해서는 반성적 사고의 체화에 이르러야 하며 영역 전이적 통찰력을 확보해야 한다. 이를 통해 볼 때 활용 가능성이 극대화된 지식은 창의적 사고를 통해 얻은 지식이라고 볼 수 있으므로, 학습 2단계에서와 달리 학습 3단계에서만 활용 가능성이 극대화된 지식을 획득할 수 있다고 할 수 있다.

⚠️ **출제자의 의도읽기 – 덧셈식과 학습 단계를 대응시킨다.**

이 글은 덧셈식을 바탕으로 반성적 사고와 창의적 사고에 대해 설명하고 있으며, 문제에서도 [덧셈식 1]과 [덧셈식 2]를 바탕으로 학습 단계를 반성적 사고나 창의적 사고를 관련지어 이해하고자 하기에 [덧셈식 1]과 [덧셈식 2]를 정확히 파악하는 것이 중요하다. [덧셈식 1]과 [덧셈식 2]는 숫자를 문자로 바꾸어 나타낸 수식에서 원래의 숫자를 알아내는 수학 퍼즐이다. 숫자를 문자로 바꾼 것을 마치 숫자가 복면을 쓰고 있다고 생각하여, 이러한 퍼즐을 복면산이라고 한다. [덧셈식 1]의 정답은 D=1, C=9, X=0이고, [덧셈식 2]의 정답은 L=1, E=5, T=6, S=7, W=9, A=0, V=8, R=2이다.

| [덧셈식 1] | | [덧셈식 2] | |
|---|---|---|---|
| CD | 91 | LETS | 1567 |
| + DX | + 10 | + WAVE | + 9085 |
| DXD | 101 | LATER | 10652 |

## 3 어휘의 문맥적 의미 파악 ──────────── ①

㉠ '틀'은 '일정한 형식이나 격식.'을 의미한다. 이와 가장 유사한 의미로 사용된 것은 ①이다. ①에서의 '틀'도 하루의 생활을 정해 둔 일정한 형식이나 격식을 의미한다.

**오답풀이** ②, ⑤ '어떤 물건의 테두리나 얼개가 되는 물건.'이라는 의미이다.

③ '골이나 판처럼 물건을 만드는 데 본이 되는 물건.'이라는 의미이다.

④ '사람 몸이 외적으로 갖추고 있는 생김새나 균형.'이라는 의미이다.

## 4 사례의 적절성 판단 ──────────── ②

㉡ '영역 전이적 통찰력'이란 반성적 사고의 체화를 바탕으로, 특정 영역에서 습득한 원리를 전혀 다른 새로운 영역에다 적용할 수 있는 사고 능력을 의미한다. ②의 과학자는 게코도마뱀이 발바닥에 있는 섬모를 이용하여 천장에 붙어 있는 것을 보고, 게코도마뱀의 섬모에서 게코도마뱀을 벽에 붙어 있을 수 있게 하는 과학적 원리를 파악했을 것이다. 과학자는 이렇게 생물학적 관찰을 통해 발견한 원리를 바탕으로 친환경 접착제를 개발하였으므로, 영역 전이적 통찰력을 갖추었다고 할 수 있다.

**오답풀이** ① 친구를 구한 학생은 구조 지침에 있는 지식을 그대로 적용했을 뿐이다.

③ 과학도는 실습 도중 특정한 현상을 관찰만 했을 뿐이다.

④ 철학자는 제자들에게 반성적 사고를 하기를 계속 요구하고 있을 뿐이다.

⑤ 학생이 외국인과의 대화를 능숙하게 할 수 있는 것은 1문단에서 설명한 반성적 사고를 통해 상황에 맞도록 변형, 결합, 분석, 종합할 수 있는 상황 적응적인 성격을 가진 지식을 획득한 것으로 볼 수 있으나, ㉡의 사례는 아니다.

기 출 읽 기

01 바실리카식 성당  2013학년도 9월 고3 모의평가

**어떻게 썼을까?**

**도입**
화제인 바실리카식 성당의 의미와 유래 안내

**과정**
초기 바실리카식 성당의 구조 설명

**과정**
바실리카식 성당의 변화 과정 설명

**정리**
절정기 바실리카식 성당의 변화와 그 의의 언급

서양 건축 예술의 역사는 성당 건축을 빼놓고는 이해할 수 없다. 여러 시대에 걸쳐 유럽의 성당은 다양한 ⓐ양식으로 변화해 왔다. 하지만 그 기본은 바실리카 형식에서 크게 벗어나지 않았다. [성당 건축의 기본 형식이 된 바실리카 형식] 평면도상 긴 직사각형 모양을 하고 있는 이 형식은 고대 로마 제국 시대에서 비롯된 것으로 원래는 시장이나 재판소와 같은 ⓑ공공 건축물에 쓰였던 것이다. [바실리카식 성당의 유래] 4세기경부터 출현한 바실리카식 성당은 이후 평면 형태의 부분적 변화를 겪으면서 중세 시대에 ⓒ절정을 이루었다. └ : 앞으로 전개될 내용에 대한 안내
▶ 바실리카식 성당의 중요성과 유래

바실리카식 성당의 평면을 살펴보면, 초기에는 동서 방향으로 긴 직사각형의 모습을 하고 있다. 서쪽 끝 부분에는 일반인들의 출입구와 현관이 있는 나르텍스가 있다. 나르텍스를 지나면 일반 신자들이 예배에 참여하는 네이브가 있고, 네이브의 양 옆에는 복도로 활용되는 아일이 붙어 있다. 동쪽 끝 부분에는 신성한 제단이 자리한 앱스가 있는데, 이곳은 오직 성직자만이 들어갈 수 있다. 이처럼 나르텍스로부터 네이브와 아일을 거쳐 앱스에 이르는 공간은 세속에서 신의 영역에 이르기까지의 ⓓ위계를 보여 준다.
▶ 초기 바실리카식 성당의 구조

시간이 흐르면서 성직자의 위상이 점차 높아지고 종교 의식이 확대됨에 [트란셉트가 추가된 배경] 따라 예배를 진행하기 위한 추가적인 공간이 필요하게 되었다. 이에 따라 바실리카식 성당은 앱스 앞을 가로지르는 남북 방향의 트란셉트라는 공간이 추가되어 ㉠열십자 모양의 건물이 되었다. 이때부터 건물은 더욱 웅대하고 화려해졌는데, 네이브의 폭도 넓어지고 나르텍스에서 앱스까지의 길이도 늘어났으며 건물의 높이도 높아졌다.

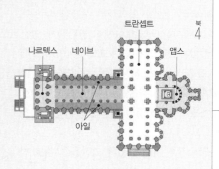

트란셉트
북
나르텍스 네이브 앱스
아일
▶ 열십자 모양으로 변모한 바실리카식 성당

절정기의 바실리카식 성당은 「외부에서 보면 기둥이나 창 등을 통해 하늘을 향한 수직선이 강조된 ⓔ인상을 준다. 이는 신에게 가까이 가려는 인간의 욕망이 표현된 것이다. 출입구 쪽의 외벽과 기둥에는 신이나 성인의 모습을 새겨 넣기도 하고, 「실내의 벽과 천장에는 천국과 지옥 이야기 등을 담은 그림을 채워 넣기도 하였다. 특히 벽면에는 스테인드글라스로 구성된 커다란 창을 사람의 키보다 높게 설치하여 창을 통과한 빛이 다양한 색채로 건물 내부 공간에 풍부하게 퍼지도록 하였다. 」이는 서양의 중세인들이 모든 미의 원천을 신이라고 보고 빛은 신의 속성을 상징한다고 보았던 것과 관련되어 있다. 」이처럼 바실리카식 성당은 기능적 공간으로만 존재한 것이 아니라, 건축을 중심으로 조각, 회화, 공예 등이 한데 어우러져 당대의 미의식을 표현한 종합 예술로서의 성격을 지니고 있다. [바실리카식 성당의 의의]
└ : 외부 공간의 구성부 ┌ : 내부 공간의 구성과 특징
▶ 절정기의 바실리카식 성당과 그 의의

**어떻게 읽을까!**

바실리카식 성당이 서양 건축사에서 왜 중요하고, 어디서 유래했는지를 확인했는가?
└ 바실리카 형식은 고대 로마 제국 시대에서 비롯되었으며 성당 건축 양식의 기본이 된다고 설명함.

시간의 흐름에 따라 바실리카식 성당의 구조가 어떻게 달라졌는지 파악했는가?
└ 바실리카식 성당의 초기 형태부터 절정기까지 각 구조의 변화상을 제시함.

바실리카식 성당의 의의를 이해했는가?
└ 당대의 미의식을 표현한 종합 예술로서 바실리카식 성당이 지니는 의의에 대해 정리함.

**통시형구조**

| 도입 | |
|---|---|
| 과정 | 과정 |
| 정리 | |

해제 이 글은 서양 성당 건축의 기본 양식이 된 바실리카식 성당의 변화 과정과 그 의의를 설명하고 있다. 바실리카식 성당은 평면 형태의 부분적 변화를 겪으며 중세 시대에 절정을 이루는데, 초기에는 동서 방향으로 된 긴 직사각형이었으며, 나르텍스로부터 앱스에 이르는 공간은 세속에서 신의 영역에 이르기까지의 위계를 보여 준다. 이후 성직자의 위상과 종교 의식이 고조됨에 따라 예배를 진행하기 위한 공간인 남북 방향의 트란셉트가 추가돼 열십자 모양이 되었다. 이 성당의 외부는 하늘을 향한 수직선이 강조되며 내부에는 신과 성인의 모습을 새겨 넣거나 천국과 지옥 이야기를 담은 그림을 그렸는데, 이는 서양의 중세인들이 미의 원천을 신으로 본 것과 관련되며, 당대의 미의식을 표현한 종합 예술로서의 성격을 보여 준다.

주제 바실리카식 성당의 변화 과정과 의의

## 0 내용 전개 방식 파악 ④

이 글은 1문단에서 중심 화제인 바실리카식 성당의 유래를 밝히고, 4세기경에 출현한 이후 변화를 겪다가 중세 시대에 절정을 이루었다고 바실리카식 성당의 변화 과정을 대략적으로 언급한 다음, 2~4문단에서 바실리카식 성당의 변화 과정을 시간의 흐름에 따라 상세하게 설명하고 있다.

**오답풀이** ① 바실리카식 성당의 의의를 제시하고 있으나, 바실리카식 성당의 단점은 제시하고 있지 않다.

② 바실리카식 성당의 구조를 그 구성 요소로 나누어 설명하고 있으나, 일정 기준에 따라 하위 개념으로 구분하고 있지는 않다.

③ 1문단에서 유럽 성당의 다양한 양식은 바실리카 형식에서 크게 벗어나지 않았다고 하며 바실리카식 성당의 의의를 그 영향 관계와 관련해 설명하고 있으나, 이를 상세하게 나열하고 있지는 않다. 또한 4문단에서 바실리카식 성당이 당대의 미의식을 표현한 종합 예술로서의 성격을 지닌다고 그 의의를 밝히고 있으나, 여러 가지 의의와 영향을 상세하게 나열하고 있지는 않다.

⑤ 바실리카식 성당의 초기 형태부터 절정기까지 살펴보고 있으나, 바실리카식 성당이 만들어진 때부터 사라지기 전까지의 과정을 설명하고 있지는 않다.

## 1 세부 내용 파악 ③

1문단에 따르면 바실리카식 성당은 로마 시대 건축에서 유래한 것은 맞지만, 종교적 기능과는 상관없이 시장이나 재판소와 같은 공공 건축물에서 유래했음을 알 수 있다.

**오답풀이** ① 1문단에 따르면 서양 건축 예술의 역사는 성당 건축을 빼놓고는 이해할 수 없으며, 성당 건축의 기본은 바실리카 형식에서 크게 벗어나지 않는다.

② 1문단에서 바실리카식 성당은 4세기경에 출현한 뒤 부분적 변화를 겪었다고 했다.

④ 3문단에 따르면 성직자의 위상이 점차 높아지면서 트란셉트가 추가되었고, 이때부터 건물이 더 웅대해지고 화려해졌다.

⑤ 4문단에서 '실내의 벽과 천장에는 천국과 지옥 이야기 등을 담은 그림을 채워 넣기도 하였다.'고 하였는데, 여기서 '천국과 지옥 이야기 등을 담은 그림'이 종교적(기독교적)인 예술 작품에 해당한다.

## 2 세부 내용 파악 ③

⊙ '열십자 모양의 공간'은 바실리카식 성당의 평면 구조이다. 3문단에 따르면, 원래 직사각형 구조였다가 트란셉트가 추가되면서 열십

자 모양의 공간이 되었는데, 트란셉트는 성직자의 위상이 높아지고 종교 의식이 확대됨에 따라 예배를 진행하기 위한 추가적인 공간이 필요해서 만들어졌다.

**오답풀이** ① 2문단에 따르면 '아일'은 복도이고, 출입구 역할을 하는 현관문은 '나르텍스'이다.

② 2문단에 따르면 '나르텍스'는 일반인들의 출입구와 현관이 있는 곳으로 일반 신자들이 예배에 참여하는 곳은 '네이브'이다.

④ 2문단에 따르면 '앱스'는 신성한 제단이 자리한 곳으로 성직자만이 들어갈 수 있는 곳이다.

⑤ 2문단에 따르면 '네이브'는 일반 신자들이 예배에 참여하는 곳이고, '앱스'가 제단이 놓여 있어 제일 신성한 곳이다.

## 3 다른 상황에 적용 ⑤

|보기|에 따르면 파르테논 신전 건물의 각 부분의 공간 구성에는 인체 비례가 적용되었다고 했는데, 이는 인간을 미의 원천으로 인식한 고대 그리스인들의 미의식이 반영된 것으로 볼 수 있다. 바실리카식 성당은 기둥이나 창 등을 통해 하늘을 향한 수직선이 강조되었고 외벽과 기둥에 신과 성인의 모습을 새겨 넣거나 실내의 벽과 천장에 천국과 지옥 이야기 등을 담은 그림을 채워 넣기도 하였으며 스테인드글라스 창을 통해 다양한 색채의 빛이 건물 내부에 퍼지게 했는데, 이는 미의 원천을 신으로 보고 빛은 신의 속성이라고 생각했던 서양 중세인들의 미의식이 반영된 것이라 할 수 있다.

**오답풀이** ① 바실리카식 성당은 출입구 외벽에 신이나 성인의 모습을 새겨 넣었으며, 파르테논 신전에도 건물 지붕에 신들의 조각이 있다.

② 외부에서 보면 수직선이 강조된 인상을 주는 것은 바실리카식 성당이다. 파르테논 신전은 수평선을 강조한 인상을 준다.

③ 빛을 통해 건물 내부를 강조한 것은 바실리카식 성당에만 해당한다. 파르테논 신전은 빛을 통해 건물의 외부를 강조하였다.

④ 평면 형태가 열십자 모양인 것은 바실리카식 성당에만 해당한다. 파르테논 신전은 긴 직사각형 모양의 평면 형태를 가졌다.

⚠ **출제자의 의도읽기 – 두 대상을 비교할 때는 비교 기준부터 찾는다.**

비슷한 대상을 |보기|에 제시한 것은 두 대상을 비교하라는 의도이다. 따라서 일정한 기준에 따라 두 대상의 공통점과 차이점을 파악해야 한다. 이런 문제를 쉽게 해결하기 위해서는 선지에서 그 기준점부터 찾아야 한다. 예를 들어 '조각 장식', '수직선이 강조된 인상' 등이 두 대상을 비교하는 기준임을 확인한 후 지문과 |보기|에 모두에서 이 기준과 관련된 내용이 언급되었는지를 파악해야 한다. 지문이나 |보기| 중 한 군데에서만 나왔다면 문제는 쉽게 풀린다. 그러나 그 기준을 구체적으로 상세히 제시된 선지의 경우는 지문이나 〈보기〉에서 그 기준과 관련된 내용이 어떤 양상으로 제시되어 있는지를 일일이 확인해야 한다.

## 4 어휘의 사전적 의미 파악 ④

'위계(位階)'는 '지위나 계층 따위의 등급.'을 의미하는 말이다. '존경할 만한 위세가 있어 점잖고 엄숙한 태도나 기세.'의 뜻을 가진 말은 '위계'가 아니라 '위엄(威嚴)'이다.

# 선암사 승선교에 담긴 미의식

2014학년도 수능 A형

**도입**
중심 화제인 승선교 소개

**분석**
승선교의 구성 요소 설명
– 홍예

**분석**
승선교의 구성 요소 설명
– 석축, 용머리 모양의
장식

**분석**
승선교와 주변 경관의
조화 설명

**결론**
승선교의 미감에 대한
견해 제시

선암사(仙巖寺) 가는 길에는 독특한 미감을 자아내는 돌다리인 승선교(昇仙橋)가 있다. 승선교는 번잡한 속세와 경건한 세계의 경계로서 옛사람들은 산사에 이르기 위해 이 다리를 건너야 했다. 승선교는 가운데에 무지개 모양의 홍예(虹霓)를 세우고 그 좌우에 석축을 쌓아 올린 홍예다리로서, 계곡을 가로질러 산길을 이어 준다.
▶ 홍예다리인 승선교

홍예는 위로부터 받는 하중을 좌우의 아래쪽으로 효과적으로 분산시켜 구조적 안정성을 얻을 수 있기 때문에 예로부터 동서양에서 널리 ㉠활용되었다. 홍예를 세우는 과정은 홍예 모양의 목조로 된 가설틀을 세우고, 그 위로 홍예석을 쌓아 올려 홍예가 완전히 세워지면, 가설틀을 해체하는 순으로 이루어진다. 홍예는 장대석(長臺石)의 단면을 사다리꼴로 잘 다듬어, 바닥에서부터 상부 가운데를 향해 차곡차곡 반원형으로 쌓아 올린다. 모나고 단단한 돌들이 모여 반원형의 구조물로 탈바꿈함으로써 부드러운 곡선미를 형성한다. 또한 홍예석들은 서로를 단단하게 지지해 주기 때문에 특별한 접착 물질로 돌과 돌을 이어 붙이지 않았음에도 ㉡견고하게 서 있다.
▶ 홍예의 특징과 홍예를 세우는 과정

승선교는 이러한 홍예와 더불어, 홍예 좌우와 위쪽 일부에 주위의 막돌을 쌓아 올려 석축을 세웠는데 이로써 승선교는 온전한 다리의 형상을 갖게 되고 사람이 다닐 수 있는 길의 일부가 된다. 층의 구분이 없이 무질서하게 쌓인 듯 보이는 석축은 잘 다듬어진 홍예석과 대비가 되면서 전체적으로는 변화감 있는 조화미를 이룬다. 한편 승선교의 홍예 천장에는 용머리 모양의 장식 돌이 물길을 향해 ㉢돌출되어 있다. 「이런 장식은 용이 다리를 건너는 사람들이 물로부터 화를 입는 것을 ㉣방지한다고 여겨 만든 것이다.」
『」: 용머리 장식의 기능
▶ 승선교의 석축과 용머리 모양의 장식

▲ 주변과의 조화를 통해 만들어진 승선교의 아름다움

계곡 아래쪽에서 멀찌감치 승선교를 바라보자. 계곡 위쪽에 있는 강선루(降仙樓)와 산자락이 승선교 홍예의 반원을 통해 초점화되어 보인다. 또한 녹음이 우거지고 물이 많은 계절에는 다리의 홍예가 잔잔하게 흐르는 물 위에 비친 홍예 그림자와 이어져 원 모양을 이루고 주변의 수목들의 그림자도 수면에 비친다. 이렇게 승선교와 주변 경관은 서로 어우러지며 극적인 합일을 이룬다. 승선교와 주변 경관이 만들어 내는 아름다움은 계절마다 그 모습을 바꿔 가며 다채롭게 드러난다.
▶ 승선교와 주변 경관의 아름다움

승선교는 뭇사람들이 산사로 가기 위해 계곡을 건너가는 길목에 세운 다리다. 그러기에 호사스러운 치장이나 장식을 할 까닭은 없었을 것이다. 그럼에도 이 다리가 아름다운 것은 주변 경관과의 조화를 중시하는 옛사람들의 자연스러운 미의식이 반영된 덕택이다. 승선교가 오늘날 세사의 번잡함에 지친 우리에게 자연의 소박하고 조화로운 미감을 ㉤선사하는 것은 바로 이 때문이다.
▶ 승선교에 반영된 미의식과 승선교의 미감

**중심 화제를 파악하고 그 성격을 정확히 이해했는가?**
선암사 가는 길목의 계곡을 잇는 홍예다리인 승선교를 소개함.

**승선교의 구성 요소를 이해했는가?**
승선교를 짓는 과정을 제시하고 홍예, 석축, 용머리 장식의 특징을 설명함.

**승선교의 모습을 떠올리고, 승선교가 지닌 미의식에 대해 정리할 수 있는가?**
승선교와 주변 경관이 만들어 내는 아름다움을 통해 승선교에 반영된 자연의 소박하고 조화로운 미감을 강조함.

## 집중형구조

|  | 도입 |  |
|---|---|---|
| 분석 | 분석 | 분석 |
|  | 결론 |  |

**해제** 이 글은 선암사라는 절의 입구에 있는 승선교가 지닌 아름다움과 미의식을 설명하고 있다. 승선교는 무지개 모양의 홍예를 세우고 그 좌우에 석축을 쌓아 올린 홍예다리로 잘 다듬어진 홍예석과 층의 구분 없이 무질서하게 쌓인 듯한 석축이 대비되면서 변화감 있는 조화미를 이룬다. 특히 계곡 아래쪽 멀리서 승선교를 바라볼 때 승선교 홍예의 반원을 통해 초점화되어 보이는 강선루와 산자락의 모습, 흐르는 물 위에 비친 홍예 그림자와 홍예가 원으로 이어지는 모습, 주변 수목들의 그림자가 수면에 비치는 모습 등 주변 경관과 어우러지며 극적인 합일을 이루어 내는 승선교의 아름다움이 드러난다. 이는 주변 경관과의 조화를 중시하는 옛사람들의 자연스러운 미의식이 반영된 것이다.

**주제** 홍예다리인 승선교의 소박하고 조화로운 미감

0 ④  1 ②  2 ⑤  3 ④

글쓴이의 작문 과정 ❶ 승선교 ❷ 미의식
주제 홍예다리인 승선교의 소박하고 조화로운 미감

## 0 글쓰기 전략 파악 ④

이 글에서 글쓴이는 승선교가 홍예다리로서 가지는 특징을 설명하면서, 승선교가 지닌 독특한 미감을 설명하고 있다. 또한 글의 마지막 부분에서 승선교에 반영된 주변 경관과의 조화를 중시하는 옛사람들의 미의식으로 인해 승선교는 오늘날에도 자연의 소박하고 조화로운 미감을 선사하고 있음을 밝히고 있다. 그러나 요즘 지어진 다리와의 차이점을 제시하고 있지는 않다.

오답풀이 ① 5문단에서 승선교는 주변 경관과의 조화를 중시하는 옛사람들의 자연스러운 미의식을 잘 보여 준다고 설명하고 있다.
② 2문단에서 홍예를 설명하면서 부드러운 곡선미라는 홍예의 미감을, 3문단에서 석축을 설명하면서 변화감 있는 조화미라는 석축의 미감을 함께 제시하고 있다.
③ 1문단에서 무지개 모양의 홍예라고 그 뜻을 쉽게 설명하고 있다.
⑤ 4문단에서는 계곡 아래쪽 방향에서 승선교를 바라볼 때의 미감을 제시하고 있는데, 승선교의 아름다운 모습을 마치 직접 관찰하는 듯이 구체적으로 설명하고 있어 생동감을 주고 있다.

## 1 세부 내용 파악 ②

4문단에서 홍예와 물 위에 비친 홍예 그림자가 이어져 원 모양을 이룬다는 것을 알 수 있다. 이렇게 홍예와 그 물그림자가 어우러져 생긴 원은 승선교와 주변 경관이 어우러지며 극적인 합일을 이룬 것이라고 설명했다. 그리고 5문단에서 여기에는 주변 경관과의 조화를 중시하는 옛사람들의 미의식이 반영되어 있으며, 승선교는 오늘날에도 자연의 소박하고 조화로운 미감을 준다고 설명했다. 따라서 홍예와 그 물그림자가 어우러져 생긴 원은 승선교의 미감을 형성한다고 보는 것은 적절하다.

오답풀이 ① 2문단에서 홍예석들은 서로를 단단하게 지지해 주기 때문에 특별한 접착 물질로 돌과 돌을 이어 붙이지 않았음에도 견고하게 서 있다고 설명했다.
③ 2문단을 보면 홍예는 예로부터 동서양에서 널리 활용되었으므로, 우리나라 특유의 건축 구조로 볼 수 없다.
④ 2문단에서 사다리꼴 모양인 것은 장대석이지, 목조로 된 가설틀이 아님을 확인할 수 있다. 가설틀은 홍예(단원) 모양이다.
⑤ 2문단에서 홍예는 위로부터 받는 하중을 좌우의 아래쪽으로 효과적으로 분산시켜 구조적 안정성을 얻을 수 있다고 설명했다.

## 2 반응의 적절성 판단 ⑤

|보기|는 창경궁 내에 있는 옥천교에 대해 설명하고 있다. 특히 옥천교의 도깨비 형상 조각은 사악한 기운이 금천 안으로 침범하지 못하도록 막기 위한 장식으로, 재앙을 막기 위한 장식으로 볼 수 있다. 그러나 이는 세속을 구원하고자 하는 종교적 의식이 반영된 것이 아니라, 궁궐을 보호하고자 하는 의식이 반영된 것이다. 또한 승선교의 용머리 장식은 사람들이 물로부터 화를 입지 않게 하려는 의도로 만든 것으로, 이 역시 세속을 구원하고자 하는 종교적 의식이 반영된 것이 아니다.

오답풀이 ① 승선교는 옛사람들이 절로 진입하는 통로이지만, 옥천교는 왕의 공간이라는 권위적인 영역으로 진입하는 통로로 왕과 왕의 허락을 받은 자만 건널 수 있었다.
② 승선교는 석축 부분에 다듬지 않은 막돌을 사용한 것에 비해, 옥천교는 다듬은 돌을 사용하여 홍예와 석축을 쌓았다. 또한 옥천교는 난간에 갖가지 조각 장식을 통해 장중한 화려함을 드러냈다.
③ 옥천교는 궁궐 내의 인공 하천 위에 세워진 것이지만, 승선교는 계곡을 가로질러 사람들이 산사로 들어갈 수 있게 세운 다리이다. 따라서 옥천교와 달리 승선교는 자연의 난관을 해소하려는 목적을 가지고 있다.
④ 옥천교는 '왕의 공간'과 '궁궐 내의 일상적 공간'이라는 두 이질적 공간 사이의 경계이고, 승선교는 '번잡한 속세'와 '경건한 세계'라는 두 이질적 공간 사이의 경계이다.

## 3 어휘의 문맥적 의미 파악 ④

'사람들이 물로부터 화를 입는 것을 방지한다고 여겨'에서 '방지한다'는 '어떤 일이나 현상이 일어나지 못하게 막는다.'라는 의미이다. 따라서 '계속되던 일이나 움직임이 멈추거나 끝나다.'라는 뜻의 '그친다고'로 바꿔 쓰는 것은 적절하지 않다.

오답풀이 ① '활용되다'는 '충분히 잘 이용되다.'라는 뜻이므로, '활용되었다'는 '이용되었다', '쓰였다'로 바꿔 쓸 수 있다.
② '견고하다'가 '굳고 단단하다'라는 뜻이므로, '견고하게'는 '튼튼하게'로 바꿔 쓸 수 있다.
③ '돌출되다'는 '쑥 내밀거나 불거지다(물체의 거죽으로 둥글게 툭 비어져 나오다.'라는 뜻이므로, '돌출되어'는 '튀어나와'로 바꿔 쓸 수 있다.
⑤ '선사하다'는 '존경·친근·애정의 뜻을 나타내기 위하여 남에게 선물을 주다.'라는 뜻이므로, '선사하는'은 '주는'으로 바꿔 쓸 수 있다.

## 2 중력을 이기고 하늘을 이다

2009학년도 3월 고2 학력평가

**어떻게 썼을까?**

**도입**
지붕의 구조적 안전성에 대한 문제 제기

**전개**
지붕의 구조적 안정성 확보를 위한 조건 설명

**과정**
그리스 신전의 지붕 건축 기술 제시

**과정**
로마 시대의 아치 기술 제시

**과정**
19세기 평지붕과 철근 콘크리트 공법 기술의 발전

가 건물은 크게 지붕, 벽, 바닥의 세 부분으로 @나뉜다. 이 중에서 구조적으로 가장 취약한 부분은 어디일까? 답은 지붕이다. 그것은 바닥에 놓인 벽돌은 주먹으로 잘 격파되지 않지만, 2장의 벽돌 위에 걸쳐 올려놓은 벽돌은 주먹으로 격파되는 사실을 통해서도 알 수 있다. 이러한 사실은 지붕을 안정되게 만드는 일이 그만큼 어렵다는 사실을 말해 준다. 지붕 아래의 실내 공간이 넓으면 넓을수록 지붕을 지탱하기 위해 필요한 힘은 기하급수적으로 늘어난다.
▶ 벽, 바닥에 비해 구조적으로 취약한 지붕의 특성

나 지붕을 구조적으로 안정되게 만들기 위해서는 기둥과 기둥 사이에 걸쳐 놓은 보가 인장력에 강해야 한다. 보에는 지붕의 무게에 비례하는 강한 중력이 가해진다. 그러면 보의 위쪽에는 보를 축소시키고자 하는 압축력이 생기고, 보의 아래쪽에는 보를 늘이고자 하는 인장력이 생긴다. 인장력이 지속적으로 증가하면 보는 결국 부러지고 만다. 인장력에 강한 재료가 없었던 과거에는「인장력을 견디는 힘이 돌보다 강하면서도 무게는 가벼운 목재를 이용하거나, 돌 또는 벽돌을 사용하되 인장력을 최소화할 수 있는 지붕 형태를 만들어 지붕 아래쪽에 조금이라도 더 넓은 공간을 확보하고자 했다.」
▶ 보에 작용하는 여러 힘과 인장력을 최소화하는 방법

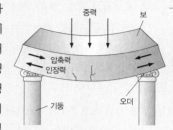

다 그리스 신전은 기둥들이 5~6m 간격으로 서 있다. 이는 돌로 만들어진 보가 인장력을 견딜 수 있는 최대 간격이다. 보에 가해지는 힘은 기둥과 기둥 사이의 간격을 의미하는 경간의 제곱에 비례한다. 따라서 경간이 두 배가 되면 그 힘은 네 배가 되고, 그에 대처하려면 보의 두께를 네 배로 늘여야 한다. 그런데 그렇게 보를 만들면 보의 무게가 다시 네 배로 증가해 보에 가해지는 힘도 네 배로 늘어나게 된다.「그리스 신전은 그러한 악순환을 막기 위해 최대 경간값을 계산해 기둥을 세우고, 나무로 ∧(박공형) 모양의 경사지붕을 만들어 중력이 양쪽의 경사면을 따라 ⓑ나뉘어 흐르도록 함으로써 보에 가해지는 힘을 최소화했다. 그리고 기둥과 보가 맞닿는 부분에 있는 오더를 보면 장식을 가미해 기둥의 끝자락을 넓혀 놓았는데, 이것은 구조적 안정성을 높이기 위한 장치이다.」
▶ 그리스 신전에 사용된 지붕 건축 방식의 원리와 특징

라 로마 시대에는 기둥을 촘촘히 세우는 그리스 건축 방식을 사용하지 않고 지붕 아래 커다란 공간을 만들기 위해서 아치 기술을 발전시켰다. 아치란 창문, 출입구, 지붕 등을 둥글게 만들어 인장력이 발생하지 않도록 하는 방법이다. 아치 구조는 건축물에 수직으로 작용하는 힘이 그 구조를 따라 땅으로 흘러가도록 하는 장점도 갖고 있다. 그렇다고 아치가 무조건 안정적인 것은 아니다. 아치에서는 수직으로 작용하는 힘의 방향이 사선 방향으로 바뀌기 때문에 옆으로 벌어지려는 힘이 생겨난다. 이에 대처하기 위해서는 아치 구조 옆에 측벽을 설치해야 한다. 측벽이 없으면 옆으로 벌어지려는 힘 때문에 아치는 무너지고 만다.
▶ 로마 시대에 사용된 아치 구조의 원리와 특징

마 박공형이나 아치 등의 경사지붕에 비해 평지붕은 고층화가 가능해 공간의 효율적 이용이 가능하다. 그럼에도 평지붕은 19세기에 들어서야 비로소 보편화될 수 있었다. 그 이유는 인장력에 강한 철이 그 시기에 등장했기 때문이다. 19세기 말에는 보를 압축력에 강한 콘크리트로 만들고 인장력이 작용하는 보의 아래 부분에 철을 묻어서 일체화시키는 철근 콘크리트 공법이 개발되었다. 그로 인해 평지붕이 더욱 널리 쓰이게 되었으며, ㉠온갖 형태의 건축물을 만드는 것이 가능해졌다.
▶ 공간의 효율적 이용을 가능하게 한 평지붕의 보편화

 **어떻게 읽을까!**

이 글에서 중점적으로 다뤄질 문제를 파악했는가?
- 건물에서 벽, 바닥에 비해 구조적으로 취약한 지붕의 구조적 안정성 문제를 제기함.

지붕의 구조적 안정성을 확보하기 위한 조건과 여기에 작용하는 힘을 이해했는가?
- 지붕의 구조적 안정성을 높이려면 지붕에 작용하는 여러 힘을 고려해 인장력을 최소화하는 지붕을 만들어야 함을 설명함.

시간의 흐름에 따른 지붕 건축 방식의 발전 과정을 파악했는가?
- 그리스 신전의 박공형 지붕부터 로마 시대의 아치 기술, 19세기 이후 평지붕까지, 지붕 건축 기술의 발전 과정을 서술함.

**통시형구조**

해제 이 글은 건물에서 가장 취약한 부분인 지붕의 구조적 안정성을 확보하기 위해 필요한 조건을 살펴본 다음, 고대 그리스, 로마 시대, 그리고 19세기 이후의 지붕 건축 방식을 차례로 설명하고 있다. 지붕의 구조적 안정성을 위해서는 보에 가해지는 인장력을 최소화해야 하는데, 그리스 신전은 기둥을 5~6m 간격으로 세우고, 나무로 박공형의 경사지붕을 만들어 중력이 양쪽의 경사면으로 흐르도록 했다. 로마 시대에는 지붕 아래 아치 구조를 만들어 건물에 수직으로 작용하는 힘이 그 구조를 따라 땅으로 흘러가도록 했으며 측벽을 설치해 옆으로 벌어지려는 힘에 대처했다. 19세기에는 인장력에 강한 철이 등장하여 평지붕이 보편화되었고 19세기 말에는 철근 콘크리트 공법이 개발되어 온갖 형태의 건축물이 만들어졌다.

주제 지붕의 구조적 안정성과 관련된 지붕의 발전 과정

0 ⑤   1 ②   2 ②   3 ⑤   4 ②

글쓴이의 작문 과정 ❶ 지붕 ❷ 그리스 신전
주제 지붕의 구조적 안정성과 관련된 지붕의 발전 과정

## 0 내용 전개 방식 파악 ⑤

이 글은 (가)에서 건물의 지붕이 구조적으로 안정성이 가장 약한 부분임을 밝힌 뒤, (나)에서 보에 작용하는 힘을 중심으로 그 이유를 밝히는 동시에 구조적 안정성을 확보하기 위한 조건을 제시하고 있다. 이어서 (다)~(마)에서는 시간의 흐름에 따라 지붕이 지닌 구조적 안정성 문제를 어떻게 해결했는가를 설명하고 있다.

오답풀이 ① 시대에 따라 지붕의 안정성을 확보한 방식을 제시하고 있지만, 각 지붕 형태의 문제점을 보완하는 가장 바람직한 대안을 제시하고 있지는 않다.
② 건물에서 지붕이 가장 취약한 부분임을 밝히는 것을 건물에서 지붕이 차지하는 비중을 분석한다고 보기는 어려우며 시대별로 지붕의 구조적 안정성을 확보하기 위한 방법을 제시하고 있을 뿐 시대별로 지붕 양식이 지닌 미적 가치를 제시하고 있지는 않다.
③ (가)에서 지붕이 건물에서 가장 취약한 부분임을 언급하고 (나)에서 그 이유를 과학적으로 밝히고 있으나, 지역이 달라도 지붕 건축 양식이 유사했음을 주장하고 있지는 않다.
④ 지붕의 유형으로 박공형 경사지붕과 평지붕을 제시하고 있지만, 각 유형의 장점과 단점을 대비하거나 지붕의 형태에 반영된 당대의 사회적 상황을 제시하고 있지는 않다.

## 1 중심 내용 파악 ②

(나)에서는 보에 작용하는 중력으로 인해 인장력과 압축력이 생기게 되고, 그중 인장력이 지속적으로 증가하면 보가 부러지는 문제가 생기게 되므로, 이를 보완하기 위해 보를 목재로 만들거나 돌로 만들더라도 인장력을 견딜 수 있는 지붕 형태를 택했음을 설명했다. 따라서 (나)의 중심 내용은 보에 작용하는 중력, 인장력, 압축력이 생기는 과정의 차이점이 아니라 '보에 작용하는 여러 힘과 인장력을 최소화하는 방법'이라고 할 수 있다.

## 2 구체적 사례에 적용 ②

㉯는 기둥과 보가 맞닿는 부분이면서 장식이 있는 것으로 보아, (다)

에서 설명한 '오더'에 해당한다. 오더는 기둥의 끝자락을 넓혀 지붕의 구조적 안정성을 높이기 위한 장치로, 기둥의 끝자락을 넓히면 결과적으로 기둥과 기둥 사이인 경간이 좁혀지는 효과가 나타나게 되고, 이를 통해 보에 가해지는 힘을 줄이는 역할을 한다. 한편, 보에 가해지는 힘은 인장력으로, 이는 중력으로 인해 발생하는 힘이다. 따라서 오더는 지붕의 무게로 인해 발생하는 중력이 만드는 인장력을 줄여 보의 구조적 안정성을 높이는 장치이지, 기둥이 중력의 영향으로부터 벗어나도록 하는 것이 아니다.

오답풀이 ① (다)에 따르면 ㉮는 박공형 모양의 경사지붕으로, 중력이 양쪽의 경사면을 따라 나뉘어 흐르도록 함으로써 보에 가해지는 힘을 최소화한다. 따라서 평지붕에 비해 보에 가해지는 중력이 더 작다.
③ (다)에 따르면 ㉰는 경간으로, 보에 가해지는 힘은 경간의 제곱에 비례하므로, 경간를 넓히면 보에 가해지는 힘이 커져 보가 부러질 위험도 커진다.
④ (라)에 따르면 ㉱는 아치로, 아치 구조는 건축물에 수직으로 작용하는 힘이 그 구조를 따라 땅으로 흘러가도록 하는 장점이 있다.
⑤ (라)에 따르면 ㉲는 측벽으로, 아치에서는 수직으로 작용하는 힘의 방향이 사선 방향으로 바뀌어 옆으로 벌어지려는 힘이 발생하는데, 측벽은 이 힘에 대처해 구조를 안정적으로 지탱시켜 준다.

## 3 이유의 추론 ⑤

(마)에서는 19세기 철이 보의 재료로 사용됨으로써 평지붕의 보편화가 일어났고, 19세기 말 철근 콘크리트 공법의 개발로 평지붕이 더욱 널리 쓰이게 되면서 ㉠이 가능해졌다고 설명하였다. 즉, ㉠은 보의 재료로 철근 콘크리트를 사용했기 때문에 가능해진 것이며, 철근 콘크리트는 압축력에 강한 콘크리트와 인장력에 강한 철을 함께 사용하여 압축력과 인장력에 대한 보의 구조적 안정성을 높인 것이다.

## 4 어휘의 문맥적 의미 파악 ②

ⓐ '나뉜다'는 건물이 세 부분으로 구분되어 분류된다는 의미이다. 이와 같은 의미로 사용된 것은 ㄱ의 '나뉘어'로, 좌석이 흡연석과 금연석으로 구분되어 분류된다는 의미로 사용되었다. ⓑ '나뉘어'는 중력이 갈라져 분산된다는 의미이다. 이와 같은 의미로 사용된 것은 ㄹ로, 군대 병력이 갈라져 여러 지역으로 분산된다는 의미로 사용되었다.

오답풀이 ㄴ. 수학에서 '나눗셈이 되다.'라는 의미로 사용되었다.
ㄷ. '몫이 분배되다.'라는 의미로 사용되었다.

# 전통 건축의 꽃, 단청

2014학년도 3월 고1 학력평가

**도입**
화제인 단청의 개념과
사용 목적 소개

**분석**
단청 문양의 종류 제시

**분석**
단청에 사용된 색의 조
화 설명

**분석**
단청에 사용된 오방색
설명

**전개**
단청의 기법 세 가지 제시
**분류**
기법 ① – 빛 넣기

**분류**
기법 ② – 보색 대비

**분류**
기법 ③ – 구획선 긋기

**정리**
단청 기법의 사용 효과
언급

단청이라 하면 일반적으로 목조 건물에 여러 가지 색으로 무늬를 그려 아름답게 장식하는
것을 말한다. 단청은 건물의 보존 효과를 높이기 위해서 시작되었는데, 이후 여러 가지 색
감으로 문양을 더함으로써 보존 효과뿐만 아니라 장식성과 상징적 의미도 부여하게 되었다.
▶ 단청의 개념과 사용 목적

단청의 문양은 건축물의 성격에 따라, 그리고 나타내고자 하는 의미에 따라 달라진다. 예
를 들어 봉황은 주로 궁궐에만 사용되었고, 사찰에는 주로 불교적 소재들이 문양으로 사용
되었다. 또 극락왕생의 의미를 나타낼 때는 연꽃 문양을 그리고 자손의 번창을 나타낼 때는
박쥐 문양을 그렸다.
▶ 단청의 다양한 문양에 담긴 의미

단청은 붉은색을 의미하는 '단(丹)'과 푸른색을 의미하는 '청(靑)'을 결합하여 만든 단어이
다. 이처럼 상반된 색을 뜻하는 두 글자가 결합된 '단청(丹靑)'은 대비되는 두 색의 조화로운
관계를 의미한다.
▶ 단청에서 붉은색과 푸른색의 관계

하지만 단청에서 붉은색과 푸른색만을 쓴 것은 아니었다. 단청은 오방색을 기본으로 하
여 채색하는데, 여기서 오방색이란 오행의 각 기운과 직결된 청(靑), 백(白), 적(赤), 흑(黑),
황(黃)의 다섯 가지 기본색을 말한다. 단청을 할 때에는 이 오방색을 적절히 섞어 여러 가지
다른 색을 만들어 썼는데, 이 색들을 적색 등의 더운 색 계열과 청색 등의 차가운 색 계열로
구분하여 사용하였다.
▶ 단청에 사용된 다양한 색

단청의 가장 대표적인 기법으로는 '빛 넣기', '보색 대비', '구획선 긋기' 등이 있다.
▶ 단청의 기법 소개

빛 넣기는 문양에 백색 분이나 먹을 혼합하여 적절한 명도 변화를 주는 것으로, 한 계열
에서 명도가 가장 높은 단계를 '1빛', 그보다 낮은 단계는 '2빛' 등으로 말한다. 빛 넣기를 통
한 문양의 명도 차이는 시각적 율동성을 이끌어 내어 결과적으로 단순한 평면성을 탈피하는
시각적 효과를 얻을 수 있다. 즉 명도가 낮은 빛은 물러나고 명도가 높은 빛은 다가서는 듯
한 느낌을 주게 된다.
▶ 단청의 기법 ① – 빛 넣기

보색 대비는 ㉠더운 색 계열과 차가운 색 계열을 서로 엇바꾸면서 색의 층을 조성함으로
써 색의 조화를 이끌어 내는 것을 말한다. 예를 들어 오색구름 문양을 단청할 때 더운 색과
차가운 색을 엇바꾸면서 대비시키는 방법이 그것인데, 이것을 통해 색의 조화를 이끌어 낼
수 있으며 문양의 시각적 장식 효과를 더욱 높일 수 있다.
▶ 단청의 기법 ② – 보색 대비

구획선 긋기는 색과 색 사이에 흰 분으로 선을 긋는 것을 말하는데, 특히 보색 대비가 일
어나는 색과 색 사이에는 빠짐없이 구획선 긋기를 한다. 이 기법을 사용하면 문양의 색조를
더욱 두드러지게 하는 효과를 얻을 수 있다.
▶ 단청의 기법 ③ – 구획선 긋기

이러한 빛 넣기와, 보색 대비 그리고 구획선 긋기 등의 기법을 활용함으로써 시각적 단층
을 형성함으로써 단청의 각 문양은 전체적으로 안정감을 얻게 된다. ▶ 단청의 세 가지 기법의 사용 효과

중심 화제인 단청에 대해 정확
하게 이해했는가?
단청의 의미와 단청 문양의 사
례, 단청에 사용되는 색의 특징
을 설명함.

단청의 대표적인 기법 세 가지
를 파악했는가?
단청의 기법으로 빛 넣기, 보색
대비, 구획선 긋기의 개념과 그
사용 효과를 설명함.

단청의 기법을 사용하면 건축
에 어떤 효과가 있는지 이해했
는가?
종합적인 관점에서 단청의 세 가
지 기법의 사용 효과를 정리함.

**집중형구조**

```
        도입
분석   분석   분석
        전개
분류   분류   분류
        정리
```

해제 이 글은 우리나라 전통 목조 건축물에 칠해진 단청에 대해 설명하고 있다. 단청은 건물의 보존 효과를 높이기 위해 시작되었는데, 이후 여러 가지 색감의 문양이 더해지면서 장식성과 상징적 의미도 부여되었다. 문양은 건축물의 성격이나 나타내고자 하는 의미에 따라 달라지는데, 봉황은 주로 궁궐에만 사용되었고 연꽃 모양은 극락왕생을 나타낼 때 그렸다. 단청은 오방색을 적절히 섞어 사용하였다. 단청의 기법으로는 '빛 넣기', '보색 대비', '구획선 긋기'가 있는데, 빛 넣기는 문양에 백색 분이나 먹을 혼합해 명도 변화를 주는 것으로 시각적 율동성을 이끌어 낸다. 보색 대비는 더운 색 계열과 차가운 색 계열을 서로 엇바꾸는 것으로 문양의 시각적 장식 효과를 높인다. 구획선 긋기는 색과 색 사이에 흰 분으로 선을 긋는 것으로 문양의 색조를 더욱 두드러지게 한다. 이런 기법을 통해 시각적 단층을 형성함으로써 단청의 문양은 전체적으로 안정감을 얻게 된다.

주제 단청의 개념과 문양, 기법

**기출읽기 3**

0 ②    1 ①    2 ①

글쓴이의 작문 과정 ❶ 문양 ❷ 빛 넣기
주제 단청의 개념과 문양, 기법

## 0 자료 활용 방안 평가 ②

이 글은 주로 목조 건축물에 그려진 단청을 중심으로 설명하고 있다. 그런데 ②는 단청의 사용 범위가 고분이나 동굴의 벽화, 칠기, 공예품, 조각상, 장신구에 이르기까지 매우 광범위하다고 하였다. 따라서 ②는 이 글을 쓸 때 활용한 자료로 볼 수 없다.

오답풀이 ① 1문단에서 단청을 하는 이유는 건물의 보존 효과를 높이기 위해서라고 설명했다.

③ 2문단에서 봉황 문양은 궁궐에서만 사용된다고 설명했다.

④ 4문단에서 단청의 다섯 가지 색을 오방색이라고 하고, 이는 오행과 관련된다고 설명했다.

⑤ 8문단에서 단청의 구획선 긋기 기법에서 색의 경계에 흰색을 칠한다고 설명했다.

## 1 구체적 사례에 적용 ①

|보기|의 ⓐ, ⓑ, ⓒ는 모두 빨강 계통의 색으로, 괄호 안의 '1빛', '2빛', '3빛'은 빛 넣기 기법에서 명도의 차이를 의미한다. 6문단에 따르면 명도가 가장 높은 단계를 '1빛'이라고 하였으므로 이 중에서 ⓐ의 명도가 가장 높다. 따라서 ⓐ와 ⓑ는 빛 넣기 기법을 사용한 것이므로 보색 대비 기법이 사용되었다고 이해하는 것은 적절하지 않다. 한편, 보색 대비는 더운 색 계열과 차가운 색 계열을 서로 엇바꾸는 기법으로 문양의 시각적 장식 효과를 높이는 효과가 있다. 문양의 색조를 더욱 두드러지게 하는 효과가 있는 기법은 '구획선 긋기'이다.

오답풀이 ② 6문단에서 빛 넣기 기법을 사용했을 때 명도가 낮은 빛은 물러나는 느낌을 준다고 설명했다. ⓒ는 3빛으로 ⓐ의 1빛보다 명도가 낮으므로 ②의 진술은 적절하다.

③ 6문단에서 빛 넣기 기법을 통한 문양의 명도 차이는 시각적 율동성을 이끌어 내어 단순한 평면성을 탈피하는 시각적 효과를 얻을 수

있다고 설명하였다.

④ 4문단에서 단청의 색은 적색 등의 더운 색 계열과 청색 등의 차가운 색 계열로 구분하여 사용한다고 설명했다. 그리고 7문단에서 보색 대비는 더운 색과 차가운 색을 엇바꾸면서 색을 조성한다고 설명했다. 따라서 ⓐ, ⓑ, ⓒ는 모두 빨강 계통의 더운 색에 해당하므로, 보색 대비가 이루어지게 하기 위해서는 ⓓ에 차가운 색에 해당하는 청색 계통의 색을 칠해야 한다.

⑤ 2문단에서 |보기|와 같이 연꽃 문양은 극락왕생의 의미를 나타낼 때 사용한다고 설명했다.

## 2 이유의 추론 ①

㉠은 보색 대비 기법의 개념을 설명한 것이다. 7문단에서 보색 대비 기법을 사용하면 색의 조화를 이끌어 낼 수 있으며 문양의 시각적 장식 효과를 더욱 높일 수 있다고 설명하고 있다.

기 출 읽 기

## 01 베토벤 교향곡의 음악사적 의의  2014학년도 수능 B형

어떻게 썼을까?

**도입**
베토벤 교향곡에 대한
평가와 그 이유 제시

베토벤의 교향곡은 서양 음악사에 한 획을 그은 걸작으로 평가된다. 그 까닭은 음악 소재
를 개발하고 그것을 다채롭게 처리하는 창작 기법의 탁월함으로 설명될 수 있다. 연주 시간
이 한 시간 가까이 되는 제3번 교향곡 '영웅'에서 베토벤은 으뜸 화음을 펼친 하나의 평범한
소재를 모티브로 취하여 다양한 변주와 변형 기법을 통해 통일성을 유지하면서도 가락을 다
채롭게 들리게 했다. 이처럼 단순한 소재에서 착상하여 이를 다양한 방식으로 가공함으로써
성취해 낸 복잡성은 후대 작곡가들이 본받을 창작 방식의 전형이 되었으며, 유례없이 늘어
난 교향곡의 길이는 그들이 넘어서야 할 산이었다.
▶ 베토벤 교향곡 신화 형성의 작품 내적인 원리

**전환**
작품의 내적인 원리만으
로 베토벤 신화를 분석
하는 시각에 대한 문제
제기와 작품 외적인 이
유 제시

그렇다면 오로지 작품의 내적인 원리만이 베토벤의 교향곡을 19세기의 중심 레퍼토리로
자리매김하게 했을까? 베토벤의 신화를 이해하기 위해서는 19세기 초 음악사의 중심에 서
고자 했던 독일 민족의 암묵적 염원을 들여다볼 필요가 있다. 그것은 1800년을 전후하여 뚜
렷하게 달라진 빈(Wien)의 청중의 음악관, 음악에 대한 독일 비평가들의 새로운 관점, 그리
고 당시 유행한 천재성 담론에 반영되었다.
▶ 베토벤 교향곡 신화 형성의 작품 외적인 이유

**전개**
베토벤 신화 형성의 작
품 외적인 이유 ① – 순
수 기악을 원한 빈 청중
의 음악관

빈의 ㉠새로운 청중의 귀는 유럽의 다른 지역 청중과는 달리 순수 기악을 향해 열려 있었
다. 순수 기악이란 악기에서 나오는 소리 외에는 다른 어떤 것과도 연합되지 않는 음악을 뜻
한다. 당시 청중은 언어가 순수 기악이 주는 의미를 담기에 부족하다고 생각했기 때문에 제
목이나 가사 등의 음악 외적 단서를 원치 않았다. 그들이 원했던 것은 말로 형용할 수 없는,
무한을 향해 열려 있는 '음악 그 자체'였다.
▶ 작품 외적인 이유 ① – 순수 기악을 원한 빈(Wien) 청중의 음악관

**전개**
베토벤 신화 형성의 작
품 외적인 이유 ② – 음
악에 대한 독일 비평가
들의 새로운 관점

또한 당시 음악 비평가들은 음악을 앞의 방식으로 이해하기를 원했다. 이는 음악을 정서
의 촉발자로 본 이전 시대와 달리 음악을 감상자가 능동적으로 이해해야 할 대상으로 인식
하기 시작했음을 뜻한다. 슐레겔은 모든 순수 기악이 철학적이라고 보았으며, 호프만은 베
토벤의 교향곡이 '보편적 진리를 향한 문'이라고 주장하였다. 요컨대 당시의 빈의 청중과 독
일의 음악 비평가들은 베토벤의 교향곡이 음악의 독립적 가치를 극대화한 음악이자 독일 민
족의 보편적 가치를 실현해 주는 순수 기악의 정수라 여겼다.
▶ 작품 외적인 이유 ② – 음악에 대한 독일 비평가들의 새로운 관점

**전개**
베토벤 신화 형성의 작
품 외적인 이유 ③ – 당
시 독일에서 유행한 천
재성 담론

더욱이 당시 독일 지역에서 유행한 천재성 담론도 베토벤의 교향곡이 특별한 지위를 얻는
데 한몫했다. 그 시대가 요구하는 천재상은 타고난 재능으로 기존의 관습에서 벗어나 새로
운 전통을 창조하는 자였다. 베토벤은 이전의 교향곡의 전통을 수용하면서도 자신만의 독창
적인 색채를 더하여 교향곡의 새로운 지평을 열었다고 여겨졌다. 베토벤이야말로 이러한 천
재라는 인식이 널리 받아들여지면서 그의 교향곡은 더욱 주목받았다.
▶ 작품 외적인 이유 ③ – 당시 독일에서 유행한 천재성 담론

어떻게 읽을까!

**베토벤 교향곡이 걸작으로 평
가되는 이유를 파악했는가?**
베토벤 교향곡을 높이 평가하는
이유로 작품의 내적인 원리를
중심으로 밝히고, 그 영향을 설
명함.

**베토벤 신화 형성의 원인으로
앞 문단과 다른 내용이 전개될
것임을 파악했는가?**
베토벤 신화가 작품의 내적인 원
리만으로 형성되었는지에 대해
의문을 제기한 다음, 작품의 내
적인 원리 이외에 세 가지 작품
외적인 이유가 있음을 제시함.

**베토벤 신화 형성의 작품 외적
인 이유 세 가지를 파악했는
가?**
순수 기악을 원한 빈(Wien) 청중
의 음악관, 음악에 대한 독일 비
평가들의 새로운 관점, 당시 독
일에서 유행한 천재성 담론 등
의 작품 외적인 이유를 제시함.

## 나열형구조

```
        도입
         │
        전환
    ┌────┼────┐
  전개  전개  전개
```

**해제** 이 글은 베토벤 교향곡이 서양 음악사의 한 획을 그은 걸작으로 평가받는 이유를 밝히고 있다. 글쓴이는 그 원인을 작품
의 내적인 원리와 작품 외적인 이유로 구분하고, 작품의 내적인 원리는 평범한 소재를 모티브로 해 다채롭게 처리하는 창작 기
법의 탁월함에 있다고 본다. 그리고 작품 외적인 이유로는 음악사의 중심에 서고자 했던 당대 독일 민족의 염원이라고 제시한
뒤, 이를 순수 기악을 원했던 빈 청중의 음악관, 음악을 감상자가 능동적으로 이해해야 할 대상으로 본 독일 비평가들의 음악에
대한 새로운 관점, 그리고 타고난 재능으로 기존의 관습에서 벗어나 새로운 전통을 창조하는 천재상을 요구하던 당시의 천재성
담론으로 구분하여 설명하고 있다.

**주제** 베토벤 신화가 형성된 이유

**0** ⑤　**1** ⑤　**2** ④　**3** ①

글쓴이의 작문 과정 **❶** 베토벤 교향곡 **❷** 천재성 담론
주제　베토벤의 신화가 형성된 이유

## 0 글쓰기 전략 파악　　　　　　　　　　　⑤

이 글은 베토벤 신화 형성의 이유를 작품의 내적인 원리와 작품 외적인 이유로 구분 지어 설명하고 있다. 1문단에서는 소재의 선택과 탁월한 창작 기법이라는 작품의 내적인 원리를 제시하고, 2문단에서는 작품의 내적인 원리 외에 작품 외적인 이유도 있음을 언급한 뒤, 3~5문단에서는 작품 외적인 이유 세 가지를 하나씩 나열하여 상세하게 설명하고 있다. 특히 5문단에서는 세 번째 이유인 당시 독일에서 유행한 천재성 담론을 분석하며 글을 마무리짓고 있다. 따라서 ⓒ~ⓜ을 모두 활용하여, 베토벤의 신화가 형성된 이유를 요약하면서 글을 마무리한다는 '내용 구성'은 글을 쓰는 과정에서 수정되었다고 할 수 있다.

**오답풀이** ① 1문단에서 '베토벤의 교향곡은 서양 음악사에 한 획을 그은 걸작으로 평가된다.'라고 하며 베토벤 교향곡의 음악사적 위치를 단정적으로 표현하며 글을 시작하고 있다.

② 이 글은 베토벤 신화가 형성된 이유로 1문단에서는 작품의 내적인 원리를, 3~5문단에서는 작품 외적인 이유를 제시하고 있다.

③ 2문단에서 베토벤 신화는 19세기 초 독일 민족의 암묵적 염원과 관련이 있으며 이것이 빈 청중의 음악관, 음악에 대한 독일 비평가들의 새로운 관점, 당시 유행한 천재성 담론에 반영되었음을 언급한 후, 3~5문단에서 각각 이들을 상세하게 설명하고 있다.

④ 4문단에서 '요컨대 당시의 빈의 청중과 독일의 음악 비평가들은 베토벤의 교향곡이 음악의 독립적 가치를 극대화한 음악이자 독일 민족의 보편적 가치를 실현해 주는 순수 기악의 정수라 여겼다.'라고 하며 ⓒ과 ⓔ의 공통점을 요약적으로 제시하고 있다.

## 1 세부 내용 파악　　　　　　　　　　　⑤

5문단에서 '베토벤은 이전의 교향곡의 전통을 수용하면서도 자신만의 독창적인 색채를 더해 교향곡의 새로운 지평을 열었다고 여겨졌다.'라고 하였다.

**오답풀이** ① 2문단에서 '베토벤의 신화를 이해하기 위해서는 19세기 초 음악사의 중심에 서고자 했던 독일 민족의 암묵적 염원을 들여다볼 필요가 있다.'라고 하였다. 여기서 '음악사의 중심에 서고자 했던 독일 민족의 암묵적 염원'이 곧 '독일 민족의 음악적 이상'이라고 볼 수 있다.

② 1문단에서 유례없이 늘어난 교향곡의 길이는 후대 작곡가들이 넘어서야 할 산이었다고 설명하고 있다.

③ 1문단에서 베토벤 교향곡의 복잡성은 단순한 소재에서 착상하여 이를 다양한 방식으로 가공함으로써 성취해 낸 것이라고 설명하고 있다.

④ 1문단에서 제3번 교향곡 '영웅'에서 베토벤은 다양한 변주와 변형 기법을 통해 통일성을 유지하면서도 가락을 다채롭게 들리게 했다고 설명하고 있다.

## 2 핵심 내용 파악　　　　　　　　　　　④

3문단에 따르면 ⊙의 관점은 악기에서 나오는 소리로만 구성된 순수 기악을 추구하는 관점으로, 그들은 언어가 순수 기악이 주는 의미를 담기에 부족하다고 생각해서 음악 외적 단서인 제목이나 가사를 배제한다. 또한 그들이 원했던 것은 말로 형용할 수 없는, 무한을 향해 열려 있는 '음악 그 자체'였다. 따라서 ⊙은 음악이 언어를 철저히 배제하고 순수하게 악기에서 나오는 소리를 통해 언어로는 표현할 수 없는 무엇인가를 전달해야 한다고 보았음을 알 수 있다.

**오답풀이** ① 음악이 인간의 정서를 순화시킨다는 것은 ⊙과는 관련이 없고, 음악을 정서의 촉발자로 본 이전 시대의 관점과 관련이 있다.

② ⊙은 음악에서 언어를 배제하므로 음악 자체를 언어라고 보지 않으며, 또한 음악을 인간의 감정을 전달하는 수단으로도 보지 않는다.

③ ⊙은 언어로 된 가사와 같은 음악 외적 단서를 철저히 배제한다.

⑤ ⊙은 악기에서 나오는 소리 외에 다른 어떤 것과도 연합되지 않는 음악을 원했고 음악 외적 단서를 원치 않았다. 따라서 ⊙은 음악이 창작 당시의 시대상을 반영하는 것을 중요하게 보지 않는다.

## 3 관점의 비교 및 적용　　　　　　　　　　①

|보기|의 로시니는 오페라 작곡가로, 오페라에서는 노래(성악곡)의 가사가 중요하다. 당대의 음악 비평가인 스탈당은 로시니를 최고의 작곡가로 평가하였다. 그런데 4문단에 따르면, 독일의 음악 비평가들은 베토벤의 교향곡이 음악의 독립적 가치를 극대화한 음악이자 독일 민족의 보편적 가치를 실현해 주는 순수 기악의 정수라 여겼다고 하면서 베토벤을 매우 높이 평가했음을 알 수 있다. 특히 독일의 음악 비평가인 슐레겔은 모든 순수 기악을 철학적이라고 보았다고 하였으므로, 슐레겔은 언어를 중요하게 활용하는 오페라 작곡가인 로시니보다 언어를 배제하는 순수 기악 음악인 교향곡의 작곡가인 베토벤을 더 높이 평가했을 것이라고 이해할 수 있다.

**오답풀이** ② 4문단에 따르면, 호프만은 순수 기악의 정수인 교향곡을 중시한 독일 비평가이므로 당시 이탈리아와 프랑스에서 유행하던 오페라에는 부정적인 관점을 가지고 있었을 것이다.

③ 4문단에 따르면, 음악을 '앎의 방식'으로 보는 관점을 가진 사람은 슐레겔과 호프만 같은 독일 비평가들이므로, 그들은 교향곡을 오페라보다 우월한 장르로 평가했을 것이다.

④ |보기|의 로시니는 베토벤과 동시대인으로서 베토벤 음악의 영향을 받은 것으로 보기는 어렵다. 특히 당대의 음악 비평가인 스탕달이 로시니를 최고의 작곡가로 평가하며 극찬한 반면, 베토벤을 포함한 빈의 음악가들을 '빈의 현학적인 음악가들'이라고 부정적으로 보았으므로, 로시니가 베토벤이 세운 '창작 방식의 전형'을 따랐다고 볼 수 없다.

⑤ 4문단에 따르면, 음악을 '정서의 촉발자'가 아닌 '능동적 이해의 대상'으로 보려는 청중은 곧 슐레겔과 호프만 같은 독일 비평가들이며, 이들은 베토벤의 교향곡을 높이 평가하므로 오페라가 인기를 얻을 수 있었던 것과는 관련이 없다.

# 재즈, 어떻게 감상해야 할까 2006학년도 3월 고2 학력평가

**도입**
재즈곡 감상 시 긴장과 이완에 대한 이해의 필요성 언급

**전개**
멜로디에 따라 달라지는 긴장과 이완의 작용 설명

**예시**
멜로디에 따른 재즈 감상 사례 제시

**첨가**
곡의 리듬 변화와 셈여림을 통한 재즈곡의 감상 방법 설명

**결론**
재즈곡을 감상하는 경험의 중요성 강조

**어떻게 읽을까!**

**중심 화제를 파악했는가?**
재즈 곡의 흐름에는 긴장과 이완이 있음을 언급하며 재즈의 감상 방법이라는 화제를 제시함.

**재즈곡에서 긴장과 이완의 흐름을 추적하는 방법이 무엇인지 파악했는가?**
재즈곡을 들을 때 멜로디의 상승과 하강을 파악하고, 곡의 리듬 변화와 셈여림의 정도를 인식해야 함을 제시함.

**재즈곡의 효과적인 감상 방법이 무엇인지 이해했는가?**
재즈곡을 잘 듣기 위한 여러 가지 방법들을 제시한 뒤, 실제로 그 방법들을 곡을 듣는 데 적용하는 경험이 많아져야 함을 강조함.

재즈를 감상할 때 곡의 흐름을 추적하는 것은 즐거운 일이다. 그 흐름은 계속해서 진행되기도 하지만 한 곳에서 멈추었다가 다시 진행되기도 한다. 그리고 그 흐름에는 다른 장르의 음악들처럼 긴장과 이완의 작용이 있다. 물론 긴장과 이완이라는 말은 이론적인 표현이다. 실제 악절이나 동기들 간의 연관성을 통해 관찰되는 이런 개념을 굳이 도입하는 것은 일반 대중들도 그 개념을 알면 재즈를 보다 쉽게 이해하며 감상할 수 있기 때문이다.
▶ 재즈곡 감상에 필요한 긴장과 이완

대체로 재즈곡은 긴장과 이완의 조절 속에서 이루어지는 경우가 많다. 긴장과 이완은 상반되는 특성을 바탕으로 하고 있다. 곡의 한 부분이더라도 멜로디가 상승할 때 우리는 정서적으로 긴장의 이미지를 느끼게 되며, 반대로 하강할 때 이완의 이미지를 느끼게 되는 것이다. 긴장과 이완은 재즈곡 전체를 통해서도 찾을 수 있지만 하나의 마디에서도 매우 자주 관찰할 수 있으므로, 우리가 재즈곡에서 긴장과 이완의 작용을 느끼기 위해서는 그 곡을 단순하게 흘려듣기보다는 어느 정도 집중해서 들을 필요가 있다.
▶ 멜로디에 따른 긴장과 이완의 작용

다음 재즈곡의 악보를 통해서 이해해 보자. ⓐ의 경우는 반복되는 진행을 통해 긴장과 이완의 이미지를 느낄 수 없는 경우이다. 물론 곡이 더 진행되면서 어떤 현상을 보여줄 수도 있지만, 일단 그 자체만 가지고 보았을 때는 그러하다. 그에 반해 ⓑ는 멜로디가 상승 곡선을 그리면서 긴장감을 조성하고 있으며, 그 긴장도는 마지막 마디의 끝 음을 기준으로 정점에 다다른다. 물론 이 사례는 매우 단순한 경우이다. 실제에서는 보다 복합적인 구조를 띠는 형태로 나타날 수도 있다. 그리고 ⓒ는 ⓑ와 반대로 곡이 이완되고 있는 경우를 나타낸다.

| ⓐ | ⓑ | ⓒ |
|---|---|---|

▶ 멜로디에 따른 긴장과 이완의 작용 사례

이렇게 멜로디가 상승하고 하강하는 자체만으로 재즈곡의 긴장과 이완의 흐름을 추적한다는 것은 ㉠기계적인 접근일 수 있다. 여기에 곡의 리듬 변화와 셈여림에 대한 인식이 보태져야 한다. 곡의 부분 또는 전반에 걸쳐 나타나는 리듬의 변화 및 음의 셈과 여림의 정도를 인식할 수 있게 되면, 곡의 향취를 마음으로 느끼며 긴장과 이완의 흐름을 파악할 수 있다. 재즈곡에서 리듬의 변화와 음의 셈여림을 쉽게 느끼기 위해서는 베이스와 드럼의 소리에 주목하는 것이 좋다. 이들의 소리에 주목하면 긴장이 이루어지는 부분에서 재즈곡의 음이 강하게 이루어지거나 리듬이 세분화되는 것을 비교적 쉽게 느낄 수 있다.
▶ 긴장과 이완의 흐름을 추적하는 다른 방법 – 곡의 리듬 변화와 셈여림에 대한 인식

곡의 긴장과 이완의 흐름을 느끼는 것은 재즈곡을 보다 잘 듣기 위한 하나의 방법이다. 이 외에도 재즈곡을 효과적으로 듣기 위한 방법으로 곡과 연주자에 대한 배경지식을 공부하고 듣는 것이 강조될 수도 있고, 곡을 연주하는 악기에 대한 이해가 우선되어야 함이 강조될 수도 있을 것이다. 그러나 어떤 방법이더라도 재즈곡을 듣는 데 있어서는 그 방법 자체가 중요한 것은 아니다. 그 방법들을 실제로 곡을 듣는 데 적용하는 경험이 많아져야 재즈를 효과적으로 느낄 수 있게 될 것이다.
▶ 재즈곡을 효과적으로 감상하는 방법

---

**집중형구조**

| 도입 | |
|---|---|
| 전개 | 예시 |
| 첨가 | |
| 결론 | |

해제 이 글은 재즈곡을 제대로 듣고 효과적으로 감상할 수 있는 방법에 대해 설명하고 있다. 먼저 곡의 흐름에 긴장과 이완의 작용이 있음을 언급한 뒤, 긴장과 이완의 흐름을 느낄 수 있는 첫 번째 방법으로 멜로디의 상승과 하강을 파악하면서 듣는 것을 제시하고 있다. 멜로디가 상승할 때는 긴장의 이미지를, 하강할 때는 이완의 이미지를 느낄 수 있다고 하였다. 긴장과 이완의 흐름을 느낄 수 있는 두 번째 방법으로 곡의 리듬 변화나 셈여림의 정도를 인식하는 방법을 제시하였는데, 이를 쉽게 느끼기 위해 베이스와 드럼의 소리에 주목하면 긴장이 이루어지는 부분에서는 재즈곡의 음이 강하고 리듬이 세분화된다고 하였다. 이외에도 재즈곡을 효과적으로 듣기 위한 방법으로 곡과 연주자에 대한 배경지식과 곡을 연주하는 악기에 대한 이해가 우선되어야 함을 제시하면서 무엇보다도 그 방법들을 실제로 곡을 듣는 데 적용하는 경험이 많아져야 함을 강조하고 있다.

주제 재즈곡을 효과적으로 감상하는 방법

## 0 글의 전개 방식 파악                                     ④

이 글은 1문단에서 4문단까지 재즈곡을 잘 듣기 위한 방법으로 긴장
과 이완의 흐름을 느끼는 것(ⓐ)을 설명하고 있다. 그리고 5문단에서
ⓐ 이외에도 곡과 연주자에 대한 배경지식(ⓑ), 곡을 연주하는 악기
(ⓒ)에 대한 이해가 우선되어야 함을 제시하고 있다. 그런 다음 재즈
곡을 효과적으로 감상하는 방법으로 ⓓ를 제시하면서 글을 마무리
하고 있다. 그런데 ⓒ는 5문단에서 간단하게 언급만 했을 뿐, 구체적
사례를 들어 상세하게 설명하지 않았으므로, ④는 적절하지 않다.

오답풀이 ① ⓐ~ⓓ는 모두 재즈곡을 효과적으로 감상하는 방법으로
제시되고 있다.
② 2, 3문단의 멜로디 상승과 하강을 통해 긴장과 이완의 흐름을 이
해하는 것과 4문단의 곡의 리듬 변화 및 음의 셈여림을 인식하여 긴
장과 이완의 흐름을 이해하는 것은, 모두 ⓐ의 구체적인 방법을 상
세하게 설명한 것이다.
③ 5문단에서 ⓑ는 간단하게 언급만 하고 있다.
⑤ 5문단 마지막 문장에서 확인할 수 있다.

## 1 세부 내용 파악                                          ①

4문단에서는 긴장이 이루어지는 부분에서 재즈곡의 음이 강하게 이
루어지거나 리듬이 세분화된다고 설명하고 있다. 따라서 재즈곡의
리듬이 세분화될 때에는 정서적 긴장감이 이완되는 것이 아니라 긴
장감이 더 강해진다고 할 수 있다.

오답풀이 ② 3문단에서 긴장감을 조성하는 ⓑ의 사례는 매우 단순하
지만, 실제에서는 보다 복합적인 구조를 띠는 형태로 나타날 수 있
다고 설명하고 있다.
③ 1문단에서 재즈곡의 흐름은 계속해서 진행되기도 하지만 한 곳에
서 멈추었다가 다시 진행되기도 한다고 설명하고 있다.
④ 4문단에서 재즈곡에서 리듬의 변화와 음의 셈여림을 쉽게 느끼기
위해서는 베이스와 드럼의 소리에 주목하는 것이 좋다고 하였다.
⑤ 1문단에서 '실제 악절이나 동기들 간의 연관성을 통해 관찰되는
이런 개념을 굳이 도입하는 것은'에서의 '이런 개념'은 '긴장과 이완'
을 의미한다. 따라서 ⑤는 이 글의 내용과 일치한다.

## 2 핵심 내용 파악                                          ⑤

재즈곡 감상 방법에 대한 글쓴이의 생각이 집약된 부분은 5문단이
다. 5문단에서 글쓴이는 1~4문단에서 상세하게 설명한, 재즈곡을
효과적으로 듣기 위한 방법은 '곡의 긴장과 이완의 흐름을 느끼는
것'이라고 요약하며 제시하고 있다. 그런 다음 재즈곡을 감상하는 데
에는 듣기 방법 자체가 중요한 것이 아니라 그 방법들을 실제로 곡

을 듣는 데 적용하는 경험이 많아져야 한다고 강조하고 있다. 따라
서 글쓴이는 |보기|의 질문에 ⑤와 같이 대답할 것이다.

오답풀이 ① 다양한 재즈를 접하는 것은 글쓴이가 동의할 수 있는 재
즈 감상 방법이다. 하지만 재즈가 대중의 기호에 왜 부합하는지를
파악하는 것은 글쓴이가 강조하는 듣기 방법에 해당하지 않는다.
② 악보에 대한 공부를 하는 것은 '곡에 대한 배경지식을 공부하는
것'에 해당한다. 하지만 글쓴이는 재즈곡을 듣는 그 방법 자체가 중
요한 것이 아니라 그 방법들을 실제로 곡을 듣는 데 적용하는 경험
이 많아져야 한다고 하였으므로 재즈를 많이 접하기 전에 악보에 대
한 공부부터 하라는 것은 글쓴이의 답변으로 적절하지 않다.
③ 글쓴이는 재즈를 들을 때 곡의 흐름을 이해하면서 느껴야 한다고
말하고 있다.
④ 재즈곡에서 재즈의 고유한 특징을 발견하는 것은 글쓴이가 강조
하는 듣기 방법이 아니다.

## 3 세부 내용 추론                                          ⑤

㉠은 긴장과 이완의 흐름을 파악하는 방법으로 멜로디의 상승과 하
강만 파악하는 것에 대한 비판적인 시각을 보여 준다. ㉠ 다음 문장
에서 재즈곡의 긴장과 이완의 흐름을 파악할 때 곡의 리듬 변화와
셈여림에 대한 인식이 보태져야 곡의 향취를 마음으로 느끼며 긴장
과 이완의 흐름을 파악할 수 있다고 제시하고 있다. 따라서 재즈곡
의 긴장과 이완의 흐름을 파악할 때 곡의 리듬 변화와 셈여림에 대
한 인식 없이 멜로디의 변화만으로 파악하게 되면 곡의 향취를 마음
으로 느끼지 못하고 결국 재즈 감상을 제대로 할 수 없는 것이다.

오답풀이 ① 멜로디의 상승과 하강만으로 재즈곡의 긴장과 이완의 흐름
을 파악하다 보면 곡에 대한 집중력이 약화되기보다는 강화될 수 있다.
② ㉠은 곡의 셈여림을 인식하지 않고 멜로디의 상승과 하강만으로
재즈곡의 긴장과 이완의 흐름을 파악하는 것을 비판적으로 평가한
말이므로, ㉠이 곡의 셈여림을 인식하지 못하게 만든다고 이해하는
것은 적절하지 않다.
③ 멜로디가 상승하고 하강하는 것만을 파악하다 보면 오히려 곡의
멜로디에 익숙해진다.
④ 멜로디의 상승과 하강을 파악하는 것은 배경지식의 습득과는 관
련이 없다.

## 4 구체적 사례에 적용                                      ③

3문단을 보면, ⓐ는 멜로디의 반복되는 진행을 보인다. Ⅱ의 경우,
1~3마디까지 모두 가장 낮은 첫째 음에서 시작하여 가장 높은 둘째
음으로 진행했다가, 셋째 음부터는 점차적으로 하강하는 멜로디가
반복되고 있다. 따라서 ⓐ에 해당하는 자료는 Ⅱ이다. ⓑ는 멜로디
가 상승 곡선을 그리면서 긴장감을 조성하는 사례로, 점차 음이 높
아져 마지막 마디의 끝 음이 정점에 다다른 Ⅰ이 ⓑ에 해당한다. ⓒ는
ⓑ와 반대로 멜로디가 하강하면서 이완감을 조성하는 사례로, 점차
음이 낮아져 마지막 마디의 끝 음이 가장 낮은 Ⅲ이 ⓒ에 해당한다.

# 숄더샷 프레임을 활용한 사진 감상 2015학년도 3월 고1 학력평가

**어떻게 썼을까?**

**도입**
숄더샷 프레임이라는 화제 제시

**전개**
숄더샷 프레임의 개념과 그 효과 제시

**전개**
숄더샷 프레임의 구성 방법 설명

**결론**
숄더샷 프레임이 지니는 의의 제시

---

일반적으로 사진을 찍을 때는 사진에 담을 대상인 중심 피사체를 먼저 선정하여 화면 중앙에 놓고 이것에 초점을 맞춘다. <sub>사진 찍을 때 일반적인 프레임 구성 방법</sub> 그런 다음 중심 피사체와 주변 풍경을 적절하게 구획하여 안정된 구도로 사진을 찍는 것이 일반적인 프레임 구성 방법이다. 그런데 사진을 촬영하다 보면 의도하지 않았던 요소들이 개입하여 일반적인 프레임 구성 방법에서 벗어났음에도 미적 효과가 느껴지는 경우가 있다. 이를 의도적으로 활용한 대표적인 예가 숄더샷 프레임이다. <sub>화제 제시</sub>
▶ 사진의 일반적인 프레임 구성 방법과 숄더샷 프레임

숄더샷 프레임이란 등에 업힌 아이가 어깨 너머로 세상을 보는 것처럼, 프레임 안에 장애물을 배치하여 감상자가 장애물 너머로 중심 피사체를 보도록 유도하는 프레임 구성 방법이다. <sub>숄더샷 프레임의 개념</sub> 숄더샷 프레임을 활용하면 프레임 안에 삽입된 장애물로 인해 감상자가 시각적인 긴장감을 느끼게 되어 중심 피사체에 대한 감상자의 집중도가 높아지게 된다. <sub>숄더샷 프레임의 효과</sub>
▶ 숄더샷 프레임의 개념과 효과

숄더샷 프레임은 다음과 같은 방법들을 활용하여 구성한다. 첫째, 사진에 담고자 하는 중심 피사체 앞에 장애물을 배치한다. <sub>숄더샷 프레임 구성 방법 ①</sub> 장애물을 배치하면 감상자가 눈에 잘 띄는 장애물을 먼저 본 다음에 중심 피사체를 보기 때문에 중심 피사체로 시선이 집중되는 효과가 나타난다. 이때 장애물이 중심 피사체보다 크면, 장애물이 감상자의 눈에 더 잘 띄게 된다. 그리고 장애물의 형태나 자세, 시선 등이 중심 피사체를 향하도록 하면 감상자의 시선을 중심 피사체로 이끌어 주는 지시성이 강화된다. <sub>지시성 강화의 조건</sub> 둘째, 중심 피사체에는 초점을 정확하게 맞추는 반면 장애물에는 초점을 맞추지 않는다. <sub>숄더샷 프레임 구성 방법 ②</sub> 그러면 감상자는 초점이 맞지 않아 흐릿하게 보이는 장애물보다 초점을 맞춘 대상을 중심 피사체로 인식하여 시선을 집중하게 된다. 셋째, 중심 피사체와 장애물의 밝기를 대비시킨다. <sub>숄더샷 프레임 구성 방법 ③</sub> 중심 피사체는 밝게, 장애물은 어둡게 촬영하는 것이 좋다. 그러면 밝음과 어둠이 대비되면서 감상자가 중심 피사체를 주목하게 된다. <sub>밝기를 대비함으로써 얻는 효과</sub>
▶ 숄더샷 프레임의 구성 방법

숄더샷 프레임은 의도하지 않았을 때 나타나는 미적 효과를 의도적으로 활용하여 사진의 예술성을 구현하고자 한다. 숄더샷 프레임은 조화와 균형, 통일을 기본으로 여겼던 기존의 예술적 인식에서 벗어나 <sub>사진에 대한 기존의 예술적 인식</sub> 순간적이고 우연적인 것, 불안정한 것에서 아름다움을 발견했다는 <sub>숄더샷 프레임의 새로운 예술적 인식</sub> 점에서 사진 예술의 새로운 방향을 제시한다고 할 수 있다. <sub>숄더샷 프레임의 의의</sub>
▶ 숄더샷 프레임의 의의

---

**어떻게 읽을까!**

**이 글의 화제가 무엇인지 이해했는가?**
사진의 일반적인 프레임 구성 방법을 밝힌 뒤, 이와 다른 숄더샷 프레임을 소개함.

**숄더샷 프레임의 개념과 효과가 무엇인지 이해했는가?**
감상자가 장애물 너머로 중심 피사체를 보도록 유도하는 숄더샷 프레임의 개념과 피사체에 대한 감상자의 집중도가 높아지는 숄더샷 프레임의 효과를 설명함.

**숄더샷 프레임의 구성 방법과 각 방법의 효과를 파악했는가?**
중심 피사체 앞에 장애물 배치하기, 중심 피사체에만 초점을 정확하게 맞추기, 중심 피사체와 장애물의 밝기 대비하기의 세 가지 방법을 그 효과와 관련지어 설명함.

**숄더샷 프레임이 어떤 예술적 가치를 지녔는지 파악했는가?**
숄더샷 프레임이 기존의 예술적 인식에서 벗어나 사진 예술의 새로운 방향을 제시했다고 설명함.

---

## 집중형구조

| 도입 | |
|---|---|
| 전개 | 전개 |
| 결론 | |

**해제** 이 글은 사진의 촬영 기법 중 하나인 숄더샷 프레임의 개념과 그 구체적인 방법을 설명하고 있다. 일반적인 프레임의 구성 방식에서 벗어났음에도 미적 효과가 느껴지는 숄더샷 프레임은 프레임 안에 장애물을 배치하여 감상자가 장애물 너머로 중심 피사체를 보도록 유도하는 프레임 구성 방법으로 피사체에 대한 감상자의 집중도를 높이는 효과가 있다. 그 구체적인 방법으로는 중심 피사체 앞에 장애물을 배치하는 방법, 중심 피사체에만 초점을 정확하게 맞추는 방법, 중심 피사체는 밝게 하고 장애물은 어둡게 밝기를 대비하는 방법 등이 있다. 이러한 숄더샷 프레임은 기존의 예술적 인식에서 벗어나 순간적이고 우연적인 것, 불안정한 것에서 아름다움을 발견했다는 점에서 사진 예술의 새로운 방향을 제시해 주고 있다.

**주제** 숄더샷 프레임의 개념과 구성 방식

## 0 글쓰기 계획의 반영 여부 판단 　　　　　　　　　　④

|보기|에 제시된 자기 점검 내용은 글의 중심 화제인 '숄더샷 프레임'의 의미를 독자들에게 어떻게 하면 잘 전달할 수 있을지를 고민한 것이다. 2문단에서는 '숄더샷 프레임'의 개념을 정의하면서, '등에 업힌 아이가 어깨 너머로 세상을 보는 것처럼'이라는 표현을 사용하여 개념에 대한 이해를 돕고 있다. 이는 독자들에게 친숙한 사례에 빗댄 것으로, 용어 이해에 어려움을 겪을 수 있는 독자들을 위해 글쓴이가 자기 점검한 내용을 반영한 결과에 해당한다.

오답풀이 ① '숄더샷 프레임'이라는 용어의 사용 양상을 분석하거나 다양한 사례를 제시하고 있지 있다.
② 2문단에서 숄더샷 프레임의 개념을 제시하고 사용 효과를 함께 설명하고 있지만, 이는 |보기|의 자기 점검 내용과는 관련이 없다.
③ '숄더샷 프레임'의 개념을 제시할 때 그 하위 요소를 구분하고 있지 있다.
⑤ '숄더샷 프레임'의 개념을 설명할 때 전문가의 말을 인용하고 있지 있다.

## 1 중심 화제 파악 　　　　　　　　　　　　　　　③

2문단에서 숄더샷 프레임의 개념과 효과를 제시한 다음, 3문단에서 숄더샷 프레임을 구성하는 세 가지 방법, 즉 촬영 기법 세 가지를 상세하게 설명하고, 4문단에서 숄더샷 프레임의 의의를 제시하고 있다. 그러나 숄더샷 프레임이 어떻게 변화되어 왔는지 그 변천 과정을 설명한 내용은 이 글에서 제시되어 있지 않다.

## 2 구체적 사례에 적용 　　　　　　　　　　　　　⑤

3문단에서는 중심 피사체 앞에 장애물을 배치하면 감상자의 시선이 '장애물 → 중심 피사체'로 이동하여 중심 피사체로 시선이 집중되는 효과가 나타나며, 이때 장애물이 중심 피사체보다 크면 장애물이 감상자의 눈에 더 잘 띄게 된다고 설명하고 있다. 따라서 장애물이 피사체보다 크다면 감상자의 1차 시선은 장애물로 향하게 되고, 자연스럽게 중심 피사체로 옮겨 가게 될 것이다. 그런데 ⑤에서는 감상자의 시선을 '중심 피사체 → 장애물'의 순서로 잘못 이해하고 있다.

오답풀이 ① 3문단에서는 중심 피사체를 밝게, 장애물을 어둡게 촬영하면 밝음과 어둠이 대비되면서 감상자가 중심 피사체에 주목하게 된다고 설명하고 있다. |보기|에 제시된 사진에서도 중심 피사체인 남자는 밝게, 장애물인 여자는 검다. 이는 중심 피사체와 장애물의 밝기가 대비된 것이므로, 이러한 밝음과 어둠의 대비를 통해 감상자가 중심 피사체를 주목하게 된다.

② 3문단에서는 초점이 맞지 않아 흐릿하게 보이는 장애물보다 초점을 맞춘 대상을 중심 피사체로 인식한다고 설명하고 있다. |보기|의 사진에서도 장애물인 여자가 흐릿하게 촬영되어 있다. 따라서 감상자는 초점이 맞지 않아 흐릿하게 보이는 장애물보다 초점을 맞춘 남자를 중심 피사체로 인식하여 시선을 집중하게 된다.
③ 3문단에서는 장애물의 형태나 자세, 시선 등이 중심 피사체를 향하도록 하면 감상자의 시선을 중심 피사체로 이끌어 주는 지시성이 강화된다고 하였다. |보기|에서도 장애물인 여자가 남자를 향하여 서 있다고 제시되어 있다. 따라서 이러한 여자의 자세는 감상자의 시선을 중심 피사체인 남자로 이끌어 주는 지시성을 강화시킨다.
④ 3문단에서는 중심 피사체 앞에 장애물을 배치하면 감상자가 눈에 잘 띄는 장애물을 먼저 보게 된다고 하였다. |보기|의 사진 속 장애물인 여자는 중심 피사체인 남자보다 앞에 배치되어 있다. 따라서 이러한 배치를 통해 눈에 잘 띄는 장애물인 여자가 감상자의 눈에 먼저 띄게 된다.

## 3 정보 간의 비교 　　　　　　　　　　　　　　　⑤

1문단에 따르면 숄더샷 프레임은 일반적인 프레임 구성 방법에서 벗어난 것이므로, 익숙하지 않은 프레임에 해당한다. 그리고 2문단에서 숄더샷 프레임을 활용하면 프레임 안에 삽입된 장애물로 인해 감상자가 시각적인 긴장감을 느끼게 된다고 하였다. 따라서 '숄더샷 프레임(㉠)'은 익숙하지 않은 프레임을 통해 시각적 긴장감을 유발한다고 볼 수 있다. 한편, |보기|에서 '엣지샷 프레임(㉡)'은 일반적인 사진과 달리 익숙하지 않은 프레임을 사용하고 의도적으로 시각적 긴장감을 유발하는 프레임 구성 방법이라고 설명하고 있다. 따라서 ㉠과 ㉡의 공통점을 진술한 ⑤는 적절하다.

오답풀이 ① 4문단에 따르면, ㉠은 조화와 균형, 통일을 기본으로 여겼던 기존의 예술적 인식에서 벗어난 프레임 구성 방법이다. |보기|에서 ㉡은 안정된 구도를 활용하는 일반적인 사진과 달리 익숙하지 않은 프레임이라고 하였으므로 ㉡ 역시 기존의 예술적 인식을 벗어난 프레임 구성 방법이라 할 수 있다.
② ㉡은 의도하지 않았을 때 나타나는 미적 효과를 의도적으로 활용하는 프레임 구성 방법으로 볼 수 있다.
③ 4문단에 따르면, ㉠은 조화와 균형, 통일을 기본으로 여겼던 기존의 예술적 인식에서 벗어나 사진 예술의 새로운 방향을 제시한 것이다.
④ 3문단에 따르면, ㉠은 중심 피사체의 배치보다는 장애물의 배치, 초점 조절, 밝기 대비 등을 중심으로 중심 피사체에 집중하게 하는 방식이며, ㉡은 중심 피사체를 가장자리나 구석에 위치시키는 방식이다. 중심 피사체를 프레임 중앙 부분에 놓이도록 촬영하는 것은 일반적인 프레임 구성 방식에 해당한다.

# 우리는 왜 영화를 보며 공포를 느낄까

2019학년도 3월 고2 학력평가

**어떻게 썼을까?**

**도입**
허구인 공포 영화를 보고 실제 공포를 느끼는 현상에 대한 의문 제기

**견해**
래드포드의 세 가지 전제와 관점 제시

**견해**
환영론과 이에 대한 반박 소개

**견해**
허구론에 대한 월턴의 반박

**견해**
허구론에 대한 캐럴의 반박

**견해**
감각믿음 이론에서 보는 믿음의 종류와 입장 제시

**어떻게 읽을까!**

질문에서 글의 중심 화제를 파악했는가?
허구임이 분명한데도 공포 영화를 보면서 공포를 느끼는 현상에 대한 의문을 제기함.

래드포드의 견해를 이해했는가?
허구에 의해서도 감정이 발생할 수 있으나 그 감정은 존재에 대한 믿음이 결여된 것이므로 비합리적이라는 견해를 제시함.

환영론의 개념을 이해하고, 이를 반박하는 관점과의 차이점을 파악했는가?
환영에 빠져 허구라는 사실을 잊어버린다는 환영론에 대해 월턴은 '믿는 체하기' 이론, 캐럴은 사고 이론을 들어 반박하며 관객이 공포를 느끼는 이유를 설명함.

---

누군가 자신이 불행한 일을 겪었다고 말한다면 사람들은 그에게 동정심을 느낄 것이다. 그러나 다음 순간 자신의 이야기가 전부 꾸며낸 것이라고 말한다면, 더는 그에게 동정심을 느끼지 않게 될 것이다. 일반적으로 감정은 그 감정을 유발하는 대상이나 사건이 실제로 존재한다는 믿음이 전제되어 있기 때문이다. 그렇다면 허구임이 분명한 공포 영화를 보는 관객들이, 존재한다고 믿지 않는 괴물과 그 괴물을 중심으로 펼쳐지는 허구적 사건을 보면서 공포를 느끼는 현상은 어떻게 이해해야 할까? ▶ 허구인 공포 영화를 보면서 공포를 느끼는 현상에 대한 의문 제기

래드포드는 허구적 인물과 사건에 대해 감정 반응을 보이는 현상을 '허구의 역설'이라 규정하고, 다음 세 가지 전제를 제시하였다.

> 전제 1. 우리는 존재한다고 믿는 것에 대해 감정적으로 반응한다.
> 전제 2. 우리는 허구적 사건이나 인물은 존재하지 않는다고 믿는다.
> 전제 3. 우리는 허구적 사건이나 인물에 대해 감정적으로 반응한다.

㉠이 세 가지 전제가 동시에 참일 수 없다는 모순을 해결하는 방법은 그중 일부를 부정하는 것이다. 래드포드는 감정을 유발하는 대상이 존재한다는 믿음 없이 허구에 의해서도 감정이 발생할 수 있다고 보았다. 그렇지만 그 감정은 존재에 대한 믿음이 결여된 것이므로 비합리적이라고 하였다. 이후 학자들은 허구에서 비롯된 감정이 합리적일 수 있다고 주장하며, 믿음이나 생각과 같은 인지적 요소가 어떤 역할을 하는지에 대해 논의를 전개해 왔다. ▶ 래드포드가 규정한 '허구의 역설'의 정의와 세 가지 전제

환영론에서는 사람들이 허구를 감상하는 동안 허구에 몰입하여 허구적 사건이나 인물이 존재하지 않는다는 사실을 잊어버리고, 그 사건이나 인물이 실제로 존재한다는 환영에 빠져 감정 반응을 하게 된다고 보았다. 이에 대해 월턴과 캐럴은 공포 영화의 관객이 영화를 감상하는 동안에도 영화가 허구라는 사실을 잊지 않는다고 주장하였다. 만약 관객이 영화 속 괴물이 실제로 존재한다고 믿는다면 공포로 인해 영화관에서 도망을 가거나 도움을 요청하는 등의 행동을 보여야 하는데 그렇게 하지 않는다는 것이다. ㉡이런 점에서 월턴과 캐럴은, 환영론은 허구에서 느끼는 감정을 설명하는 타당한 이론이 될 수 없다고 주장하였다. ▶ 환영론의 견해와 환영론에 대한 비판

월턴은 관객이 허구의 세계에 빠져드는 현상을 상상의 인물과 세계에 대해 '믿는 체하기' 놀이를 하는 것으로 설명하였다. 믿는 체하기란, 어린아이들이 소도구를 가지고 노는 소꿉장난에서 볼 수 있는 것처럼 실제 사물을 가지고 하는 일종의 상상하기이다. 공포 영화를 보는 관객은 영화를 소도구로 하는 믿는 체하기 놀이에 참여하는 중이고, 관객의 감정 반응은 허구에 대한 믿음에서 비롯되는 것이 아니라 상상하기의 결과인 것이다. 이때 괴물은 상상의 세계 안에서는 실제로 존재하는 대상이다. 다만 허구적 대상에서 비롯된 감정은 상상의 세계에서만 성립하는 것일 뿐, 대상이 실제 세계에 존재한다는 믿음에서 비롯된 것은 아니다. 이런 점에서 월턴은 허구를 감상할 때 유발되는 감정을 '유사 감정'이라고 하였다. ▶ 월턴의 '믿는 체하기' 이론

캐럴은 생각도 감정을 유발하는 인지적 요소라고 하면서 사고 이론을 전개하였다. 사고 이론은 허구를 감상하는 사람은 허구적 사건이나 인물 자체에 대해 반응하는 것이 아니라 그것들에 대한 '생각'에 반응한다고 보았다. 마음속에서 명제가 참임을 받아들이는 상태가 믿음이라면, 명제를 그저 머릿속에 떠올리는 것이 생각이다. 캐럴은 생각을 품는 것만으로도 감정이 유발될 수 있다고 보았다. 괴물이 실제로 존재한다는 믿음 없이 괴물에 대해 생각하는 것만으로도 공포를 느낄 수 있다는 것이다. ▶ 캐럴의 사고 이론

최근 등장한 감각믿음 이론은 영화가 주는 감각 자극에 주목하여, 믿음을 '중심믿음'과 '감각믿음'으로 구분하였다. 중심믿음은 추론적 사고와 기억 등에 의해 만들어지는 믿음을, 감각믿음은 오로지 감각 경험에 의해 자동적으로 떠오르는 믿음을 말한다. 건물이

불타는 영화의 장면을 보면 '건물에 불이 났다.'라는 감각믿음이 자동적으로 생긴다는 것이다. 감각믿음 이론에서는 관객이 허구인 영화의 내용을 인지적으로는 사실이라고 믿지 않지만 감각적으로는 사실이라고 믿고 감정 반응을 한다고 보았다. 공포 영화를 보는 관객 역시 감각 경험에 의해 괴물의 존재를 경험하고 공포를 느끼는데, 이러한 감각 경험이 괴물은 허구적 대상이라는 인지적 판단에 의해 억제될 수 없다는 것이다. 또한 감각믿음 이론은 관객이 감각 경험에 의해 영화 속 괴물이 존재한다고 믿으면서도 괴물은 허구적 대상이라는 중심믿음이 있기 때문에 도망가거나 도움을 요청하지 않는 것이라고 설명하였다.

감각믿음 이론의 개념 (7문단, [A] 옆)
공포 영화를 볼 때 공포를 느끼는 이유(감각믿음 이론의 관점)
감각 경험으로 인한 감정이 행동으로 이어지지 않는 이유
▶ 감각믿음 이론

[A]

**결론**
감각믿음 이론의 의의 제시

허구의 감상과 그에 따른 감정 발생을 연구하는 학자들은 허구가 사실이 아님을 알면서도 그 허구에 대해 감정 반응을 보이는 인간의 행동을 설명하기 위한 고민을 계속하고 있다. 특히 공포 영화를 보는 관객의 공포가 인지적 경험과 감각적 경험의 통합에서 비롯된다는 최근의 논의는 영화 제작 시 공포를 주는 대상의 존재감이나 위협감이 어떻게 구성되어야 하는가를 말해 주고 있다.

감각믿음 이론
감각믿음 이론의 의의
▶ 감각믿음 이론의 의의

감각믿음 이론에서 공포를 느끼는 이유로 본 것이 무엇인지 파악했는가?
관객은 인지적으로는 허구의 영화 내용을 믿지 않지만 감각 경험은 억제되지 않기에 공포를 느낀다고 설명함.

마지막 문단에서는 어떤 관점을 중심으로 설명하고 있는지 파악했는가?
감각믿음 이론을 언급하며 그 이론의 의의를 제시함.

## 나열형구조

해제 이 글은 일상에서 허구의 이야기인 공포 영화를 보면서 공포를 느끼는 현상에 대해 분석한 이론들을 소개하고 있다. 래드포드는 허구에 의해서도 감정이 발생할 수 있다고 보았지만 존재에 대한 믿음이 결여된 것이므로 이를 비합리적이라고 보았다. 이후 환영론에서는 관객이 허구에 몰입하여 환영에 빠지게 되어 감정 반응이 나타난다고 하였는데, 월턴과 캐럴은 환영론에 대해 반박하며 각각 '믿는 체하기', '사고 이론'으로 현상을 설명하였다. 최근의 감각믿음 이론은 믿음의 종류를 구분하여 현상을 설명하였는데 이러한 논의는 영화 제작 시 공포를 주는 대상의 존재감이나 위협감이 어떻게 구성되어야 하는지를 말해 주고 있다.

주제 허구적 대상에 감정 반응을 보이는 현상에 대한 다양한 이론

---

**기출읽기 3**

0 ①   1 ②   2 ④   3 ②   4 ③

글쓴이의 작문 과정 ❶ 환영론 ❷ 감각믿음 이론
주제 허구적 대상에 감정 반응을 보이는 현상에 대한 다양한 이론

## 0 글의 전개 방식 파악 — ①

이 글은 사람들이 허구적인 이야기인 공포 영화를 보면서 공포를 느끼는 현상에 대해 분석한 이론들을 설명하고 있다. 2, 3문단에서는 래드포드의 이론을, 4문단에서는 환영론을, 5문단에서는 월턴의 이론을, 6문단에서는 캐럴의 이론을, 7문단에서는 감각믿음 이론을 소개하면서 각 이론에서 제시한 공포를 느끼는 이유를 상세하게 설명하고 있다. 마지막으로 8문단에서는 감각믿음 이론에서의 분석이 영화 제작 시에 공포를 주는 대상의 존재감이나 위협감이 어떻게 구성되어야 하는가를 시사한다고 언급하고 있다.

**오답풀이** ② 환영론을 반박한 월턴과 캐럴의 이론들을 제시하고 있으나, 그 절충 방안을 모색하고 있지는 않다.
③ 공포 영화를 보면서 공포를 느끼는 현상에 대한 여러 가지 이론들을 나열하여 설명하고 있지만, 그 이론들을 일정한 기준에 따라 분류하고 있지는 않다.
④ 환영론에 대한 월턴과 캐럴의 비판과 감각믿음 이론이 지니는 의

의를 제시하고 있지만, 각각의 이론이 지닌 의의와 한계를 평가하여 하나의 이론으로 통합하고 있지는 않다.
⑤ 여러 이론들이 래드포드의 이론으로부터 분화되었다고 볼 수는 없으며 허구의 이야기에서 비롯되는 감정 반응을 하나의 현상으로 볼 때 그것이 어떤 의의를 지니는지에 대해서도 언급하지 않았다.

## 1 다른 상황에 적용 — ②

4문단에 따르면, '환영론에서는 사람들이 허구를 감상하는 동안 허구에 몰입하여 허구적 사건이나 인물이 존재하지 않는다는 사실을 잊어버리고, 그 사건이나 인물이 실제로 존재한다는 환영에 빠져 감정 반응을 하게 된다고 보았다.'라고 하였다. 따라서 환영론에서는 허구적 사건이나 인물이 존재한다고 믿는다고 할 수 있다. 이는 '전제 2, 우리는 허구적 사건이나 인물은 존재하지 않는다고 믿는다.'라는 명제를 부정한 것에 해당한다. 이렇게 전제 2를 부정하더라도, 환영론에서는 전제 1이 성립된다. 왜냐하면 사람들이 환영에 빠져 허구적 사건이나 인물이 실제로 존재한다고 믿기 때문이다. 또한 환영론에서는 사람들이 허구적 사건이나 인물이 존재한다는 환영에 빠져 감정 반응을 하게 된다고 보았기 때문에, 전제 3도 성립된다. 따라서 전제 2만 부정하고 전제 1, 3을 받아들인다는 ②가 적절하다.

## 2 구체적 사례에 적용 ④

[A]에서 중심믿음은 추론적 사고와 기억 등에 의해 만들어지는 믿음이고, 감각믿음은 오로지 감각 경험에 의해 자동적으로 떠오르는 믿음이라고 정의하고 있다. |보기|의 실험에서 ㉮는 실험 참가자들이 선분 a와 선분 b의 길이가 동일하다는 것을 기억하게 만드는 절차이다. 따라서 ㉮는 기억과 관련되므로, 실험 참가자들에게 중심믿음을 형성하게 만드는 것으로 이해할 수 있다. 이와 달리, ㉯는 실험의 결과로 ㉮에서 제시한 중심믿음이 있었음에도 불구하고, 선분 a보다 선분 b가 길어보인다는 감각 경험에 의해 자동적으로 떠오르는 감각믿음이 제시되어 있다. 이것은 [A]에서 공포 영화를 보는 관객이 영화의 내용이 사실이 아니라는 중심믿음이 있음에도 불구하고, 감각 경험에 의해 괴물의 존재를 믿고 공포를 느끼는 것과 같다. 이렇게 공포 영화를 볼 때 중심믿음이 감각믿음에 영향을 미치지 못하는 것처럼, |보기|의 상황에서도 ㉮ 단계에서 연구자가 말해 준 내용은 ㉯ 단계에서 실험 참가자들의 감각믿음에 영향을 미치지 못한 것이라 할 수 있다.

오답풀이 ① ㉮ 단계에서는 아직 〈그림〉을 보여 주기 전이므로, 실험 참가자들이 시각 경험을 하지 않은 상태이다.
② 추론적 사고는 중심믿음과 관련되므로 추론적 사고에 의해 감각믿음을 형성한다는 진술은 적절하지 않으며, ㉮ 단계에서는 아직 〈그림〉을 보여 주기 전이므로 감각믿음과 관련이 없다.
③ 실험 참가자들이 ㉮ 단계에서 가지게 된 중심믿음은 '두 선분 a와 b의 길이가 동일하다'라는 사실을 기억하는 것에서 형성된다. 그런데 ㉯ 단계에서 실험 참가자들은 이를 기억하면서도 감각 경험에 의해, '선분 a보다 선분 b가 길어 보인다'는, 중심믿음과는 다른 감각믿음을 형성한 것이다.
⑤ ㉯ 단계에서 연구자는 실험 참가자들의 중심믿음과 감각믿음이 다르다고 판단하였을 것이다.

## 3 근거의 추론 ②

㉡의 '이런 점에서'는 ㉡ 주장의 근거를 가리키는 말로, 바로 앞 문장 '만약 관객이 영화 속 괴물이 실제로 존재한다고 믿는다면~행동을 보여야 하는데 그렇게 하지 않는다는 것이다.'를 지시한다. 이 문장을 정리하면 '만약 환영이 실재한다고 믿는다면 그에 따른 행동을 해야 하는데 그렇게 하지 않는다'라고 할 수 있다. 환영론에서는 허구적 사건이나 인물이 실제로 존재한다는 환영에 대한 믿음이 감정 반응을 유발한다고 본다. 월턴과 캐럴은 그러한 감정 반응은 행동을 수반해야 하지만, 실제로는 감정 반응으로 인한 행동이 일어나지 않는다는 점을 들어 환영론을 비판하고 있는 것이다. 즉, 월턴과 캐럴은 실재한다고 믿는 존재(환영)로 인해 생기는 감정은 어떤 행동을 유발한다는 것을 전제로 환영론을 부정하고 있는 것이다.

오답풀이 ① 2문단을 보면, 래드포드는 허구적 인물과 사건에 대해 감정 반응을 보이는 현상을 '허구의 역설'이라 규정했는데, ①은 이러한 래드포드의 견해일 뿐 ㉡과 관련이 없다.

③ 5문단에서 월턴은 허구를 감상할 때 유발되는 감정을 '유사 감정'이라고 하였고, 이는 실제로 존재하는 대상에서 유발되는 감정과 다르다고 보았다. ③은 이러한 '유사 감정'에 대한 설명일 뿐, ㉡과 관련이 없다.
④ 8문단에서 감각믿음 이론을 '인지적 경험과 감각적 경험의 통합에서 비롯된다는 최근의 논의'라고 하였는데, ④는 이를 변형한 서술로 ㉡과 관련이 없다.
⑤ 5문단에서 월턴은 관객이 허구의 세계에 빠져드는 현상을 상상의 인물과 세계에 대해 '믿는 체하기' 놀이를 하는 것으로 보았다고 하였다. ⑤는 월턴의 '믿는 체하기' 놀이에 대한 설명일 뿐, ㉡과 관련이 없다.

## 4 구체적 사례에 적용 ③

5문단에서 설명한 월턴의 관점에서 보면, 윤수가 느낀 공포감은 허구를 감상할 때 유발되는 '유사 감정'이라고 할 수 있다. 월턴은 공포 영화를 보는 관객은 영화를 소도구로 하는 '믿는 체하기' 놀이에 참여하는 중이고, 관객의 감정 반응은 허구에 대한 믿음에서 비롯된 것이 아니라 상상하기의 결과로 보았다. 그리고 허구적 대상에서 비롯된 감정은 상상의 세계에서만 성립하는 것일 뿐, 대상이 실제 세계에 존재한다는 믿음에서 비롯된 것은 아니라고 보았다. 그런데 ③에서는 윤수가 느낀 공포를 실제로 괴물이 존재한다는 믿음에서 비롯된다고 하였으므로 적절하지 않다.

오답풀이 ① 3문단에서 래드포드는 감정을 유발하는 대상이 존재한다는 믿음 없이 허구에 의해서도 감정이 발생할 수 있다고 보았다.
② 4문단에서 환영론에서는 사람들이 허구를 감상하는 동안 허구에 몰입하여 허구적 사건이나 인물이 실제로 존재한다는 환영에 빠져 감정 반응을 하게 된다고 보았다.
④ 6문단에서 캐럴은 허구를 감상하는 사람은 허구적 사건이나 인물에 대한 '생각'에 반응하고, 괴물에 대해 생각하는 것만으로도 공포를 느낄 수 있다고 보았다.
⑤ 7문단에서 감각믿음 이론에서는 공포 영화를 보는 관객은 감각 경험에 의해 괴물의 존재를 경험하고 공포를 느낀다고 보았다.

# 찰리 채플린, 그는 누구인가 2005학년도 9월 고1 학력평가

**어떻게 썼을까?**

**도입**
감성적 인식의 개념 제시

**전환**
인간의 인식 능력에 대한 의문 제기

**전개**
이성적 인식의 개념 제시

**전개**
감성적 인식과 이성적 인식 간 차이 비교

**전개**
감성적 인식과 이성적 인식 간의 관계와 사례 제시

**결론**
두 인식 간의 관계 및 주제 제시

**어떻게 읽을까!**

영국 출신의 유명한 희극 배우인 채플린은 코 밑에 조그만 수염을 달고 머리에는 다 떨어진 모자를 쓰고, 자기 몸에 ㉠맞지 않는 바지와 신발을 신고 지팡이를 든 모습으로 무대에서 연기한다. 우리는 그의 콧수염, 모자, 바지, 신발, 지팡이 등을 보고 '이 사람이 채플린이구나.' 하고 생각한다. 눈에 보이는 콧수염, 모자, 지팡이 등은 모두가 채플린의 한 부분이며 동시에 그의 표면적 현상이다. 이처럼 우리의 감각 기관을 통하여 감득할 수 있는 것을 우리는 '감성적 인식'이라고 한다.
▶ 감성적 인식의 개념

그런데 인간이 사물을 인식하는 것이 이러한 감성적 인식에 그치는 것일까? 그렇지 않다. 인간은 사물의 표면적 현상만을 담는 사진기와 달라서 감성적 인식과 더불어 고도의 인식 능력을 가지고 있으며, 이러한 인식 능력 덕택으로 사물의 표면 현상뿐만 아니라 사물의 깊은 근본 성질까지도 인식할 수 있다.
▶ 인간이 가진 고도의 인식 능력

사진에 찍힌 채플린은 단지 콧수염을 기른 사람에 불과하며 그 모습 자체 말고는 우리에게 더 이상 말해 주는 바가 없다. 만약 우리가 감성적 인식밖에 할 수 없다면 채플린의 수염은 독일의 독재자 히틀러의 수염과 비슷해서 언뜻 보면 두 사람을 구별할 수 없을 것이다. 하지만 다시 한번 우리의 인식을 살펴보면 채플린의 여러 가지 표면적 현상을 떠나서 그의 근본 성질을 알게 하는 측면이 있다. 다시 말해서 채플린은 희극 배우이고 히틀러는 독재자로, 그 근본 성질이 전혀 다른 사람임을 알 수 있는 것이다. 이러한 근본 성질은 감성적 인식만으로는 인식할 수 없다. 이처럼 표면적 차이점이 아닌 그 내적 연관성의 유무를 파악하는 것은 감성적 인식을 통해서가 아니라 인간의 다른 인식 능력, 즉 '이성적 인식'을 통해서 가능해진다.
▶ 이성적 인식의 개념

이상에서 본 바와 같이 인간의 인식은 ⓐ감성적 인식과 ⓑ이성적 인식을 통해서 이루어진다. 감성적 인식은 인간의 감각 기관이 사물에 작용해서 이루어진 생생한 인식이며, 사물의 외적 측면인 현상에 대한 인식으로서 단편적, 표면적이며, 여기에는 감각, 지각과 같은 인식 형태들이 포함된다. 이에 반해 이성적 인식은 인간의 이해력을 통해서 획득하는 인식으로서, 사물의 본질과 내적 연관성을 인식한다. 여기에는 판단, 추리 같은 인식 형태들이 있다.
▶ 감성적 인식과 이성적 인식의 차이점

그런데 감성적 인식과 이성적 인식은 서로 모순 관계에 있는 것처럼 보인다. 감성적 인식은 채플린이 콧수염이 있고 히틀러도 콧수염이 있으므로 두 사람이 같다고 혼동할 수 있다. 이에 반해, 이성적 인식은 채플린과 히틀러는 전혀 다른 사람이라고 인식한다. 또한 감성적 인식은 외모상으로 확연히 구별되는 로이드나 하디 같은 희극 배우들과 채플린은 다르다고 느끼는 데 반해, 이성적 인식은 그들의 내적 연관성을 파악하여 '희극 배우'라는 점에서 그들이 동일하다고 인식한다. 즉 이성적 인식은 감성적 인식이 동일하다고 느낀 것을 동일하지 않다고 인식할 수 있으며, 감성적 인식이 동일하지 않다고 느낀 것을 동일하다고 인식할 수도 있다.
▶ 감성적 인식과 이성적 인식의 관계

하지만 채플린의 표면적인 현상을 인식할 수 없다면 희극 배우로서의 채플린도 인식할 수 없듯이 만약 감성적 인식이 존재하지 않는다면 이성적 인식도 존재할 수 없다. 감성적 인식이 외계 사물에 작용해서 그 본질을 인식할 수 있는 정보를 제공하면 이에 기초해서 이성적 인식이 진행된다. 이성적 인식은 감성적 인식과 상호 작용하면서 감성적 인식의 대상과 방향을 바로잡아 주며 사물의 본질과 내적 연관성을 깊이 인식할 수 있게 한다.
▶ 감성적 인식과 이성적 인식의 상호 작용

**중심 화제를 이해했는가?**
채플린을 인식하는 사례를 통해 감성적 인식의 개념을 먼저 설명한 뒤, 감성적 인식만 한 경우의 문제점을 제시하며 이성적 인식의 개념을 설명함.

**두 인식의 특성을 구분할 수 있는가?**
감성적 인식은 감각 기관을 통해 대상의 외형적 측면을 단편적으로 인식하고, 이성적 인식은 인간의 이해력을 통해서 사물의 본질을 인식함을 비교하고, 두 인식은 서로 모순 관계에 있는 것처럼 보이지만, 상호 의존적인 관계임을 설명함.

**주제와 관련된 두 인식 간의 관계를 파악했는가?**
인식의 과정에서 이성적 인식과 감성적 인식은 상호 작용함을 강조함.

**충돌형구조**

도입

전환

전개 전개 전개

결론

해제 이 글은 인간이 감성적 인식과 이성적 인식의 상호 작용을 통해 대상의 본질을 파악하게 된다는 것을 설명하고 있다. 인간은 감성적 인식과 이성적 인식을 가지고 있는데 감성적 인식은 감각 기관을 통해 사물의 외적 현상을 감득하는 인식으로서 단편적·표면적이며 감각, 지각과 같은 인식 형태가 있다. 반면에 이성적 인식은 인간의 이해력을 통해 획득하는 인식으로서 사물의 본질과 내적 연관성을 인식하며, 판단, 추리 같은 인식 형태가 있다. 감성적 인식과 이성적 인식은 모순 관계처럼 보이지만 상호 의존적인 관계이다. 감성적 인식이 사물에 작용해 정보를 제공하면 그것을 기초로 하여 이성적 인식이 이루어지고, 이성적 인식은 감성적 인식과 상호 작용하면서 감성적 인식의 대상과 방향을 바로잡아 주며 사물의 본질과 내적 연관성을 인식할 수 있게 하는 것이다.

주제 감성적 인식과 이성적 인식의 상호 작용

---

기출읽기

**0** ② **1** ④ **2** ② **3** ②

글쓴이의 작문 과정 ❶ 채플린 ❷ 이성적 인식
주제 감성적 인식과 이성적 인식의 상호 작용

## 0 내용 전개 방식 파악 ②

ㄴ. 1문단은 채플린의 사례를 들어 감성적 인식의 개념을, 3문단은 채플린의 사례를 들어 이성적 인식의 개념을 설명하고 있다. 또한 5문단은 채플린과 히틀러의 비교, 로이드나 하디와 채플린의 비교 사례를 들어 감성적 인식의 방향을 바로잡는 이성적 인식에 대해 설명하고 있다. 이처럼 이 글은 구체적인 예를 들어 독자의 이해를 돕고 있다.

ㄷ. 4문단에서는 감성적 인식이 현상에 대한 인식으로서 단편적, 표면적이며, 여기에는 감각, 지각과 같은 인식 형태들이 포함되는 데 비해, 이성적 인식은 사물의 본질과 내적 연관성을 인식하며 판단, 추리 같은 인식 형태들이 포함된다고 설명하고 있다. 이처럼 감성적 인식과 이성적 인식의 특성을 대비해 그 차이점을 설명하고 있다.

오답풀이 ㄱ. 이 글에서는 인식의 두 가지 유형인 감성적 인식과 이성적 인식의 특성과 관계를 설명할 뿐, 두 대상에 대한 서로 다른 견해를 소개하고 있지 않다.

ㄹ. 이 글에서는 감성적 인식과 이성적 인식을 시간의 흐름에 따라 설명하고 있지 않다.

## 1 중심 내용 파악 ④

이 글은 감성적 인식과 이성적 인식의 개념을 설명하고, 둘의 특성을 대조한 다음, 감성적 인식을 통해 표면적인 현상을 인식하고 이성적 인식이 감성적 인식과 상호 작용하면서 사물의 본질과 내적 연관성을 깊이 인식하게 된다는 인식의 과정을 설명하고 있다. 따라서 이 글의 중심 내용은 '감성적 인식과 이성적 인식의 상호 작용'을 바탕으로 살펴본 '인식의 과정'이라고 할 수 있다.

오답풀이 ① 이 글에서는 인식 자체의 의미를 설명하지 않았다.
② 1~4문단에서 인식의 유형으로 감성적 인식과 이성적 인식을 제시하고 그 차이점을 설명하고는 있으나, 전체 내용을 포괄하지 못한다.

③ 이 글에서는 인식의 대상을 설명하지 않았다.
⑤ 이 글에서는 인식의 확대 과정을 설명하지 않았다.

## 2 핵심 정보 비교 ②

ⓐ '감성적 인식'은 감각 기관을 통해 사물의 표면적 현상을 보고 대상을 아는 것이고, ⓑ '이성적 인식'은 이해력을 통해 사물의 본질과 내적 연관성을 아는 것이다. 따라서 ⓐ는 대상의 표면적 현상에 주목하고, ⓑ는 대상의 본질에 주목한다고 이해하는 것은 적절하다.

오답풀이 ① 이 글에서 ⓐ는 주관적으로, ⓑ는 객관적으로 정보를 해석한다는 내용은 없다. 그리고 ⓑ에도 판단, 추리 같은 인식 형태가 포함되므로, ⓐ와 마찬가지로 ⓑ도 주관적으로 정보를 해석한다고 보는 것이 타당하다.

③ ⓑ가 ⓐ의 인식의 방향을 바로잡아 줄 수는 있는데, 이를 ⓐ는 모순을 지니고 있고 ⓑ는 그 모순을 극복하는 과정으로 이해하는 것은 적절하지 않다.

④ ⓐ는 인식의 대상을 결정하는 것이 아니라, 인식 대상의 표면적인 현상을 보고 무엇인지 아는 사고 작용이다. 또한 ⓑ는 ⓐ와 상호 작용하면서 ⓐ의 인식 방향을 바로잡아 주는 것이지, 인식 자체의 방향을 결정하는 것은 아니다.

⑤ ⓐ는 감각 기관을 통해서, ⓑ는 이해력을 통해서 이루어진다.

## 3 어휘의 문맥적 의미 파악 ②

문맥상 채플린이 자기 몸에 어울리지 않는 바지와 신발을 신고 있다는 의미이므로 ㉠의 '맞다'는 '크기, 규격 따위가 다른 것의 크기, 규격 따위와 어울리다.'라는 의미로 쓰였다. 이와 가장 유사한 의미로 사용된 것은 ②의 '맞다'로, 할머니 반지의 규격이 내 손 규격에 어울린다는 의미이다.

오답풀이 ① '맞다'는 '가족의 일원으로 예를 갖추어 데려오다.'라는 의미이다.
③, ④ '맞다'는 '말, 육감, 사실 따위가 틀림이 없다.'라는 의미이다.
⑤ '맞다'는 '어떤 대상의 내용, 정체 따위의 무엇임이 틀림이 없다.'라는 의미이다.

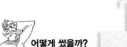

# 1 어떻게 행동해야 도덕적일까 2016학년도 6월 고1 학력평가

어떻게 썼을까?

**도입**
도덕적 딜레마 상황과 기준 제시

다음 상황을 생각해 보자. Ａ가 등교하는 길에 다리가 불편한 할머니가 횡단보도 건너는 것을 도와 달라고 하였다. 지금 학교에 가지 않으면 지각을 하여 벌점을 받게 된다. Ａ는 할머니를 도와야 할까, 아니면 학교에 가야 할까? 이런 상황을 도덕적 딜레마라 한다. 이런 상황에서 개인 행위의 옳고 그름을 판단하는 기준이 필요하다. 이러한 기준을 우리는 크게 두 가지 관점에서 제시할 수 있다. 하나는 ㉠의무론적 관점이고 다른 하나는 ㉡목적론적 관점이다.

▶ 도덕적 딜레마 상황

**견해**
의무론적 관점의 개념과 특징 제시

의무론적 관점은 행위에 대한 도덕적 판단이 도덕 법칙에 따라 이루어져야 한다고 보았다. 이 관점은 도덕 법칙을 지키려는 의지를 의무로 보았으며 결과와 무관하게 행위 자체의 옳고 그름에 주목하였다. 도덕 법칙은 언제나 타당하고 보편적인 것이기에 '왜'라는 질문은 성립하지 않는다. 따라서 좋지 않은 결과를 초래하더라도 도덕 법칙은 지켜야 한다. 이런 의미에서 의무론적 관점을 법칙론이라고도 한다.

▶ 의무론적 관점의 개념

**첨가**
의무론적 관점의 한계와 사례 제시

그러나 의무론적 관점에는 한계가 있다. 두 개의 옳은 도덕 법칙이 충돌할 때 의무론적 관점에 따르면 결정을 ⓐ내릴 수 없다. 예를 들어 1번 철로에는 3명의 인부가, 2번 철로에는 5명의 인부가 일을 하고 있을 때 브레이크가 고장 난 기차의 기관사는 어떤 길을 선택해야 할까? 의무론적 관점은 이 상황에서 어떤 철로를 선택해야 할지 결정을 내릴 수 없다.

▶ 의무론적 관점의 한계

**견해**
목적론적 관점의 개념과 특징 제시

한편, 목적론적 관점은 행복이나 쾌락을 인간이 추구해야 할 목적으로 보았다. 이 관점은 오로지 최선의 결과를 가져오는 행위가 옳은 행위이며, 경험을 통하여 도덕을 얻을 수 있다고 생각하였다. 도덕은 '보다 많은 사람들에게 보다 많은 행복을 가져오는 행위'이다. 따라서 어떤 행위를 결정할 때는 미래에 있을 결과를 고려해야 한다. 이런 의미에서 목적론적 관점을 결과론이라고도 한다.

▶ 목적론적 관점의 개념

**첨가**
목적론적 관점의 한계와 사례 제시

그러나 목적론적 관점도 한계가 있다. 똑같은 결과라도 사람마다 판단이 달라질 수 있기 때문이다. 위의 예에서 1번 철로를 선택하는 것이 목적론적 관점에서는 옳은 선택이지만 1번 철로에 있던 인부의 가족에게 물었을 경우 대답은 달라질 것이다. 이런 문제 때문에 목적론적 관점은 도덕 법칙에 대해 많은 예외를 허용할 우려가 있다.

▶ 목적론적 관점의 한계

어떻게 읽을까!

**중심 화제를 이해했는가?**
도덕적 딜레마 문제를 해결하기 위한 기준으로 두 가지 관점을 제시함.

**의무론적 관점을 정확하게 이해했는가?**
도덕 법칙을 중시하는 의무론적 관점의 개념과 특징을 제시하고 그 한계를 사례를 들어 설명함.

**목적론적 관점을 정확하게 이해했는가?**
최선의 결과를 중시하는 목적론적 관점의 개념과 특징을 제시하고 그 한계를 사례를 들어 설명함.

**충돌형구조**

| 도입 | |
|---|---|
| 견해 | 첨가 |
| 견해 | 첨가 |

**해제** 이 글은 도덕적 딜레마 상황을 해결하는 데 활용되는 두 관점인 의무론적 관점과 목적론적 관점을 상세하게 설명하고 있다. 의무론적 관점은 그 판단을 도덕 법칙에 따라야 한다는 입장이고 목적론적 관점은 최선의 결과를 가져오는 행위가 옳은 행위라고 보는 입장이다. 전자는 도덕 법칙을 지키는 것을 의무로 보기 때문에 '왜'라는 질문이 성립하지 않으며 결과와 무관하게 행위 자체의 옳고 그름에 주목한다. 그러나 이 관점에 따르면 두 개의 옳은 도덕 법칙이 충돌할 때 결정을 내릴 수 없다는 문제가 생긴다. 한편, 후자는 최선의 결과를 가져오는 행위가 옳은 행위이며 도덕은 보다 많은 사람들에게 보다 많은 행복을 가져오는 행위라고 본다. 이 관점에 따르면 행위를 결정할 때는 결과를 고려해야 한다. 그러나 똑같은 결과라도 사람마다 판단이 달라질 수 있어 도덕 법칙에 많은 예외를 허용할 수 있다는 점에서 목적론적 관점도 한계가 있다.

**주제** 도덕적 딜레마 상황을 해결하는 기준인 의무론적 관점과 목적론적 관점

**0** ③     **1** ④     **2** ①     **3** ②

글쓴이의 작문 과정 **❶** 도덕적 딜레마 **❷** 목적론적 관점
주제   도덕적 딜레마 상황을 해결하는 기준인 의무론적 관점과
목적론적 관점

## 0 내용 전개 방식 파악      ③

이 글은 1문단에서 도덕적 딜레마 상황을 보여 주고 이 문제를 해결
하는 방법으로 의무론적 관점과 목적론적 관점을 제시하고 있다. 이
어서 두 관점의 개념을 설명한 다음, 각각의 한계점을 밝히고 있다.
특히 3문단과 5문단에서는 고장 난 기관차 사례를 활용하여 각 관점
의 한계점을 밝히면서 독자의 이해를 돕고 있다.

오답풀이 ① 이 글에서 가설을 제시하고 그 가설을 입증하는 내용은
언급되지 않았다.
② 통념이란 사람들이 가진 일반적인 생각을 의미하는데, 이 글에서
는 통념의 문제점을 제시하고 있지 않다.
④ 이 글에는 서로 다른 관점이 제시되어 있지만, 두 관점을 절충하
는 내용은 찾을 수 없다.
⑤ 이 글에서 각 관점의 문제점은 제시되어 있지만, 그 대안을 제시
하고 있지는 않다.

## 1 세부 내용 파악      ④

4문단에서 목적론적 관점의 특징으로, 첫째, 도덕을 '보다 많은 사람
들에게 보다 많은 행복을 가져오는 행위'라고 본다는 것과, 둘째, 어
떤 행위를 결정할 때는 미래에 있을 결과를 고려해야 한다는 것을
설명하였다. 그런데 ④와 같이 '어떤 행위를 위한 결정은 행위 자체
를 바탕으로 내'린다는 것은 결과와 무관하게 행위 자체의 옳고 그름
에 주목하는 의무론적 관점의 특징(2문단)에 해당한다.

오답풀이 ①, ② 4문단에서 목적론적 관점은 행복이나 쾌락을 인간
이 추구해야 할 목적으로 보았고, 최선의 결과를 가져오는 행위가
옳은 행위라고 설명하였다.
③ 4문단에 따르면 목적론적 관점에서 도덕은 보다 많은 사람들에
게 보다 많은 행복을 가져오는 행위이다.
⑤ 5문단에서 목적론적 관점은 도적 법칙에 대해 많은 예외를 허용
할 수 있다고 설명하였다.

## 2 구체적 상황에 적용      ①

2문단을 보면, ㉠의 관점에서는 도덕 법칙에 따라 행동해야 하므로
Ⓐ에게 할머니를 도와주어야 한다고 말할 것이다. 그런데 도덕 법칙
은 언제나 타당하고 보편적인 것이기에 '왜'라는 질문은 성립하지 않
는다고 했으므로, ①과 같이 '왜?'라는 질문에 답할 수 있게 행동하
라고 말하는 것은 적절하지 않다.

오답풀이 ② ㉠은 도덕 법칙을 언제나 타당하고 보편적인 것으로 보

므로, 누가 보더라도 옳다고 생각하는 기준에 따라 행동하라고 할
것이다.
③ ㉠은 결과와 무관하게 행위 자체의 옳고 그름에 주목하므로, 나
중에 일어날 일보다는 도덕을 지키려는 마음을 더 중시할 것이다.
④ ㉡은 행복이나 쾌락을 인간이 추구해야 할 목적으로 보고 미래에
있을 결과를 고려하므로, 선택의 목적과 결과를 고려해 행동하라고
할 것이다.
⑤ ㉡은 도덕을 '보다 많은 사람들에게 보다 많은 행복을 가져오는
행위'라고 보므로, 다른 사람도 같이 기쁠 수 있게 행동하라고 할 것
이다.

## 3 어휘의 문맥적 의미 파악      ②

'결정을 내릴 수 없다'에서 '내리다'는 '판단, 결정을 하거나 결말을
짓다.'라는 의미로 사용되었다. ②에서도 '내리다'는 '판단을 한다'라
는 의미로 사용되고 있다.

오답풀이 ① 기차에서 내렸다는 의미가 함축되어 있으므로, '타고 있
던 물체에서 밖으로 나와 어떤 지점에 이르다.'라는 의미로 사용되었
다.
③ '가루 따위를 체에 치다.'라는 의미로 사용되었다.
④ '어둠, 안개 따위가 짙어지거나 덮여 오다.'라는 의미로 사용되었
다.
⑤ '눈, 비, 서리, 이슬 따위가 오다.'라는 의미로 사용되었다.

## 세 가지 진리론
2012학년도 9월 고3 모의평가

우리는 일상생활이나 학문 활동에서 '진리' 또는 '참'이라는 말을 자주 사용한다. 예를 들어 '그 이론은 진리이다'라고 말하거나 '그 주장은 참이다'라고 말한다. 그렇다면 우리는 무엇을 '진리'라고 하는가? 이 문제에 대한 대표적인 이론에는 대응설, 정합설, 실용설이 있다.

대응설은 어떤 판단이 사실과 일치할 때 그 판단을 진리라고 본다. '내 말을 믿지 못하겠거든 가서 보라'라는 말에는 이러한 대응설의 관점이 잘 나타나 있다. 감각을 사용하여 확인했을 때 그 말이 사실과 일치하면 참이고, 그렇지 않으면 거짓이라는 것이다. 대응설은 일상생활에서 참과 거짓을 구분할 때 흔히 취하고 있는 관점으로 ⊙우리가 판단과 사실의 일치 여부를 알 수 있다고 여긴다. 우리는 특별한 장애가 없는 한 대상을 있는 그대로 정확하게 지각한다고 생각한다. 예를 들어 '책상이 네모 모양'이라고 할 때 감각을 통해 지각된 '네모 모양'이라는 표상은 책상이 지니고 있는 객관적 성질을 그대로 반영한 것이라고 생각한다. 그래서 '그 책상은 네모이다'라는 판단이 지각 내용과 일치하면 그 판단은 참이 되고, 그렇지 않으면 거짓이 된다는 것이다. 이러한 대응설은 새로운 주장의 진위를 판별할 때 관찰이나 경험을 통한 사실의 확인을 중시한다.

정합설은 어떤 판단이 기존의 지식 체계에 부합할 때 그 판단을 진리라고 본다. 진리로 간주하는 지식 체계가 이미 존재하며, 그것에 판단이나 주장이 들어맞으면 참이고 그렇지 않으면 거짓이라는 것이다. 예를 들어 어떤 사람이 '물체의 운동에 관한 그 주장은 뉴턴의 역학의 법칙에 어긋나니까 거짓이다'라고 말했다면, 그 사람은 뉴턴의 역학의 법칙을 진리로 받아들여 그것을 기준으로 삼아 진위를 판별한 것이다. 이러한 정합설은 새로운 주장의 진위를 판별할 때 기존의 이론 체계와의 정합성을 중시한다.

실용설은 어떤 판단이 유용한 결과를 낳을 때 그 판단을 진리라고 본다. 어떤 판단을 실제 행동으로 옮겨 보고 그 결과가 만족스럽거나 유용하다면 그 판단은 참이고 그렇지 않다면 거짓이라는 것이다. 예를 들어 어떤 사람이 '자기 주도적 학습 방법은 창의력을 기른다'라고 판단하여 그러한 학습 방법을 실제로 적용해 보았다고 하자. 만약 그러한 학습 방법이 실제로 창의력을 기르는 등 만족스러운 결과를 낳았다면 그 판단은 참이 되고, 그렇지 않다면 거짓이 된다. 이러한 실용설은 새로운 주장의 진위를 판별할 때 결과의 유용성을 중시한다.

**어떻게 읽을까!**

**중심 화제를 파악했는가?**
일상적 표현을 통해 화제를 드러내고, 진리론의 유형을 제시함.

**세 가지 진리론을 구분할 수 있는가?**
각 유형의 개념과 특징, 전제를 제시하고, 진리를 판단하는 방법을 사례를 통해 구체적으로 설명함.

### 나열형구조

해제 이 글은 진리에 대한 세 가지 이론을 소개하고 있다. 먼저 대응설에서는 판단이 사실과 일치할 때 그 판단이 진리라고 본다. 이 이론에서는 관찰과 경험을 통한 사실 확인을 중시하여 감각을 통해 확인했을 때 그 말이 사실과 일치하면 참이고, 그렇지 않으면 거짓이라고 본다. 정합설에서는 판단이 기존의 지식 체계에 부합할 때 그 판단이 진리이며, 진리로 간주하는 지식 체계에 판단이나 주장이 들어맞으면 참이고 그렇지 않으면 거짓이라고 본다. 마지막으로 실용설에서는 결과의 유용성이 진리 판단의 기준이 되는데, 판단을 실제 행동으로 옮겨 보고 그 결과가 만족스럽거나 유용하면 참이고 그렇지 않다면 거짓이라고 본다.

주제 진리를 판단하는 세 가지 이론

## 0 내용 전개 방식 파악 ①

이 글은 진리론의 세 가지 유형인 대응설, 정합설, 실용설을 2~4문단에서 각각 설명하고 있다. 또한 2~4문단은 모두 '개념 – 진리 판단 방법 – 사례 – 중시 요소'의 순서로 서술하고 있다. 따라서 이 글은 추상적인 개념인 각 진리론을 구체적인 예를 들어 설명하고 있다고 할 수 있다.

오답풀이 ② 진리를 판단하는 세 가지 이론을 제시하고 있지만, 그 이론들의 문제점을 지적하거나 그 세 이론과 다른 새로운 이론을 제시하고 있지 않다.

③ 여러 이론을 소개하고 있을 뿐, 구체적 현상의 원인을 분석하고 있지는 않다.

④ '무엇을 진리라고 하는가'를 다룬 이론들을 소개하고 있지만, 진리의 개념이 시대적 흐름에 따라 변화했는지를 설명하고 있지는 않다.

⑤ 진리에 대한 다양한 관점들을 소개하고 있지만, 이를 변증법적으로 절충하고 있지는 않다. 변증법이란 '정 – 반 – 합'의 구조로 새로운 결론을 도출하는 논리적 사고 방법으로, 서로 상반되는 이론 또는 주장인 '정'과 '반'이 있을 때 둘 중 하나만 고르는 이분법적 사고 방식에서 벗어나, '정'과 '반'을 절충하거나 제3의 새로운 결론을 도출하는 사고 방법이다.

## 1 세부 내용 파악 ②

2문단에서 ㉠의 다음 문장을 보면 '우리는 특별한 장애가 없는 한 대상을 있는 그대로 정확하게 지각한다고 생각한다.'라고 하였는데, 이는 의미상 ㉠의 전제에 해당한다. 다시 말해 우리가 어떤 대상을 있는 그대로 정확하게 지각한다고 생각하기 때문에(전제), 우리의 판단이 사실과 일치하는지 여부를 판단할 수 있다(㉠=결론)는 논리가 성립하는 것이다. 즉 우리가 사실(대상)을 정확하게 지각하지 못한다면 우리의 판단이 사실과 일치하는지도 알 수 없는 것이다. 그런데 대상을 지각한다는 것은 '감각을 사용하여 그 대상이 무엇인지 아는 것'을 의미한다. 따라서 ②가 ㉠의 전제라고 보는 것이 가장 적절하다.

오답풀이 ① 지식이나 판단이 항상 참이면 진리를 판단하기 위한 여러 이론 자체가 필요하지 않을 것이다.

③ 사물에 대한 전체적인 인식이 중요하다는 내용의 진술로, ㉠과는 관련이 없다.

④ 인간들 각자가 다른 인식 구조를 가지고 있다는 진술로, ㉠과는 관련이 없다.

⑤ '우리의 감각적 지각 능력'은 ㉠과 관련이 있지만, 감각적 지각 능력이 대상을 변화시킬 수 있다는 진술은 ㉠뿐만 아니라 대응설, 나아가 세 가지 진리론 모두와 관련이 없다.

## 2 구체적 사례에 적용 ①

|보기|에 따르면, 스테노는 관찰이라는 지각 활동을 통해 상어의 이빨과 설석이라는 화석이 구조적으로 유사하다는 사실을 확인하고, 이러한 사실을 바탕으로 '화석이 유기체에서 기원했다'라는 판단을 내렸다. 여기서 주장의 진위를 판별할 때 관찰을 통한 사실 확인을 중시하고 있음을 알 수 있다. 이렇게 관찰이나 경험으로 참과 거짓을 판단하는 진리론은 대응설이다. 따라서 ⓐ '판단'은 대응설과 관련된다고 볼 수 있다.

한편, ⓑ '판단'은 베게너의 주장(대륙 이동설)에 대한 당시의 지질학자들의 판단이다. 그들은 베게너의 주장이 틀렸다는 판단을 내린 근거로 '대륙은 이동하지 않는다는 통설'을 들고 있다. 여기서 '통설(通說)'은 '세상에 널리 알려지거나 일반적으로 인정되고 있는 설.'을 의미하므로, 그들은 기존의 지식 체계에 부합하는지를 기준으로 베게너의 주장이 틀렸다는 판단을 하였음을 알 수 있다. 이렇게 기존의 지식 체계에 부합하는지 여부로 참과 거짓을 판단하는 진리론은 정합설이다. 따라서 ⓑ는 정합설과 관련된다.

## 3 비판의 적절성 판단 ④

4문단에 따르면, 실용설은 만족스럽거나 유용한 결과를 낳는 판단을 진리라고 본다. 그런데 ④는 실용설을 비판하면서 관념은 감각으로 그것의 실체를 확인할 수 없다는 근거를 들어 문제점을 지적하고 있다. 실용설은 감각을 통한 사실의 검증이나 확인과는 관련이 없으며 오직 결과의 유용성만을 판단의 근거로 삼는다는 점에서 ④의 비판은 적절하지 않다. 관념적 대상은 감각으로 검증할 수 없어 실체를 확인할 수 없다는 비판은 대응설에 대한 비판에 해당한다.

오답풀이 ① 대응설은 감각을 토대로 한 경험이나 관찰을 통한 사실 확인을 중시하므로, 감각적으로 지각하는 대상을 다루지 않는 수학이나 논리학에서는 경험적으로 확인하기 어려운 명제의 진위를 판별하기 힘들다고 대응설에 대해 비판할 수 있다.

② 정합설에서 진리 판단의 기준은 기존의 이론 체계이므로, 만일 기존의 이론 체계가 없다면 정합설에서 진위 판단은 불가능하다.

③ 정합설에서 진리 판단의 기준인 기존의 이론 체계 자체의 진리 판단 문제를 제기하는 것은 정합설에 대한 비판으로 적절하다.

⑤ 실용설에서 진리 판단의 기준은 결과의 유용성인데, 이 유용성에는 주관성이 내재되어 있으므로, 이를 지적하는 것은 실용설에 대한 비판으로 적절하다.

## 3 데카르트의 회의론 2014학년도 고2 예비시행 B형

**어떻게 썼을까?**

**도입**
데카르트의 회의론 소개

상식적으로는 자신에게 보이고 들리고 느껴지는 그대로 세계가 존재할 것이라고 생각하지만, 회의론에서는 그 보고 듣고 느끼는 세계가 모두 환상일지도 모른다는 가정을 옹호한다. 가장 널리 알려진 회의론은 근세 철학의 창시자인 데카르트에 의해 제시되었는데, 그는 의심이 전혀 불가능한 확실한 지식을 찾기 위해 체계적으로 의심하는 방법을 만들었다. 즉 의심할 수 있는 이유를 더 이상 찾을 수 없을 때까지 의심할 수 있는 것은 모두 의심해 보는 것이다. ▶ 데카르트가 제시한 회의론

**전개**
감각적 지식에 대한 데카르트의 의심

그가 의심한 첫 번째 범주의 지식은 감각에 의해 생긴 지식이다. 휴대 전화가 없는데도 벨소리가 들릴 때가 있는 것처럼, 감각은 우리를 종종 속이므로 감각적인 증거를 토대로 생긴 지식은 믿을 수 없다. 그렇지만 내가 지금 의자에 앉아 있다는 사실까지 의심하는 사람은 없다. 이에 대해서도 데카르트는 꿈에서 똑같은 종류의 감각을 한다는 점을 지적한다. 나는 의자에 앉아 있다고 느낄지도 모르지만 사실 나는 침대에서 깊은 잠에 빠져 있을 수 있다. 따라서 감각적인 증거를 토대로 생긴 지식은 믿을 수 없다. ▶ 감각적 지식에 대한 회의

**전개**
수학의 지식에 대한 데카르트의 의심

감각적 지식만이 지식의 전부는 아니다. 예컨대 우리의 지식 중 수학의 지식은 감각에 의존하지 않으므로 데카르트의 의심에서 무사히 벗어날지 모른다. 내가 깨어 있을 때나 꿈속에서나 2 더하기 3은 5이기 때문이다. 그런데 데카르트는 수학의 지식마저도 의심이 가능하다고 말한다. 악마가 존재하여 사실은 2 더하기 3은 4인데 우리가 2에 3을 더할 때마다 5인 것처럼 속일 수 있기 때문이다. 그런 악마가 실제로 존재하지 않더라도 자체적으로 모순이 되지 않는다면 상상하는 데는 아무런 제약이 없다. ▶ 수학적 지식에 대한 회의

**전개**
데카르트가 회의론을 통해 얻은 결론과 근거

그러나 데카르트는 아무리 의심을 해도 의심하는 사람의 존재에 관한 의심은 가능하지 않다고 말한다. 왜냐하면 만약 그 자신이 존재하지 않는다면 어떠한 악마도 그를 속일 수 없기 때문이다. 그러므로 그가 의심하고 있다면 그는 존재함에 틀림없다. 그래서 데카르트는 다음과 같이 말한다. "나는 생각한다. 그러므로 나는 존재한다." 그 자신의 존재는 그 자신에게 절대적으로 확실한 것이다. ▶ 데카르트가 회의론을 통해 얻은 결론

**반론**
데카르트 회의론에 대한 반박

그런데 데카르트가 찾은 이러한 존재의 확실성의 토대는 그리 튼튼한 것 같지 않다. 그의 결론대로 생각하는 내가 존재한다고 하더라도, 생각하는 '나'가 항상 같은 '나'라는 보장이 있을까? 생각하는 '나'가 존재한다고 하면 지금 생각하는 '나'와 5분 전에 생각하던 '나'는 똑같은 사람으로 존재해야 한다. 그러나 지금 이 순간의 생각은 내가 하고 있는 것이 확실하지만 5분 전에도 '지금의 나'가 생각했다는 것이 확실하지 않으므로, 지금 생각하는 '나'와 5분 전에 생각하던 '나'가 동일하지 않을 수도 있다. ▶ 존재의 확실성에 대한 반박

**결론**
데카르트 회의론의 한계 강조

데카르트의 체계적 의심에 따르면 절대적으로 확실한 것은 오직 지금 이 순간의 나의 존재일 뿐이다. 그러나 좀 더 철저히 의심하면 영속적인 나의 존재는 보장되지 않는다. 그는 회의를 시작했지만 철저한 회의론자가 되지는 못했다. ▶ 철저한 회의론자가 되지 못한 데카르트

**어떻게 읽을까!**

**중심 화제를 파악했는가?**
회의론에 대한 이해를 바탕으로 데카르트의 회의론을 제시함.

**데카르트가 부정한 지식의 유형을 확인했는가?**
데카르트가 감각적 지식을 믿을 수 없다고 논증한 과정을 설명한 뒤, 이어서 수학적 지식을 믿을 수 없다고 논증한 과정을 설명함.

**데카르트가 유일하게 의심하지 않은 지식은 무엇인지 파악했는가?**
데카르트가 회의를 통해 얻은 결과인 "나는 생각한다. 그러므로 나는 존재한다."라는 말의 의미를 제시함.

**데카르트의 회의론에 대한 글쓴이의 입장을 확인했는가?**
데카르트는 회의를 시작했지만 철저한 회의론자는 되지 못했다며 데카르트 회의론에 대해 반박함.

---

**일방형구조**

**해제** 이 글은 데카르트의 회의론과 그 한계를 설명하고 있다. 데카르트는 의심이 전혀 불가능한 확실한 지식을 찾기 위한 방법으로 의심할 수 있는 이유를 더 이상 찾을 수 없을 때까지 모든 것을 의심해 보았다. 그는 감각적 지식은 믿을 수 없으며, 감각에 의존하지 않는 수학의 지식도 의심이 가능하다고 보았다. 그러나 데카르트는 의심하는 사람이 존재하지 않는다면 의심할 수 없으므로 의심하는 사람의 존재는 절대적으로 확실하다는 결론에 이른다. 그리하여 "나는 생각한다. 그러므로 나는 존재한다."라고 말한 것이다. 그런데 철저한 회의론자는 지금 이 순간의 생각은 내가 하고 있는 것이 확실하지만 5분 전에도 '지금의 나'가 생각했다는 것이 확실하지 않을 수 있다고 본다. 따라서 영속적인 나의 존재가 보장되지 않으므로 데카르트는 철저한 회의론자가 되지 못한 한계를 지닌다.

**주제** 데카르트의 회의론과 그 한계

## 0 글쓴이의 집필 의도 파악　　④

이 글은 1문단에서 데카르트의 회의론을 소개하고, 2, 3문단에서 그가 회의론을 어떻게 전개했는지 그 과정을 구체적으로 살펴본 뒤, 4문단에서 그가 내린 결론을 제시하고 있다. 그런 다음 5, 6문단에서 데카르트가 회의론을 통해 내린 결론이 지닌 문제를 논증하고, 그 한계를 부연하며 글을 마무리하고 있다. 따라서 글쓴이는 데카르트의 회의론을 소개하고, 그 이론이 지닌 한계를 지적하기 위해 이 글을 집필했다고 판단할 수 있다.

오답풀이 ① 이 글에서 데카르트가 의심하는 명제는 나와 있지만, 그 명제에 대한 다른 학자들의 반응은 나오지 않는다.
② 2, 3문단에서 구체적인 사례를 들고 있지만, 그것들을 통합하여 하나의 체계화된 이론을 정립하고 있는 것은 아니다.
③ 1문단에서는 상식적인 생각과 회의론을 대비하고 있지만 상식적인 개념을 분석하거나, 이와 대립되는 현상을 분석하는 내용은 없다.
⑤ 이 글은 데카르트의 회의론을 소개하고 그 이론의 한계를 지적하고 있을 뿐, 대립하는 두 이론을 제시한 것은 아니다.

## 1 핵심 정보 추론　　③

ㄱ. 3문단에서 데카르트는 수학적 지식이 감각에 의존하지 않는다는 점을 설명하면서 '깨어 있을 때나 꿈속에서나 2 더하기 3은 5'라는 것이 동일한 것 같지만 악마가 우리를 속일 수 있기 때문에 이러한 수학적 지식마저도 의심이 가능하다고 하였다. 이를 통해 꿈속의 지식 중에는 수학적 지식처럼 감각적 지식이 아닌 것도 있음을 확인할 수 있다. 따라서 데카르트와 철저한 회의론자 모두 ㄱ에 동의할 것이다.
ㄴ. 3문단에서 데카르트는 악마의 존재를 통해 수학적 지식을 의심했는데, 그런 악마가 실제로 존재하지 않더라도 자체적으로 모순이 있다면 상상하는 데는 아무런 제약이 없다고 하였다. 따라서 어떤 지식을 상상만으로도 의심할 수 있다면 그 지식은 확실하지 않다고 할 수 있으므로, 이는 데카르트와 철저한 회의론자 모두 동의할 수 있다.
ㄷ. 6문단에서 '데카르트의 체계적 의심에 따르면 절대적으로 확실한 것은 오직 지금 이 순간의 나의 존재일 뿐이다.'라고 제시했다. 이는 철저한 회의론자의 입장에서도 지금 이 순간의 나의 존재, 즉 의심을 하는 시점에서의 주체(존재)를 인정한다는 것을 의미한다. 의심하는 주체가 없으면 의심하는 행위 자체가 없기 때문이다. 따라서 데카르트와 철저한 회의론자 모두 ㄷ에 동의할 것이다.

오답풀이 ㄹ. 데카르트가 의심한 대상은 감각적 지식과 수학적 지식이라는 '지식의 범주'이고, 의심할 수 없다고 결론 내린 대상은 '의심

하는 사람의 존재'이다. 즉 '그가 의심하고 있다면 그는 존재함에 틀림없다.'라고 보았으므로 데카르트는 '생각하고 있다는 사실 자체'를 의심하지는 않았다. 철저한 회의론자 역시 지금 생각하는 존재와 5분 전에 생각했던 존재가 다를 수 있다고 의심했을 뿐, '생각하고 있다는 사실 자체'를 의심하지 않았다. 따라서 ㄹ은 데카르트와 철저한 회의론자 모두 동의하지 않을 것이다.
ㅁ. 5문단의 '그러나 지금 이 순간의 생각은 내가 하고 있는 것이 확실하지만 5분 전에도 '지금의 나'가 생각했다는 것이 확실하지 않으므로'는, 철저한 회의론자 입장에서 본 영속적인 나의 존재를 의심하는 이유에 해당한다. 따라서 철저한 회의론자는 ㅁ에 동의할 수 있지만, 데카르트는 영속적인 나의 존재를 의심하지 않으므로 ㅁ에 대해 동의하지 않을 것이다.

⚠ 출제자의 의도읽기 - 데카르트 회의론의 한계를 파악한다.
데카르트는 철저한 회의론자가 되지는 못했지만 회의론자이다. 1문단을 보면, 데카르트는 의심할 수 있는 이유를 더 이상 찾을 수 없을 때까지 의심할 수 있는 것은 모두 의심해 보았다고 한다. 따라서 데카르트와 철저한 회의론자는 모든 것을 의심해야 한다는 것에는 공통적으로 동의한다고 볼 수 있다. 다만, 5~6문단으로 볼 때 '지금 생각하는 나'라는 존재에 대해서는 데카르트만 동의하고 철저한 회의론자들은 동의하지 않는 것이다. 이렇게 지문의 내용을 바탕으로 |보기|를 살펴보면 정답을 고르는 데 많은 도움이 될 수 있다.

## 2 구체적 사례에 적용　　④

|보기|는 뇌가 몸에서 분리되어 컴퓨터와 연결되어 있는 상황을 설정하고 있다. 이때 컴퓨터가 나의 경험을 모두 조작하고 있다는 점이 중요하다. 이와 관련된 상황은 악마가 우리를 속이는 3문단의 상황과 유사하다. 이를 |보기|의 상황에 적용하면, 원래 2 더하기 3은 4인데, '컴퓨터'가 '통 속의 뇌'를 속여 2 더하기 3은 5라고 생각하게 만드는 것이라고 이해할 수 있다. 그런데 ④는 2 더하기 3의 결과가 4이면서 동시에 5라고 제시했다. 그러나 3문단에서는 상상하는 데는 아무런 제약이 없지만 자체적으로 모순이 되지 않아야 한다고 했으므로, 두 가지 결괏값이 동시에 존재한다는 것은 성립되지 않는다.

오답풀이 ① '통 속의 뇌'와 같은 상황은 3문단에서 언급한 '악마'가 우리를 속이는 상상에 해당하는 것으로, 이는 데카르트가 주장한 체계적으로 의심하는 방법에 해당한다.
② |보기|의 '나는 의자에 앉아 있다고 생각하지만 그것은 컴퓨터가 만들어 낸 환상이다.'를 통해 '통 속의 뇌'는 감각적인 경험을 했다고 생각하지만, 사실은 실재하지 않는 것을 '컴퓨터'가 조작한 것이다.
③ 3문단에서 악마는 실제 사실과 다르게 우리를 속인다. |보기|의 컴퓨터도 통 속의 뇌에서 나의 경험을 조작한다.
⑤ 3문단에서 악마가 실제로 존재하지 않더라도 자체적으로 모순이 되지 않는다면 상상하는 것은 가능하며, 그러한 상상이 가능하다면 의심할 수 있다고 설명했다. |보기|의 상황도 상상 가능한 상황이므로, 우리의 경험이나 생각이 조작된 것으로 의심할 수 있다고 할 수 있다.

## 3 견해의 공통점 파악 ③

데카르트는 의심할 수 없는 믿음을 찾기 위해 회의적 사고를 하였고, 피론주의자들은 지속적으로 진리를 의심하였으므로. 둘 다 공통적으로 사유의 과정에서 의심의 방법을 사용했다고 볼 수 있다.

오답풀이 ① 피론주의자들의 주장이 지닌 모순을 증명하기 위해 배중률을 고려했다고 했으므로 데카르트와 피론주의자들의 공통점으로 보기는 어렵다.

② 신 중심의 중세 시대 사람들의 세계관을 나타낸 것으로 데카르트와 피론주의자들 모두 해당하지 않는다.

④ 데카르트는 의심하는 존재에 관한 의심은 가능하지 않다고 말하며 절대적 확실성을 가진 진리가 존재한다고 생각하였고, 피론주의자들은 진리의 존재 여부를 판단할 수 없다고 하였으므로 둘 모두에 해당하지 않는다.

⑤ 피론주의자들은 진리의 존재를 확신하지 않았으므로 적절하지 않다.

기 출 읽 기

# 종이를 계속 접을 수 없는 이유 2016학년도 9월 고2 학력평가

## 어떻게 썼을까?

**의문**
종이를 계속 접을 수 없는 이유에 대한 의문 제기

**대답**
종이를 계속 접을 수 없는 첫 번째 이유 제시

**대답**
종이를 접기 위해 필요한 종이의 길이 설명

**대답**
종이를 계속 접을 수 없는 두 번째 이유 제시

한 장의 종이를 반으로 계속해서 접어 나간다면 과연 몇 번이나 접을 수 있을까? 얼핏 생
└ 질문을 통한 중심 화제 제시
각하면 수없이 접을 수 있을 것 같지만, 실제로는 그럴 수 없다. ㉠그 이유는 무엇일까?
▶ 종이를 계속 접을 수 없는 이유에 대한 의문

먼저, 종이를 접는 횟수에 따라 종이의 넓이와 두께의 관계가 어떻게 변하는지를 생각해
종이를 계속 접을 수 없는 이유를 탐색하기 위한 방향 제시 ①
보자. 종이를 한 방향으로 접을 경우, 한 번, 두 번, 세 번 접어 나가면 종이의 넓이는 계속
해서 반으로 줄어들게 되고, 두께는 각각 2겹, 4겹, 8겹으로 늘어나 두꺼워진다. 이런 식으
종이를 접는 횟수의 증가 → 종이의 넓이는 절반으로 줄어들지만, 두께는 기하급수적으로 두꺼워짐.
로 두께 0.1mm의 종이를 10번 접으면 1,024겹이 되어 그 두께는 약 10cm나 되고, 42번을 접
는다면 그 두께는 439,805km로 지구에서 달에 이를 수 있는 거리에 이르게 된다. 물론 이때
종이를 접으면서 생기는 종이의 두께는 종이의 길이를 초과할 수 없으므로 종이 접기의 횟
수 역시 무한할 수 없다.
종이를 계속 접을 수 없는 이유 ①
▶ 종이를 계속 접을 수 없는 이유 ①

다음으로, 종이를 접는 횟수에 따라 종이의 길이
종이를 계속 접을 수 없는 이유를 탐색하기 위한 방향 제시 ②
와 종이가 접힌 모서리 부분에서 만들어지는 반원
의 호 길이가 어떻게 변하는지 알아보자. [A]처럼
종이의 두께가 t이고 길이가 L인 종이를 한 번 접
으면, [B]처럼 접힌 모서리 부분이 반원을 이루게
된다. 이때 이 반원의 반지름 길이가 t이면 반원의
호 길이는 πt가 된다. 결국 두께가 t인 종이를 한
번 접기 위해서는 종이의 길이가 최소한 πt보다는
종이의 길이와 모서리 반원의 호 길이와의 관계
길어야 한다. 예를 들어 두께가 1cm인 종이를 한 번
접으려면, 종이의 길이가 최소 3.14cm보다는 길어
야 한다는 것이다.

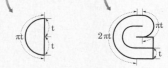

[A]

[B]                [C]

▶ 종이를 한 번 접을 때 필요한 종이의 길이

그런데 종이를 한 방향으로 두 번 접는 경우에는 [C]처럼 접힌 모서리 부분에 반원이 3개
나타난다. 그래서 모서리에 생기는 반원의 호 길이를 모두 합하면, 가장 큰 반원의 호 길이
인 2πt와 그 반원 속의 작은 반원의 호 길이인 πt, 그리고 처음 접힌 반원의 호 길이인 πt의
종이를 두 번 접었을 때 생기는 반원의 호 길이의 합
합, 즉 4πt가 된다. 그러므로 종이를 한 방향으로 두 번 접으려면 종이는 최소한 4πt보다는
이유: 종이의 길이는 모서리 반원의 호 길이보다 길어야 하므로
길어야 한다. 종이를 한 번 더 접었을 뿐이지만 모서리에 생기는 반원의 호 길이 합은 이전
보다 훨씬 커진다. 결국, 종이 접는 횟수는 산술적으로 늘어나는 데 비해 이로 인해 생기는
종이를 계속 접을 수 없는 이유 ②
반원의 호 길이의 합은 기하급수적으로 커지기 때문에 종이의 길이가 한정되어 있다면 계속
해서 종이를 접는 것은 불가능하다는 것을 알 수 있다.
▶ 종이를 계속 접을 수 없는 이유 ②

## 어떻게 읽을까!

**질문을 통해 글의 중심 화제를 파악했는가?**
질문을 통해 한 장의 종이를 계속 접을 수 없는 이유가 글 전체의 중심 화제임을 안내함.

**그림을 활용하여 질문에 대한 답을 이해했는가?**
종이를 계속 접을 수 없는 첫 번째 이유로 종이의 길이와 두께의 관계를, 두 번째 이유로 종이의 길이와 모서리에 생기는 반원의 호 길이 합의 관계를 제시함.

---

## 문답형구조

**해제** 일반적으로는 알고 있지만 한 장의 종이를 계속해서 접어 나갈 수 없는 이유를 수학적 원리로 설명하고 있는 글이다. 글쓴이는 종이를 무한히 접을 수 없는 이유에 대해 질문을 던지고 그에 대답하는 방식으로 글을 전개하고 있다. 2문단에서는 종이를 계속 접을 수 없는 첫 번째 이유를, 3, 4문단에서는 두 번째 이유를 제시하고 있는데, 특히 3, 4문단에서는 그림을 활용하여 독자의 이해를 돕고 있다. 또한 2문단과 4문단의 마지막 문장에서 두 가지 이유를 각각 요약적으로 서술하고 있다는 점이 특징적이다.

**주제** 종이를 계속 접을 수 없는 이유

## **0** 글쓰기 전략 파악 ⑤

이 글에서는 종이를 계속 접을 수 없는 이유와 관련된 수학적 원리를 밝히되, 2문단에서는 종이의 길이와 두께의 관계를, 3, 4문단에서는 종이의 길이와 모서리에 생기는 반원의 호 길이의 합의 관계를 보여 주고 있다(ⓒ). 또한 이때, 2문단에서는 '먼저', 3문단에서는 '다음으로'라는 표지로 시작하여 글의 흐름을 안내하고 있다(ⓒ). 특히 3문단에서는 그림을 활용(㉠)하고 있으며, 2, 4문단의 끝부분에서는 종이를 계속 접을 수 없는 이유를 요약적으로 진술하고 있다(ⓔ). 그러나 이 글에는 종이를 계속 접을 수 없는 이유와 관련해 원리를 발견하게 된 과정이나 계기는 제시되어 있지 않다.

## **1** 정보 간의 관계 파악 ②

2문단에서 종이를 한 방향으로 접을 경우, 한 번, 두 번, 세 번 접어나가면 종이의 넓이는 계속해서 반으로 줄어들게 되고, 두께는 각각 2겹, 4겹, 8겹으로 늘어나 두꺼워진다고 설명했다. 또한 4문단에서 종이 접는 횟수는 산술적으로 늘어나는 데 비해 이로 인해 생기는 반원의 호 길이의 합은 기하급수적으로 커진다고 설명했다. 따라서 ㉮에는 '줄어들고', ㉯에는 '두꺼워지고', ㉰에는 '커진다'가 들어가는 것이 적절하다.

## **2** 핵심 내용 추론 ②

종이를 계속 접을수록 접힌 종이 두께가 기하급수적으로 늘어나고(2문단), 접힌 모서리에 생기는 반원의 호 길이의 합 역시 기하급수적으로 늘어난다(4문단). 그런데 종이를 계속 접기 위해서는 종이의 길이가 늘어나는 종이의 두께보다 길어야 하고, 늘어나는 반원의 호 길이의 합보다 길어야 한다. 하지만 종이의 길이는 한정되어 있다. 따라서 종이를 계속 접을수록 종이의 두께가 두꺼워지고, 접힌 모서리에 생기는 반원의 호 길이의 합이 기하급수적으로 커지지만, 종이의 길이는 한정되어 있기 때문에 종이를 계속 접을 수 없는 것이다.

오답풀이 ① 종이를 계속 접게 되면 종이의 두께는 계속 증가할 것이다. 그런데 종이를 접으면서 생기는 종이의 두께는 종이의 길이에 영향을 받는다. 즉 종이의 두께는 종이의 길이를 초과할 수 없다. 따라서 한정된 것은 종이의 길이이다. 이 글에서 접는 종이의 두께가 한정되어 있다는 내용은 찾아볼 수 없다.

③ 이 글에서는 종이를 한 방향으로 접을 때 생기는 변화에 대해 설명하고 있을 뿐, 종이를 접는 방법의 수에 대해서는 언급하고 있지 않다.

④ 종이를 접으면서 생기는 모서리의 모양은 '반원'으로 일정하다.

하지만 이로 인해 종이를 계속해서 접을 수 없는 것은 아니다.

⑤ 종이를 접으면서 생기는 반원의 호 길이는 일정하지 않다. 3문단에 따르면, 접힌 모서리 부분이 반원을 이루게 되는데 이때 이 반원의 반지름 길이가 t이면 반원의 호 길이는 $\pi t$가 된다. 4문단에 따르면, 이를 또 접을 경우 가장 큰 반원의 호 길이는 $2\pi t$가 된다. 이로 볼 때 종이를 접을수록 모서리에 생기는 반원의 호 길이도 기하급수적으로 커진다는 것을 알 수 있다.

## **3** 구체적 사례에 적용 ⑤

|보기|에서 접힌 모서리에 생기는 가장 큰 반원의 호 길이는 $4\pi t$임을 확인할 수 있다. 그리고 4문단에서 두께가 t인 종이를 두 번 접었을 때 모서리에 생기는 반원의 호 길이 합이 $4\pi t$(가장 큰 반원의 호 길이 $2\pi t$+그 반원 속의 작은 반원의 호 길이 $\pi t$ +처음 접힌 반원의 호 길이 $\pi t$)라고 설명했다. 따라서 두 값은 같다.

오답풀이 ① |보기|에서 세 번 접힌 모서리에 생기는 반원의 호 길이 합은 $14\pi t$임을 알 수 있다. 그런데 세 번 접힌 종이의 두께는 8겹으로 8t이다. 따라서 접힌 모서리에 생기는 반원의 호 길이 합과 접힌 두께는 같지 않다.

② |보기|에서 접힌 모서리에 생기는 반원의 호 길이가 가장 긴 것의 길이는 $4\pi t$임을 알 수 있다. 그런데 3문단에서는 두께가 t인 종이를 한 번 접기 위해서는 종이의 길이(L)가 최소한 $\pi t$(반원의 호 길이)보다는 길어야 한다고 하였다. 따라서 접힌 모서리에 생기는 반원의 호가 가장 긴 것($4\pi t$)이 종이의 길이 L보다 길다는 설명은 적절하지 않다.

③ |보기|의 '14πt($4\pi t+3\pi t+2\pi t+2\pi t+\pi t+\pi t+\pi t$)'에서 괄호 안에는 접힌 모서리에 생기는 각 반원의 호 길이 합이 나타나 있다. 이를 살펴보면 접힌 모서리에 생기는 반원의 호 길이가 $\pi t$인 반원의 수는 3개로 가장 적은 것이 아니라 가장 많다.

④ |보기|의 식과 그림을 통해 볼 때 $4\pi t$가 접힌 모서리에 생기는 가장 큰 반원의 호 길이에 해당한다. 또한 가장 작은 반원의 호 길이는 $\pi t$로 가장 작은 반원들의 호 길이 합은 $3\pi t$이다. 따라서 접힌 모서리에 생기는 가장 큰 반원의 호 길이는 가장 작은 반원들의 호 길이 합보다 크다는 것을 알 수 있다.

⚠ 출제자의 의도읽기 – |보기|는 지문에 관한 예시이다.

|보기|에서 수식을 제시하고 있으므로 지레 겁먹을 수 있다. 하지만 수학 시험이 아니라 국어 시험이므로 수학적으로도 아주 어려운 것은 묻지 않는다는 점을 기억해야 한다. 또한 |보기|에서는 반원의 호 길이 합과 각각의 호 길이를 제시하고 있다. |보기|는 새로운 내용이 아니라 지문에서 설명하고 있는 내용을 이해하기 쉽게 뒷받침하는 하나의 예시라는 점도 염두에 두자. 정답의 근거는 지문과 |보기|에 모두 제시되어 있음에 유의하여 문제를 해결하는 연습을 하는 것이 필요하다.

# 아르키메데스 타일링이 11가지뿐인 이유

2009학년도 4월 고3 학력평가

**도입**
'타일링'의 개념 정의

**전개**
'타일링'의 수학적 정의

**전개**
아르키메데스 타일링 소개

**원리**
아르키메데스 타일링에서 규칙적인 타일링 제시

**원리**
아르키메데스 타일링에서 반규칙적인 타일링 제시

**첨가**
3차원으로 타일링의 개념 확장

「우리는 일상 어디에서나 타일을 쉽게 볼 수 있다. 정4각형 타일이 깔린 바닥은 흔히 건물에서 볼 수 있고 가끔은 독특한 모양의 타일을 깔아 한껏 멋을 낸 길을 걷기도 한다.」 면에 빈틈없이 타일을 까는 과정을 타일링(tiling)이라고 한다. 타일링을 인테리어 장식의 하나라고 넘겨 버릴 수도 있지만 여기에는 수학적 원리가 숨어 있다.
└『 』: 일상적 사물인 '타일'에 대해 언급함으로써 독자의 관심을 유발함.
타일링의 개념 정의
중심 화제 제시
▶ 타일링에 숨어 있는 수학적 원리

수학적으로 정의하면 타일링은 평면에 겹치지 않고 빈 자리가 생기지 않게 배치한 도형의 집합이다. 타일링의 수학적 정의 타일링의 종류는 무수히 많다. 아무 도형이나 겹치지만 않게 바닥에 깐 뒤 빈 자리가 있을 경우 거기에 맞는 도형을 만들어 끼워 넣으면 되기 때문이다. 하지만 아무런 조건이 없는 타일링은 미적으로도 가치가 떨어지고 수학의 측면에서도 의미가 없다.
타일링에서 조건의 필요성
▶ 타일링의 수학적 정의와 타일링에서 조건의 필요성

따라서 ㉠수학자들은 다양한 조건을 만들어 이를 충족하는 타일링을 찾고 거기에서 어떤 법칙을 이끌어 냈다. 구조적으로 가장 단순하면서도 대칭적인 아름다움이 느껴지는 아르키메데스 타일링을 보자. 아르키메데스 타일링이란 한 변의 길이가 같은 정다각형으로 만든 것인데 각각의 도형은 변끼리 만나야 한다. 「평면에 만들 수 있는 아르키메데스 타일링은 몇 아르키메데스 타일링의 개념 가지나 될까? 여기에 대한 답을 준 사람은 17세기 천문학자로 '케플러의 법칙'을 남긴 요하네스 케플러이다. 그는 아르키메데스 타일링이 모두 11가지라고 증명했다.」
└「 」: 문답 방식으로 아르키메데스 타일링이 11가지임을 제시함.
▶ 아르키메데스 타일링의 개념과 가짓수

이 가운데 동일한 정다각형으로만 만들 수 있는 타일링, 즉 '규칙적인 타일링'은 정3각형, 정4각형, 정6각형 3가지뿐이다. 평면 아르키메데스 타일링의 유형 ① – 규칙적인 타일링 에서는 한 점을 중심으로 한 바퀴 도는 각도가 360°인데, 이 각도 규칙적인 타일링이 되는 조건 를 정다각형의 한 내각으로 나눌 때 정수가 되어야 도형이 겹치거나 빈 자리가 생기지 않고 평면을 채울 수 있기 때문이다. 예를 들어 정삼각형의 경우, n각형의 한 내각의 크기는 $180(n-2)/n$이므로 정삼각형(n=3)의 한 내각은 60°, 이 60°로 360°를 나누면 정수 6이 되므로 평면의 한 점을 중심으로 정삼각형 6개의 꼭짓점이 모이면 평면이 채워진다는 것이다.
규칙적인 타일링의 개념과 조건

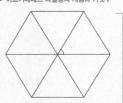

$6 \times 60° = 360°$

그리고 나머지 8개는 반(半)규칙적인 타일링으로 변의 길이가 같은 정다각형 두 가지 이아르키메데스 타일링의 유형 ② – 반규칙적인 타일링 상이 조합되어 있다. 정3각형, 정4각형, 정6각형은 규칙적인 타일링을 이룰 수 있으면서 서 반규칙적인 타일링의 유형 ① – 정3각형, 정4각형, 정6각형이 서로 결합한 경우 로 결합해서 반규칙적인 타일링도 이룰 수 있다. 이와 달리, 정8각형이나 정12각형은 자기들끼리는 아르키메데스 타일링을 만들 수 없지만 정3각형이나 정4각형, 정6각형과 짝을 이 반규칙적인 타일링의 유형 ② – 정8각형 또는 정12각형이 정3각형, 정4각형, 정6각형과 결합한 경우 루면 가능하다.
▶ 반규칙적인 타일링의 개념과 유형

수학의 관점에서 타일링은 2차원뿐 아니라 모든 공간에 적용될 수 있다. 2차원 공간은 면적이므로 면적을 지니는 2차원 타일로, 3차원 공간은 부피이므로 부피를 지니는 다면체로 채우면 되는 것이다. 물론 4차원, 5차원 공간에서도 타일링이 가능하지만 추상적 사고에 능숙한 수학자가 아닌, 3차원 공간에 살고 있는 보통 사람들은 이해하기 어렵다. 가장 쉽게 떠올릴 수 있는 3차원 타일링은 정6각형 구조로 되어 있는 '벌집'이다.
3차원 타일링의 사례
▶ 차원에 따른 타일링의 확장과 3차원 타일링의 사례

**중심 화제와 앞으로 전개될 내용을 예측했는가?**
타일링의 정의와 조건의 필요성을 제시하며 타일링에 담긴 수학적 원리를 생각해 보도록 안내함.

**수학적 타일링의 대표적 사례가 무엇인지 파악했는가?**
구조적으로 가장 단순하면서도 대칭적인 아름다움이 느껴지는 수학적 타일링으로 케플러가 증명한 11가지 아르키메데스 타일링을 언급함.

**아르키메데스 타일링의 두 가지 유형을 구분할 수 있는가?**
아르키메데스 타일링을 규칙적인 타일링과 반규칙적인 타일링으로 구분하여 그 원리를 제시함.

**타일링의 개념을 확장해 이해했는가?**
'벌집'을 사례로 들어 3차원 공간에서도 타일링이 가능하다는 것을 제시함.

---

## 원리형구조

| 도입 | |
|---|---|
| 전개 | 전개 |
| 원리 | 원리 |
| 첨가 | |

**해제** 이 글은 벽면과 바닥 장식으로 흔히 사용되는 타일링에 숨어 있는 수학적 원리를 설명하고 있다. 일반적인 의미의 타일링과 수학에서의 타일링의 정의가 다름을 보여 주고, 아르키메데스 타일링을 중심으로 타일링을 이루는 조건과 유형 등을 설명하고 있다. 특히 4, 5문단에서는 아르키메데스 타일링을 규칙적인 타일링과 반규칙적인 타일링으로 분류하여 서술함으로써 타일링에 숨어 있는 수학적 원리를 구체적으로 설명하고 있다. 6문단에서는 내용을 확장하여 3차원 입체 공간에서도 '벌집'과 같은 타일링이 있다는 것을 밝힘으로써 타일링의 차원이 확장될 수 있음을 보여 주고 있다.

**주제** 타일링에 숨어 있는 수학적 원리

## 0 글쓰기 계획 파악 ①

3문단에서 아르키메데스 타일링의 유형은 모두 11가지이며, 케플러가 이를 증명했다고 설명하고 있다. 그러나 이 글에서 아르키메데스가 타일링의 유형을 어떻게 나누었는지, 이를 어떻게 증명했는지에 대한 정보는 찾을 수 없다.

[오답풀이] ② 2문단의 '수학적으로 정의하면 타일링은 평면에 겹치지 않고 빈 자리가 생기지 않게 배치한 도형의 집합이다. 타일링의 종류는 무수히 많다.'에서 확인할 수 있는 내용이다.
③ 6문단의 '수학의 관점에서 타일링은 2차원뿐 아니라 모든 공간에 적용될 수 있다. 2차원 공간은 면적이므로 면적을 지니는 2차원 타일로, 3차원 공간은 부피이므로 부피를 지니는 다면체로 채우면 되는 것이다.'에서 확인할 수 있는 내용이다.
④ 1문단에서 '면에 빈틈없이 타일을 까는 과정'이라고 타일링의 개념을 소개하고 있고, 2문단에서 '수학적으로 정의하면 타일링은 평면에 겹치지 않고 빈 자리가 생기지 않게 배치한 도형의 집합이다.'라고 일반적인 의미와 다른 수학적 의미의 타일링을 정의하고 있다.
⑤ 6문단에서 가장 쉽게 떠올릴 수 있는 3차원 타일링으로 정6각형 구조로 되어 있는 벌집을 사례로 들고 있다.

## 1 핵심 내용 파악 ④

이 글은 일상생활에서 흔히 접할 수 있는 벽면이나 바닥의 타일링에 숨어 있는 수학적 원리를 설명하고 있다. 특히 정다각형을 활용한 타일링인 아르키메데스 타일링을 중심으로 정다각형을 어떻게 조합하느냐에 따라 '규칙적인 타일링'과 '반규칙적인 타일링'으로 나누어 그것에 담겨 있는 수학적 원리를 상세하게 설명하고 있다.

[오답풀이] ① 이 글은 수학의 신비로움을 다루고 있지 않으므로, 표제가 적절하지 않다.
② 이 글에서는 타일링에 숨어 있는 수학적 원리를 밝히고 있을 뿐 타일링과 관련하여 과학적 원리를 설명하고 있지 않다.
③ 표제는 적절하지만, 이 글에서 도형 자체의 장식적 아름다움을 다루고 있지 않으므로 부제는 적절하지 않다.
⑤ 이 글에서는 수학자들이 법칙을 발견하는 과정을 설명하고 있지 않다.

## 2 세부 내용 추론 ④

3~5문단에서 ㉠의 내용을 구체적으로 설명하고 있다. 특히 수학자 케플러가 아르키메데스 타일링이 11가지라는 것을 증명해 내는 과정에서 품었을 만한 생각을 상세하게 설명하고 있다. 6문단의 경우, 타일링을 2차원에서 3차원으로 확장한 경우를 설명하고 있는데, 이는 ㉠에 해당하는 내용이 아니다. 따라서 3차원의 공간을 채우는 방식, 즉 3차원에서의 타일링에 대한 서술은 ㉠의 과정에서 수학자들이 품었음 직한 생각과는 관련이 없다.

[오답풀이] ① 2문단에 따르면 타일링은 평면에 겹치지 않고 빈 자리가 생기지 않게 배치한 도형의 집합이다. 이러한 타일링의 수학적 정의로 볼 때 수학자들은 평면을 도형으로 채우는 방식에 규칙이 존재할 것으로 생각했을 것임을 알 수 있다.
② 3문단에 따르면 아르키메데스 타일링은 한 변의 길이가 같은 정다각형으로 만든 타일링이다. 이로 보아 수학자들은 정다각형을 조합하여 평면을 빈틈없이 채울 수 있을 것으로 생각했을 것임을 알 수 있다.
③ 3문단에서 케플러는 아르키메데스 타일링이 모두 11가지임을 증명했다고 하였고, 4, 5문단에서 규칙적인 타일링은 정3각형, 정4각형, 정6각형 3가지뿐이며, 나머지 8개는 반규칙적인 타일링으로 정3각형, 정4각형, 정6각형이 서로 결합하거나 정8각형, 정12각형과 결합함으로써 만들어질 수 있다고 하였다. 이로 볼 때 수학자들은 평면을 채울 때 사용할 수 있는 도형의 종류가 제한적일 것으로 생각했을 것임을 알 수 있다.
⑤ 4문단에 따르면 평면에서는 한 점을 중심으로 한 바퀴 도는 각도가 360°인데, 이 각도를 정다각형의 한 내각으로 나눌 때 정수가 되어야 도형이 겹치거나 빈 자리가 생기지 않고 평면을 채울 수 있다. 이로 볼 때 수학자들은 도형이 겹치지 않도록 평면을 채우려면 내각의 크기를 고려해야 할 것으로 생각했을 것임을 알 수 있다.

## 3 구체적 사례에 적용 ②

아르키메데스 타일링은 한 변의 길이가 같은 정다각형을 활용한 타일링으로, 동일한 정다각형으로만 조합한 '규칙적인 타일링'과 변의 길이는 같지만 다른 형태의 정다각형을 두 가지 이상 조합한 '반규칙적인 타일링'이 있다. 이러한 내용을 바탕으로 볼 때, ㄱ은 두 정5각형 아래에 위치한 삼각형이 정3각형이 아니므로 아르키메데스 타일링이 아니다(①). ㄴ은 세 개의 정6각형으로만 이루어져 있으므로, 규칙적인 타일링에 해당한다. ㄷ은 두 개의 정8각형과 하나의 정4각형으로 이루어져 있으므로, 반규칙적인 타일링에 해당한다(④). 따라서 ㄴ과 ㄷ은 아무 조건 없는 타일링인 ㄱ과 달리 아르키메데스 타일링으로, 미적인 가치도 있고 수학적으로 의미가 있는 타일링이다.

[오답풀이] ③ ㄴ은 정6각형으로만 구성되어 있는데, 5문단에 따르면 정6각형을 활용하여 변의 길이가 같은 다른 정다각형과 조합할 경우 반규칙적인 타일링을 만들 수 있다.
⑤ 2문단에 따르면 타일링의 수학적 정의는 평면에 겹치지 않고 빈 자리가 생기지 않게 배치한 도형의 집합이다. 비록 ㄱ이 아르키메데스 타일링은 아니지만, 빈 자리가 없게 배치하였으므로 타일링의 수학적 정의에는 부합한다.

# 곱셈법의 발달 과정   2011학년도 6월 고2 학력평가

**어떻게 썼을까?**

**의문**
과거와 다른 오늘날의 곱셈법에 대한 의문 제기

오늘날 우리가 초등학교에서 배우는 곱셈 방식은 가로셈법 또는 세로셈법이다. 현재 사용 ←오늘날 일반적인 곱셈 방식
하고 있는 곱셈법 이외에 다른 곱셈 방식은 없다고 생각하는 사람들이 많다. 그러나 역사적 ←사람들의 잘못된 통념
으로 살펴보면 이집트 곱셈법, 러시아 농부들의 곱셈법, 영국의 레이피어 곱셈법 등 다양한
곱셈법이 있었다. 그렇다면 이들 곱셈법은 오늘날 왜 사용되지 않는 걸까? 겔로시아 곱셈법 ←우리가 현재 사용하는 곱셈법 이외의 다양한 곱셈법들
과 선긋기 계산법 등을 살펴봄으로써 이와 같은 의문에 답을 얻을 수 있다. ←질문을 통한 의문 제기
▶ 다양한 곱셈법이 오늘날 사용되지 않는 이유에 대한 의문 제기

**중심 화제와 앞으로 전개될 내용을 파악했는가?**
다양한 곱셈법이 오늘날 사용되지 않는 이유가 중심 화제이며 이를 겔로시아 곱셈법과 선긋기 계산법을 통해 알아볼 것임을 안내함.

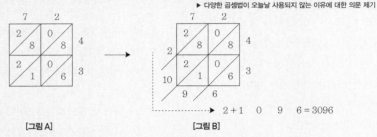

[그림A]    [그림B]
2+1   0   9   6 = 3096

**전개**
겔로시아 곱셈법에 대한 설명

'격자'라는 의미가 담긴 '겔로시아 곱셈법'은 바둑판처럼 가로세로를 일정한 간격으로 직 ←겔로시아 곱셈법의 정의
각이 되게 짠 구조인 격자를 이용하는 방식이다. 겔로시아 곱셈법으로 '72×43'을 계산해 보
자. 먼저 위의 [그림 A]와 같이 격자무늬에 대각선을 그린 후 네모 칸 위와 오른쪽에 곱하는
두 수 72와 43을 써 넣는다. 그리고 7과 4를 곱한 결과인 28을 왼쪽 위 칸에 10의 자리 2와
1의 자리 8로 나누어 각각 숫자 하나씩을 써 넣는다. 마찬가지 방법으로 2와 4를 곱한 결과
인 8을 써 넣되, ㉠대각선 위쪽에 0을 쓰고 밑에 8을 써 넣는다. 이와 같은 방법으로 격자
무늬의 나머지 부분도 채워 넣는다. [그림 B]와 같이 격자무늬에서 사선을 바깥으로 연장한
후 사선 안의 수를 더하여 적으면 왼쪽부터 차례로 2, 10, 9, 6이다. 이제 사선의 숫자를 왼
쪽부터 차례로 적는다. 이때 사선의 수를 더하여 나온 값이 두 자리 수인 경우에는 올림으로
계산한다. 즉, 사선을 따라 더한 결과가 모두 4개이므로 처음 2는 1000의 자리, 10은 100의
자리, 9는 10의 자리, 6은 1의 자리이다. 따라서 72×43=3096이다. ▶ 겔로시아 곱셈법의 계산 방법

**겔로시아 곱셈법과 선긋기 계산법의 계산 방법을 이해했는가?**
겔로시아 곱셈법과 선긋기 계산법을 그림과 예시를 통해 설명함.

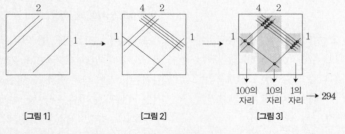

1   1   1   1
100의   10의   1의
자리   자리   자리   → 294
[그림 1]    [그림 2]    [그림 3]

**전개**
선긋기 계산법에 대한 설명

'선긋기 계산법'은 두 수의 곱을 직접 셈하지 않고 직선을 그려 답을 찾는 방식이다. 예를 ←선긋기 계산법의 정의
들어 선긋기 계산법으로 '21×14'를 알아보자. 먼저 위 [그림 1]과 같이 21을 왼쪽 위에 2개,
오른쪽 아래에 1개의 사선을 긋는다. 즉, 10의 자릿수만큼 왼쪽 위에 사선을 긋고 1의 자릿
수만큼 오른쪽 아래에 사선을 긋는다. 이렇게 사선이 그려진 사각형에 14를 표시하기 위하
여 [그림 2]와 같이 10의 자릿수는 그 수만큼 왼쪽 아래에 사선으로 긋고, 1의 자릿수는 그
수만큼 오른쪽 위에 사선으로 긋는다. 즉 10의 자릿수를 나타내는 사선은 1개, 1의 자릿수를
나타내는 사선은 4개를 긋는다. 그리고 ㉡[그림 3]과 같이 선과 선이 만나는 점의 개수를 세
어 보자. 100의 자리에는 점이 2개 있고, 10의 자리에는 9개, 1의 자리에는 점이 4개 있으므
로 21×14의 답은 200+90+4=294이다. ▶ 선긋기 계산법의 계산 방법

**대답**
질문에 대한 대답 및 주제 제시

겔로시아 곱셈법과 선긋기 계산법은 모두 두 자릿수 이상의 곱셈도 가능하다. 하지만 겔
로시아 곱셈법은 곱하는 수들의 자릿수에 맞게 격자를 그려야 하고, 선긋기 계산법도 곱하 ←겔로시아 곱셈법과 선긋기 계산법의 문제점 → 오늘날 곱셈법의 등장 배경이 됨.
는 수들의 각 자릿수의 개수만큼 사선을 그려야 한다. 큰 수를 곱할 때는 많은 선을 그려야
하기 때문에 불편하다. 그래서 격자나 선을 그을 필요가 없는 오늘날의 곱셈법이 등장한 것
←오늘날의 곱셈 방식인 가로셈법과 세로셈법이 등장한 이유 - 질문에 대한 대답

**1문단에서 제기한 질문에 대한 대답을 찾았는가?**
오늘날 과거의 곱셈법을 사용하지 않는 이유가 수학에서 불편함을 해소하기 위함임을 언급함.

이다. 사람들은 흔히 수학적 방식들은 변하지 않는다고 생각하지만 이처럼 수학에서 곱셈법은 불편함을 해소하기 위해 끊임없이 발전한 것이다. ▶ 불편함을 해소하기 위해 발전한 곱셈법

곱셈법이 발전하게 된 이유

**문답형구조**

| 의문 | |
|---|---|
| 전개 | 전개 |
| 대답 | |

해제 이 글은 겔로시아 곱셈법과 선긋기 계산법을 예로 들어 과거의 곱셈법이 오늘날 사용되지 않는 이유를 밝히고 있다. 1문단에서는 곱셈법에 대한 통념과 과거에 있었던 다양한 곱셈법들의 예를 제시하며 질문을 통해 중심 화제를 제시하고 있다. 이어서 2, 3문단에서는 겔로시아 곱셈법과 선긋기 계산법의 계산 방법을 그림과 예시를 통해 설명하고 있다. 그리고 마지막 문단에서는 겔로시아 곱셈법과 선긋기 계산법의 단점을 지적하고 수학에서 곱셈법은 불편함을 해소하기 위해 끊임없이 발전한 것이라고 하며 1문단에서 제기한 의문에 대해 대답하고 있다.

주제 수학에서 곱셈법이 발전하게 된 이유

---

기출읽기 2

**0** ③  **1** ②  **2** ③  **3** ④

글쓴이의 작문 과정  **❶** 겔로시아  **❷** 선긋기 계산법
주제  수학에서 곱셈법이 발전하게 된 이유

## 0 집필 의도 파악 ③

이 글은 1문단에서 과거에도 다양한 곱셈법이 있었지만 오늘날에는 가로셈법이나 세로셈법만 사용하게 된 이유에 대해 의문을 제기한 다음, 2, 3문단에서 각각 과거의 곱셈법인 겔로시아 곱셈법과 선긋기 계산법의 계산 방법을 상세하게 설명했다. 그리고 이를 바탕으로 4문단에서 두 곱셈법이 지닌 불편함을 해소하기 위해 오늘날의 곱셈법으로 발전했다고 의문에 대한 답을 밝히고 있다. 이러한 글 전체의 흐름을 종합해 보면, 이 글의 집필 의도는 수학에서 곱셈법이 변화한 이유를 밝히는 것으로 짐작할 수 있다.

오답풀이 ① 1문단에서 역사적으로 다양한 곱셈법이 있었다고 하였을 뿐, 곱셈법이 왜 다양하게 존재할 수 있었는지에 대해서는 언급하고 있지 않다.

② 4문단에서 겔로시아 곱셈법과 선긋기 계산법의 불편함을 해소하기 위해 현재의 곱셈법이 등장했다고 하였을 뿐 현행 곱셈법이 어떠한 변화 과정을 거쳐 왔는지는 언급하고 있지 않다.

④ 4문단에서 겔로시아 곱셈법은 곱하는 수들의 자릿수에 맞게 격자를 그려야 하고, 선긋기 계산법도 곱하는 수들의 각 자릿수의 개수만큼 사선을 그려야 한다고 하였다. 이를 통해 두 계산법의 공통점은 파악할 수 있지만, 두 계산법의 공통점을 파악하기 위해 글쓴이가 이 글을 썼다고 보기는 어렵다.

⑤ 4문단에서 '큰 수를 곱할 때는 많은 선을 그려야 하기 때문에 불편하다.'라고 겔로시아 곱셈법과 선긋기 계산법의 문제점을 제시하고 있다. 하지만 두 계산법의 문제점을 파악하기 위해 글쓴이가 이 글을 썼다고 보기는 어렵다.

⚠ 출제자의 의도읽기 - 집필 의도를 정확히 파악한다.

글쓴이의 집필 의도는 글쓴이가 이 글을 쓴 목적과 관련 있다. 즉, 전달하고자 하는 바, 주제가 무엇인지 파악해야 한다. 지문에서 특정 예시 또는 부연에 많은 부분을 할당하더라도 이는 결국 주제를 전달하기 위함이다. 이 지문에서도 2~4문단에서 겔로시아 곱셈법과 선긋기 계산법의 계산 방법 및 공통점, 문제점을 언급하고 있지만, 궁극적인 목적은 수학에서 곱셈법이 변화한 이유를 전달하기 위함이므로 이러한 문제를 접했을 때에는 글의 주제가 무엇인지를 먼저 떠올려 보아야 한다.

## 1 세부 내용 추론 ②

2문단에서 겔로시아 곱셈법으로 '72×43'을 계산할 때 7과 4를 곱한 결과인 28을 왼쪽 위 칸에 10의 자리 2와 1의 자리 8로 나누어 각각 숫자 하나씩을 써 넣고, 마찬가지 방법으로 2와 4를 곱한 결과인 8을 써 넣되 대각선 위쪽에 0을 쓰고 밑에 8을 써 넣는다고 하였다. 왜냐하면 28을 10의 자리와 1의 자리로 나누어 각각 숫자를 넣은 것처럼 8도 역시 10의 자리와 1의 자리로 나누어 써 넣어야 하기 때문이다. 8을 10의 자리와 1의 자리로 나누어 나타내면 08이다.

오답풀이 ① 2와 4를 곱한 결과는 8이므로 1의 자릿수에 해당하는 것은 0이 아니라 8이다.

③ 격자무늬의 맨 오른쪽 위 칸은 1의 자릿수를 써야 하므로 0이 아니라 8을 써야 한다.

④ 격자무늬의 아래쪽 칸과 위쪽 칸에 있는 두 수 중에서 첫 수가 같아야 한다는 내용은 이 글에서 찾아볼 수 없다.

⑤ 2문단에서 사선의 수를 더하여 나온 값이 두 자리 수인 경우에는 올림으로 계산한다고 하였으므로 사선 안의 수를 더했을 때 10을 넘어도 된다는 것을 알 수 있다. 따라서 사선 안의 수를 더했을 때 10을 넘지 않아야 한다는 것은 적절하지 않다.

## 2 구체적 사례에 적용 ③

3문단의 '선긋기 계산법'을 바탕으로 할 때 |보기|에서 사선을 왼쪽 위에 2개, 오른쪽 아래에 3개 그었으므로, 곱셈할 첫 번째 수가 23임을 알 수 있다. 또 사선을 왼쪽 아래에 2개, 오른쪽 위에 1개 그었으므로 곱셈할 두 번째 수가 21임을 알 수 있다. 그러므로 |보기|는 '23×21'을 계산하는 과정이라고 볼 수 있다(①). 이를 젤로시아 곱셈법으로 계산하면 다음과 같이 표시할 수 있다.

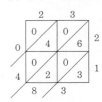

즉 두 수 모두 2자리 수이므로 젤로시아 곱셈법으로 계산하려면 가로와 세로 모두 2개의 칸이 있는 격자무늬를 그려야 한다.

**오답풀이** ② [그림 3]을 통해 알 수 있듯이 가운데 부분이 10의 자리이다. |보기|의 가운데 부분을 보면 위쪽에 교차점이 2개, 아래쪽에 교차점이 6개가 있으므로 10의 자리에서 선과 선이 만나는 점은 8개이다.

④, ⑤ |보기|를 젤로시아 곱셈법으로 계산하면 다음과 같다.

격자무늬 오른쪽 위 칸은 3과 2를 곱한 결과인 06을 형식에 맞추어 나타내야 하므로 [0/6]이 된다. 또한 격자무늬를 통해 살펴보면 계산 결과는 '0483', 즉 483이 되는데, 이때 1의 자릿수가 3임을 확인할 수 있다.

## 3 조사의 쓰임 파악 ④

ⓒ의 '과'는 '다른 것과 비교하거나 기준으로 삼는 대상임을 나타내는 격 조사'로 사용되고 있다. 이와 같은 쓰임을 보이는 것은 ④로, '미국인과'에서의 '과'는 유사하게 영어를 발음하는지 비교하는 대상임을 나타내는 격 조사로 사용되고 있다.

**오답풀이** ①, ③ '과'는 각각 '혜림과 영기', '충근과 덕희'를 이어 주므로, '둘 이상의 사물이나 사람을 같은 자격으로 이어 주는 접속 조사'로 사용되었다.

② '과'는 '상대로 하는 대상임을 나타내는 격 조사'로 사용되었다.

⑤ '과'는 '일 따위를 함께 함을 나타내는 격 조사'로 사용되었다.

# 해석 기하학의 탄생, 데카르트 좌표계 2012학년도 9월 고3 모의평가

**어떻게 썼을까?**

**도입**
데카르트의 업적과 그 평가 소개

**분석**
데카르트 좌표계의 개념 및 구성 요소 제시

**예시**
사례를 통한 좌표 발견의 의미 전달

**결론**
데카르트 좌표계의 의의 서술

근대 철학의 아버지라고 불리는 ㉠데카르트는 수학 분야에서도 불후의 업적을 남겼다. 『방법서설』의 부록인 '기하학'에서 데카르트는 일견 단순해 보이는 '좌표'라는 개념을 제시했는데, 이 개념으로 그는 해석(解析) 기하학의 토대를 놓았고 그 파급 효과는 엄청났다. 수학자 라그랑주는 이에 대해 "기하학과 대수학이 서로 다른 길을 걸어오는 동안에는 두 학문의 발전이 느렸고, 적용 범위도 한정되어 있었다. 그러나 두 학문이 길동무가 되어 함께 가면서 서로 신선한 활력을 주고받으며 완벽을 향해 빠른 발걸음을 옮기고 있다."라고 묘사했다.

▶ 데카르트의 좌표 개념이 수학에 미친 영향

데카르트의 업적을 기리기 위해, 직교하는 직선들이 만드는 좌표계를 데카르트 좌표계라고 부른다. 통상적으로 이 좌표계의 가로축은 '$x$축', 세로축은 '$y$축'이라고 하며 두 축이 교차하는 지점을 '원점'이라고 한다. 이것을 3차원으로 확장하려면 $x$축과 $y$축을 포함하는 평면에 수직으로 원점을 지나도록 '$z$축'을 세우면 된다. 데카르트는 방 안에 날아다니는 파리의 순간적인 위치를 나타낼 방법을 찾다가 이 좌표 개념을 생각해 냈다고 한다. 서로 직교하는 세 평면 각각에서 파리가 있는 곳까지의 거리를 알면 파리의 위치가 정확하게 결정되는 것이다. 누군가가 목표 지점까지 가는 방법을 알려 달라고 했을 때, "동쪽으로 세 블록, 북쪽으로 두 블록 가시오."라고 대답했다면 당신은 데카르트 좌표계를 사용하고 있는 셈이다.

▶ 데카르트 좌표계의 개념 및 구성 요소

데카르트의 발견은 좌표를 이용하여 모든 기하학적 형태를 수의 집합으로 나타낼 수 있다는 것을 의미한다. 가령, 좌표 평면의 원점에서 5만큼 떨어져 있는 모든 점들을 연결하면 원이 얻어진다. 피타고라스의 정리를 이용하면 이 원 위에 있는 점 $(x, y)$는 원의 방정식 $x^2+y^2=5^2$을 만족시킨다는 것을 쉽게 증명할 수 있다. 이 원 위의 $(4, 3)$이라는 점은 $4^2+3^2=5^2$이므로 이 방정식을 만족시킨다. 이렇게 대수학의 방정식으로 평면 위의 도형을 정확하게 나타낼 수 있다.

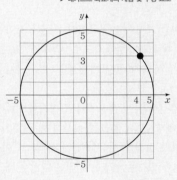

▶ 좌표 발견의 의미: 기하학을 대수학으로 표현

전통적으로 도형을 다루는 수학은 기하학이었다. 고대 그리스 이래 기하학은 자명한 명제인 공리에서 출발하여 증명을 통해 새로운 정리들을 발견해 가는 연역적 방법을 사용해 왔다. 그렇지만 이러한 방법으로 도형을 다루는 것은 매우 까다로웠다. 이 상황에서 데카르트가 좌표 개념을 도입하자 직선, 원, 타원 등 여러 가지 도형을 대수학의 방정식으로 표현할 수 있게 되었다. 이로부터 기하학과 대수학이 연결되어 근대적인 수학 발전의 토대가 된 해석 기하학이 탄생하였다.

▶ 데카르트 좌표계의 의의

**어떻게 읽을까!**

데카르트의 업적이 무엇인지 이해했는가?
데카르트의 좌표 개념이 해석 기하학의 토대가 되고 엄청난 파급 효과를 가져왔음을 밝히며 그의 업적과 평가를 소개함.

데카르트 좌표계를 이해했는가?
데카르트 좌표계의 구성 요소 및 이를 적용한 사례를 제시함.

데카르트 이전 기하학과 해석 기하학의 차이점을 이해할 수 있는가?
서로 다른 길을 걷던 기하학과 대수학을 연결하여 근대 수학 발전의 토대가 된 데카르트 좌표계의 의의를 언급함.

**집중형구조**

| 도입 | |
|---|---|
| 분석 | 예시 |
| 결론 | |

**해제** 이 글은 철학자인 데카르트가 제시한 좌표의 개념이 수학 분야에 미친 영향과 의의에 대해 설명하고, 데카르트 좌표계의 개념과 원리를 밝히고 있다. 1문단에서는 데카르트의 좌표 개념이 수학 분야에 미친 영향을 소개하고 2, 3문단에서 이를 구체화하여 좌표계의 개념, 구성 요소, 의미를 밝힌 다음 4문단에서 데카르트 좌표계의 의의를 다시 한 번 강조하고 있다. 특히 그림을 활용하여 데카르트 좌표계의 구성 요소 및 기하학과 대수학의 연결의 의미를 이해하는 데 도움을 주고 있다.

**주제** 데카르트 좌표계가 수학에 미친 영향

## 0 자료 활용 방안의 적절성 파악 ④

|보기|는 데카르트 좌표계의 영향으로 곡선 운동을 하는 물체의 위치 표현이 가능하다는 점을 설명하고 있다. 3, 4문단에 따르면, 이는 기하학과 대수학을 연결한 해석 기하학의 내용에 해당한다. 따라서 |보기|는 데카르트 좌표계의 의의(기하학과 대수학의 연결)를 다루고 있는 4문단의 내용을 구체화하는 데 활용할 수 있다.

오답풀이 ① 1문단에서는 데카르트의 좌표 개념이 수학에 미친 영향을 다루며 주제를 밝히고 있다. 그런데 |보기|에서는 데카르트 좌표계의 의의와 관련된 내용을 다루고 있다. 따라서 |보기|가 데카르트 좌표계의 혁명적 영향을 다루고 있는 것은 맞지만, 1문단을 |보기|로 교체할 만한 근거가 부족하므로 1문단을 |보기|로 교체할 수 있다는 설명은 적절하지 않다.
② |보기|에서는 곡선의 의미를 기하학을 활용하여 표현한 것이 아니라 기하학의 대상인 곡선을 대수학의 방정식으로 나타내고 있다.
③ |보기|에는 직선과 곡선이 서로 어떤 관계를 맺고 있는지에 대한 언급이 나타나 있지 않다.
⑤ |보기|에서 직선은 1차 방정식을, 곡선은 2차 방정식을 의미한다고 서술하고 있지만, 이는 데카르트의 좌표를 이용한 방식이다. 4문단에서 전통 기하학은 연역적 방법을 사용했다고 했으므로 이를 전통 기하학의 사례로 추가할 수 있다는 설명은 적절하지 않다. 또 4문단에서는 전통 기하학이 아니라 데카르트 좌표계의 의의를 다루고 있다.

## 1 개괄적 정보의 확인 ③

4문단에 따르면 고대 그리스 이래 기하학은 연역적 방법을 사용하여 도형을 다루는 것에 한계가 있었지만, 데카르트가 좌표 개념을 도입한 이후 여러 가지 도형을 대수학의 방정식으로 표현할 수 있게 되었다. 1문단에 따르면 좌표 개념은 데카르트가 처음 도입했고, 따라서 좌표 개념은 고대 그리스의 기하학에서 찾을 수 있다는 진술은 적절하지 않다.

## 2 주장의 근거 파악 ④

㉠은 수학 분야 전체에 걸친 데카르트의 업적에 대한 평가이다. 1문단에서 라그랑주는 데카르트가 좌표 개념을 도입함으로써 기하학과 대수학이 연결되어 수학의 비약적 발전이 가능했다고 평가했으며, 4문단에서는 이를 좀 더 구체화하여 데카르트가 좌표의 개념을 도입하여 여러 가지 도형을 대수학의 방정식으로 표현하게 됨으로써 근대 수학 발전의 토대가 된 해석 기하학이 탄생하게 되었다고 하였다. 따라서 ④가 ㉠의 근거로 가장 적절하다.

오답풀이 ①, ② 3문단을 통해 데카르트의 좌표를 이용하여 대수학의 방정식으로 평면 위의 도형을 정확하게 나타낼 수 있다는 것을 알 수 있다. 하지만 데카르트가 방정식의 해법을 수학의 독립된 분야로 발전시켰다는 내용과 도형 간의 논리적인 관계를 설명하는 방법을 발견했다는 언급은 이 글에서 찾아볼 수 없다.
③ 4문단을 통해 다양한 형태의 도형을 연역적 방법으로 증명한 것은 데카르트 이전, 즉 고대 그리스 이래 기하학에서 사용해 온 방법임을 알 수 있다.
⑤ 4문단을 통해 데카르트의 좌표 개념이 도입되어 여러 가지 도형을 대수학의 방정식으로 표현할 수 있게 되었음을 알 수 있다. 또한 이로 인해 기하학과 대수학이 연결되어 해석 기하학이 탄생했다는 것도 확인할 수 있다. 하지만 그림을 그리지 않고 대수학을 푸는 보편적인 원리를 구축했다는 내용은 이 글에서 찾아볼 수 없다.

## 3 구체적 사례에 적용 ③

|보기|에 따르면 사무실의 호수는 원점에서 사무실이 어느 정도의 거리에 있느냐에 따라 결정되는 것이 아니라 세 꼭짓점의 좌표에 의해 결정된다는 것을 알 수 있다. 예를 들어 그림의 231호와 312호는 위치가 서로 다르지만, 원점으로부터의 거리는 같으므로 원점으로부터 사무실까지의 거리에 따라 사무실의 호수가 정해진다는 설명은 적절하지 않다.

오답풀이 ① 2문단을 통해 데카르트 좌표계를 3차원으로 확장하려면 하나의 축을 더 세우면 된다는 것을 알 수 있다. 건물이 같은 크기의 정육면체로 만들어졌다는 것은 직교하는 세 평면에 좌표를 만든 것과 같으므로 데카르트의 좌표계를 활용하였음을 알 수 있다.
② $k$는 위쪽을 향하므로 층수가 된다. 따라서 $k$(사무실 층)는 세 자리로 된 사무실의 호수 '$klm$'의 첫 자리로 백의 자릿수가 된다.
④ A 사무실의 좌표는 위쪽 좌표 $k$축(5), 북쪽 좌표 $l$축(3), 서쪽 좌표 $m$(3)이므로 원점에서 가장 먼 꼭짓점의 좌표는 (5, 3, 3)이 될 것이다.
⑤ 두 사무실의 벽면이 맞닿아 있다는 것은 세 개의 좌표 가운데 두 개가 동일하다는 것을 의미한다. 따라서 벽면에 맞닿아 있는 두 사무실은 호수를 구성하는 세 개의 수 중 두 개가 같게 된다. 이는 그림을 통해서도 확인할 수 있다.

기 출 읽 기

## 인도에는 빅맥이 없다? 2007학년도 9월 고1 학력평가

**어떻게 썼을까?**

**예시**
사례를 통한 화제 제시

**견해**
문화 현상에 대한 관념론적 관점 제시

**견해**
문화 현상에 대한 유물론적 관점 제시

**예시**
유물론적 관점으로 해석한 사례 제시

**결론**
두 관점의 관계 요약 및 종합

**어떻게 읽을까!**

가 <u>인도인들은 심한 기근으로 굶는 경우에도 암소를 잡아먹지는 않는다.</u> 인도인들의 정신
　　암소를 생명의 상징으로 여기는 힌두교가 정신세계를 지배하기 때문
세계를 지배하고 있는 힌두교에서 암소를 생명의 상징으로 여기기 때문이다. <u>이슬람 신앙을</u>
<u>가진 사람들이 돼지고기를 먹지 않는 것은 역시 이를 금지하는 종교적 규율 때문이다.</u> 이는
　　　　　　이슬람 신앙이 정신세계를 지배하기 때문
인간의 정신세계가 그 사회의 문화를 형성하는 데에 적지 않은 영향을 미친다는 점을 ⓐ<u>보</u>
<u>여 준다.</u>
　　귀납적 결론 → 화제 제시　　　　　　　　　　　　　　▶ 문화를 형성하는 데 영향을 주는 인간의 정신세계

나 이러한 인간의 정신세계에 주목하여 문화 현상을 바라보는 관점을 관념론적 관점이라
　　　　　　　　　　　　　　문화를 바라보는 관점 ① – 관념론적 관점
한다. 이 관점에 의하면 문화 현상은 인간의 내면적인 정신 활동에 의한 산물이 ⓑ<u>된다.</u> 인
류학자 제임스 프레이저(James Frazer)는 특정 동물에 대한 금기가 그 동물을 숭배하던 전
　　　　　　　　　　　　특정 동물에 대한 금기를 관념론적 관점으로 해석함
통 때문에 생긴 것이라고 설명한다. 결국 관념론적 관점은 문화 현상 속에 담긴 인간의 정신
세계를 이해하는 데에 적합한 방법이다.
　　　　　　　　　　　　관념론적 관점의 장점　　　　　　　▶ 관념론적 관점의 개념

다 이와 달리 유물론적 관점에서는 문화 현상을 만들어 내는 인간의 정신 활동이 자연환경
　　　　　　　　　　　　　　　문화를 바라보는 관점 ② – 유물론적 관점
에 적응하기 위한 특정한 생존 방식이나 노동 방식의 영향을 받는다고 본다. 즉 정신이 사
물을 만들어 내는 것이 아니라 사물이 정신을 만들어 낸다는 견해를 기본적인 출발점으로
　　관념론적 관점　　　　　　　　　　　유물론적 관점
ⓒ<u>삼는다.</u> 이런 점에서 관념론적 관점과는 차이가 있다.
　　　　　　　　　　　　　　　　　　　　　　　　　　　▶ 유물론적 관점의 개념

라 인류학자 마빈 해리스(Marvin Harris)는 특정 부류의 사람들이 특정 동물의 고기를 금
　　　　　　　　　　　　　　　　　　(가)에서 관념론적 관점으로 해석한 대상
기시하는 현상에 대해 유물론적 관점으로 접근한다. 「해리스의 견해에 따르면 인도인들이 암
　　　　　　　　　　　　　　　　　　　　「 : 유물론적 관점에서의 해석 ①
소 고기를 먹는 것은 그들의 생활 방식에 맞지 않다. 수소를 이용하여 농사를 짓는 인도에서
는 암소의 존재가 매우 중요하다. 농사에 필요한 수소를 생산하기 위해서는 반드시 암소가
있어야 ⓓ<u>한다.</u> 뿐만 아니라 암소는 추수하고 남은 농작물 찌꺼기나 시장터의 쓰레기를 먹
어 치우는가 하면 인간에게 유용한 우유를 제공해 주기도 한다. 암소의 고기를 먹는다는 것
　　　　　　　　　　　　　　　암소의 유용성
은 이러한 암소의 유용성을 포기하는 것이 ⓔ<u>된다.</u>」「중동 지역에서 돼지를 사육하지 않는 것
　　　　　　　　　　　　　　　　　　　　　　　　　「 : 유물론적 관점에서의 해석 ②
도 그들의 생활 방식 때문이다. 돼지는 되새김질을 하지 않기 때문에 섬유소가 적은 사료를
먹어야 한다. ㉠따라서 먹이를 놓고 인간과 경쟁 관계에 있게 된다. 농사보다는 유목을 통
해 생존을 유지하던 중동 지역의 사람들에게 돼지를 기르는 것은 매우 사치스러운 일이다.」
　　　　　　　　　　　　　　　　　　▶ 특정 동물의 고기를 금기시하는 현상에 대한 유물론적 관점의 해석

마 이상에서 살펴본 것처럼 관념론적 관점과 유물론적 관점은 동일한 문화 현상에 대하여
　　　　　　　　　　　　　　　　　지금까지 논의에 대한 요약 정리
다른 시각에서 접근하기 때문에 이에 대한 해석도 서로 다르다. 두 관점은 표면적으로 볼 때
서로 배치되어 보이지만, 실제로는 인간의 문화 현상을 좀 더 심층적으로 이해할 수 있게 해
준다는 점에서 상호 보완적인 관계라고 할 수 있다. ▶ 관념론적 관점과 유물론적 관점의 상호 보완 관계
　　관념론적 관점과 유물론적 관점의 관계

**관념론적 관점과 유물론적 관점의 차이를 이해했는가?**
특정 동물에 대한 인도인과 중동 지역 사람들의 금기 현상을 두 가지 관점에서 해석함.

**문화를 바라보는 두 관점의 관계를 파악했는가?**
지금까지의 논의를 요약하고, 두 관점이 상호 보완적인 관계에 있음을 제시함.

**충돌형구조**

| 예시 | 견해 |
|---|---|
| 견해 | 예시 |
| 결론 | |

**해제** 이 글은 문화를 바라보는 두 가지 관점인 관념론적 관점과 유물론적 관점을 설명하고 두 관점이 상호 보완적 관계에 있음을 밝히고 있다. (가), (나)는 관념론적 관점을, (다), (라)는 유물론적 관점에 대해 상세하게 설명하고 있는데, 특히 (가)에서는 특정 동물에 대한 금기 현상을 사례로 보여 주고 이를 관념론적 관점으로 해석한 데 비해, (라)에서는 같은 사례를 유물론적 관점에서 해석하고 있다. 또한 (마)에서는 논의를 종합하면서 두 관점의 상호 보완적 관계를 밝히며 글을 마무리하고 있다.

**주제** 문화를 바라보는 두 가지 관점

글쓴이의 작문 과정 ❶ 유물론적 관점 ❷ 상호 보완적
주제 문화를 바라보는 두 가지 관점

## 0 글의 구조 파악　　②

(가)에서는 특정 동물에 대한 금기가 인간의 정신세계와 관련이 있음을 언급하고, (나)에서는 이러한 해석이 관념론적 관점임을 설명하고 있다. (다)에서는 (가), (나)와 다른 유물론적 관점을 제시하고 (라)에서는 유물론적 관점으로 특정 동물의 고기를 금기시하는 현상을 해석하고 있다. 마지막으로 (마)에서는 지금까지의 논지를 요약·정리한 다음, 관념론적 관점과 유물론적 관점이 상호 보완적인 관계에 있음을 제시하고 있다. 따라서 (가), (나)와 (다), (라)는 병렬적인 관계이고, (마)는 앞의 내용 전체와 이어지는 관계에 놓이게 된다.

## 1 구체적 상황에 적용　　②

관념론적 관점은 인간의 정신세계에 주목하여 문화 현상을 인간의 내면적인 정신 활동에 의한 산물이라고 본다. 그런데 ②는 인간의 정신세계와는 관련 없는 미역에 포함된 성분이 지닌 유용성을 분석하고 있다. 이렇게 유용성의 측면을 분석하는 것은 (라)에서 인도인들이 암소 고기를 먹지 않는 이유가 유용성 때문이라고 해석하는 것과 동일하다. 이는 유물론적 관점에서의 해석이므로 관념론적 관점이 아니라 유물론적 관점에 따른 접근에 해당한다.

**오답풀이** ① 삼(3)과 칠(7)의 결합에 신성함을 부여하는 것은 인간의 정신세계와 관련이 있으므로, 관념론적 관점에 따른 접근에 해당한다.
③ 새끼줄을 금줄로 사용하는 것은 튼튼하면서도 일상생활에서 쉽게 얻을 수 있다는 점에서 유용성과 환경의 영향에 따른 결과이므로 문화 현상을 환경의 산물로 바라보는 유물론적 관점에 따른 접근에 해당한다.
④ 숯이 오염 물질을 정화해 주는 것은 유용성을 분석한 것이므로, 유물론적 관점에 따른 접근에 해당한다.
⑤ 외부인의 출입이 잦았을 때 산모나 아기가 쉽게 병에 걸리는 경우가 많았던 것은 특정 환경에 따른 결과이므로, 문화 현상을 환경의 산물로 바라보는 유물론적 관점에 따른 접근에 해당한다.

## 2 문장의 적절성 평가　　④

'~기 때문이다'의 형태로 고쳐 쓸 수 있다는 것은, 해당 문장이 앞 문장의 원인이나 이유에 해당한다는 의미이다. 즉, 이 문제의 답을 찾기 위해서는 ⓐ~ⓔ가 포함된 문장이, 그 앞 문장의 원인이나 이유가 되는지를 확인해 보면 된다. ⓓ가 포함된 문장의 경우, '농사에 필요한 수소를 생산하기 위해서는 반드시 암소가 있어야 ⓓ한다.'로 바로 앞 문장 '수소를 이용하여 농사를 짓는 인도에서는 암소의 존재가 매우 중요하다.'의 이유가 되므로 '~기 때문이다'로 고쳐 쓸 수 있다.

## 3 내용의 추론 과정 파악　　④

[A]는 전형적인 삼단 논법의 결론에 해당한다. 대표적인 삼단 논법은 다음과 같다.

| 대전제: 모든 인간은 언젠가는 죽는다. ·········· B는 C이다. |
| --- |
| 소전제: 나도 인간이다. ···························· A는 B이다. |
| 결론: 나도 언젠가는 죽는다. ·················· 따라서 A는 C이다. |

이를 참고할 때 [A]과 같은 결론에 이르는 논리의 흐름을 정리하면 다음과 같다.

| 대전제: 되새김질을 하지 않는 동물은 섬유소가 적은 음식을 먹어야 한다. |
| --- |
| 소전제: 인간과 돼지는 되새김질을 하지 않는다. |
| 결론: 그러므로 인간과 돼지는 섬유소가 적은 음식을 먹어야 한다. |

[A]는 'A는 C이다.'에 해당하는 내용이다. A는 '인간과 돼지'에 해당하고 C는 '섬유소가 적은 음식을 먹어야 한다.'에 해당한다.

**오답풀이** ①, ②, ③ 인간은 생존을 위해 돼지를 먹어야 한다는 것, 인간은 섬유소를 돼지를 통해 얻을 수밖에 없다는 것, 인간은 돼지에게 많은 양의 음식을 제공해야 한다는 것은 모두 먼저 제시된 두 명제와 관련이 없다. 또한 먹이를 놓고 돼지와 인간이 경쟁 관계에 놓이게 된다는 ㉠의 내용과도 연결되지 않는다.
⑤ '인간과 돼지가 먹을 수 있는 음식의 종류는 동일하다.'를 ㉠의 원인으로 볼 수는 있다. 그러나 [A] 앞에는 '그러므로'가 있으므로, [A]에는 위 두 명제에 따른 결론이 들어가야 한다. 그런데 '인간과 돼지가 먹을 수 있는 음식의 종류는 동일하다.'는 위 두 명제에 따른 결론이라고 보기 어렵다.

# 1 K-POP과 체험코드 이론 2013학년도 9월 고2 학력평가 B형

## 어떻게 썼을까?

**도입**
K-POP 신드롬과 기존
문화 확산론의 한계 제시

**전개**
체험코드 이론 소개

**전개**
체험코드 이론에서 주목
하는 대상 제시

**예시**
체험코드 이론을 바탕으
로 'K-POP 신드롬' 분석

**결론**
사회적 변화 및 체험코
드 이론의 의의

'K-POP'은 전 세계적으로 동시에, 빠르게, 자연스럽게 퍼져 나가 이른바 'K-POP 신드롬'을 일으켰다. 그런데 우월한 문화가 열등한 문화를 잠식하기 위해 의도적으로 문화를 전파한다는 기존의 문화 확산론으로는 이런 현상을 설명할 수 없었다.
▶ 문화 확산론의 한계

그래서 새로 등장한 이론이 체험코드 이론이다. 오늘날과 같은 디지털 문화 사회에서 개인은 전 세계의 다양한 문화들을 커뮤니케이션 미디어를 통해서 선택적으로 체험하게 된다. 이러한 체험을 통해 일종의 코드가 형성되는데 이를 '체험코드'라고 말한다. 따라서 체험코드 이론은 커뮤니케이션 미디어 기술의 발전을 전제로 하고 있다. 현대의 문화는 커뮤니케이션 미디어에 담겨 문화 콘텐츠되고, 세계화한 커뮤니케이션 미디어를 통해 소비된다.
▶ 체험코드의 개념과 체험코드 이론의 전제

또한 체험코드 이론은 문화 수용자 스스로의 판단에 의해 문화를 체험하는 개인주의적인 성향이 전 세계적으로 확대되고 있다는 점에 주목한다. 이제는 '우리 가문은 뼈대가 있고, 전통과 체면이 있으니 너 또한 그에 맞게 행동하여라.'라는 부모의 혈연 코드적이고 신분 코드적인 말은 잘 통하지 않는다. 과거의 이념인 민족·계급·신분 의식 등이 문화 소비와 수용 행위에 큰 영향을 주었던 것과 달리 오늘날은 문화 소비자의 개별적인 동기나 취향, 가치관 등이 더 중요하기 때문이다.
▶ 개인주의적인 성향의 확대에 주목하는 체험코드 이론

이처럼 커뮤니케이션 미디어의 발달과 개인주의의 확대는 기존의 코드를 뛰어넘어 공통 문화를 향유하는 소비자들만의 체험코드를 형성하는 토대가 되었다. K-POP이 그 대표적인 예이다. 'K-POP이라는 문화 콘텐츠가 '유튜브' 등과 같은 커뮤니케이션 미디어를 통해 전 세계의 사람들에게 체험되어 하나의 코드를 형성했고 쌍방의 소통으로 더욱 확대되었기에 그러한 인기가 가능했던 것이다.
▶ 체험코드 이론으로 분석한 K-POP 신드롬

지난 시대의 문화 중심부와 주변부의 대립적 패러다임은 설득력을 잃고 있다. 오늘날의 사회는 서로의 문화를 체험하고 이해하고 공감하는 탈영토적인 문화 교류의 장(場)으로 변하고 있다. 이런 점에서 체험코드 이론은 앞으로 문화 교류가 나아가야 할 방향을 제시해 주고 있다고 할 수 있다.
▶ 체험코드 이론의 의의

### 어떻게 읽을까!

**문화 확산론의 개념과 한계를 인식했는가?**
문화 확산론의 개념을 제시하며 기존의 문화 확산론으로는 'K-POP 신드롬'을 설명할 수 없음을 언급함.

**체험코드의 개념과 체험코드 이론의 전제를 이해했는가?**
체험코드의 개념을 설명한 뒤, 커뮤니케이션 미디어의 발달과 개인주의의 확대라는 체험코드 이론의 전제를 설명함.

**체험코드로서의 'K-POP 신드롬'을 이해할 수 있는가?**
체험코드 형성의 토대를 설명하고, 대표적 사례로 K-POP을 제시함.

**체험코드 이론의 의의를 파악했는가?**
앞으로 문화 교류가 나아가야 할 방향을 제시하는 체험코드 이론의 의의를 밝힘.

**일방형구조**

```
        도입
전개  전개  예시
        결론
```

**해제** 이 글은 'K-POP 신드롬' 현상을 사례로 들어 기존 이론인 문화 확산론의 한계를 지적하고 새로 등장한 체험코드 이론에 대해 설명하고 있다. 먼저 체험코드의 개념을 제시하고 커뮤니케이션 미디어의 발달과 개인주의의 확대가 체험코드를 형성하는 토대가 되었음을 밝힌 다음, K-POP이 이러한 체험코드의 사례가 됨을 분석하고 있다. 그리고 마지막 문단에서는 오늘날의 사회적 변화를 언급하고 체험코드 이론의 의의를 제시하며 글을 마무리하고 있다.

**주제** 체험코드 이론의 의의

**0** ① **1** ③ **2** ①

글쓴이의 작문 과정 ❶ 체험코드 ❷ K-POP
주제 체험코드 이론의 의의

## 0 내용 전개 방식 파악     ①

ㄱ. 1문단에서 'K-POP 신드롬'이라는 문화적 현상을 사례로 제시하고 4문단에서 이 현상의 원인을 체험코드 이론을 바탕으로 분석하고 있다.

ㄴ. 1문단에서 기존 이론인 문화 확산론으로는 'K-POP 신드롬'을 설명할 수 없다는 한계를 밝힌 다음, 2문단에서 새로운 관점인 체험코드 이론을 제시하고 있다.

오답풀이 ㄷ. 이 글에는 문화 확산론과 체험코드 이론이라는 두 가지 문화 이론이 제시되어 있지만, 두 이론을 절충하여 새로운 이론의 가능성을 제시하는 변증법적 전개는 나타나 있지 않다.

ㄹ. 2문단에서 체험코드의 개념을 제시하고 있지만, 대상을 일정한 기준으로 나누어 설명하고 있지는 않다.

## 1 구체적 사례에 적용     ③

(다)의 인터뷰 내용은 일본 배우의 자문화 중심주의적 발언에 해당하지만, 우수한 한국 문화를 이해시키려는 노력으로 이를 극복해야 한다는 것은 문화의 우열을 나누어 우월한 문화가 열등한 문화를 잠식하기 위해 의도적으로 문화를 전파한다는 태도, 즉 문화 확산론의 태도로 볼 수 있으므로 적절하지 않다.

오답풀이 ① A는 세계 최대 K-POP 영문 뉴스 사이트의 화상 채팅을 통해 전 세계 팬들의 질문에 직접 답하며 소통하고 있다. 이는 오늘날 문화 소비자의 특성인 개인주의적 성향을 반영하여 커뮤니케이션 미디어를 적극적으로 활용한 것에 해당한다.

② 4문단에서 커뮤니케이션 미디어의 발달과 개인주의의 확대는 기존의 코드를 뛰어넘어 새로운 체험코드를 형성하는 토대가 되었다고 하며, 그 사례로 K-POP을 제시한 것을 통해 알 수 있다.

④ 4문단에서 쌍방의 소통으로 K-POP이라는 문화 콘텐츠가 더욱 확대되어 'K-POP 신드롬'과 같은 현상이 가능해졌다고 하였다. (가)에서 A는 K-POP 관련 콘텐츠 소비자인 팬들과 쌍방으로 소통하기 위해 노력하고 있고 (나)에서는 K-POP 관련 콘텐츠의 성장을 보여 주고 있으므로 (가)와 같은 문화 소비자를 위한 노력이 (나)와 같은 'K-POP 신드롬'으로 나타난 것이라고 해석할 수 있다.

⑤ (가)에서 세계 최대 K-POP 영문 뉴스 사이트를 통해 전 세계 팬들과 만난다고 하였고, (다)에서는 일본 후지 TV에 한국 관련 방송이 나온다고 하였으므로 (가), (다)를 통해 문화 콘텐츠가 국경과 문화권을 뛰어넘어 소비된다는 것을 알 수 있다.

## 2 세부 정보 추론     ①

4문단에 따르면, 다수가 공유하는 문화 체험코드는, 커뮤니케이션 미디어를 통해 다수의 개인들에게 체험되어 만들어진 하나의 코드가 쌍방의 소통으로 더욱 확대되어 형성된 것이지, 소수의 체험코드를 흡수해 통합한 것이 아니다. 오히려 다수의 문화가 소수의 문화를 흡수해서 통합하는 것은 체험코드 이론이 아니라, 1문단에 따르면, 우월한 문화가 열등한 문화를 잠식하기 위해 의도적으로 문화를 전파한다는 기존의 문화 확산론에 해당하며, 문화 확산론에서는 '체험코드'라는 개념을 사용하지 않는다.

오답풀이 ② 1문단에 따르면 기존 이론인 문화 확산론은 우월한 문화가 열등한 문화를 잠식하기 위해 의도적으로 문화를 전파한다는 것이다. 이로 보아 문화 확산론은 우월한 문화와 열등한 문화로 문화의 우열을 나누고 있으므로 문화 수준의 차이가 있다는 것을 전제로 하고 있음을 알 수 있다.

③ 3문단에 따르면 과거의 이념인 민족·계급·신분 의식 등이 문화 소비와 수용 행위에 큰 영향을 주었던 것과 달리 오늘날에는 문화 소비자의 개별적인 동기나 취향, 가치관 등이 더 중요하므로 체험코드 이론은 이러한 개인주의적 성향의 확대에 주목한다. 이로 보아 체험코드 이론은 과거 사회에서 중시되던 집단의식(민족·계급·신분 의식)이 약화되면서 등장한 것으로 추론할 수 있다.

④ K-POP이 전 세계적으로 동시에, 빠르게, 자연스럽게 퍼져 나가 체험코드를 형성한 것은 커뮤니케이션 미디어의 발달로 인해 시·공간적인 제약에서 벗어나 문화를 소비한 것에 해당한다.

⑤ 4문단으로 보아, 일방적인 전달에서 쌍방 소통으로의 변화는 커뮤니케이션 미디어의 발달로 이루어졌다. 그리고 K-POP의 사례에서 알 수 있듯이 이를 바탕으로 기존의 코드를 뛰어넘어 공통 문화를 향유하는 소비자들만의 체험코드를 형성하게 되었다. 이는 새로운 문화의 패러다임에 해당한다.

⚠ 출제자의 의도읽기 - 지문의 정보를 종합해야 하는 경우에 유의한다.

수능 시험에서 요구하는 '추론'은 지문에 근거하는 형태로 출제되기 때문에 지문의 내용을 정확하게 이해해야 한다. 하지만 지문의 내용과 일대일로 연결되지 않는 경우도 있는데, 바로 선지 ③과 같은 경우이다. ③과 같이 지문의 여러 내용을 종합하여 추리해야 하는 경우, 지문에서 바로 확인되지 않는 내용이라고 오답으로 단정해서는 안 된다. 이때에는 선지의 낯선 단어에 주목하여 이와 바꾸어 쓸 수 있는 말이 지문에 있는지 확인한다. 지문의 '과거의 이념인 민족·계급·신분 의식 등이 문화 소비와 수용 행위에 큰 영향을 주었던 것과 달리'를 ③에서는 '과거 사회에서 중시되던 집단의식이 약화'라고 표현하고 있다.

## 2 복수의 선물 문화, 포틀래치 2021학년도 9월 고1 학력평가

어떻게 썼을까?

**도입**
포틀래치 관습 소개

**전개**
포틀래치에 대한 인류학자들의 견해 비교

**견해**
포틀래치에 대한 레비스트로스의 견해 제시

**견해**
구조주의적 관점에서 레비스트로스의 견해 분석

**결론**
레비스트로스의 연구에 대한 평가

북아메리카 원주민들에게는 독특한 방식으로 선물을 ⓐ주는 '포틀래치(potlatch)'라는 관습이 있다. 「행사를 연 마을의 수장은 자신이 쌓아 온 재물을 초대받은 다른 마을의 수장들에게 무료로 나누어 주기도 하고, 심지어 그것을 파괴하기도 한다. 손님들은 선물을 받고 자기 마을로 돌아와 '복수'를 맹세하는데, '복수'의 방법이란 그동안 선물을 준 사람들에게 답례 포틀래치를 열어 자기가 받은 것보다 더 많은 선물을 제공하는 것이다.」
► 북아메리카 원주민들의 포틀래치 관습

초기 인류학자들은 이러한 포틀래치라는 관습을 자신의 재산을 대가 없이 자발적으로 주는 일반적인 증여로 파악하고, 위신을 얻기 위해 재산을 탕진하는 비합리적인 생활 양식으로 이해하였다. 하지만 모스와 레비스트로스 같은 후대 인류학자들은 포틀래치를 호혜적 교환 행위로 바라보았다. 호혜적 교환이란 일반적인 경제적 교역, 즉 사물의 가격을 측정하여 같은 값으로 교환하는 행위와는 달리, 돌려받을 대가나 시기를 분명하게 정하지 않고 사물을 교환하는 방식을 말한다. 「모스는 포틀래치가 자발성을 띤 증여로 보이지만 실제적으로는 교환의 성격을 지닌다고 보았다. 왜냐하면 선물을 받은 사람은 의무적으로 답례를 해야 할 뿐만 아니라 더 많은 선물을 돌려주어야 하기 때문이다.」 모스는 이러한 포틀래치가 집단 간의 유대 관계를 형성하는 역할을 한다고 보았다.
► 포틀래치에 대한 인류학자들의 견해

레비스트로스는 여기에서 더 나아가 포틀래치에 나타나는 호혜적 교환을 사회가 성립되는 원리로 제시하였다. 폐쇄적인 집단은 환경의 변화나 주변의 침략에 쉽게 무너질 수 있으므로, 인간은 생존하기 위해서 교환을 하며 다른 집단과 사회적 유대를 맺어야 한다는 것이다. 이때 포틀래치와 같이 상대방에게 선물을 주는 행위가 상대방에게 부채감을 ⓑ주고, 이 부채감이 다시 선물을 주는 행위로 이어지게 만들어 결국 교환이 이루어지도록 한다는 것이다. 한편 다른 집단과 동맹을 맺는 가장 좋은 방법은 그 집단과 결혼을 하는 것이므로, 레비스트로스는 교환을 위해 ㉠'친족 간의 결혼 금지'가 만들어졌다고 말한다. 그는 친족 간의 결혼 금지로 인해 우리 부족의 사람이 다른 부족으로 넘어가고, 새로운 사람이 우리 부족에 들어오는 호혜적 관계가 형성되었으며, 이를 통해 부족 간의 호혜적 교환이 가능해져 사회적 공동체가 형성되었다고 주장한다. 또한 그는 친족 간의 결혼 금지라는 규칙을 바탕으로 공동체에 필요한 다른 규칙들이 형성됨으로써 인간이 자연 상태에서 문명 상태로 접어들게 되었다고 말한다.
► 포틀래치에 대한 레비스트로스의 견해

이처럼 레비스트로스는 포틀래치를 교환의 구조나 사회 규칙이라는 체계의 틀에서 이해하고자 하였다. 그의 견해에 따르면 인류의 보편적인 현상인 친족 간의 결혼 금지와 같은 결혼 제도도 인간의 본성이 아닌 사회적 유대 관계를 형성하는 구조 속에서 만들어진 결과이다. 이렇게 인간을 비롯한 대상의 의미나 본질은 하나의 개체로서가 아니라 전체 안에서 다른 것들과 맺은 관계 때문에 결정된다는 관점을 '구조주의'라고 한다. 이 관점에 따르면 「인간은 결단의 주체가 아니며 인간의 특성과 정체성은 인간 스스로 결정하는 것이 아닌 그가 속한 사회 구조에 의해 결정된다.」
► 구조주의 이론으로서의 레비스트로스 이론

구조주의 인류학자 레비스트로스는 인간은 어떤 고립된 개인으로 이해되어서는 안 된다고 말한다. 「사회 구조가 인간을 만들기 때문에, 인간을 이해하려면 인간의 구체적인 행동보다는 그 인간이 속한 사회 구조를 살펴야 한다는 것이다.」 그의 관점에 따르면 소유를 중시하고 치열한 경쟁을 하며 살아가는 현대인의 모습 역시 현대 사회의 구조 아래에서 형성된 특성에 불과하다. 그런 점에서 그의 연구는 현대 사회의 구조 변화가 현대인들의 삶의 변화로 이어질 수 있다는 가능성을 보여 주었다는 평가를 받고 있다.
► 레비스트로스의 연구에 대한 평가

어떻게 읽을까!

**중심 화제가 무엇인지 파악했는가?**
중심 화제인 북아메리카 원주민의 포틀래치 관습을 소개함.

**포틀래치에 대한 인류학자들의 견해를 파악했는가?**
포틀래치에 대해 부정적인 초기 인류학자들의 견해와 반대로 긍정적인 후대 인류학자들의 견해를 대조함.

**포틀래치에 대한 레비스트로스의 견해를 이해했는가?**
포틀래치에 나타나는 호혜적 교환을 사회가 성립되는 원리로 제시한 레비스트로스의 견해를 소개하고, 친족 간 결혼 금지 규칙으로 인한 영향과 구조주의적 관점에서 레비스트로스 견해를 제시함.

**레비스트로스의 연구에 대한 평가를 파악했는가?**
레비스트로스의 연구는 현대 사회의 구조 변화가 현대인들의 삶의 변화로 이어질 수 있다는 가능성을 보여 주었다는 평가를 받고 있음을 언급함.

**일방형구조**

```
도입
전개
견해   견해
결론
```

**해제** 이 글은 북아메리카 인디언들의 관습인 포틀래치에 대한 인류학자들의 견해를 소개하고, 이를 바탕으로 구조주의와 레비스트로스의 견해 그리고 그의 연구에 대한 평가를 제시하고 있다. 먼저 포틀래치에 대한 초기 인류학자들의 견해와 후대 인류학자들의 견해를 대조하여 설명하고, 후대 인류학자 중 레비스트로스의 견해에 주목하여 내용을 전개하고 있다. 또한 포틀래치에 대한 레비스트로스의 견해가 지닌 특성을 바탕으로 자연스럽게 구조주의의 개념을 제시하고, 그의 주장과 근거, 그의 연구에 대한 평가를 제시하며 글을 마무리하고 있다.

**주제** 포틀래치에 대한 다양한 관점과 레비스트로스의 구조주의

---

**기출읽기 2**

0 ⑤    1 ⑤    2 ①    3 ①

글쓴이의 작문 과정  ❶ 포틀래치  ❷ 구조주의
주제  포틀래치에 대한 다양한 관점과 레비스트로스의 구조주의

---

## 0 집필 의도 및 글의 내용 이해 ⑤

2문단에서 후대 인류학자들은 포틀래치를 호혜적 교환 행위로 바라보았다고 하였고, 후대 인류학자인 모스는 선물을 받은 사람은 의무적으로 답례를 해야 할 뿐 아니라 더 많은 선물을 돌려주어야 하기 때문에 포틀래치는 교환의 성격을 지닌다고 하였다. 이를 종합하면, 후대 인류학자들은 '포틀래치를 선물을 받은 사람이 답례의 시행 여부를 선택할 수 있는 호혜적 행위'라고 본 것이 아니라 답례의 시행 여부를 선택할 수 없는, 의무적으로 답례를 해야 하는 호혜적 행위로 보았음을 알 수 있다.

**오답풀이** ① 2문단에 따르면 후대 인류학자인 모스는 포틀래치가 집단 간의 유대 관계를 형성하는 역할을 한다고 보았다. 그리고 3문단에서 레비스트로스는 여기에서 더 나아가 포틀래치에 나타나는 호혜적 교환을 사회가 성립되는 원리로 제시하였으며, 인간은 생존하기 위해서 교환을 하며 다른 집단과 사회적 유대를 맺어야 한다고 하였다. 따라서 후대 인류학자들은 포틀래치가 유대 관계를 형성한다고 보았음을 알 수 있다.

② 2문단의 '초기 인류학자들은 포틀래치라는 관습을~위신을 얻기 위해 재산을 탕진하는 비합리적인 생활 양식으로 이해하였다.'에서 확인할 수 있다.

③ 2문단의 '자신의 재산을 대가 없이 자발적으로 주는 일반적인 증여'에서 확인할 수 있다.

④ 2문단의 '후대 인류학자들은 포틀래치를 호혜적 교환 행위로 바라보았다. 호혜적 교환이란 일반적인 경제적 교역, 즉 사물의 가격을 측정하여 같은 값으로 교환하는 행위와는 달리, 돌려받을 대가나 시기를 분명하게 정하지 않고 사물을 교환하는 방식을 말한다.'에서 확인할 수 있다. 즉 일반적인 경제적 교역은 사물의 가격, 가치를 측정하여 같은 값으로 교환하지만 포틀래치는 돌려받을 대가나 시기를 분명하게 정하지 않고 사물을 교환한다는 점에서 일반적인 경제적 교역과 포틀래치는 차이가 있다.

---

## 1 세부 내용 파악 ⑤

3문단에서 레비스트로스는 다른 집단과 동맹을 맺는 가장 좋은 방법은 그 집단과 결혼을 하는 것이므로, 교환을 위해 ㉠이 만들어졌다고 하였다. 여기서 레비스트로스가 ㉠이 다른 집단과 동맹을 맺기 위한 목적으로 활용된다고 보고 있음을 알 수 있다. 또한 3문단에서 그는 ㉠을 통해 두 부족 간에 호혜적 관계가 형성되었으며, 이를 통해 부족 간의 호혜적 교환이 가능해져 사회적 공동체가 형성되었다고 주장하였다. 여기서 레비스트로스가 ㉠이 호혜적 교환이 일어날 수 있게 하는 규칙이라고 보았음을 알 수 있다.

**오답풀이** ① 3문단에서 레비스트로스는 다른 집단과 동맹을 맺는 가장 좋은 방법은 그 집단과 결혼하는 것이라고 하였으므로 ㉠을 다른 부족과의 결혼을 유도하여 부족 간의 동맹을 강화시키는 규칙이라고 볼 것임을 알 수 있다.

② 4문단에서 레비스트로스는 인류의 보편적 현상인 친족 간의 결혼 금지와 같은 결혼 제도도 인간의 본성이 아닌 사회적 유대 관계를 형성하는 구조 속에서 만들어진 결과라고 하였으므로, ㉠을 인간의 본성에 의해 개별적으로 형성된 규칙이 아닌 사회적 유대 관계를 형성하는 구조 속에서 형성된 규칙이라고 볼 것임을 알 수 있다.

③ 3문단에서 레비스트로스는 상대방에게 선물을 주는 행위가 상대방에게 부채감을 주고, 이 부채감이 다시 선물을 주는 행위로 이어지게 만든다고 설명했다. 따라서 선물을 주는 행위는 부채감을 덜게 되는 것이며, 반대로 선물을 받는 행위는 부채감을 갖게 되는 것이라고 판단할 수 있다. 또한 ㉠은 다른 부족과의 결혼을 가능하게 만드는 규칙으로, 결혼을 통해 우리 부족의 사람이 다른 부족으로 넘어가고 새로운 사람이 우리 부족에 들어오게 된다고 하였다. 이에 적용해 보면 새로운 사람을 받아들인 부족은 부채감을 가지게 되고, 보낸 부족은 부채감을 덜게 될 것임을 알 수 있다.

④ 3문단에서 레비스트로스는 ㉠을 바탕으로 공동체에 필요한 다른 규칙들이 형성됨으로써 인간이 자연 상태에서 문명 상태로 접어들게 되었다고 주장하였으므로 ㉠을 문명 상태로 접어들기 이전인 자연 상태에서 사회적 유대 관계를 형성하는 구조에 의해 성립된 규칙이라고 볼 것임을 알 수 있다.

---

## 2 다른 견해와의 비교 ①

|보기|에 따르면 '실존주의'에서는 인간은 결단의 주체이며 자신의

---

특성과 정체성을 스스로 결정할 자유로운 의식과 권리가 있고, 스스로 자신의 결정에 책임을 질 필요가 있다고 보았다. 그리고 이 글의 4문단에서 구조주의에 따르면 인간은 결단의 주체가 아니며 인간의 특성과 정체성은 인간 스스로 결정하는 것이 아닌 그가 속한 사회 구조에 의해 결정된다고 하였다. 따라서 인간을 자신의 결정에 책임지는 결단의 주체로 보는 것은 실존주의이다.

오답풀이 ② 4문단에서 구조주의에 따르면 인간의 특성과 정체성은 그가 속한 사회 구조에 의해 결정된다고 하였다. 반면 |보기|의 실존주의는 인간은 자신의 특성과 정체성을 스스로 결정할 자유로운 의식과 권리가 있다고 하였다. 따라서 구조주의에서는 실존주의와 달리 인간이 자신의 정체성을 스스로 결정하지 않는다고 보았다.

③ |보기|의 실존주의는 인간을 하나의 현상이자 개별적인 존재로 보고 인간의 구체적인 행동에 관심을 두었다. 반면 5문단에 따르면 구조주의 인류학자 레비스트로스는 사회 구조가 인간을 만들기 때문에, 인간을 이해하려면 인간의 구체적인 행동보다는 그 인간이 속한 사회의 구조를 살펴야 한다고 하였다. 따라서 실존주의에서는 구조주의와 달리 인간을 이해하기 위해서는 인간의 구체적인 행동에 주목해야 한다고 보았다.

④ |보기|의 '전통 철학'에서는 인간은 선천적인 원리에 의해 미리 규정된 '특성'과 '본질'을 가지며, 인간은 그 특성과 본질을 이 세계에서 충실하게 실현해야 한다고 하였다. 반면 4문단에서 구조주의는 인간을 비롯한 대상의 의미나 본질은 하나의 개체로서가 아니라 전체 안에서 다른 것들과 맺은 관계 때문에 결정된다는 관점이라고 하였고, 5문단에서 레비스트로스의 견해에 따르면 현대인의 모습 역시 현대 사회의 구조 아래에서 형성된 특성에 불과하다고 하였다. 따라서 인간에게는 충실하게 실현해야 할 본질이 미리 규정되어 있다고 보는 것은 전통 철학의 입장임을 알 수 있다.

⑤ 4문단에서 구조주의는 인간을 비롯한 대상의 의미나 본질은 하나의 개체로서가 아니라 전체 안에서 다른 것들과 맺은 관계 때문에 결정된다고 보는 관점이라고 하였고, 인간의 특성과 정체성은 그가 속한 사회 구조에 의해 결정된다고 하였다. 반면 |보기|의 '전통 철학'에서는 인간은 선천적인 원리에 의해 미리 규정된 '특성'과 '본질'을 갖는다고 보았다. 따라서 인간의 특성이 집단 안에서 다른 것들과 맺는 관계에 따라 결정된다고 보는 것은 구조주의임을 알 수 있다.

## 3 단어의 문맥적 의미 파악 ──────────── ①

ⓐ의 '주다'는 '물건 따위를 남에게 건네어 가지거나 누리게 하다.'라는 의미로 사용되었다. 이와 달리 ⓑ의 '주다'는 '남에게 어떤 일이나 감정을 겪게 하거나 느끼게 하다.'라는 의미로 사용되었다. ①의 '그는 아이에게 용돈을 <u>주었다</u>.'의 '주다' 역시 ⓐ의 '주다'와 같은 의미로 사용되었다. 또한 '지나친 기대는 학생에게 부담을 <u>준다</u>.'의 '주다' 역시 ⓑ의 '주다'와 같은 의미로 사용되었다.

오답풀이 ② ⓐ, ⓑ 모두 '물건 따위를 남에게 건네어 가지거나 누리게 하다.'라는 의미로 사용되었다.

③ ⓐ의 '주다'는 '시간 따위를 남에게 허락하여 가지거나 누리게 하

다.'라는 의미로 사용되었고, ⓑ의 '주다'는 '남에게 어떤 역할 따위를 가지게 하다.'라는 의미로 사용되었다.

④ ⓐ의 '주다'는 '남에게 어떤 일이나 감정을 겪게 하거나 느끼게 하다.'라는 의미로 사용되었고, ⓑ의 '주다'는 '속력이나 힘 따위를 내다.'라는 의미로 사용되었다.

⑤ ⓐ의 '주다'는 '다른 사람에게 정이나 마음을 베풀거나 터놓다.'라는 의미로 사용되었고, ⓑ의 '주다'는 '남에게 어떤 일이나 감정을 겪게 하거나 느끼게 하다.'라는 의미로 사용되었다.

## 3 집단주의 문화와 유학 사상

2011학년도 4월 고3 학력평가

**도입**
문답 형식으로 화제 제시

**어떻게 읽을까!**

**중심 화제를 파악했는가?**
유학자들이 인간을 파악하는 기본 입장이 글 전체의 중심 화제임을 언급함.

동아시아 사회에서 강한 집단주의 문화가 형성되었다고 평가받는 이유는 무엇일까? 그 해답은 동아시아 사회의 사상적 기반인 유학 사상에서 찾을 수 있다. 집단주의 문화와 유학 사상, 이 둘 사이의 관계를 좀 더 명확하게 규명하기 위해서는 선진(先秦)유학의 경전에 나타난, 유학자들이 인간을 파악하는 기본 입장을 살펴볼 필요가 있다.
문답의 구조로 유학 사상이 동아시아의 집단주의 문화의 배경임을 제시함.
중심 화제
▶ 유학자들의 인간관을 살펴볼 필요성

**전개**
인간을 사회적 관계체로 파악하는 인간관 제시

먼저 유학자들은 인간을 사회적 관계체(關係體)로 파악했다. 이들은 인간을 부모와 자식,
나열형 구조에서 순서를 알려 주는 표지 ①　　　　유교적 인간관 ①
군주와 신하, 남편과 아내, 어른과 아이, 친구와 친구 사이의 관계 속에서 살아가는 존재로 보아, 사회관계를 떠나서는 인간의 존재 의의를 찾을 수 없다고 생각하였다. 이러한 생각은 개인을 사회관계 속의 '역할·의무·배려의 복합체'로 보는 입장으로 이어졌고, 유학자들은 개인이 수행하는 대부분의 사회 행위의 원동력이 관계 속에 내재되어 있다고 보았다. 또한 여러 가지 사회 행위의 최종 목표를 자신이 속한 집단 속에서 다른 사람과 원만한 관계를 맺고 유지하는 것이라고 여겼다.
이 관점에서 보는 사회 행위의 목적
▶ 유학자들의 인간관 ① – 사회적 관계체

**전개**
인간을 능동적 주체자로 파악하는 인간관 제시

다음으로 유학자들은 인간을 능동적 주체자(主體者)로 파악했다. 이들은 인간 스스로가
나열형 구조에서 순서를 알려 주는 표지 ②　　　　유교적 인간관 ②
도덕의 주체라는 사실을 깨달아 이를 삶 속에서 능동적이고 주체적으로 실천해야 한다고 말하고 있다. 즉 유학자들은 바람직한 삶의 자세를 능동적이고 주체적인 도덕 인식과 실천이라고 본 것이다. 또한 유학자들은 이러한 삶을 살기 위해서는 인간의 이기적인 욕구와 감정을 덕에 맞추어 통제해야 한다고 주장하였다. 이처럼 유학자들은 인간이 자기 자신을 통제
능동적 주체자로 살기 위한 실천 방법
의 대상으로 삼아 모든 책임을 자신에게 찾으며 자기를 억제하는 것이 중요하다고 말하고 있다.
▶ 유학자들의 인간관 ② – 능동적 주체자

**유학자들의 세 가지 인간관이 어떻게 다른지 이해했는가?**
인간을 사회적 관계체, 능동적 주체자, 무한한 가능체로 보는 유학자들의 인간관을 설명함.

**전개**
인간을 무한한 가능체로 파악하는 인간관 제시

또한 유학자들은 인간을 무한한 가능체(可能體)로 파악했다. 유학자들은 인간을 누구나
나열형 구조에서 순서를 알려 주는 표지 ③　　　　유교적 인간관 ③
가르침과 배움을 통해 덕을 이룰 수 있는 가능성이 있는 존재로 보았다. 그리고 이 덕을 사회생활에 실천하여 군자나 성인이 될 수 있는 존재라고 ⊙보고 있다. 또한 유학자들은 개체로서의 인간을 '과정적이고 가변적인 존재'로 간주하여 자신의 단점을 인정하고 배움을 통해 이를 개선함으로써 자기 향상을 이룰 수 있다고 생각하였다. 여기서 유학자들이 자기 수련을 통해 도달하려는 최종 목표인 성덕(成德)은 자기 혼자만 도를 터득하는 것이 아니라 함께
무한한 가능체로서의 자기 수련을 통해 도달하려는 최종 목표
살고 있는 다른 사람들도 도를 터득하도록 도와주는 것을 포함하는 것이다. 그러므로 이 관점은 도덕적인 완성을 추구하고 있다는 점과 타인의 성덕에 도움을 준다는 점에서 도덕성과 사회성을 모두 내포하고 있다고 볼 수 있다.
인간을 무한한 가능체로 파악하는 관점의 의의
▶ 유학자들의 인간관 ③ – 무한한 가능체

**나열형구조**

| 도입 | | |
|---|---|---|
| 전개 | 전개 | 전개 |

**해제** 이 글은 동아시아 사회에서 나타나는 강한 집단주의 문화가 유학 사상에서 영향을 받은 것임을 전제한 뒤, 이를 좀 더 명확하게 규명하기 위해 유학자들이 가졌던 인간에 대한 세 가지 관점에 대해 설명하고 있다. 특히 2~4문단에서는 유교적 인간관의 각 유형을 하나씩 상세하게 설명하고 있는데, 세 문단 모두 첫 문장에서 주제를 제시하고, 둘째 문장에서는 이를 구체적으로 풀어서 서술하고 있다는 점이 특징적이다.

**주제** 유교적 인간관의 세 가지 유형

## 0 고쳐쓰기의 적절성 파악 ④

현재 이 글은 세 가지 유교적 인간관을 하나씩 나열하고 끝나서 마무리가 되지 않은 느낌을 주는데, 이는 글의 완결성이 부족하다는 것을 의미한다. 따라서 이러한 점을 고려한 수정·보완하는 방안으로, 2~4문단의 내용을 종합 정리한 다음, 도입 문단과 연결지어 유학자들이 인간을 파악하는 기본 입장이 집단주의 문화와 유학 사상의 관계를 파악하는 데 어떤 도움이 되는지 구체적으로 밝히는 문단을 마지막에 추가하는 것이 적절하다.

## 1 세부 내용 파악 ②

2문단에 따르면 유학자들은 인간을 사회적 관계체로 파악했으며, 사회관계를 떠나서는 인간의 존재 의의를 찾을 수 없다고 생각하였다.

오답풀이 ①, ③ 4문단에 따르면 유학자들은 인간을 누구나 가르침과 배움을 통해 덕을 이룰 수 있는 가능성이 있는 존재로 보았다. 그리고 이 덕을 사회생활에 실천하여 군자나 성인이 될 수 있는 존재라고 여겼다.
④ 2문단에 따르면 유학자들은 여러 가지 사회 행위의 최종 목표를 자신이 속한 집단 속에서 다른 사람과 원만한 관계를 맺고 유지하는 것이라고 여겼다.
⑤ 3문단에 따르면 유학자들은 바람직한 삶의 자세를 능동적이고 주체적인 도덕 인식과 실천이라고 보았다.

## 2 다른 관점과의 비교 ⑤

|보기|의 '자유주의 사상가'들은 개인의 자율성과 독립성, 그리고 독특성을 강조했고, 개인이 본디부터 지니고 있는 자유와 권리를 적극적으로 드러내고 추구하는 일을 중시했다. 이와 달리 이 글의 '유학자'는 인간을 사회적 관계체로 파악하여 사회관계를 중시하였고, 개인을 사회관계 속의 '역할·의무·배려의 복합체'로 보았으며, 자신이 속한 집단 속에서 다른 사람과 원만한 관계를 맺고 유지하는 것을 중요하게 여겼다(2문단). 이렇게 볼 때, 이 글의 '유학자'는 |보기|의 '자유주의 사상가'들이 개인의 자유와 권리는 중시하지만 사회적 관계를 소홀히 한다고 여길 것이라 판단할 수 있다. 따라서 사회적 관계를 중요하게 여기지 않는 태도에 대해 비판적으로 의문을 제기하는 ⑤가 가장 적절하다.

오답풀이 ① 개인들 각자를 사회 구성의 궁극적 단위로 본 것은 '유학자'가 아니라 '자유주의 사상가'들이다.
② 3문단에 따르면, '유학자'들은 인간의 이기적인 욕구와 감정을 덕에 맞추어 통제해야 한다고 주장하였다.

③ 2문단에 따르면, '유학자들'은 개인을 사회관계 속의 '역할·의무·배려의 복합체'로 보았다. 따라서 개인에 대한 사회의 의무와 역할을 소홀하게 보는 것은 '유학자'이다.
④ '유학자'가 인간을 능동적 존재로 보는 것은 맞지만, 자율성과 독립성을 중시하는 것은 '자유주의 사상가'들이다.

## 3 구체적 사례에 적용 ①

3문단을 참고할 때, ㄱ에서 모든 일의 책임을 스스로에게서 찾는 '군자'의 모습은 자기 자신을 통제의 대상으로 삼아 모든 책임을 자신에게 찾는 것으로 이러한 모습은 인간을 '능동적 주체자'로 파악하는 입장에서 설명할 수 있다.

오답풀이 ② 4문단에서 인간을 '무한한 가능체'로 파악하는 유학자들은, 성덕은 자기 혼자만 도를 터득하는 것이 아니라 함께 살고 있는 다른 사람들도 도를 터득하도록 도와주는 것을 포함한다고 했다. 따라서 ㄱ의 '군자'가 '소인'이 스스로에게서 책임을 찾을 수 있도록 도와주는 것은 인간을 '무한한 가능체'로 파악하는 입장이다.
③ 4문단에서 인간을 '무한한 가능체'로 파악하는 유학자들은, 인간은 자신의 단점을 인정하고 배움을 통해 이를 개선함으로써 자기 향상을 이룰 수 있다고 설명했다. 따라서 ㄱ의 '소인'도 자신의 단점을 인정하고 개선하려는 노력을 하면 자기 향상을 이룰 수 있다고 보는 것은 인간을 '무한한 가능체'로 파악하는 입장임을 알 수 있다.
④ 2문단에서 인간을 '사회적 관계체'로 파악하는 유학자들은, '인간을 부모와 자식, ~친구와 친구 사이의 관계 속에서 살아가는 존재'로 본다고 설명했다. 따라서 ㄴ에서 '인', '의'의 핵심을 부모·형제와의 관계에서 찾는 것은 인간을 '사회적 관계체'로 파악하는 입장임을 알 수 있다.
⑤ 3문단에서 인간을 '능동적 주체자'로 파악하는 유학자들은, 인간 스스로가 도덕의 주체라는 사실을 깨달아 이를 삶 속에서 능동적이고 주체적으로 실천해야 한다고 보았다. 따라서 ㄴ에서 '예'의 핵심이 '인', '의'를 조절하고 꾸미는 것이라고 보는 관점은 도덕의 실천적 측면으로 해석할 수 있다는 점에서 '능동적 주체자'의 입장과 유사함을 알 수 있다.

## 4 단어의 문맥적 의미 파악 ②

㉠은 '대상을 평가하다.'라는 의미로 사용되었다. 이와 유사한 의미로 사용된 것은 ②의 '보다'로, ②의 '보다'는 증인의 진술이 거짓이라고 평가했다는 의미로 사용되고 있다.

오답풀이 ① '어떤 결과나 관계를 맺기에 이르다.'라는 의미로 사용되었다.
③ '음식상이나 잠자리 따위를 채비하다.'라는 의미로 사용되었다.
④ '어떤 일을 당하거나 겪거나 얻어 가지다.'라는 의미로 사용되었다.
⑤ '대상의 내용이나 상태를 알기 위하여 살피다.'라는 의미로 사용되었다.

기출읽기

# 디저트를 먹자고? 배부르다며? 2021학년도 6월 고1 학력평가

어떻게 썼을까?

**도입**
식욕을 조절하는 식욕 중추 소개

**어떻게 읽을까!**

**중심 화제를 파악했는가?**
식욕의 개념과 필요성을 밝히고 이를 조절하는 데 식욕 중추 즉, 섭식 중추와 포만 중추가 작용함을 언급함.

'식욕'은 음식을 먹고 싶어 하는 욕망으로, 인간이 살아가는 데 필요한 영양분을 얻기 위해서 반드시 필요하다. 식욕은 기본적으로 뇌의 시상 하부에 있는 식욕 중추의 영향을 받는데, 이 중추에는 배가 고픈 느낌이 들게 하는 '섭식 중추'와 배가 부른 느낌이 들게 하는 '포만 중추'가 함께 있다. 「우리 몸이 영양분을 필요로 하는 상태가 되면 섭식 중추는 뇌 안의 다양한 곳에 신호를 보낸다. 그러면 식욕이 느껴져 침의 분비와 같이 먹는 일과 관련된 무의식적인 행동이 촉진된다. 그러다 영양분의 섭취가 늘어나면, 포만 중추가 작용해서 식욕이 억제된다.」

▶ 식욕에 영향을 주는 섭식 중추와 포만 중추

**원리**
식욕 중추의 작용과 식욕 조절의 원리 설명

**식욕 억제 과정과 촉진 과정을 대비해 이해했는가?**
식사 후 포도당 증가로 식욕이 억제되는 과정과 공복 시 지방 분해 과정에서 생긴 지방산으로 식욕이 촉진되는 과정을 섭식 중추와 포만 중추를 중심으로 설명함.

[A]

그렇다면 뇌에 있는 섭식 중추나 포만 중추는 어떻게 몸속 영양분의 상태에 따라 식욕을 조절하는 것일까? 여기에서 중요한 역할을 하는 것이 혈액 속을 흐르는 영양소인데, 특히 탄수화물에서 분해된 '포도당'과 지방에서 분해된 '지방산'이 중요하다. 「먼저 탄수화물은 식사를 통해 섭취된 후 소장에서 분해되면, 포도당으로 변해 혈액 속으로 흡수된다. 그러면 혈중 포도당의 농도가 높아지고, 이를 줄이기 위해 췌장에서 '인슐린'이라는 호르몬이 분비된다. 이 포도당과 인슐린이 혈액을 타고 시상 하부로 이동하여 포만 중추의 작용은 촉진하고 섭식 중추의 작용은 억제한다.」 반면에 「지방은 피부 아래의 조직에 중성지방의 형태로 저장되어 있다가 공복 상태가 길어지면 혈액 속으로 흘러가 간(肝)으로 운반된다. 그러면 부족한 에너지를 보충하기 위해 간에서 중성지방이 분해되고, 이 과정에서 생긴 지방산이 혈액을 타고 시상 하부로 이동하여 섭식 중추의 작용은 촉진하고 포만 중추의 작용은 억제한다.」 이와 같은 작용 원리에 따라 우리의 식욕은 자연스럽게 조절된다.

▶ 섭식 중추와 포만 중추의 작용에 따른 식욕 조절 원리

**전환**
전두 연합 영역에 영향을 받는 다른 유형의 식욕 소개

**다른 유형의 식욕에 작용하는 뇌 영역의 기능을 이해했는가?**
취향이나 기분, 건강을 고려한 식욕 조절은 전두 연합 영역에서 담당함을 언급함.

그런데 우리는 온전히 영양분 섭취만을 목적으로 식욕을 느끼는 것은 아니다. 예를 들어, '스트레스를 받으니까 매운 음식이 먹고 싶어.'처럼 영양분의 섭취와 상관없이 취향이나 기분에 좌우되는 식욕도 있다. 이와 같은 식욕은 대뇌의 앞부분에 있는 '전두 연합 영역'에서 조절되는데, 본래 이 영역은 정신적이고 지적인 활동을 담당하는 곳이지만 식욕에도 큰 영향을 미친다. 이곳에서는 음식의 맛, 냄새 등 음식에 관한 다양한 감각 정보를 정리해 종합적으로 기억한다. 또한 맛이 없어도 건강을 위해 음식을 섭취하는 것과 같이, 먹는 행동을 이성적으로 조절하는 일도 이곳에서 담당하는데, 전두 연합 영역의 지령은 신경 세포의 신호를 통해 섭식 중추와 포만 중추로 전해진다.

▶ 취향이나 기분, 건강과 관련된 식욕을 조절하는 전두 연합 영역

**원리**
전두 연합 영역의 기능과 관련해 디저트를 먹는 현상 분석

**식사 후 디저트를 먹는 현상의 이유를 이해했는가?**
식사 후 디저트를 먹는 현상의 이유를 전두 연합 영역의 작용과 관련지어 분석함.

한편 전두 연합 영역의 기능을 알면, ⓐ음식을 먹은 후 '이젠 더 이상 못 먹겠다.'라고 생각하면서도 디저트를 먹는 현상을 쉽게 이해할 수 있다. 흔히 사람들이 '이젠 더 이상 못 먹겠다.'고 생각하는 이유는 ⓑ실제로 배가 찼기 때문일 수도 있고, 배가 차지는 않았지만 특정한 맛에 질렸기 때문일 수도 있다. 그런데 이런 상황에도 불구하고 디저트를 먹는 현상은 모두 전두 연합 영역의 영향을 받는다. 먼저, 배가 찬 상태에서는 전두 연합 영역의 영향으로 위(胃) 속에 디저트가 들어갈 공간을 마련할 수 있다. 「전두 연합 영역의 신경 세포가 '맛있다'와 같은 신호를 섭식 중추로 보내면, 거기에서 '오렉신'이라는 물질이 나온다. 오렉신은 위(胃)의 운동에 관련되는 신경 세포에 작용해서, 위(胃)의 내용물을 밀어내고 다시 새로운 음식이 들어갈 공간을 마련하는 것이다.」 다음으로, 「배가 차지 않은 상태이지만 전두 연합 영역의 영향으로 특정한 맛에 질릴 수 있다. 그래서 식사가 끝난 후에는 대개 단맛의 음식을 먹고 싶어 하게 되는데, 이는 주식이나 반찬에는 그 정도의 단맛을 내는 음식이 없기 때문이다.」 따라서 우리가 "디저트 먹을 배는 따로 있다."라고 하는 것은 생물학적으로 충분히 설득력 있는 표현이 되는 것이다.

▶ 전두 연합 영역의 작용으로 식사 후 디저트를 먹는 현상

**원리형구조**

| 도입 |  |
|------|--|
| 원리 |  |
| 전환 | 원리 |

**해제** 이 글은 우리 몸에서 식욕이 조절되는 일반적인 원리를 설명한 다음, 배가 부른데도 디저트를 먹게 되는 이유를 설명하고 있다. 일반적으로 몸속 영양분의 상태에 따라 식욕이 조절되는 것은 뇌의 시상 하부에 있는 식욕 중추인 섭식 중추와 포만 중추의 작용에 따른 것으로, 음식을 섭취한 경우에는 포도당의 증가로 인한 식욕 억제 과정이 진행되고, 공복 상태가 길어질 때는 지방산의 증가로 인해 식욕 촉진 과정이 이루어진다. 이외에도 취향이나 기분, 건강을 고려하여 식욕이 조절되기도 하는데, 이때는 전두 연합 영역이 작용한다. 이 전두 연합 영역의 작용으로 인해 배가 부른데도 디저트를 먹게 되는 현상이 일어나는 것이다.

**주제** 식욕 중추와 전두 연합 영역을 중심으로 작용하는 식욕 조절의 원리

---

**기출읽기 0**  **0** ①  **1** ③  **2** ④  **3** ④  **4** ②

**0** 글쓴이의 작문 과정 **❶** 식욕 **❷** 전두 연합 영역
**주제** 식욕 중추와 전두 연합 영역을 중심으로 작용하는 식욕 조절의 원리

## 0 핵심 정보 파악 ①

1문단에서 식욕 중추인 섭식 중추와 포만 중추가 식욕에 어떤 영향을 주는지를 설명하고 2문단에서는 두 가지 식욕 중추가 어떻게 작용하는지 그 과정을 설명하고 있다. 3문단에서는 취향이나 기분, 건강과 관련된 식욕에는 뇌의 전두 연합 영역이 작용함을 설명하고, 4문단에서는 배가 부른데도 디저트를 먹게 되는 현상을 전두 연합 영역의 작용 과정에 따라 설명하고 있다. 따라서 이 글의 중심 내용은 식욕 중추와 전두 연합 영역을 중심으로 하는 식욕의 작용 원리라고 볼 수 있다.

**오답풀이** ② 이 글에서 영양소로 포도당과 지방산에 대해 언급하고 있으나, 식욕과 관련된 영양소로서 제시된 것일 뿐, 영양소의 종류나 역할에 대해 중점적으로 다루고 있지 않다.
③ 탄수화물이 포도당으로 분해된다는 내용을 제시하였으나, 탄수화물과 지방의 영향 관계에 대해서는 언급하지 않았다.
④ 전두 연합 영역의 기능에 대해 언급하고 있으나, 이 글의 일부에 해당하는 내용이다. 또한 이 글에서 중점적으로 다루고 있는 내용인 식욕 중추에 대해 표제나 부제에서 언급하지 않았으며, 또 이 글에서는 소화 과정을 다루지 않았으므로 표제와 부제로 적절하지 않다.
⑤ 포도당과 지방산은 식욕 중추와 관련되므로, 전두 연합 영역의 기능에 대한 부제로 삼는 것은 적절하지 않다. 또한 이 글에서 포도당과 지방산의 작용 관계는 다루지 않았으며, 전두 연합 영역의 기능은 이 글의 일부에 해당하므로 표제와 부제로 적절하지 않다.

## 1 세부 내용 파악 ③

4문단에 따르면 전두 연합 영역의 신경 세포가 '맛있다'와 같은 신호를 섭식 중추로 보내면, 거기에서 '오렉신'이라는 물질이 나온다. 따라서 '오렉신'은 전두 연합 영역이 아니라, 섭식 중추에서 분비된다.

**오답풀이** ① 1문단에서 식욕은 음식을 먹고 싶어 하는 욕망으로, 인간이 살아가는 데 필요한 영양분을 얻기 위해 반드시 필요하다고 하였다.

② 1문단에서 식욕은 기본적으로 뇌의 시상 하부에 있는 식욕 중추의 영향을 받는다고 하였다.
④ 4문단에서 '이젠 더 이상 못 먹겠다'고 생각하는 이유를 실제로 배가 찼기 때문일 수도 있고, 특정한 맛에 질렸기 때문일 수도 있다고 하였다.
⑤ 3문단에서 전두 연합 영역은 본래 정신적이고 지적인 활동을 담당하지만 식욕에도 영향을 미친다고 하였다.

## 2 정보 간의 관계 파악 ④

[A]에 따르면 음식 섭취로 우리 몸에 들어온 탄수화물은 소장에서 포도당(㉠)으로 분해되고, 혈중 포도당의 농도가 높아지면 이를 줄이기 위해 췌장에서 인슐린(㉡)이 분비된다. 그리고 공복 상태가 길어지면 간에서 중성지방이 분해되는데, 이 과정에서 지방산(㉢)이 생긴다. 따라서 |보기|의 ㉠은 '포도당', ㉡은 '인슐린', ㉢은 '지방산'이다. ㉠ '포도당'은 음식 섭취로 인해 생기는 것으로, 혈액 속 ㉠의 농도가 높아지면 ㉡ '인슐린'이 분비된다. 그리고 ㉠과 ㉡이 시상 하부로 이동하면 포만 중추의 작용이 촉진되고 섭식 중추의 작용이 억제되어 식욕이 억제된다. 이와 달리, 공복 상태가 길어지면 ㉢이 시상 하부로 이동하여 섭식 중추의 작용이 촉진되고 포만 중추의 작용이 억제되어 식욕이 촉진된다. 따라서 공복 상태가 길어지면 혈관 속 ㉢의 양이 늘어난다는 것을 알 수 있다. 한편, 공복 상태란 음식을 먹지 않아 배가 비어 있는 상태로, 탄수화물의 공급이 줄어들어 있으므로, ㉠의 양이 줄어들 것임을 추론할 수 있다.

**오답풀이** ① 혈중 포도당의 농도가 높아지면 이를 줄이기 위해 인슐린이 분비되는 것이므로, ㉠의 양이 늘어나면 ㉡의 양도 늘어난다.
② ㉠과 ㉡의 양이 많아지면 포만 중추의 작용이 촉진되고 섭식 중추의 작용이 억제되면서 식욕은 억제된다.
③ 공복 상태가 길어지면 ㉢이 시상 하부에 있는 식욕 중추 중, 포만 중추의 작용을 억제하고 섭식 중추의 작용을 촉진하는 기능을 할 뿐, 시상 하부의 명령을 식욕 중추로 전달하는 것이 아니다.
⑤ 식사를 하는 동안에는 ㉠이 점차 증가하여 ㉡의 분비를 일으키지만, ㉡이 ㉢의 도움으로 피부 아래의 조직에 중성지방으로 저장되지는 않는다.

## 3 세부 내용 추론 ④

1문단에 따르면 ⓑ의 상황은 배가 부른 느낌이 들게 하는 포만 중추가 작용한 것이다. 즉 영양분 섭취가 늘어나면서 포만 중추가 작용하여 식욕이 억제된 것이다. 이 과정은 2문단에서도 확인할 수 있는데, 포도당의 흡수로 인슐린이 분비되고, 이로 인해 시상 하부에서는 포만 중추의 작용은 촉진되고 섭식 중추의 작용은 억제되어 식욕이 억제된다. 그런데 ⓐ는 배부른 느낌이 들게 하는 포만 중추의 작용이 촉진되어 있음에도 불구하고 식욕이 억제되지 않고 디저트를 먹는 것이므로, 모순적이라고 판단할 수 있다.

오답풀이 ① ⓑ의 상황에서 섭식 중추의 작용이 억제된 것은 맞지만, 섭식 중추의 작용이 억제되면 식욕이 억제되는데 ⓐ는 식욕을 보이는 현상이므로 타당하지 않다.
② 섭식 중추의 작용이 활발해지는 것이 아니라 억제된다.
③ 포만 중추의 작용이 억제되는 것이 아니라 활발해진다.
⑤ 포만 중추의 작용이 촉진되고 섭식 중추의 작용이 억제될 뿐, 두 작용이 반복되는 것은 아니다.


## 4 구체적 상황에 적용 ②

A는 '너무 많이 먹어서 배가 터질 것 같'다고 하면서도 이전에 먹었던 과자의 맛을 기억하고는, 과자를 후식으로 먹으려 하고 있다. 여기서 A가 과자를 먹으려 하는 것은 과자의 맛에 대한 기억이 작용한 것으로, 3문단에 따르면 이는 전두 연합 영역이 음식의 맛, 냄새 등 음식에 관한 다양한 감각 정보를 정리해 종합적으로 기억하는 것과 관련된다. 따라서 A는 섭식 중추의 작용이 아니라 전두 연합 영역의 작용으로 뷔페의 과자가 맛있었다고 떠올릴 수 있었으므로, 섭식 중추의 작용으로 과자의 맛을 떠올렸을 것이라는 ②는 적절하지 않다.

오답풀이 ① A는 배가 부른 상태에서 디저트를 먹으려고 하고 있다. 4문단에서 오렉신이 위의 운동에 관련되는 신경 세포에 작용해서 위의 내용물을 밀어내고 다시 새로운 음식이 들어갈 공간을 마련한다고 하였으므로, 적절한 이해이다.
③ B는 자신이 떡볶이를 좋아하기 때문에 떡볶이를 좀 더 먹으려 하고 있다. 3문단에 따르면, 이는 영양분의 섭취와는 무관하게 취향에 따라 좌우되는 식욕에 해당한다.
④ B의 마지막 말은 입맛에 맞지 않아도 건강을 위해 녹차를 마시겠다고 한 것으로, 3문단에 따르면 이는 맛이 없어도 건강을 위해 음식을 먹는 행동을 이성적으로 조절하는 전두 연합 영역이 작용한 결과로 볼 수 있다.
⑤ A와 B는 디저트를 둘러보기 전까지 배가 부르다고 느끼고 있었다. 섭식 중추는 배가 고픈 느낌이 들게 하므로, A와 B는 섭식 중추의 작용이 억제되고 있는 상태에서 디저트를 둘러보았음을 알 수 있다.

# 화장실, 악취를 물리치고 당당히 입성하다

2008학년도 3월 고1 학력평가

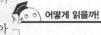
**어떻게 읽을까!**

**어떻게 썼을까?**

**도입**
화장실이 실내로 들어오게 된 이유 언급

화장실이 집 안으로 들어와 당당히 하나의 '실(室)'로 자리잡은 것은 그리 오래된 일이 아니다. 동양이나 서양이나 예전에는 <u>악취</u> 때문에 화장실을 집 밖에 설치할 수밖에 없었다. 그
화장실이 집 안으로 들어올 수 없었던 이유
렇다면 화장실은 어떻게 이 악취를 물리치고 집 안의 한자리를 차지할 수 있었을까? 그것은
묻고 답하는 형식으로 중심 화제를 제시
바로 '변기에 차 있는 물' 때문에 가능하였다. 일정한 높이의 물이 항상 차 있도록 하기 위해
서 변기의 내부에는 ⓐ<u>'U'자를 뒤집어 놓은 형태의 관</u>이 있다.
사이펀
▶ 화장실이 실내로 들어올 수 있었던 이유

**중심 화제를 파악했는가?**
'화장실이 집 내부로 들어올 수 있었던 이유'라는 화제를 제시함.

**원리**
변기 작동의 근본 원리인 사이펀의 원리 소개

변기가 어떻게 작동하는지를 알아보기 위해 그 근본 원리에 대해 알아보자. <u>여기 물이 3</u>
앞으로 전개될 내용 안내
<u>분의 2 정도 담겨 있는 컵이 있다. 컵을 기울이지 않고 이 컵 안의 물을 밖으로 빼내기 위해</u>
사이펀의 원리를 설명하기 위한 예시
<u>'U'자 모양의 굽은 관을 이용한다고 하자</u>. 'U'자 모양의 굽은 관을 뒤집어 관의 한 쪽은 컵 안
의 물 속에, 다른 쪽은 컵 바깥에 위치하게 한다. 「관의 안쪽에 물이 완전히 채워지지 않아 공
                                        「 」: 상황 1: 아무 일도 일어나지 않는 경우
기가 남아 있는 경우에는 컵의 수면에 작용하는 대기압과 관 속의 대기압이 평형을 이루어
아무 일도 일어나지 않는다.」 하지만 「관 속에 남아 있는 공기를 빨아내어 인위적으로 ⓑ<u>관</u>
                            「 」: 상황 2: 물이 바깥으로 흘러나오는 경우
<u>속에 물이 채워지게 하면</u>, 물은 중력의 법칙을 거스르고 관을 따라 컵을 넘어 바깥으로 흘러
나오기 시작한다.」 이는 관 속이 물로 채워지면서 관 속에 작용하던 대기압은 사라지지만 컵
                        물이 바깥으로 흘러나오는 이유 – 사이펀의 원리
의 수면에 작용하는 대기압에는 변화가 없기 때문에 압력 차이가 생겨 일어나는 현상이다.
이와 같은 현상을 '사이펀의 원리'라고 한다. 그리고 이와 같은 경우에 사용되는 'U'자 모양
의 굽은 관을 '사이펀'이라 한다.
변기 작동의 근본 원리 – 사이펀의 원리
▶ 변기 작동의 근본 원리인 사이펀의 원리

**변기의 구조에 적용된 사이펀의 원리를 잘 이해했는가?**
변기 내부에 사이펀을 두는 구조는 사이펀의 원리를 이용하기 위함임을 설명함.

**원리**
변기의 구조에 적용된 사이펀의 원리 설명

옆의 그림처럼 변기의 내부에 'U'자를 뒤집어 놓은 형
사이펀의 원리를 이용한 변기의 구조
태의 관이 있는 것도 이 사이펀의 원리를 이용하기 위함
이다. 「그림에서 물이 A까지 채워져 있을 경우에는 사이
     「 」: 수면에 작용하는 대기압과 사이펀 안의 대기압이 평형을 이룬 상태
펀 안에 대기압이 작용하기 때문에 ⓒ<u>아무런 일도 일어</u>
<u>나지 않는다.</u>」 하지만 「용변을 보고 레버를 내리면 물탱크
                    「 」: 사이펀 안의 대기압이 사라져 물이 바깥으로 흘러나가는 경우
의 마개가 열려 변기 안으로 한꺼번에 많은 양의 물이 공
급되면서 늘어난 물의 압력으로 인해 사이펀은 물로 완
전히 채워지게 되고, 사이펀 속에 작용하던 대기압이 사라지게 되면서 변기의 물은 용변과
함께 하수구로 <u>빠져나가게 된다.</u>」

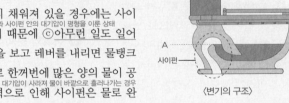
〈변기의 구조〉

▶ 변기의 구조와 사이펀의 원리 적용

**원리**
'변기에 차 있는 물'의 역할 제시

「물탱크에서 많은 양의 물이 변기로 계속 공급된다면 ⓓ'<u>변기에 차 있는 물</u>'은 기대할 수
「 」: 사이펀의 원리에 의해 물이 계속해서 하수구로 빠져나가 버리게 되므로
없다.」 그래서 변기의 구조는, 물이 사이펀의 원리에 의해 모두 <u>빠져나가</u> 버린 후에는 사이펀
을 넘지 못할 정도만큼만 물이 다시 고일 수 있도록 ㉠<u>적은 양의 물이 서서히 변기로 흘러들</u>
<u>어 가게 되어</u> 있다. 물이 모두 <u>빠져나가</u> 버린 후에 변기에 물이 서서히 공급되면 물의 압력이
사이펀을 가득 채울 만큼 충분하지 않기 때문에 변기에는 A까지만 물이 차 있게 된다. 사이
펀을 넘지 못하고 남겨진 물은 고약한 냄새가 넘어오지 못하도록 막는 역할을 하게 된다.
변기에 고인 물이 하는 역할 – 화장실이 집 내부에 있을 수 있게 된 이유
▶ 변기에 남아 있는 물의 역할

**'변기에 차 있는 물'의 역할을 이해했는가?**
변기에 물이 일정 정도 차는 과정과 원리를 설명하고 그 물이 냄새를 차단하는 역할을 하여 화장실이 실내로 들어올 수 있었다고 강조함.

**정리**
실내 화장실을 가능하게 한 이유 강조

이처럼 과학적 원리를 이용한 변기의 구조 덕분에 ⓔ<u>화장실은 당당하게 집 안으로 입성</u>
<u>할 수</u> 있었던 것이다.
화장실의 실내 입성이 가능했던 이유
▶ 변기의 구조로 인한 결과

---

**원리형구조**

| 도입 | | |
|---|---|---|
| 원리 | 원리 | 원리 |
| | 정리 | |

**해제** 이 글은 화장실이 악취를 물리치고 실내에 자리잡게 된 이유를 변기의 구조와 작동 원리를 통해 설명하고 있다. 화장실이 실내로 들어올 수 있었던 이유는 변기의 구조와 관련된다. 변기에 U자를 뒤집어 놓은 형태의 관을 둠으로써 사이펀의 원리를 이용하여 변기의 물이 용변과 함께 하수구로 빠져나가게 하고, 물이 모두 빠져나간 후에는 사이펀을 넘지 않을 정도로만 물이 차도록 만듦으로써 악취가 넘어오는 것을 막았다. 이러한 과학적 원리를 이용한 변기의 구조 덕분에 실내 화장실이 가능해졌다.

**주제** 실내 화장실을 가능하게 한 변기의 구조와 작동 원리

**0** ②　　**1** ④　　**2** ④　　**3** ④

글쓴이의 작문 과정　**❶** 변기의 구조　**❷** 악취
주제　실내 화장실을 가능하게 한 변기의 구조와 작동 원리

## 0 핵심 내용 파악　　　　　　　　　　②

이 글은 1문단에서 실내 화장실이 가능할 수 있었던 이유(중심 화제)를 제시하고, 2문단에서 그 이유와 관련된 '변기에 차 있는 물'을 설명하기 위해 변기의 구조에 적용된 사이펀의 원리를 설명하고 있다. 그리고 3문단에서 사이펀의 원리를 이용한 변기의 구조와 작동 원리를 설명하고 4문단에서는 변기에 차 있는 물이 악취를 막는 역할을 함을 설명하였다. 이처럼 이 글에서는 사이펀, 일정 정도 차 있는 물 등 변기의 구조와 각각의 작동 원리를 설명하여 화장실이 실내로 들어올 수 있었던 이유를 제시하고 있다. 따라서 ㉮에는 '변기의 구조와 작동 원리'라는 내용이 가장 적절하다.

## 1 구체적 사례에 적용　　　　　　　　④

2문단에서 사이펀의 원리를 설명하면서 '관 속이 물로 채워지면서 관 속에 작용하던 대기압은 사라'진다고 하였다. |보기|의 '계영배'는 사이펀의 원리를 이용한 것으로, 술잔에 술을 가득 채우면 술의 높이가 ⑧보다 높아지게 된다. 그리고 늘어난 술의 압력으로 인해 ④에서 ⓒ로 이어지는 부분에 술이 가득 차게 되면, 관 속에 작용하던 대기압이 사라지게 된다. 따라서 술을 가득 채우면 ④에서 ⓒ로 이어지는 부분의 안쪽의 대기압이 높아지게 된다고 설명한 ④는 적절하지 않다.

**오답풀이** ① 계영배의 ④에서 ⓒ로 이어지는 부분은 U자를 뒤집어 놓은 형태의 관으로, 변기의 사이펀 구조와 같다. 따라서 이 부분은 사이펀의 일종임을 알 수 있다.
② 계영배에 술을 가득 채웠을 때 관 속에 작용하는 대기압이 사라지면서 술이 관을 통해 ⓒ로 빠져나가는 원리는 사이펀의 원리에 해당한다.
③ 2문단에서 관의 안쪽에 물이 완전히 채워지지 않아 공기가 남아 있는 경우에는 컵의 수면에 작용하는 대기압과 관 속의 대기압이 평형을 이루어 아무 일도 일어나지 않는다고 하였다. ⑧보다 수면이 낮은 경우에는 관의 안쪽에 물이 완전히 채워지지 않아 공기가 남아 있는 상태이므로, 관 내부에 작용하는 대기압과 잔 안에 작용하는 대기압이 평형 상태이다. 그런데 ⑧보다 수면이 높아지면 이 평형 상태가 깨지는데, 관 속에 물이 채워지면서 관 속에 작용하던 대기압이 사라지게 되어 물이 ④에서 ⓒ로 이어지는 부분을 통해 흘러나간다.
⑤ ⑧보다 수면이 낮은 경우는 2문단에서 설명한, 관의 안쪽에 물이 완전히 채워지지 않아 공기가 남아 있는 경우에 해당한다. 이때에는 컵의 수면에 작용하는 대기압과 관 속의 대기압이 평형을 이룬 상태, 즉 같은 상태이다.

## 2 세부 내용 추론　　　　　　　　　　④

㉠의 이유를 추론할 수 있는 근거는 ㉠ 바로 다음 문장인 '물이 모두 빠져나가 버린 후에 변기에 물이 서서히 공급되면 물의 압력이 사이펀을 가득 채울 만큼 충분하지 않기 때문에 변기에는 A까지만 물이 차 있게 된다.'이다. 여기서 '물의 압력이 사이펀을 가득 채울 만큼 충분하지 않'다는 것은 3문단의 그림에서 물이 서서히 공급되어 A까지만 차게 된다는 의미이다. 이때 만일 많은 양의 물이 공급되면 물의 압력이 높아져 물이 A를 넘어 사이펀을 가득 채우게 되고 관을 통해 물이 계속 빠져나가 버리게 된다. 따라서 ㉠의 이유는 공급되는 물의 압력을 약하게 만들어 물이 A까지만 차게 함으로써 관을 통해 계속 물이 빠져나가는 것을 막기 위해서라고 추론할 수 있다.

**오답풀이** ①, ③ 물이 서서히 공급되면 물의 압력이 사이펀을 가득 채울 만큼 충분하지 않기 때문에 물은 A까지만 차게 된다. 이로 인해 사이펀이 물로 가득 차지도 않게 되고 관을 통해 계속 물이 빠져나가지 않게 막을 수 있다.
② 물이 서서히 공급되지 않고 한꺼번에 많은 양이 계속 공급되면 사이펀이 물로 가득 채워져 관 속의 대기압이 사라지면서 물이 계속 빠져나가게 된다. 변기의 물이 물탱크로 역류하는 것은 아니다.
⑤ 물이 서서히 공급되면 변기의 물에 작용하는 대기압과 사이펀 내부에 작용하는 대기압이 같은 상태를 유지하게 된다.

## 3 어휘의 문맥적 의미 파악　　　　　　④

ⓓ는 '사이펀을 넘지 못하고 남겨진 물'에 해당하며, 이 물이 악취가 넘어오지 못하게 막는 역할을 한다. 물이 사이펀을 넘게 되면 관을 통해 계속 빠져나가 버리게 되므로 ⓓ를 '사이펀을 넘어 채워진 물'로 바꿔 쓰는 것은 적절하지 않다.

**오답풀이** ① 2문단 끝에서 'U'자 모양의 굽은 관을 '사이펀'이라고 설명했다.
② 2문단에서 관 속이 물로 채워지면서 관 속에 작용하던 대기압은 사라진다고 설명했다.
③ ⓒ는 수면에 작용하는 대기압과 관 속의 대기압이 평형 상태로, 물이 사이펀을 넘지 않고 변기의 A까지만 물이 차 있는 상태가 유지되고 있음을 의미한다.
⑤ 화장실이 실내로 들어올 수 있었던 이유는 사이펀의 원리를 이용한 변기의 구조 덕분에 악취를 막음으로써 악취가 집 안으로 들어오는 것을 막을 수 있었기 때문이다.

# 비 올 때 뛰면 비를 덜 맞을까 2013학년도 3월 고1 학력평가

**의문**

비 오는 날의 경험과 의문 제기

**전제**

의문 해결에 필요한 상대속도와 상대속력의 개념 제시

**대답**

빗방울의 충격량과 상대운동량의 관계 설명

**대답**

상대속도와 상대속력에 따른 빗방울의 세기와 방향 설명

**대답**

비 올 때 뛰면 비를 덜 맞는 이유에 대한 대답

---

『갑자기 비가 쏟아지면 길을 가던 사람들은 비를 피하기 위해 뛰기 시작한다. 우산 없이 뛰어 본 사람은 바람이 없는 날 ⓐ솔솔 내리는 비가, 뛸 때에는 더 세차게 느꼈던 적이 있을 것이다. 천천히 걷는 사람보다 뛰는 사람은 비가 더 강하고 앞쪽에서 오는 것 같이 느낀다.』 같은 빗줄기로 내리는 경우에도 뛰는 사람들이 많은데, ㉠뛰면 비가 더 세차게 느껴질 텐데 과연 비를 덜 맞을까 하는 의문이 생긴다.
『 』: 일상적 경험과 느낌을 언급하여 독자의 관심을 유발함.
의문 제기를 통한 중심 화제 제시
▶ 뛰면 비를 덜 맞을까에 대한 의문

이 문제를 풀려면 '상대속도'와 '상대속력'의 개념을 이해해야 한다. 상대위치가 어느 방향으로 얼마나 빨리 바뀌는가를 나타내는 것이 '상대속도'이고 그것의 크기가 '상대속력'이다. 『기차역에서 나란히 정차한 두 기차 가운데 한 기차에 타고 있는 사람이 다른 기차가 움직이는 것을 보고 자기가 탄 기차가 움직인다고 착각하는 경우가 종종 있다.』 무심코 자기의 위치를 움직이는 기차에 대한 상대위치로 감지하였기 때문이다. 자기 기차에 대한 상대위치를 생각하면 다른 기차가 움직이고, 다른 기차에 대한 상대위치를 생각하면 자기 기차가 움직인다. 다른 기차가 앞으로 가면 자기는 상대적으로 뒤로 가고, 자기 기차가 앞으로 가면 다른 기차가 상대적으로 뒤로 간다. 만약 두 기차가 같은 속력으로 같은 방향으로 가면 두 기차의 서로에 대한 상대위치가 바뀌지 않으므로 상대속도의 크기는 0이다.
중심 화제를 이해하기 위해 필요한 개념
『 』: 상대위치로 인해 발생하는 일상의 경험
자기가 탄 차가 움직인다고 착각하는 이유
두 기차의 속력과 방향이 같을 경우
▶ 상대속도와 상대속력의 개념

얼굴에 빗방울을 맞았을 때, 힘(충격량)을 느끼는 것은 빗방울이 내 얼굴에 맞아서 상대운동량(질량×상대속도)이 변하기 때문이다. 상대운동량이 커질수록 충격량이 커진다. 빗방울이 얼굴에 닿으면 빗방울의 상대운동량이 0이 된다. 그런데 얼굴에 닿기 전의 상대속도가 클수록 상대운동량이 크고 따라서 빗방울이 얼굴에 닿을 때 변화가 더 커서 충격량이 더 크다. 겨울에 눈싸움을 할 때 같은 무게의 눈뭉치라도 세게 던질수록 맞으면 더 아픈 것은 이 때문이다.
다시 화제를 첫 단락의 문제 제기로 전환
상대속도와 상대운동량의 관계
빗방울의 상대운동량과 충격량의 관계
▶ 빗방울을 맞았을 때 충격을 다르게 느끼는 원리

위에서 말한 바와 같이 수직으로 내리는 빗방울을 천천히 걸으면서 맞는 것보다 뛰면서 맞는 경우 더 세게 느끼는 것은, 빗방울의 사람에 대한 상대속력이 더 커지기 때문이다. 또 비가 앞에서 오는 것 같이 느끼는 것은 빗방울의 사람에 대한 상대속도가 앞에서 오는 방향이기 때문이다. 우산을 그 방향으로 기울여야 좋은 방패가 된다.
걸을 때보다 뛰면서 빗방울을 맞았을 때 더 세게 느끼는 이유
비가 앞에서 오는 것같이 느껴지는 이유
▶ 뛸 때 빗방울을 세차게 느끼는 이유

사람이 맞는 빗물의 전체 양은 '단위시간에 맞는 빗물의 양×가는 데 걸리는 시간'이다. 뛰어가면 빗방울의 사람에 대한 상대속도가 커지므로 단위시간(예를 들어 1초)에 맞는 빗물의 양은 오히려 더 많아진다. 그러나 뛰어가면 목적지까지 가는 데 걸리는 시간은 줄어든다. 단위시간에 맞는 빗물의 양이 증가하는 것보다 시간이 더 많이 줄기 때문에 목적지까지 가는 동안 맞는 빗물의 양은 빨리 뛸수록 줄어든다.
걷거나 뛸 사람이 맞는 빗물의 전체 양
사람이 맞는 빗물의 양을 늘어나게 하는 요인
사람이 맞는 빗물의 양을 줄게 하는 요인
비 올 때 뛰면 비를 덜 맞는 이유
▶ 비 올 때 뛰면 비를 덜 맞게 되는 과학적 원리

**중심 화제를 파악했는가?**
비가 내릴 때의 경험을 환기한 다음, 뛰면 비를 덜 맞을지에 대한 의문을 제기함.

**상대속도와 상대속력, 상대위치의 개념을 잘 이해했는가?**
상대속도와 상대속력의 개념을 설명하고, 두 기차의 사례를 통해 상대위치에 대한 독자의 이해를 도움.

**비가 올 때 뛰면 비가 세차게 느껴지는 이유를 이해했는가?**
상대속도에 비례해 커지는 상대운동량의 개념을 바탕으로 얼굴에 빗방울을 맞았을 때의 충격량을 설명함.

**비 올 때 뛰면 비를 덜 맞을까에 대한 대답을 확인했는가?**
비 올 때 뛰면 비를 덜 맞게 되는 이유를 단위시간 당 빗물의 양과 이동 시간과 관련지어 답함.

---

**문답형구조**

| 의문 |
| 전제 |
| 대답 | 대답 | 대답 |

해제 이 글은 비 오는 날에 우산 없이 걷는 것과 뛰는 것을 비교해 볼 때, 뛰면 비를 더 세차게 느끼지만 비를 덜 맞게 되는 이유를 설명하고 있다. 비 올 때 뛰면 비가 더 세차게 느껴지는 것은 빗방울의 사람에 대한 상대속력이 커지면서 빗방울이 얼굴에 닿을 때의 충격량이 커지기 때문이고, 비가 앞에서 오는 것처럼 느끼는 것은 빗방울의 사람에 대한 상대속도가 앞에서 오는 방향이기 때문이다. 그리고 뛰어가면 빗방울의 사람에 대한 상대속력이 커져 단위시간에 맞는 빗물의 양은 많아지지만, 빨리 뛸수록 목적지까지 가는 데 걸리는 시간이 줄기 때문에 맞는 빗물의 양은 결국 줄어든다고 밝히고 있다.

주제 비 올 때 뛰면 비가 더 세차게 느껴지지만 덜 맞는 이유

## 0 자료 수집 계획          ⑤

4문단에서는 수직으로 내리는 빗방울을 뛰면서 맞으면 더 세게 느껴지고 비가 앞에서 오는 것같이 느껴지는 이유를 상대속력, 상대속도와 관련지어 설명했다. 여기에서는 비를 맞고 뛸 때 실제 빗방울이 앞쪽에서부터 날아오는 것이 아니라 그렇게 느낀다는 것을 말한 것이다. 또한 이 글에서는 바람 없는 날 비가 비스듬하게 내린다고 하지 않았으며, 그 이유도 언급하지 않았다. 따라서 ⑤는 글쓴이가 가졌을 법한 의문으로 적절하지 않다.

## 1 세부 정보 파악          ③

5문단에 따르면 뛰어가면 빗방울의 사람에 대한 상대속력이 커지므로 단위시간에 맞는 빗물의 양은 오히려 더 많아진다. 그런데 ③에서는 이를 반대로 서술하고 있으므로 적절하지 않다.

**오답풀이** ①, ② 2문단에서 상대위치가 어느 방향으로 얼마나 빨리 바뀌는가를 나타내는 것이 '상대속도'이고 그것의 크기가 '상대속력'이라고 설명하였다.

④ 4문단에서 우산을 비가 오는 방향으로 기울여야 좋은 방패가 된다고 한 것은 우산을 비 오는 방향으로 기울여 써야 비를 덜 맞기 때문이다.

⑤ 5문단에서 뛰어가면 단위시간에 맞는 빗물의 양이 증가하는 것보다 목적지까지 가는 데 걸리는 시간이 더 많이 줄기 때문에 그동안 맞는 빗물의 양은 줄어든다고 설명했다.

## 2 구체적 사례에 적용          ②

A, B 두 기차가 정지한 상태에서 A가 앞으로 가면, A의 승객은 B가 상대적으로 뒤로 간다고 생각하게 된다. 2문단에 따르면 이는 자신의 위치를 다른 기차에 대한 상대위치로 감지하기 때문이다. 즉 다른 기차가 앞으로 가면 자기는 상대적으로 뒤로 가고, 자기 기차가 앞으로 가면 다른 기차가 상대적으로 뒤로 간다고 생각하게 되는 것이다.

**오답풀이** ① A의 승객은 B가 뒤로 가면 무심코 자기가 탄 차가 앞으로 움직인다고 여겨 자신이 앞으로 간다고 생각한다.

③ A와 B가 방향이 다르면 상대위치도 그에 따라 달라지게 된다.

④ A와 B가 같은 방향으로 달릴 때 속력이 달라지면 상대위치는 변한다.

⑤ A와 B가 속력이 같으면 같은 방향으로 달릴 때 상대속도는 0이 된다. 그러나 반대 방향으로 달리면 그 속도에 따라 상대속도가 0이 아닌 값을 가진다.

## 3 이유의 추론          ④

㉠은 얼굴에 빗방울을 맞았을 때 힘(충격량)을 느끼는 것에 해당한다. 그 이유로는 3문단에서 '빗방울이 내 얼굴에 맞아서 상대운동량(질량×상대속도)이 변하기 때문이다.', '얼굴에 닿기 전의 상대속도가 클수록 상대운동량이 크고 따라서 빗방울이 얼굴에 닿을 때 변화가 더 커서 충격량이 더 크다.'라고 설명하였다. 또한 4문단에서 빗방울을 천천히 걸으면서 맞는 것보다 뛰면서 맞는 경우 더 세게 느끼는 것은, 빗방울의 사람에 대한 상대속력이 더 커지기 때문이라고 설명했다. 따라서 이를 종합해 보면, ㉠은 빗방울의 사람에 대한 상대속력이 더 커지고 이에 따라 빗방울의 상대운동량의 변화가 더 크기 때문이라고 판단할 수 있다.

**오답풀이** ① 빗방울의 질량은 변화가 없고, 다만 상대속도가 변하면서 상대운동량이 변화하여, 충격량이 커지는 것이다.

② 빗방울을 맞았을 때 힘이 느껴지는 것은, '질량×상대속도'의 상대운동량과 관계가 있으며, 빗방울의 상대위치와는 관련이 없다.

③ 빗방울의 상대운동량이 0이 되는 것은 빗방울이 얼굴에 닿은 이후인데, 이는 걷거나 뛰는 것과 관계가 없다.

⑤ 빗방울의 사람에 대한 상대속도가 아니라 상대속력 때문이며, 그 크기 또한 작아지는 것이 아니라 커진다.

## 4 어감의 분화 파악          ①

'배다'는 '스며들거나 스며 나오다.', '배 속에 아이나 새끼를 가지다.', '물건의 사이가 비좁거나 촘촘하다.'라는 의미를 지닌 말이다. 만일 '배다'가 |보기|의 사례가 된다고 하면, '빼다'가 이 세 가지 의미 중 하나와 기본적 의미는 같지만 더 강하고 센 느낌을 주어야 한다. 그러나 '빼다'에는 '배다'의 세 가지 의미 중 어느 하나의 의미와도 같은 것이 없다. '빼다'는 '속에 들어 있거나 끼여 있거나, 박혀 있는 것을 밖으로 나오게 하다.', '차림을 말끔히 하다.', '두렵거나 싫어서 하지 아니하다.'의 의미를 지니므로, '배다'의 의미와는 전혀 관련이 없다.

**오답풀이** ② '뱅뱅'은 '일정한 좁은 범위를 자꾸 도는 모양.' 또는 '요리조리 자꾸 돌아다니는 모양.'을 뜻하는 부사로, '뼁뼁'은 이와 같은 의미이지만 더 센 느낌을 주는 말이다.

③ '졸졸'은 '가는 물줄기가 잇따라 부드럽게 흐르는 소리. 또는 그 모양.', '작은 동물이나 사람이 자꾸 뒤를 따라다니는 모양.', '가는 줄이나 천 따위가 바닥에 자꾸 끌리는 모양.'을 뜻하는 부사로, '쫄쫄'은 이와 같은 의미이지만 더 센 느낌을 주는 말이다.

④ '감감하다'는 '어떤 사실을 전혀 모르거나 잊은 상태이다.'를 뜻하는 형용사로, '깜깜하다'는 이보다 더 센 느낌을 주는 말이다.

⑤ '단단하다'는 '어떤 힘을 받아도 쉽게 그 모양이 변하거나 부서지지 않는 상태에 있다.', '연하거나 무르지 않고 야무지고 튼튼하다.', '속이 꽉 차서 실속이 있다.'를 뜻하는 형용사로, '딴딴하다'는 이보다 더 센 느낌을 주는 말이다.

## 3 라면을 끓일 때 스프를 먼저 넣으면? 2015학년도 6월 고1 학력평가

**의문**
라면 스프를 넣은 물의 끓는점에 대한 의문 제기

**전제**
평형 상태와 증기압의 개념 제시

**원리**
용액의 증기압과 농도, 온도의 관계 설명

**대답**
라면 스프를 넣은 물의 끓는점이 높아지는 이유 제시

라면을 끓일 때, 스프를 미리 넣으면 물만 끓일 때보다 끓는 데 더 오랜 시간이 걸린다. 이것은 스프가 물에 녹으면 물의 끓는점이 높아져서 더 많은 열을 가해야 하기 때문이다. 그 렇다면 스프를 넣은 물의 끓는점이 순수한 물의 끓는점보다 높은 이유는 무엇일까?
> 일상의 경험적 사례 제시
> 질문을 통한 중심 화제 제시 ▶ 스프 먼저 넣으면 물을 더 오래 끓여야 하는 이유

밀폐된 용기 속에 물을 담아 두면 물 분자들은 표면에서 일정한 속도로 증발한다. 이 과 정에서 액체 상태의 물이 기체 상태로 변하기 때문에 물의 양은 점점 줄어든다. 그렇지만 일 정 시간이 지나면 물의 양은 더 이상 줄어들지 않는다. 그 이유는 물에서 증발하는 분자 수 와 물로 ㉠돌아오는 분자 수가 같아지기 때문이다. 기체 상태의 분자들이 액체로 돌아오는 과정을 응축이라 하는데, 밀폐된 용기 속에서 증발된 기체 분자 수가 많아질수록 응축 속도 가 빨라져 결국 증발 속도와 같아진다. 증발 속도와 응축 속도가 같은 때를 평형 상태라고 하는데, 이때부터 물의 양은 더 이상 줄어들지 않는다. 평형 상태에서 증기가 나타내는 압 력을 액체의 증기압이라고 한다.
> 밀폐된 용기 속의 물이 증발하는 상황 제시
> 「 」: 평형 상태에 이르기 때문
> 물의 양이 줄어드는 이유
> 응축의 의미
> 증발된 기체 분자 수와 응축 속도는 비례함
> 평형 상태의 의미
> 평형 상태일 때의 현상  액체의 증기압의 의미 ▶ 평형 상태와 증기압의 개념

라면 스프를 넣은 물은 일종의 용액인데, 용액의 증기압은 용액의 농도와 온도, 용매의 종류에 따라 변한다. 순수한 용매만 있을 때에는 용매의 표면 전체에서 증발이 일어난다. 그러나 용액은 표면에서 비휘발성 용질이 차지하는 부분만큼 증발이 일어나지 않아, 용액의 증기압은 순수한 용매의 증기압보다 낮아진다. 용액에 비휘발성 용질이 많이 녹아 있을수 록, 즉 용액의 농도가 진할수록 표면에서 증발하는 용매 분자 수가 적어지기 때문에 용액의 증기압이 더 낮아진다. 한편 온도가 높아지면 분자의 운동이 활발해져서 증발하는 용매 분 자 수가 많아지고, 이에 따라 용액의 증기압도 높아진다.
> 순수한 물
> 라면 스프를 넣은 물  라면 스프 : 용액의 증기압이 순수한 용매의 증기압보다 낮은 이유
> 「 」: 용액의 농도와 용액의 증기압의 관계(반비례)
> 온도와 용액의 증기압의 관계(비례)
> ▶ 용액의 증기압과 농도의 관계 및 용액의 증기압과 온도의 관계

라면 스프를 넣은 물의 끓는점이 높아지는 이유는 용액의 증기압 변화를 통해 설명할 수 있다. 끓는다는 것을 과학적으로 정의하면 액체의 증기압이 대기압과 같아져서 액체 내부 에서 기체 상태로 변한 분자들(기포)이 액체의 표면 바깥으로 나오는 것이라고 할 수 있다. 그러므로 끓는점은 액체의 증기압이 대기압과 같아지는 온도로 정의할 수 있다. 비휘발성 용질을 녹인 용액은 순수한 용매보다 증기압이 낮기 때문에 더 높은 온도가 되어야 용액의 증기압과 대기압이 같아진다. 라면 스프를 넣은 물이 순수한 물에 비해 끓는점이 높은 이유 는 이 때문이다. 반면 높은 산에 올라가면 대기압이 낮아지기 때문에 평지보다 액체의 증기 압이 낮은 상태에서도 끓게 되는 것이다.
> 첫 문단에서 질문으로 제기한 중심 화제
> 「 」: 용액의 증기압 변화를 고려한 '끓는다'의 과학적 정의
> 끓는점의 정의  라면 스프를 넣은 물
> 라면 스프를 넣은 물이 순수한 물에 비해 끓는점이 높아지는 이유: 질문에 대한 대답. 글의 주제
> 높은 산에 올라가면 끓는점이 낮아지는 이유 ▶ 라면 스프를 넣은 물의 끓는점이 높아지는 이유

**질문을 통해 제시된 중심 화제 를 확인했는가?**
질문을 통해 라면 스프를 먼저 넣으면 물을 더 오래 끓여야 하 는 이유가 물의 끓는점과 관련 됨을 제시함.

**평형 상태와 증기압의 개념을 이해하는 것이 이어질 내용을 예측하는 데 도움이 됐는가?**
밀폐된 용기 속 물의 증발 상황 을 제시하고, 이와 관련하여 평 형 상태와 증기압의 개념을 설 명함.

**라면 스프를 넣은 물의 끓는점 이 높아지는 이유를 확인했는 가?**
용액의 증기압 변화를 중심으로 순수한 물보다 라면 스프를 넣 은 물의 끓는점이 높은 과학적 이유를 제시함.

## 문답형구조

```
┌──────┐
│ 의문 │
├──────┼──────┐
│ 전제 │ 원리 │
├──────┴──────┘
│ 대답 │
└──────┘
```

**해제** 이 글은 라면을 끓일 때 스프를 먼저 넣으면 물을 더 오래 끓여야 한다는 일상 속 과학적 원리를 설명하고 있다. 라면 스프 를 넣은 물은 용액이고, 아무것도 넣지 않은 물은 순수한 용매인데 용액은 비휘발성 용질(라면 스프)이 차지하는 부분이 많으면 증발이 일어나지 않아 순수한 용매의 증기압보다 증기압이 낮아진다. 끓는점은 액체의 증기압이 대기압과 같아지는 온도로 순 수한 용매(물)에 비해 용액(라면 스프를 넣은 물)의 증기압이 더 낮아서 용액은 더 높은 온도가 되어야만 대기압과 같아져 끓게 된다. 이 때문에 순수한 물보다 라면 스프를 넣은 물의 끓는점이 높게 되고, 그래서 물만 끓일 때보다 라면 스프를 넣고 끓일 때 더 오랜 시간이 걸리는 것이다.

**주제** 라면 스프를 넣은 물의 끓는점이 높아지는 과학적인 이유

아 있을수록 표면에서 증발하는 용매 분자(ⓐ)의 수가 적어지기 때문에 용액의 증기압이 더 낮아진다. 그런데 ③은 이와 반대로 용액의 증기압이 높아진다고 서술하고 있으므로, 적절하지 않다.

**오답풀이** ① (가)는 순수한 물(용매)인데, 3문단에서 '순수한 용매만 있을 때에는 용매의 표면 전체에서 증발이 일어난다.'라고 하였다.
② (나)는 비휘발성 용질이 섞인 물로, 용액에 해당한다. 3문단에서 '용액은 표면에서 비휘발성 용질이 차지하는 부분만큼 증발이 일어나지 않'는다고 하였다.
④ ⓐ의 수가 줄어드는 속도란 증발 속도이다. 3문단에서 순수한 용매만 있을 때에는 용매의 표면 전체에서 증발이 일어나지만, 용액은 표면에서 비휘발성 용질이 차지하는 부분만큼 증발이 일어나지 않는다고 설명했다. 따라서 (가)는 (나)보다 증발 속도, 즉 ⓐ가 줄어드는 속도가 빠르다.
⑤ 3문단에서 '온도가 높아지면 분자의 운동이 활발해져서 증발하는 용매 분자 수가 많아'진다고 하였으므로, (가)와 (나)의 온도가 높아지면 증발되는 용매 분자(ⓐ)의 수가 많아진다는 것을 알 수 있다.

**3 정보의 재구성** ①

4문단에서 끓는점은 액체의 증기압이 대기압과 같아지는 온도라고 정의했다. 그런데 4문단에서 비휘발성 용질을 녹인 용액은 순수한 용매보다 증기압이 낮기 때문에, 더 높은 온도가 되어야 용액의 증기압과 대기압이 같아진다고, 즉 끓는점이 더 높다고 설명했다. 그러므로 용액의 끓는점인 ④가 순수한 용매의 끓는점인 ㉮보다 더 높아야 하는 것이다. 이러한 조건에 맞는 그래프는 ①이다.

**4 어휘의 문맥적 의미 파악** ①

㉠의 '돌아오는'의 의미는 '원래 있던 곳으로 다시 오거나 다시 그 상태가 되다.'이다. 이와 같은 의미로 사용된 것은 ①이다.

**오답풀이** ② '무엇을 할 차례나 순서가 닥치다.'라는 의미이다.
③ '먼 쪽으로 둘러서 오다.'라는 의미이다.
④ '몫, 비난, 칭찬 따위를 받다.'라는 의미이다.
⑤ '어떤 장소를 끼고 원을 그리듯이 방향을 바꿔 움직여 오다.'라는 의미이다.

기 출 읽 기

0

# 이상 기후의 원인, 엘니뇨와 라니냐

2016학년도 7월 고3 학력평가

지구의 여러 곳에서 장기간에 걸친 가뭄, 폭염, 홍수, 폭우 등과 같은 이상 기후가 발생하여 인간에게 큰 피해를 주고 있다. 이러한 이상 기후가 나타나는 원인 중에는 ㉠엘니뇨와 ㉡라니냐가 있다.
원인 분석을 통한 화제 제시
▶ 이상 기후의 원인이 되는 엘니뇨와 라니냐

평상시에는 오른쪽 그림과 같이 적도 부근의 동태평양에 있는 남아메리카 페루 연안으로부터 서쪽으로 무역풍이 지속적으로 분다. 이 무역풍은 동쪽에 있는 따뜻한 표층수를 서쪽 방향으로 운반하기 때문에 따뜻한 해수층의 두께는 서태평양 쪽에서는 두껍고 동태평양 쪽에서는 얇아진다. 이와 함께 남아메리카 페루 연안에서는 서쪽으로 쏠려 가는 표층수의 자리를 메우기 위해 차가운 심층 해수가 아래로부터 올라오는 용승이 일어나게 된다.
평상시 무역풍의 방향
무역풍이 서쪽으로 불면서 표층수도 같은 방향으로 운반함.
동태평양 쪽 표층수가 서태평양 쪽으로 운반되어 쌓이기 때문
용승 현상이 일어나는 이유
▶ 적도 부근의 태평양에서 무역풍으로 인한 영향

〈평상시 적도 부근 태평양의 연직 단면〉
인도네시아 — 무역풍 — 페루
해수면 / 따뜻한 해수 / 찬 해수 / 용승 / 육지 / 서 / 동

이 결과 적도 부근 동태평양 페루 연안의 해수면 온도는 같은 위도의 다른 해역보다 낮아지고, 적도 부근 서태평양에서의 표층 해수의 온도는 높아지게 된다. 「표층 해수의 온도가 높아지면 해수가 증발하여 공기 중에 수증기의 양이 많아지고, 따뜻한 해수가 공기를 데워 상승 기류를 발생시켜 저기압이 발달하고 구름이 생성된다.」 이로 인해 해수 온도가 높은 서태평양에 위치한 동남아시아와 오스트레일리아에는 강수량이 많아진다. 반대로 남아메리카의 페루 연안에는 하강 기류가 발생하여 고기압이 발달하고 맑고 건조한 날씨가 나타난다.
따뜻한 해수의 두께 차이와 페루 연안에서의 용승 현상의 결과
「」: 인과 관계 –'표층 해수 온도↑ → 해수 증발↑ → 수증기 양↑ → 상승 기류 발생 → 저기압 발달 → 구름 생성'
서태평양 지역의 기후: 공기 중 수증기 양↑ → 상승 기류 발생 → 저기압 발달 → 강수량↑
동태평양 지역의 기후: 공기 중 수증기 양↓ → 하강 기류 발생 → 고기압 발달 → 맑고 건조한 날씨
▶ 동태평양 지역과 서태평양 지역의 기후

적도 부근 태평양의 무역풍은 2~6년 사이로 그 세기가 변하는데, 이에 따라 적도 부근 태평양의 기후 환경은 달라진다. 「무역풍이 평상시보다 약해지면 태평양 동쪽의 따뜻한 표층수를 서쪽으로 밀어내는 힘이 약해진다. 이로 인해, 적도 부근 동태평양의 용승이 약해지며 해수면의 온도는 평상시보다 높아진다. 따뜻한 표층수가 동쪽에 머무르면, 적도 부근 서태평양은 평상시에 비해 해수면의 온도와 해수면의 높이가 낮아지고, 적도 부근 동태평양은 해수면의 온도와 해수면의 높이가 상승하는데」 이 현상이 엘니뇨이다. 「엘니뇨가 발생하면 인도네시아, 오스트레일리아 등에서는 평상시에 비해 강수량이 감소하여 가뭄이 발생하고, 대규모 산불이 일어나기도 한다. 반면에 페루, 칠레 등에서는 평상시보다 많은 강수량을 보이면서 홍수가 자주 발생하는 등 이상 기후가 나타나게 된다.」
엘니뇨와 라니냐의 발생 원인
「」: 엘니뇨 현상의 발생 과정
따뜻한 동태평양의 바닷물 유입이 줄었으므로 / 동태평양에서 밀려 와 쌓이는 표층수가 줄었으므로
따뜻한 표층수가 머물고 용승이 약해진 결과
「」: 엘니뇨 현상의 결과
적도 부근 서태평양 지역의 이상 기후
적도 부근 동태평양 지역의 이상 기후
▶ 엘니뇨의 발생 과정과 이상 기후 현상

한편, 무역풍이 평상시보다 강해지면 「적도 부근 동태평양의 해수면의 온도와 해수면의 높이가 평상시보다 더 낮아지고 적도 부근 서태평양의 해수면의 온도와 해수면의 높이가 평상시보다 더 높아진다.」 이런 현상을 라니냐라고 한다. 「라니냐가 발생하면 동남아시아와 오스트레일리아에서는 홍수가 잦아지거나 이상 고온 현상이 나타나기도 하고, 반대로 페루, 칠레 등에서는 평상시보다 더 건조해져 가뭄이 발생할 수 있다.」 라니냐가 발생하면 적도 부근 동태평양의 기압은 평상시보다 상승하고 서태평양의 기압은 평상시보다 하강하여 두 지역의 기압 차는 평상시보다 더 커진다.」
라니냐 발생의 근본 원인
「」: 엘니뇨와 상반된 현상
「」: 라니냐 발생의 결과
→ 엘니뇨: 강수량↓, 가뭄·대규모 산불
→ 엘니뇨: 홍수 발생
해수 온도와 기압은 반비례 관계임.
▶ 라니냐의 발생 과정과 이상 기후 현상

**인과형구조**

| 원인 | |
|---|---|
| 전제 | 전제 |
| 결과 | |
| 결과 | |

**해제** 이 글은 이상 기후 현상의 원인이 되는 엘니뇨와 라니냐 현상과 그로 인한 결과를 설명하고 있다. 적도 부근에서 무역풍의 세기가 평상시보다 약해지면 동태평양에서 서태평양으로의 해수 이동량이 줄면서 서태평양은 평상시보다 해수면의 온도와 높이가 낮아지고, 동태평양은 해수면의 온도와 높이가 상승하는 엘니뇨가 나타난다. 이때 서태평양 해역은 강수량 감소로 가뭄이 발생하고, 동태평양 해역은 강수량 증가로 홍수가 자주 발생하는 이상 기후가 나타난다. 무역풍이 평상시보다 강해지면 라니냐 현상이 나타나는데, 동태평양과 서태평양의 해수면 온도와 높이가 엘니뇨와는 반대로 나타나고, 날씨도 엘니뇨 때와 반대로 나타난다.

**주제** 엘니뇨와 라니냐 현상의 발생 과정과 그 결과

글쓴이의 작문 과정 ❶ 이상 기후 ❷ 무역풍
주제 엘니뇨와 라니냐 현상의 발생 과정과 그 결과

## 0 내용 전개 방식 파악 ───────── ①

2문단에서 평상시 적도 부근에서 부는 무역풍으로 인해 적도 부근의 동태평양과 서태평양에서 나타나는 현상을 설명하고 있다. 3문단에서는 2문단에 제시된 현상이 해당 두 지역에 미치는 기후의 영향을 설명하고 있다. 한편, 4문단에서는 평상시보다 무역풍이 약하게 불면서 나타나는 엘니뇨 현상이 이 현상이 동태평양과 서태평양 지역에 미치는 영향을 설명하고 있으며, 5문단에서는 평상시보다 무역풍이 강하게 불면서 나타난 라니냐 현상을 제시하고 이 현상이 적도 부근의 동태평양과 서태평양 지역에 미치는 영향을 설명하고 있다.

## 1 세부 정보 확인 ───────── ③

2문단에 따르면 남아메리카 페루 연안에서는 서쪽으로 쏠려 가는 표층수의 자리를 메우기 위해 차가운 심층 해수가 아래로부터 올라오는 용승이 일어난다고 하였다. 깊은 바다 아래에서 해수면 쪽으로 차가운 해수가 올라오게 되므로, 이로 인해 페루 연안의 표층 해수의 온도는 다른 지역에 비해 낮아질 것임을 알 수 있다. 3문단에서도 용승 현상의 결과로 적도 부근 동태평양 페루 연안의 해수면 온도는 같은 위도의 다른 해역보다 낮아진다고 설명했다. 따라서 용승이 일어나면 해수면의 온도가 높아진다는 ③은 적절하지 않다.

오답풀이 ① 3문단에서 평상시 적도 부근 서태평양에서의 표층 해수의 온도가 높아지게 되는데, 표층 해수의 온도가 높아지면 따뜻한 해수가 공기를 데워 상승 기류를 발생시킨다고 하였다.
② 2문단에서 평상시 적도 부근에서 무역풍은 동쪽에 있는 따뜻한 표층수를 서쪽 방향으로 운반한다고 하였다.
④ 3문단에서 평상시 적도 부근의 서태평양에 저기압이 발달하고 구름이 생성되면서 서태평양에 위치한 동남아시아에는 강수량이 많아진다고 하였다.
⑤ 2문단에서 무역풍이 적도 부근 동태평양의 따뜻한 표층수를 서쪽 방향으로 이동시키기 때문에 동태평양에서는 따뜻한 해수층의 두께가 얇아진다고 하였다.

## 2 구체적 상황에 적용 ───────── ②

B 해역은 적도 부근 동태평양의 페루 연안 지역이다. 2문단에 따르면, 평상시 이 지역의 따뜻한 해수층은 서태평양 지역에 비해 상대적으로 얇다. 그런데 ㉠ '엘니뇨'일 때는 적도 부근 동태평양의 용승이 약해지면서 동태평양의 해수면의 온도는 평상시보다 높아지고, 해수면의 높이도 상승하게 된다. 즉 ㉠일 때 B 해역에서는 따뜻한 해수층이 평상시보다 더 두꺼워진다. 반대로 ㉡ '라니냐'일 때는 적

도 부근 동태평양의 해수면의 온도와 해수면의 높이가 평상시보다 더 낮아지는데, 이는 따뜻한 해수층이 서태평양 지역에서 더 두껍게 형성되기 때문이다. 즉 ㉡일 때 B 해역에 따뜻한 해수층이 평상시보다 더 얇아진다. 정리하자면 B 해역의 따뜻한 해수층은 ㉠일 때보다 ㉡일 때 더 얇다고 판단할 수 있다. 그런데 ②는 이와는 반대로 서술하고 있으므로 적절하지 않다.

오답풀이 ① 4문단에서 적도 부근 서태평양 지역인 A 해역의 해수 표면 온도는 ㉠(엘니뇨)일 때 평상시보다 낮아진다고 하였고, 5문단에서 ㉡(라니냐)일 때 평상시보다 높아진다고 하였다. 따라서 서태평양 지역인 A 해역의 해수 표면 온도는 ㉠일 때보다 ㉡일 때 더 높다.
③ 4문단에서 ㉠일 때, 무역풍이 평상시보다 약하여 따뜻한 해수층을 서쪽으로 밀어내는 힘이 약해지기 때문에 서태평양으로 밀려 오는 해수의 양이 적어 서태평양 해역(A 해역)의 해수면 높이는 평상시보다 낮아진다고 하였다.
④ 4문단에서 ㉠일 때, 인도네시아, 오스트레일리아 등 서태평양 해역(A 해역)에서는 평상시에 비해 강수량이 감소하면서 가뭄이 발생하고 대규모 산불이 일어나기도 한다고 하였다.
⑤ 5문단에서 ㉡일 때, 적도 부근 동태평양(B)의 기압은 평상시보다 상승하고 서태평양(A)의 기압은 평상시보다 하강하여 두 지역의 기압차는 평상시보다 더 커진다고 하였다.

# 1

# 급격한 기후 변화 일어날 수 있다

2006학년도 9월 고2 학력평가

**의문**
급격한 기후 변화에 대한 의문과 과학자들의 답변

지구 온난화가 정말로 급격한 기후 변화로 이어질 수 있을까? 이에 대한 과학자들의 답변은 매우 우려할 만하다. 그들은 이러한 일이 언젠가는 충분히 일어날 수 있다고 힘주어 얘기한다.
　　질문 형식으로 중심 화제 제시　　　　　　　　　　　　　기후 변화에 대한 과학자들의 우려
　　　　　　　　　　　　지구 온난화가 급격한 기후 변화로 이어질 수 있다는 과학자들의 답변
▶ 지구 온난화로 인한 기후 변화에 대한 우려

**전개**
과거 학자들의 상반된 견해 제시

이 질문에 대해 과거 학자들은 다른 생각을 가지고 있었다. 그들은 기후 변화가 보통 수만 년에 걸쳐 점진적으로 이뤄진다고 생각했으며, 그 근거를 빙하기와 간빙기의 관계에서 찾았다. 빙하기 사이에 존재하는 간빙기는 매우 따뜻한 시기였으며 빙하기에서 간빙기로, 간빙기에서 빙하기로의 이동은 엄청난 시간이 소요된다고 설명했다. 그들의 설명대로라면 지금의 지구 기후는 약 2만 년 전 가장 극심했던 마지막 빙하기를 지나 천천히 기온이 오르는 간빙기에 머물러 있는 것으로 판단할 수 있다. 따라서 단기간에 빙하기가 찾아오는 것과 같은 커다란 기후 변화는 결코 일어나지 않는다는 것이다.
　상반된 견해 제시　　　　　　　　　과거 학자들의 생각: 급격한 기후 변화는 일어나지 않음.
　　'간빙기'의 의미　　　　　　　간빙기의 특징　　　기후 변화가 점진적으로 이어진다는 생각의 근거
　　　　　　　과거 학자들의 주장을 따른다면 현재는 간빙기임.
　　　　　　　　　　　　　　　　　　　　과거 학자들의 주장
▶ 기후 변화에 대한 과거 학자들의 낙관적 주장

기후 변화에 대한 과학자들과 과거 학자들의 상반된 주장을 파악했는가?
지구 온난화가 급격한 기후 변화로 이어질 것이라는 과학자들의 우려와 이와 상반되는 과거 학자들의 견해를 제시함.

**반론**
과거 학자들의 주장을 반박하는 증거 제시

그러나 최근의 연구에서는 기후가 매우 짧은 시간에 돌변할 수 있다는 증거들이 발견되었다. 이에 따르면 지구는 11만 년 전까지 급격한 기후 변화를 이미 수십 차례 겪어 왔으며 실제로 약 1만 3천 년 전에는 지구의 기온이 갑자기 낮아지는 '영거 드라이아스' 시대라고 불리는 사건이 일어나기도 했다. 이는 급작스런 기후 변화가 충분히 발생할 수 있음을 보여 주는 좋은 예가 된다.
　　　　과거 학자들의 낙관적 주장을 반박하는 근거 발견
『　』: 최근 연구 결과의 구체적 내용
▶ 급격한 기후 변화의 가능성을 뒷받침하는 최근 연구 결과

최근의 연구 결과가 의미하는 바를 파악했는가?
최근의 연구 결과를 제시해 급격한 기후 변화는 일어나지 않는다는 과거 학자들의 주장을 반박함.

**근거**
이산화탄소의 농도 변화와 기후 변화의 관계

여기서 우리는 지구 온난화의 주범인 대기 중 이산화탄소의 농도 변화에 주목할 필요가 있다. 대기 중 이산화탄소의 농도가 증가하면 우주로 ⎯⎯⎯ ㉠ ⎯⎯⎯ 되는 지구의 복사에너지가 흡수되어 지구의 온도가 높아지게 된다. 대기 중 이산화탄소 농도 변화를 조사한 결과, 산업혁명 전에는 280ppm이었던 것이 1990년에는 353ppm으로 증가하였고, 현재에도 꾸준히 증가하는 것으로 밝혀졌다. 또한 과거 지구 기후가 어떻게 변화했는지를 추적한 결과에 따르면, 지난 간빙기에는 빙하기보다 대기 중 이산화탄소의 농도가 평균 100ppm 이상 높은 것으로 드러났다. 이는 이산화탄소의 농도 변화가 빙하기를 초래할 수 있음을 보여 주는 결정적 지표가 된다.
　논지의 전환 – 급격한 기후 변화의 원인인 이산화탄소 농도 변화에 주목함.
　지구 온도 상승의 원인이 됨.
　　　　　　　연구 결과 ①: 최근의 이산화탄소 농도 증가
　　　　　　연구 결과 ②: 이산화탄소 농도와 빙하기의 관련성
▶ 빙하기를 초래할 수 있는 이산화탄소 농도 증가

이산화탄소의 농도 변화로 인한 지구 온난화가 기후 변화로 이어지는 과정을 이해했는가?
이산화탄소 농도의 증가가 지구 온난화의 주범이며, 지구 온난화로 인해 해수 순환 과정이 멈추면 급격한 기후 변화(빙하기)로 이어질 수 있음을 인과적으로 설명함.

**근거**
지구 온난화로 인한 해수 순환 과정과 기후 변화의 관계

지구 온난화가 기후 변화로 이어지는 과정을 좀 더 자세히 살펴보기 위해서는 해수의 순환 과정에 대한 이해가 필요하다. 지구의 기후가 급격한 변화 없이 어느 정도 일정하게 유지되는 것은 해수의 순환에 따른 열의 이동이 있기 때문이다. 즉 적도 지방의 따뜻한 바닷물이 표층 해류를 통해 북반구로 이동하고, 북쪽의 차가운 바닷물은 심층 해류를 통해 적도 쪽으로 이동하면서 열의 교환이 이루어지는 것이다. 그런데 대기 온도의 상승으로 인해 융해된 극지방의 얼음물이 바닷물의 염분 농도를 떨어뜨리게 된다. 이때 밀도가 작아진 바닷물이 깊은 곳으로 가라앉지 않고 위쪽에 머무르며 바닷물의 순환을 막게 된다. 그 결과 북쪽으로의 난류 유입이 멈추게 되고 결국 열의 공급이 막힌 북반구를 중심으로 급격한 빙하기가 올 수 있는 것이다.
　이산화탄소 농도 증가가 빙하기를 초래하는 과정
　　　　　　해수의 순환이 급격한 기후 변화를 막는 이유
　　　　　　　　　『　』: 적도 지방의 해수의 순환 과정
　　　　　　『　』: 지구 온난화가 해수 순환을 막게 되는 과정
　　　　　　　염분 농도가 낮아진 바닷물. 극지방의 얼음물로 인해 차가워짐.
　밀도가 낮아진 차가운 바닷물이 표층에 머무르면서 표층 해류를 통해 이동하던 따뜻한 물의 흐름이 막히게 됨
▶ 해수 순환 과정과 급격한 기후 변화와의 관계

**대답**
도입부에서 제기한 의문에 대한 답변

이렇듯 지구 온난화가 초래하는 결과는 매우 섬뜩하며, 이는 현실에서 능히 일어날 수 있는 일이다. 실제로 북대서양의 최근 40여 년간 염분 농도를 조사한 결과 그 농도가 점점 낮아지는 일이 벌어지고 있다. 물론 이런 일들이 벌어진다고 해서 찰나와 같은 짧은 시간 안에 엄청난 변화가 일어날 것으로 예상할 수는 없다. 그러나 지금처럼 지구 온난화가 계속 진행된다면, 미래의 어느 날 지구상에 빙하기가 도래할 수 있다는 데는 의심의 여지가 없어 보인다.
　해수의 순환 과정이 막혀 급격한 빙하기가 초래될 수 있다는 주장을 뒷받침하는 조사 결과
　지구 온난화로 인한 급격한 기후 변화의 위험성 경고
▶ 지구 온난화의 위험성

글쓴이가 말하려는 바를 파악했는가?
지구 온난화의 심각성을 강조하고, 지구 온난화가 급격한 기후 변화로 이어질 수 있다는 답변(결론)을 제시함.

**문답형구조**

| | | | |
|---|---|---|---|
| 의문 | | | |
| 전개 | | | |
| 반론 | 근거 | 근거 | |
| 대답 | | | |

**해제** 이 글은 지구 온난화로 인해 급격한 기후 변화가 일어날 수 있음을 주장하고 있다. 기후 변화에 대해 과거 학자들은 빙하기와 간빙기의 기간을 들어 급격한 기후 변화는 일어나지 않을 것이라고 주장하였지만 최근의 연구 결과는 이와 달랐다. 지구 온난화의 주범인 이산화탄소의 농도가 증가하면 지구의 복사 에너지가 흡수되어 지구 온도가 높아지게 된다. 이로 인해 극지방의 얼음이 녹아 그 물이 바닷물에 유입되어 염분 농도를 떨어뜨리고, 밀도가 작아진 바닷물이 적도 지방에서 북반구로 이동하는 난류의 유입을 막아, 결국 열의 공급이 막힌 북반구를 중심으로 급격한 빙하기가 올 수 있다는 것이다. 이에 이 글에서는 지구 온난화가 계속 진행된다면 미래의 어느 날 지구상에 빙하기가 도래할 것이라고 경고하고 있다.

**주제** 지구 온난화로 인한 급격한 기후 변화의 위험성

기출읽기 **1**
0 ① 1 ① 2 ⑤ 3 ② 4 ②
글쓴이의 작문 과정 ❶ 이산화탄소 ❷ 빙하기
주제 지구 온난화로 인한 급격한 기후 변화의 위험성

## 0 글쓰기 계획 이해 ①

과거 학자들의 주장을 뒷받침하는 근거 자료로 ㄱ을 활용하면 미래 어느 시점에는 빙하기가 다시 도래한다고 주장할 수는 있다. 하지만 이 글의 마지막 부분에서 지금과 같이 지구 온난화가 진행된다는 것을 전제로 언젠가는 급작스럽게 빙하기가 도래할 것이라고 예상하고 있을 뿐, ㄱ의 자료를 근거로 주장하고 있지 않다. 따라서 ①의 활용 방안은 이 글의 내용과 맞지 않는다.

## 1 인과 관계 추론 ①

㉮는 지구 온난화의 원인이므로, 지구 온난화의 주범인 '이산화탄소의 증가'가 적절하다. 5문단에 따르면, 지구 온난화로 인해 대기의 온도가 상승하면 극지방의 얼음(빙산)이 용해되고(㉯), 이 물이 바다에 유입되어 바닷물 염분 농도를 떨어뜨린다(㉰). 이로 인해 밀도가 작아진 바닷물이 깊은 곳으로 가라앉지 않고 위쪽에 머무르면서 바닷물의 순환이 멈추게 되어(㉱), 북반구를 중심으로 빙하기가 올 수 있다.

## 2 비판의 적절성 파악 ⑤

|보기|는 지구 온난화의 결과로 북극 얼음이 녹게 되었을 때 발생할 수 있는 경제적 이익을 서술하고 있다. 반면 이 글에서는 지구 온난화의 결과로 급격한 기후 변화의 심각한 위험을 예상하고 있다. 따라서 이 글을 바탕으로 보면, 기후 변화로 인한 사태의 심각성을 생각하지 않고 경제적 이익만을 강조한다고 |보기|에 대해 비판할 수 있다.

오답풀이 ① 북극 최단 항로 개통으로 물류 운송비가 절감될 것이라는 근거는 제시되어 있다.
② 자기 주장만 옳고 선하다고 주장한다고 볼 수는 없다.
③ 지구 온난화로 북극의 빙하가 녹게 되었을 때 얻을 수 있는 이익을 생각하는 것이므로, 상황을 긍정적으로 바라본다고 할 수 있다.

④ 현상의 원인으로 지구 온난화에 대해 파악했지만, 그것이 가져오는 경제적 결과만을 고려하고 있다.

## 3 반응의 적절성 파악 ②

|보기1|의 영화 속 상황은 남극에서 커다란 얼음 덩어리가 떨어져 해수의 온도를 낮추어 결국 빙하기가 온다는 상황을 설정하고 있다. 먼저 ㄱ의 경우, 과거 학자들은 단기간에 빙하기가 찾아오는 것과 같은 커다란 기후 변화는 결코 일어나지 않는다고 생각하기 때문에(2문단), 6주 안에 기상 이변이 일어나고 곧바로 빙하기가 온다는 슈퍼컴퓨터의 예측 결과에 대해 예상하지 못했을 것이다. 또한 5문단에서는 적도 지역에서 북쪽으로 난류 유입이 멈추게 되면 결국 열 공급이 막힌 북반구를 중심으로 급격한 빙하기가 올 수 있다고 설명하였는데, |보기1|에서도 얼음이 녹아 바닷물이 차가워지면서 빙하기가 온다고 하였다. 이는 바닷물 온도 전체의 하강을 의미하며, 그 결과 해수의 순환이 멈추게 되어 북극 지역에서 빙하기가 시작될 것이라고 판단할 수 있다. 따라서 ㄷ의 반응은 적절하다.

오답풀이 ㄴ. |보기1|에서 남극의 얼음이 떨어져 나가 급격한 기후 변화가 일어나는 상황을 제시하였지만 그 원인을 지구 온난화 때문이라고 언급하지 않았으므로, ㄴ의 반응은 적절하지 않다.
ㄹ. 홀 박사의 연구는 해수 온도의 하강에 따른 급격한 기후 변화와 관련된 내용이므로, 해수 순환이 멈추는 것에 대한 증거가 되는 것이지, 해류의 흐름이 빨라지는 것에 대한 증거는 될 수 없다.

## 4 문맥적 의미 파악 ②

㉠은 대기 중에 있던 지구의 복사 에너지가 우주로 나가야 하는데 흡수된다는 문맥에 사용되었으므로, '흡수'와 반대 의미를 지닌 말이 들어가야 한다. '방출(放出)'은 '입자나 전자기파의 형태로 에너지를 내보냄.'이라는 의미로, '흡수'의 반의어이므로 ㉠에 들어가기에 가장 적절하다.

오답풀이 ① '유출(流出)'은 '밖으로 흘러 나가거나 흘려 내보냄.'이라는 뜻이다.
③ '도출(導出)'은 '판단이나 결론 따위를 이끌어 냄.'이라는 뜻이다.
④ '갹출(醵出)'은 '같은 목적을 위하여 여러 사람이 돈을 나누어 냄.'이라는 뜻이다.
⑤ '표출(表出)'은 '겉으로 나타냄.'이라는 뜻이다.

## 이산화탄소를 잡는 CCS 기술 2014학년도 3월 고1 학력평가

어떻게 썼을까?

**도입**
CCS 기술 소개

**전개**
CCS 기술의 유형과 핵심 분야 설명

**과정**
연소 후 포집 기술의 공정 설명

**정리**
CCS 기술의 의의와 과제 제시

이산화탄소에 의한 지구 온난화로 기상 이변이 빈번해지면서 최근 이산화탄소 포집 및 저장 기술인 CCS(Carbon Capture & Storage) 기술이 주목을 받고 있다. CCS 기술은 화석 연료를 사용하는 화력 발전소, 제철소, 시멘트 공장 등에서 발생할 수 있는 대량의 이산화탄소를 고농도로 포집한 후 안전한 땅속에 저장하는 기술이다. ▶ 최근 주목받는 CCS 기술의 개념

CCS 기술에는 '연소 후 포집 기술', '연소 전 포집 기술', '순산소 연소 포집 기술'이 있다. 연소 후 포집 기술은 화석 연료가 연소될 때 생기는 배기가스에서 이산화탄소를 분리하는 방법이고, 연소 전 포집 기술은 화석 연료에 존재하는 이산화탄소를 연소 전 단계에서 분리하는 방법이다. 순산소 연소 포집 기술은 화석 연료를 연소시킬 때 공기 대신 산소를 주입하여 고농도의 이산화탄소만 배출되게 함으로써 별도의 분리 공정 없이 포집할 수 있는 기술이다. 이 중 연소 후 포집 기술은 현재 가동되고 있는 수많은 이산화탄소 발생원에 직접 적용할 수 있는 방법으로 화력 발전소를 중심으로 실용화되기 시작하면서 CCS 기술의 핵심 분야로 떠오르고 있다. 연소 후 포집 기술은 흡수, 재생, 압축, 수송, 저장 등의 다섯 공정으로 나뉘어 진행되며 이를 위해서는 흡수탑, 재생탑, 압축기, 수송 시설, 저장조 등이 마련되어야 한다. ▶ CCS 기술의 유형과 연소 후 포집 기술

화력 발전소에서 배출되는 배기가스에는 물, 질소 그리고 10~15% 농도의 이산화탄소가 포함되어 있다. 이 배기가스는 먼저 흡수탑 하단으로 들어가게 되고, 흡수탑 상단에서 주입되는 흡수제와 접촉하게 된다. 흡수제에는 미세 구멍, 즉 기공이 무수히 많이 뚫려 있는데 이 기공에 이산화탄소가 유입되면 화학 반응을 일으키면서 달라붙게 된다. 흡수제가 배기가스에서 이산화탄소만을 선택적으로 포집하면 물과 질소는 그대로 굴뚝을 통해 대기 중으로 배출된다. 흡수제가 이산화탄소를 포집할 수 있는 한계, 즉 흡수 포화점에 다다르면 흡수제는 연결관을 통해 재생탑 상단으로 이동하게 되고, 여기에서 고온의 열처리 과정을 거치게 된다. 열처리를 하는 이유는 흡수제에 달라붙어 있는 이산화탄소를 분리하기 위해서이다. 흡수제에 달라붙어 있던 이산화탄소는 130℃ 이상의 열에너지를 받으면 기공 밖으로 빠져나오게 되고, 이산화탄소와 분리된 흡수제는 다시 이산화탄소를 포집할 수 있는 원래의 상태로 재생된 후, 흡수탑 상단으로 보내져 재사용된다. 이처럼 흡수제가 이산화탄소를 포집하고 흡수제가 다시 재생되는 흡수와 재생 공정을 반복하면 90% 이상 고농도의 이산화탄소를 모을 수 있게 되는데, 이렇게 모아진 이산화탄소는 이송에 편리하도록 압축기에서 압축 공정을 거치게 된다. 압축된 이산화탄소는 파이프라인이나 철도, 선박 등의 수송 시설을 통해 땅속의 저장소로 이송되고, 저장소로 이송된 이산화탄소는 800m 이상의 깊이에 있는 폐유전이나 가스전 등에 주입되어 반영구적으로 저장된다. ▶ 연소 후 포집 기술의 다섯 공정

오늘날 CCS 기술은 지구 온난화를 막을 수 있는 가장 현실적인 대안으로 인정받고 있다. 하지만 공정을 진행하는 과정에서 많은 에너지가 소요되는 것은 극복할 과제이다. 이에 따라 현재 진행되고 있는 연소 후 포집 기술의 핵심적 연구는 ㉠흡수 포화점이 향상된 흡수제를 개발하여 ㉡경제성이 높은 이산화탄소 포집 기술을 구현하는 방향으로 진행되고 있다. ▶ CCS 기술의 의의와 향후 연구 과제

어떻게 읽을까!

**중심 화제를 파악했는가?**
이산화탄소에 의한 지구 온난화 문제로 CCS 기술이 주목받게 됨.

**CCS 기술의 유형과 앞으로 전개될 내용을 예측했는가?**
CCS 기술의 세 가지 유형을 제시하고, 그중 핵심 분야인 연소 후 포집 기술에 대해 안내함.

**연소 후 포집 기술의 공정을 순서에 따라 이해했는가?**
연소 후 포집 기술은 흡수, 재생, 압축, 수송, 저장 등 다섯 공정을 순차적으로 거침.

**대상에 대한 글쓴이의 견해는 무엇인가?**
CCS 기술은 지구 온난화를 막을 수 있는 대안이 되지만 아직 극복해야 할 과제가 남아 있음.

### 원리형구조

| 도입 | |
|---|---|
| 전개 | 과정 |
| 정리 | |

해제 이 글은 지구 온난화의 주범인 이산화탄소를 줄일 수 있는 CCS 기술 중 핵심 기술인 연소 후 포집 기술을 상세하게 설명하고 있다. 연소 후 포집 기술은 흡수탑에서 흡수제를 이용해 배기가스 중 이산화탄소만을 선택적으로 포집하고, 재생탑에서 흡수제에 달라붙은 이산화탄소를 분리하여 흡수제를 재생시킨다. 이 흡수와 재생의 과정을 반복하여 모은 고농도의 이산화탄소는 압축기에서 압축 공정을 거쳐 수송 시설을 통해 땅속의 저장소로 이송되어 반영구적으로 저장된다. 하지만 '흡수, 재생, 압축, 수송, 저장'의 다섯 공정을 거치는 과정에서 많은 에너지가 소요된다는 한계가 있어, 흡수 포화점이 향상된 흡수제의 개발을 통해 경제성이 높은 포집 기술을 구현하는 방향으로 현재 연구가 진행되고 있다.

주제 CCS 기술의 핵심인 연소 후 포집 기술

**0** ③    **1** ④    **2** ④    **3** ②

글쓴이의 작문 과정 **❶** CCS 기술 **❷** 연소 후 포집 기술
주제 CCS 기술의 핵심인 연소 후 포집 기술

## **0** 내용 전개 방식 파악 ───────────── ③

1문단에서 CCS 기술의 개념을 밝히고 2문단에서 CCS 기술의 세 유형을 소개하며 내용을 전개하고 있다(ㄴ). 그리고 2문단 끝부분에서 연소 후 포집 기술이 포집, 재생, 압축, 수송, 저장의 다섯 공정으로 이루어진다며 전체 진행 과정을 먼저 안내한 다음, 3문단에서는 각 과정을 하나씩 상세하게 설명하고 있다(ㅁ).

오답풀이 ㄱ. 이 글에서는 CCS 기술과 연소 후 포집 기술을 상세하게 설명하고 있지만, 예시를 사용하고 있지는 않다.

ㄷ. 이 글에서 질문을 던지는 방식은 사용되지 않았다.

ㄹ. 2문단에서 CCS 기술을 유형화하고 개념을 설명한 것은 맞지만, 그중 연소 후 포집 기술의 실행 과정만 설명했을 뿐 나머지 유형의 실행 과정은 설명하지 않았다.

## **1** 세부 정보 파악 ───────────── ④

1문단에서 CCS 기술의 개념을 제시하고, 2문단에서 CCS 기술의 유형(종류)을 설명하고 있다. 4문단에서는 CCS 기술의 필요성과 극복해야 할 과제를 제시하였다. 그러나 이 글에서 CCS 기술의 개발 과정에 대한 설명으로 찾을 수 없다.

오답풀이 ① 1문단에서 대량의 이산화탄소를 고농도로 포집하여 안전한 땅속에 저장하는 기술인 CCS 기술의 개념을 설명하고 있다.

② 2문단에서 CCS 기술의 종류를 세 가지로 나누어 설명하고 있다.

③ 4문단에서 CCS 기술이 지구 온난화를 막을 수 있는 가장 현실성 있는 대안이라고 밝히면서 그 필요성을 언급하고 있다.

⑤ 4문단에서 공정을 진행하는 과정에서 많은 에너지가 소요되는 것이 CCS 기술이 극복해야 할 과제라고 언급하고 있다.

## **2** 구체적 상황에 적용 ───────────── ④

3문단에 따르면 ⓓ '재생탑'에서는 흡수 포화점에 다다른 흡수제가 연결관을 통해 이동해 오면 고온의 열처리 과정을 거치게 된다. 이러한 열처리를 통해 흡수제에 붙어 있는 이산화탄소가 분리되는데, 재생탑에서는 이렇게 이산화탄소와 분리된 흡수제를 원래의 상태로 재생시킨다. 이는 흡수제를 원래 상태로 재생하기 위해 흡수제에 열을 가하는 것이지, 흡수제가 이산화탄소의 열을 흡수하는 것이 아니다. 따라서 ④의 설명은 적절하지 않다.

오답풀이 ① ⓐ는 화력 발전소의 굴뚝으로, 3문단에서 화력 발전소에서 배출되는 배기가스에는 물, 질소 그리고 이산화탄소가 포함되어 있다고 하였다. 그리고 흡수 공정에서 흡수제가 이산화탄소만을 선택적으로 포집하면 물과 질소는 그대로 굴뚝을 통해 배출된다고 하

였다.

② ⓑ '흡수탑'에서는 이산화탄소가 흡수제에 포집되는데, 흡수제의 기공에 이산화탄소가 유입되면 화학 반응을 일으키면서 달라붙음으로써 포집된다.

③ 3문단에 따르면 흡수 포화점에 다다르면 흡수제는 연결관(ⓒ)을 통해서 재생탑 상단으로 이동한다.

⑤ 3문단에 따르면 모아진 이산화탄소는 이송에 편리하게 압축기(ⓔ)에서 압축한다.

**⚠ 출제자의 의도읽기 – 지문의 내용을 그림에 적용한다.**

지문에 대상의 작용 원리나 진행 과정이 제시되면, 이를 각 단계나 진행 순서에 맞게 적용하는 문제가 반드시 출제된다. 특히 그림이 제시되는 문제에서는 각 과정과 관련된 사물이나 시설 등을 제시하여 그것이 어느 과정에 해당하는지를 파악하도록 요구한다. 이 문제에서 '굴뚝', '흡수탑', '연결관', '재생탑', '압축기'는 다섯 공정이 진행되는 동안 거쳐 가는 시설이므로, 지문에서 각 시설이 제시된 부분을 찾아 앞뒤 내용을 바탕으로 선지의 적절성을 판단해야 한다.

## **3** 세부 내용의 추론 ───────────── ②

㉠에서 '흡수 포화점'은 흡수제가 이산화탄소를 포집할 수 있는 한계이다. 따라서 ㉠과 같이 흡수 포화점이 향상된 흡수제를 개발하면, 그 흡수제가 한 번에 포집할 수 있는 이산화탄소의 양이 증가하게 된다. 이렇게 되면 포집량이 적은 기존의 흡수제보다 재생 공정을 거치는 횟수가 적어질 수 있게 된다. 예를 들면 100개의 구슬을 옮기려고 할 때, 한 번에 10개를 담을 수 있는 주머니는 10번을 옮겨야 하지만, 한 번에 5개를 담을 수 있는 주머니는 20번이나 구슬을 옮겨야 한다. 더 많은 구슬을 담을 수 있는 주머니가 더 효율적이듯이, 포집량이 많은 흡수제가 더 효율적이며, 이로 인해 흡수와 재생 공정이 반복되는 횟수를 줄일 수 있으므로 경제성이 높아지게 된다. 따라서 ㉠이 ㉡으로 이어질 수 있는 이유로 가장 적절한 것은 ②이다.

오답풀이 ① 흡수제의 흡수 포화점이 향상된 것일 뿐, 흡수제로써의 기능은 변함이 없으므로, 흡수와 재생 공정은 이원화된 상태 그대로 이루어진다.

③ 흡수 포화점이 향상된다고 해서 재생 공정에서 흡수제의 재생률이 높아지는 것은 아니다. 흡수제의 재생률은 흡수제가 재생되는 비율을 의미한다.

④ 흡수 포화점이 향상되어도 재생 공정은 필요하다. 재생 공정이 없으면 흡수제를 다시 사용할 수 없기 때문이다.

⑤ 흡수제는 이산화탄소를 포집하는 흡수 공정에서 필요한 것으로, 운송과 저장 공정과는 관련이 없으므로 운송비에는 영향을 주지 않는다.

3

# 해양 기름 유출 사고, 어떻게 처리할까

2008학년도 6월 고2 학력평가

**도입**
유출된 기름의 환경 오염 과정 언급

**문제**
유출된 기름으로 인한 피해 제시

**해결**
유출된 기름의 물리적 회수 방법 설명

**해결**
유출된 기름의 화학적 회수 방법 설명

**주장**
방제 기술 개발의 필요성 주장

해양 선박 [사고로] 유출되는 기름은 한꺼번에 바다에 쏟아지기 때문에 심각한 오염원이 된다. 유출된 기름은 증발, 용해, 분산, 에멀션화 등 복잡한 과정을 거치게 된다. 확산되는 기름은 해류, 조석, 바람에 의해 이동한다. 그중 용해 성분은 해수로 녹아들고 휘발 성분은 대기 중으로 증발해 대기 오염원이 된다. 그리고 휘발 성분이 날아간 기름은 갈색의 끈적끈적한 에멀션이 되거나 시간이 지나면 오일볼(oil ball)을 형성하기도 한다. 이런 오일볼은 해저에 가라앉아 있다가 기온이 상승하면 떠오르면서 터지고, 이는 유막을 만들어 2차 환경 오염원이 된다. ▶ 유출된 기름의 해양 오염 양상

유출된 기름의 유독 성분은 해양과 해안의 동·식물에게 치명적인 피해를 입힌다. 이런 피해는 유출 사고 초기부터 직접 발생하는 것이 있고, 사고 후 수개월 또는 수십 년에 걸쳐 장기적으로 발생하는 것도 있다. 특히 개펄에서는 기름이 퇴적물 속으로 스며들어 장기간 잔류하기 때문에 이곳에 서식하는 해양 생물들은 수년에서 수십 년 동안 오염이 될 수 있다. ▶ 유출된 기름으로 인한 피해

해상에 기름 유출 사고가 일어나면 유출된 기름의 확산을 방지하기 위해 오일펜스를 설치한 후 유출된 기름을 회수하게 된다. 회수 방법에는 물리적 방법과 화학적 방법이 있다. 물리적 방법에는 유회수기와 흡착포 사용 방법이 있다. 유회수기 사용은 선박을 이용해 오염 지역에 직접 나가서 오염된 바닷물에서 기름과 물을 분리해 내는 방법이다. 그러나 이것은 유출된 기름의 점도가 높거나 덩어리가 된 상태, 주변에 부유물이 많은 경우 등에는 사용하기 어렵다. 그리고 해안에서는 수면이 낮아 배를 띄울 수 없어서 유회수기를 사용할 수 없다. 이 경우에는 [흡착포로] 기름을 걷어낸다. ⊙흡착포는 폴리프로필렌 재질의 [섬유로] 만든 압축솜이다. 폴리프로필렌은 기름과 친하고 물을 싫어하기 때문에 기름만 빨아들인다. 노동력은 많이 들지만 친환경적이다. 그러나 수심이 깊은 곳에서는 사용하기 어려우며, 대규모 오염 사고에서는 엄청난 양의 흡착포가 필요하다는 단점이 있다. ▶ 유출된 기름의 회수 방법 ①: 물리적 방법의 종류 및 장단점

화학적 방법으로는 유처리제나 유겔화제를 오염 지역에 뿌리는 방법이 있다. 유처리제 사용 방법은 화학 물질을 이용하여 기름을 분산시킨 후 자연 정화 작용에 의해 기름이 저절로 없어지게 돕는 방법이다. 이것은 기름이 유출된 후 오랜 시간이 지나서 유막이 얇게 확산되었거나, 처음부터 유출량이 적어서 유막이 얇게 형성된 경우에는 물리적 방법보다 훨씬 효과적이다. 그러나 유처리제는 기름의 분산 속도를 높일 뿐 완전히 없애지는 못한다. 한편, 유겔화제는 바다에 넓게 퍼져 있는 기름을 서로 달라붙게 해서 물리적 방법을 사용한 기름 제거 작업을 보다 쉽게 하도록 도와준다. 그런데 유처리제나 유겔화제 사용 방법은 화학 물질을 이용하기 때문에 2차 환경 오염을 일으킬 수 있다는 문제도 지적되고 있다. ▶ 유출된 기름의 회수 방법 ②: 화학적 방법의 종류 및 장단점

많은 노력에도 불구하고 해양 기름 유출 사고는 100% 예방할 수 없는 것이 현실이다. 따라서 사고가 발생했을 경우를 대비해 피해를 최소화할 수 있는 방제 기술이 꾸준히 개발되어야 한다. ▶ 꾸준한 방제 기술 개발의 필요성

**글에 제시된 문제 상황을 파악했는가?**
선박 사고로 유출된 기름이 수개월 또는 수십 년에 거쳐 해양과 해양 생물들을 오염시킴.

**유출된 기름을 회수하는 방제 방법 두 가지를 파악했는가?**
유출된 기름의 회수 방법으로 유회수기와 흡착포를 사용하는 물리적 방법과 유처리제나 유겔화제를 사용하는 화학적 방법이 있음.

**방제 기술 개발의 필요성을 이해했는가?**
해양 기름 유출 사고로 인한 피해를 최소화하기 위해 방제 기술의 꾸준한 개발이 필요함.

## 수습형구조

| 도입 | 문제 |
|------|------|
| 해결 | 해결 |
| 주장 | |

**해제** 이 글은 선박 사고로 기름이 바다에 유출되었을 때 기름을 제거하는 방법을 설명하고 있다. 해양 선박 사고로 유출된 기름은 해양과 해안 동식물에 치명적인 피해를 입히며, 장기간의 환경 오염을 일으킬 수 있으므로 유출된 기름의 확산을 막아야 한다. 유출된 기름을 회수하는 물리적 방법으로는 유회수기와 흡착포 사용 방법이 있고, 화학적 방법으로는 유처리제나 유겔화제를 사용하는 방법이 있다. 이들 방법에는 장점도 있지만 단점도 있기 때문에 사고 발생에 대비하여 피해를 최소화할 수 있는 새로운 방제 기술이 꾸준히 개발되어야 한다.

**주제** 유출된 기름 회수 방법의 종류별 장단점과 방제 기술 개발의 필요성

## 0 글쓰기 계획 구상 　　　　　　　　　　　　　④

이 글은 도입부에서 해양 선박 사고로 기름이 유출될 때 발생하는 환경 문제를 언급하고 있으며 3문단에서 방제 작업의 방법을 물리적 방법과 화학적 방법으로 나눈 다음, 물리적 방법의 두 유형인 유회수기와 흡착포 사용 방법을 소개하고 각각의 장단점을 설명하고 있다. 그리고 4문단에서는 화학적 방법의 두 유형인 유처리제와 유젤화제를 사용하는 방법을 소개하고 각각의 장단점을 설명하고 있다. 그러나 이러한 방제 작업들의 효과를 사례를 들어서 설명하는 부분은 이 글에서 찾을 수 없다.

## 1 구체적 사례에 적용 　　　　　　　　　　　　③

ⓒ는 오일볼로, 휘발 성분이 날아간 기름이 공 형태로 굳어져 해저에 가라앉아 있는 상태이다. 1문단에 따르면 오일볼은 기름이 뭉쳐져 있는 상태로 기온이 상승하면 떠오르면서 터지고 이것이 유막을 만들기도 한다. 그런데 4문단에서 유막이 형성되어 있는 경우 유처리제를 사용할 수 있으나 기름을 완전히 없애지 못하고 2차 환경 오염을 일으키기도 한다고 하였다. 따라서 오일볼 제거에 유처리제를 사용하는 것은 큰 효과를 얻기 어려움을 알 수 있다. 또한 유젤화제는 바다에 넓게 퍼져 있는 기름을 서로 달라붙게 하여 물리적 방제 작업을 돕는 방법으로, 물과 기름을 분리하는 것이 아니라 기름 성분을 응집시키는 역할을 하므로 적절하지 않다.

오답풀이 ① 3문단에서 해상에 기름 유출 사고가 발생하면 유출된 기름의 확산을 막기 위해 먼저 오일펜스를 설치한다고 하였다.
② ⓑ는 선박에서 유출된 기름으로 오염된 지역으로, 이때에는 유회수기를 사용하여 기름을 제거해야 한다. 그런데 유회수기는 유출된 기름의 점도가 높거나 덩어리가 된 상태에서는 사용할 수 없으므로, 기름이 굳어지기 전에 회수해야 한다. 또한 시간이 오래 지나 유막이 얇게 형성되면 유처리제를 사용하는 것이 훨씬 효과적이므로, 그 전에 유회수기를 가동해야 한다.
④ ⓓ의 '얇은 기름막'은 유막을 가리킨다. 4문단에 따르면 유막이 넓게 확산되면 유처리제를 사용한다. 유처리제는 화학 물질을 이용해 기름을 분산시킨 후 자연 정화 작용에 의해 기름이 저절로 없어지게 돕는다.
⑤ 3문단에서 수면이 낮아 배를 띄울 수 없는 해안에서는 유회수기를 사용할 수 없어서, 흡착포를 이용한다고 하였다.

## 2 유사한 사례 찾기 　　　　　　　　　　　　⑤

흡착포는 폴리프로필렌 재질의 섬유로 만든 압축솜으로, 폴리프로필렌은 기름과 친하고 물을 싫어하기 때문에 기름만 빨아들인다. 따라서 ㉠은 물과 기름이 섞여 있을 때 기름만 골라서 제거하는 특징이 있는데, 이 원리를 이용해 바다에 유출된 기름을 수거하는 것이다. 이와 유사한 사례는 자석에 붙는 물질의 성질을 이용하여 이물질과 분리하는 ⑤이다.

오답풀이 ① 섞여 있는 물질 중 하나만 골라낼 수 있는 도구를 이용한 것이 아니라 탈수 기능을 이용한 것에 불과하다.
② 설탕을 물에서 분리해 내는 것이 아니라 녹여 섞는 것이므로, 적절하지 않다.
③ 체를 이용하여 돌을 나누는 것은 크기에 따라 분류하는 것이지, 성질이 다른 두 물질이 섞여 있을 때 그중 하나를 골라내는 것이 아니다.
④ 사과를 크기별로 나누는 것이지, 여러 물질이 섞여 있는 것 가운데서 성질이 다른 특정 사과만 골라내는 것이 아니다.

## 3 조사의 의미 파악 　　　　　　　　　　　　③

'해양 선박 사고로 유출되는 기름은'에서 '사고로'의 '로'는 기름이 유출된 일의 원인을 의미하므로 'ㄷ'에 해당한다. 그리고 '이 경우에는 흡착포로 기름을 걷어낸다'에서 '흡착포로'의 '로'는 흡착포가 기름을 걷어내는 도구임을 의미하므로 'ㄱ'에 해당한다. 또한 '폴리프로필렌 재질의 섬유로 만든 압축솜이다'에서 '섬유로'의 '로'는 압축솜의 재료 또는 원료를 의미하므로, 'ㄴ'에 해당한다. 따라서 이를 순서대로 정확하게 연결한 것은 ③이다.

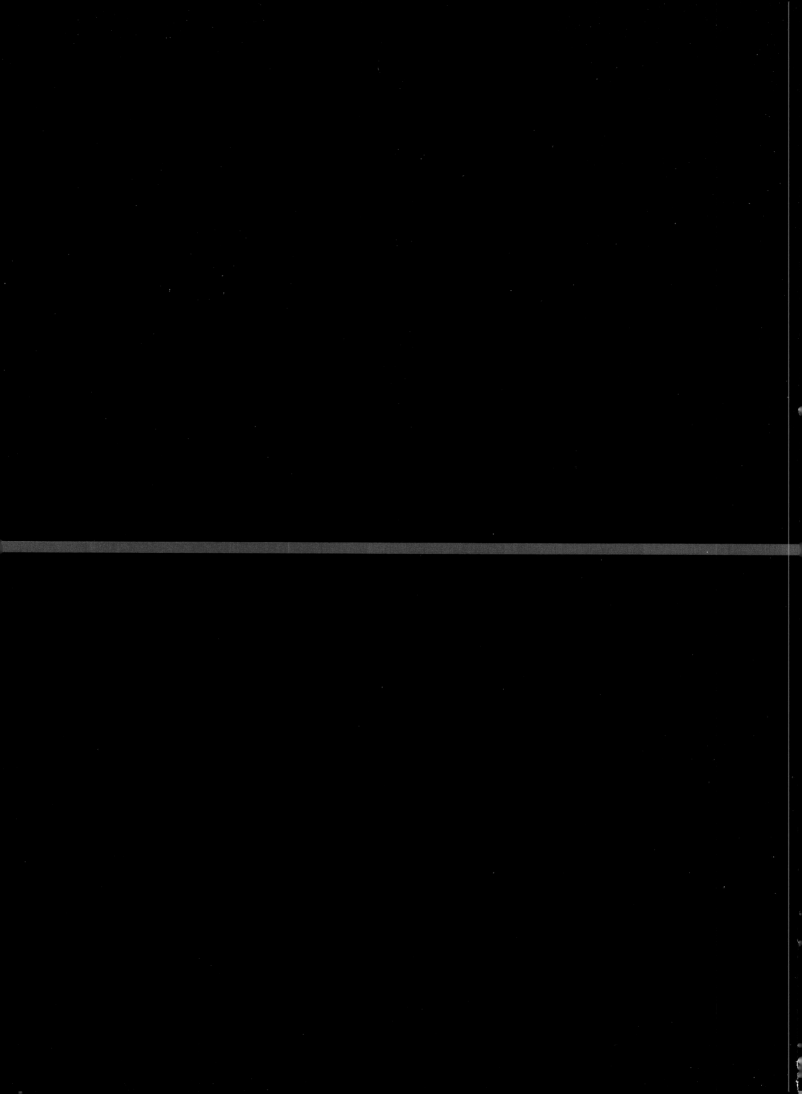